中国上市银行可持续发展分析

（2019）

史英哲　王胜春　李　勐　著

中国金融出版社

责任编辑：肖　炜
责任校对：李俊英
责任印制：程　颖

图书在版编目（CIP）数据

中国上市银行可持续发展分析．2019/史英哲，王胜春，李勐著．—北京：中国金融出版社，2019．11

　ISBN 978 - 7 - 5220 - 0267 - 5

　Ⅰ．①中… Ⅱ．①史…②王…③李… Ⅲ．①商业银行—上市公司—可持续性发展—中国—2019　Ⅳ．①F832．33

中国版本图书馆 CIP 数据核字（2019）第 196587 号

中国上市银行可持续发展分析（2019）

Zhongguo Shangshi Yinhang Kechixu Fazhan Fenxi（2019）

出版
发行　**中国金融出版社**

社址　北京市丰台区益泽路 2 号
市场开发部　（010）63266347，63805472，63439533（传真）
网上书店　http：//www．chinafph．com
　　　　　　（010）63286832，63365686（传真）
读者服务部　（010）66070833，62568380
邮编　100071
经销　新华书店
印刷　保利达印务有限公司
尺寸　185 毫米 × 260 毫米
印张　27
字数　600 千
版次　2019 年 11 月第 1 版
印次　2019 年 11 月第 1 次印刷
定价　69.00 元
ISBN 978 - 7 - 5220 - 0267 - 5
如出现印装错误本社负责调换　联系电话（010）63263947

稳中有变、变中存忧的中国上市银行

2018 年，中国上市银行面临的经营形势更为复杂多变：国内经济增长继续承压，增速从 2017 年的 6.8% 降至当年的 6.6%，其中四个季度增长率分别为 6.8%、6.7%、6.5%、6.4%；货币政策稳中趋宽，中国人民银行综合运用存款准备金率、中期借贷便利、再贴现等手段，使市场资金供应较为充足，当年人民币贷款增加 16.2 万亿元，同比多增 2.6 万亿元，是 2017 年的 3 倍；充足的资金供应引导资金价格稳步走低，12 月银行间市场 7 天期回购利率在 2.6% 左右，较上年同期下行约 30 个基点；监管政策日趋严格，全年各类银行共接到罚单 3813 张，罚款金额超过 20 亿元；美国政府发动的贸易摩擦也日益升温，贸易摩擦对我国的资本市场、人民币汇率都形成明显冲击：上证综指从年初的 3307 点单边振荡下行至年末的 2483 点，美元兑人民币汇率也从年初的 6.51 元贬至 6.88 元。

面对严峻的经济金融形势，上市银行的经营态势可以用"稳中有变，变中存忧"来概括，其中的"稳"主要体现在：

上市银行数量继续增加。截至 2019 年 3 月末，国内共有 48 家银行在境内外上市，其中 2018 年上市的有成都银行（601838）、长沙银行（601577）、郑州银行（002936）、甘肃银行（02139）、泸州银行（01983）、江西银行（01916）、九江银行（06190）。

资产规模稳步增长。47 家上市银行①发布的年报数据显示，2018 年末上市银行资产规模 178.7 万亿元，比上年末增长 6.5%。规模较小的城商行、农商行保持较快增长，国有银行相对稳定，股份制银行整体增速不高。工商银行资产规模已达 27 万亿元。

贷款仍是资产增长的主要推动力。2018 年末各行贷款净额 92.2 万亿元，同

---

① 锦州银行（00416）一直未披露其 2018 年年报，未对其进行分析。2019 年 7 月 28 日，工银投资、信达投资、长城资产受让锦州银行股份，并对其高管层进行了改组。

比增长 11.2%，在全部资产中占比达到 51.6%。各行的证券投资类资产余额 53.4 万亿元，同比增长 8%。相对于贷款和证券投资，同业资产余额 10 万亿元，增长 1.3%，是近几年增长最慢的一年，说明资金在金融体系空转的现象得到遏制。受央行多次降准等政策影响，现金和存放央行类资产 18.6 万亿元，同比减少 5.9%。

经营绩效持续改善。各行合计实现营业收入 4.7 万亿元，同比增长 9.1%。受负债利率下行快于资产利率影响，平均净息差为 2.03%，平均净利差 1.94%，分别比上年提高 6 个、8 个基点。上市银行共实现净利润 1.63 万亿元，同比增长 5.1%。其中国有银行增长 4.7%，股份制银行增长 4.4%，城商行增长 9.8%，农商行增长 7.1%。

抗风险能力不断增强。2018 年各行纷纷加大不良贷款的核销力度，全年共核销 7280 亿元不良贷款，比上年增长 28.2%。核销贷款增长最快的是盛京银行，核销额从 2017 年的 900 万元增加到 2018 年的 2 亿元，增幅为 2233%，交通银行、光大银行、北京银行、重庆银行、民生银行、哈尔滨银行、中原银行、江阴银行、青农商也都超过 100%。除了核销贷款，各行也积极提高拨备覆盖率，2018 年末上市银行平均的拨备覆盖率为 238.5%，比上年提高 12.5 个百分点。宁波银行以 521% 位居首位。

"变"则呈现在：

零售业务快速增长。2018 年国内企业经营压力增大，各家银行都加大个人业务拓展力度。年末个人贷款余额为 37.15 万亿元，比上年末增加 5.6 万亿元，增幅为 17.6%。从各行表现看，国有大行较为平稳，增速保持在 13% 左右，而部分城商行则出现爆发式增长，其中天津银行增幅超过 200%。从各行投放用途看，国有银行和股份制银行偏向个人购房和信用卡透支，城商行、农商行则偏向个人消费类贷款。

中间业务占比下滑。2018 年上市银行合计实现中间业务收入 9999.83 亿元，同比增长 2.61%，占营业收入的 21.3%，比上年下降 1.21 个百分点。其中国有银行增长 4%，股份制银行增长 2.1%，城商行下降 5.2%，农商行则下降了 17%。网络时代全国性大行在获取中间业务收入上的优势进一步得到体现。在中间业务收入放缓的同时，净息差走阔、贷款快速增长，使利息收入成为各行收入增长的主要动力。其中国有银行利息净收入占比为 70% 以上，股份制银行则为 65% 左右，城商行和农商行分化明显，部分达到 90% 以上。

科技服务能力不断增强。近几年各家银行高度重视金融科技的发展，纷纷投巨资打造科技服务能力，各行都致力于构建包括前端销售、中端风控、后端创新一体化的科技服务体系，把存贷汇等传统金融服务和理财、投资、购物消费等融为一体，金融科技生态圈初步建立。国有银行、股份制银行、区域性银行分别拥有了以亿、千万、百万等数量级别的客户群，尤其是全国性银行凭借大规模投入、跨地域网点、庞大的人才队伍以及创新能力，实现了高水平的金融科技发展。从电子替代率看，国有银行、股份制银行的替代率普遍在95%以上，城商行和农商行则在87%左右。

履行社会责任意识明显增强。随着监管部门对履行社会责任工作的有力推进，各家银行对此项工作的重视程度日益提高。47家上市银行中有43家披露了社会责任报告（或可持续报告）。报告披露的内容包括服务客户、系统化精准扶贫、绿色金融、低碳经营、关爱员工等几个方面。除了披露的内容日益丰富，而且不断细化，比如绿色信贷更进一步细化为"生态保护、节能减排、循环经济、清洁能源、清洁交通、污染防治、转型升级、农村及城市水项目、绿色农业、绿色林业、绿色建筑"11个方面，精准扶贫也细化为"产业发展脱贫、转移就业脱贫、易地搬迁脱贫、教育脱贫、健康扶贫、生态保护扶贫、兜底保障、社会扶贫、其他项目"9个方面，精细化的披露促进了商业银行履行社会责任的相关工作。

"忧"则表现为：

资产质量管理亟待加强。2018年度上市银行的平均不良贷款率1.52%，比2017年增长0.02个百分点，其中国有银行、股份制银行、城商行、农商行的平均不良贷款率分别为1.39%、1.64%、1.53%、1.47%，同比下降了0.03个百分点、下降了0.02个百分点、增长了0.13个百分点、下降了0.15个百分点。其中城商行不良率明显上升。如果考虑到各行在2018年核销额远远高于上年的现实，不良贷款产生规模的实际水平远远高于报表中呈现的。从不良贷款的行业分布看，制造业、批发零售业、建筑业、住宿及餐饮业、采矿业位居各行业前5位。

区域性银行发展面临突围。从各行披露的情况看，互联网时代，由于金融科技的快速发展，大型银行日益凭借自身的人才、技术、投入、网点优势，在竞争中获取主动地位。而区域性银行则面临成本高、服务能力不强、科技投入不足、人才缺乏等问题。在已经上市的48家银行中，锦州银行一直没有披露2018年年报，而在已经发行了债券的银行，则仍有近20家银行推迟发布年报，其中大多数是城商行和农商行。近期爆雷的银行中，也多为区域性银行。区域性银行如何适应时代的发展，走出一条属于自己的特色发展之路，这不仅是一个摆在管理层面前的课题，也是摆在监管者、地方政府面前的课题。

本书的编写旨在通过对上市银行年报的分析，找出我国银行业顺应时代要求，在战略制定、经营管理、业务调整、履行社会责任等方面的一些变化，为推动我国商业银行的持续健康发展提供一些可供借鉴的资料。本书能顺利出版，要感谢中国金融出版社肖炜等老师认真细致的工作，以及快速地反馈。还要感谢各位主要参与人，他们是：齐浩天、于滢川、于梁、犀馨予、孟媛、陈连钊、张琬雨、叶宁、曲笑竹、梁志浩、袁梦茹、董士萱、高鑫、姚懿荧、刘晓光、徐瑞、杨亚琴、胡通、黄睿琦、许琴悦、牟童、孙诗瑶、丁洁、马福瑶、何婧、屈美竹等。在整个编写过程中，北京正值酷暑难耐之际，各位编者对年报中的数据进行了精心的梳理和处理，认真探讨数据含义和计算方法，付出了辛苦的劳动。

尽管勉力而为，由于水平有限，本书肯定还存在不少错漏之处，敬请各位读者在阅读的过程中不吝赐教，使本书能在以后的编写过程中不断完善，成为大家观察和分析我国上市银行，乃至银行业的一本有价值的参考资料。

目　　录

年报一 中国工商银行 2018 年度报告分析

一、基本情况及发展战略

（一）基本情况

中国工商银行股份有限公司（以下简称工商银行）前身为成立于 1984 年 1 月 1 日的国有独资商业银行——中国工商银行，2005 年 10 月 28 日整体改制为股份有限公司，2006 年 10 月 27 日在 A 股上市。

截至 2018 年末，工商银行 A 股前 3 大股东分别为：汇金公司，持股数 1237.18 亿股，持股比例 34.71%；财政部，持股数 1233.16 亿股，持股比例 34.60%；中国平安人寿保险股份有限公司，持股数 36.87 亿股，持股比例 1.03%。

2018 年度，工商银行总资产 27.70 万亿元，营业收入 7737.89 亿元，净利润 2987.13 亿元，贷款总额 15.42 万亿元，不良贷款率 1.52%。

（二）发展战略

工商银行始终坚持走资本集约型发展道路，在同业中率先探索出了一条较低资本耗费的发展道路；不断加大对新兴业务、中间业务领域的投入和发展力度，构筑起新的业务发展结构；深入推进区域发展战略，重点竞争区域分支行经营业绩与市场竞争力有所提升；不断推进体制机制改革，全行管理体系建设再上台阶；顺利推进综合化、国际化战略，逐步形成了支撑该行未来发展的跨境、跨市场业务平台。

二、业务经营分析

（一）资产分析

2018 年末，工商银行资产总额 27.70 万亿元①，同比增长 6.2%（见表 1），主要是由集团贷款及垫款、证券投资增长拉动。2018 年末资产合计增长 6.2%，增长率比 2017 年降低了 1.9 个百分点，资产规模增幅缩小。

---

① 本报告数据来源：2018 年和 2017 年中国工商银行年度报告。

表1　　　　　　　　　　　　资产规模及构成

	2018 年 12 月 31 日		2017 年 12 月 31 日		变动额（亿元）	变动率（%）
	金额（亿元）	占比（%）	金额（亿元）	占比（%）		
现金及存放央行	33725.76	12.2	36138.72	13.9	-2412.96	-6.7
同业往来资产	16964.98	6.1	18342.42	7.0	-1377.44	-7.5
贷款和垫款	150461.3	54.3	138929.7	53.3	11531.66	8.3
证券投资	67546.92	24.4	57567.04	22.1	9979.88	17.3
其他资产	8296.42	3.0	9892.59	3.8	-1596.17	-16.1
资产总计	276995.4	100	260870.4	100	16124.97	6.2

注：发放贷款和垫款为净额。

1. 贷款和垫款

2018 年末，工商银行客户贷款与垫款净额 14.23 万亿元，占资产总额的 54.32%，同比增加 1.06%。

（1）企业及个人贷款和垫款

2018 年末，贷款与垫款总额 15.42 万亿元（见表2），其中对公贷款和垫款 9.42 万亿元，同比增加 1.4%，占贷款和垫款总额的 61.1%；个人贷款和垫款 5.64 万亿元，较上年末增加 14.0%，占贷款和垫款总额的 36.6%。

表2　　　　　　　　　　　　企业及个人贷款和垫款

	2018 年 12 月 31 日		2017 年 12 月 31 日		变动额（亿元）	变动率（%）
	金额（亿元）	占比（%）	金额（亿元）	占比（%）		
公司类贷款及垫款	94188.94	61.1	92879.9	65.3	1309.04	1.4
-票据贴现	3644.37	2.4	3511.26	2.5	133.11	3.8
个人贷款	56365.74	36.6	49454.58	34.7	6911.16	14.0
-个人住房贷款	45899.61	29.8	39386.89	27.7	6512.72	16.5
-信用卡	6264.68	4.1	5347.76	3.8	916.92	17.1
贷款和垫款总额	154199.05	100	142334.48	100	11864.57	8.3

（2）贷款和垫款期限结构

2018 年末，未到期贷款和垫款主要集中在剩余到期期限为三个月到一年、一年到五年及五年以上的贷款及垫款，分别占比 17.3%、23.7% 和 48.2%（见表3）。一个月到三个月及五年以上的贷款和垫款增长较快，同比增长 10.0% 和 17.0%。

表3　　　　　　　　　　　　　　　　贷款和垫款期限结构

	2018 年 12 月 31 日		2017 年 12 月 31 日		变动额（亿元）	变动率（%）
	金额（亿元）	占比（%）	金额（亿元）	占比（%）		
逾期/即时偿还	219.43	0.1	404.14	0.3	-184.71	-45.7
一个月内	9140.97	6.1	9065.87	6.5	75.1	0.8
一个月到三个月	6216.48	4.1	7800.58	5.6	-1584.1	-20.3
三个月到一年	26002.54	17.3	26439.41	19.0	-436.87	-1.7
一年到五年	35675.65	23.7	32441.81	23.4	3233.84	10.0
五年以上	72497.37	48.2	61954.84	44.6	10542.53	17.0
无期限	708.88	0.5	823.01	0.6	-114.13	-13.9
合计	150461.3	100	138929.7	100	11531.66	8.3

（3）不良贷款

截至 2018 年末，工商银行不良贷款余额 2350.84 亿元，不良贷款率为 1.52%（见表4），其中企业贷款不良率为 2.07%。2018 年末按照五级分类，正常贷款 14.73 万亿元，占各项贷款的 95.6%，比上年提高 0.8 个百分点。关注贷款 4509.3 亿元，占比 2.9%，下降 1 个百分点。不良贷款余额 2350.84 亿元，增长 140.96 亿元，不良贷款率 1.52%，下降 0.03 个百分点。2018 年，该行银行核销及转出额 1087.78 亿元，同比增长 144.1%；不良贷款拨备覆盖率为 175.76%，较 2017 年增加 21.69 个百分点。

表4　　　　　　　　　　　　　　　　贷款五级分类

	2018 年 12 月 31 日		2017 年 12 月 31 日		变动额（亿元）	变动率（%）
	金额（亿元）	占比（%）	金额（亿元）	占比（%）		
正常类贷款	147338.91	95.6	134504.86	94.5	12834.05	9.5
关注类贷款	4509.3	2.9	5619.74	3.9	-1110.44	-19.8
不良类贷款	2350.84	1.5	2209.88	1.6	140.96	6.4
次级类贷款	1088.21	0.7	812.09	0.6	276.12	34.0
可疑类贷款	903.83	0.6	1088.54	0.8	-184.71	-17.0
损失类贷款	358.8	0.2	309.25	0.2	49.55	16.0
贷款合计	154199.05	100	142334.48	100	11864.57	8.3

（4）小微企业贷款

2018 年，工商银行大力拓展小微企业金融服务市场，积极开展"工银普惠行"系列活动。截至 2018 年末，单户授信总额 1000 万元以下（含）的小微企业贷款 3216.86 亿元，比年初增加 492.03 亿元，增长 18.1%。客户数 30.8 万户，比年初增加 9.1 万户。当年累放贷款平均利率 4.95%，比上年下降 0.26 个百分点。

2. 证券投资

截至 2018 年末，工商银行证券投资总额 67546.92 亿元，同比增长 17.3%，其中债券投资 60490.76 亿元，较上年增长 12.6%（见表 5）。

2018 年末，工商银行分别持有政府债①、金融债②及企业债券 40737.02 亿元、14684.82 亿元和 5068.92 亿元，同比变化 23.2%、−3.1% 和 −8.3%。

表 5　　　　　　　　　　　　　　债券投资发行主体构成

	2018 年 12 月 31 日		2017 年 12 月 31 日		变动额（亿元）	变动率（%）
	金额（亿元）	占比（%）	金额（亿元）	占比（%）		
政府债	40737.02	67.3	33056.31	61.5	7680.71	23.2
金融债	14684.82	24.3	15154.14	28.2	−469.32	−3.1
企业债	5068.92	8.4	5526.88	10.3	−457.96	−8.3
合计	60490.76	100	53737.33	100	6753.43	12.6

3. 同业往来资产

工商银行同业往来资产共计 1.70 万亿元，同比减少 7.5%（见表 6）。其中存放同业款项 3846.46 亿元，同比增长 3.9%，占同业往来资产比重小幅提升至 22.7%。拆出资金 5778.03 亿元，同比增长 21.0%，占同业往来资产比重提升至 34.1%。买入返售金融资产 7340.49 亿元，同比下降 25.6%，占同业往来资产比重下降至 43.3%。

表 6　　　　　　　　　　　　　　同业往来资产构成

	2018 年 12 月 31 日		2017 年 12 月 31 日		变动额（亿元）	变动率（%）
	金额（亿元）	占比（%）	金额（亿元）	占比（%）		
存放同业	3846.46	22.7	3700.74	20.2	145.72	3.9
拆出资金	5778.03	34.1	4775.37	26.0	1002.66	21.0
买入返售款项	7340.49	43.3	9866.31	53.8	−2525.82	−25.6
合计	16964.98	100	18342.42	100	−1377.44	−7.5

（二）负债分析

截至 2018 年 12 月 31 日，工商银行负债总额为 25.35 万亿元，较上年末增长 5.9%（见表 7），主要是客户存款同比增加 11.4% 所致。

---

① 包括中国政府债券和中国人民银行债券。

② 包括政策性银行债券和商业银行及其他金融机构债券。

表 7   负债规模及构成

	2018 年 12 月 31 日		2017 年 12 月 31 日		变动额（亿元）	变动率（%）
	金额（亿元）	占比（%）	金额（亿元）	占比（%）		
向中央银行借款	4.81	0.0	4.56	0.0	0.25	5.5
同业往来负债	23292.96	9.2	27528.87	11.5	-4235.91	-15.4
客户存款	214089.3	84.4	192263.5	80.3	21825.85	11.4
应付债券	6178.42	2.4	5269.4	2.2	909.02	17.3
其他负债	9981.04	3.9	14393.55	6.0	-4412.51	-30.7
负债总计	253546.6	100	239459.9	100	14086.7	5.9

1. 同业往来负债

工商银行 2018 年末同业往来负债总额为 23292.96 亿元，降幅 15.4%（见表 8）。2018 年同业和其他金融机构存放款项 13282.46 亿元，占同业往来负债的 57.0%，比 2017 年提高 12.9 个百分点。拆入资金 4862.49 亿元，占比 20.9%，下降 3 个百分点。卖出回购 5148.01 亿元，占比由 2017 年的 38.0% 降至 22.1%。

表 8   同业往来负债构成

	2018 年 12 月 31 日		2017 年 12 月 31 日		变动额（亿元）	变动率（%）
	金额（亿元）	占比（%）	金额（亿元）	占比（%）		
同业存放	13282.46	57.0	12146.01	44.1	1136.45	9.4
拆入资金	4862.49	20.9	4919.48	17.9	-56.99	-1.2
卖出回购	5148.01	22.1	10463.38	38.0	-5315.37	-50.8
合计	23292.96	100	27528.87	100	-4235.91	-15.4

2. 吸收存款

截至 2018 年末，工商银行吸收存款余额 21.14 万亿元，增长 10.0%，占总负债的 84.44%，比重较 2017 年提升 4.15 个百分点。

公司存款余额 114811.4 亿元，同比增长 8.7%（见表 9），占存款总额的比重为 54.3%；个人存款 94364.18 亿元，同比增长 12.6%。

表 9   存款客户结构

	2018 年 12 月 31 日		2017 年 12 月 31 日		变动额（亿元）	变动率（%）
	金额（亿元）	占比（%）	金额（亿元）	占比（%）		
公司存款	114811.4	54.3	105576.9	54.9	9234.52	8.7
个人存款	94364.18	44.6	83801.06	43.6	10563.12	12.6
其他存款	2224.61	1.1	2885.54	1.5	-660.93	-22.9
合计	211400.2	100	192263.5	100	19136.71	10.0

截至 2018 年 12 月 31 日，工商银行活期存款占比 48.9%（见表 10），同比下降 2.5 个百分点。

表 10　　　　　　　　　　　　　　　存款定活结构

	2018 年 12 月 31 日		2017 年 12 月 31 日		变动额（亿元）	变动率（%）
	金额（亿元）	占比（%）	金额（亿元）	占比（%）		
活期存款	103363.2	48.9	98901.96	51.4	4461.22	4.5
定期存款	105812.4	50.1	90475.99	47.1	15336.42	17.0
其他存款	2224.61	1.1	2885.54	1.5	-660.93	-22.9
合计	211400.2	100	192263.5	100	19136.71	10.0

3. 已发行债务证券

2018 年末，工商银行应付债余额 6178.42 亿元，同比增长 17.3%（见表 11）。其中已发行次级债券和二级资本债券为 2824.59 亿元，同比增长 0.5%；其他已发行债券证券为 3353.83 亿元，同比增长 36.4%。

表 11　　　　　　　　　　　　　　　应付债券结构

	2018 年 12 月 31 日		2017 年 12 月 31 日		变动额（亿元）	变动率（%）
	金额（亿元）	占比（%）	金额（亿元）	占比（%）		
已发行次级债券和二级资本债券	2824.59	45.7	2811.08	53.3	13.51	0.5
其他已发行债券证券	3353.83	54.3	2458.32	46.7	895.51	36.4
合计	6178.42	100	5269.4	100	909.02	17.3

（三）收入、支出及利润

1. 利润分析

（1）利润

2018 年，工商银行营业利润为 3711.87 亿元（见表 12），利润总额为 2987.23 亿元，净利润为 2987.23 亿元，分别增长 2.6%、2.1% 和 3.9%。

表 12　　　　　　　　　　　　　　　利润表

	2018 年（亿元）	2017 年（亿元）	变动额（亿元）	变动率（%）
营业收入	7737.89	7265.02	472.87	6.5
营业支出	4026.02	3646.6	379.42	10.4
营业利润	3711.87	3618.42	93.45	2.6
利润总额	3724.13	3646.41	77.72	2.1
净利润	2987.23	2874.51	112.72	3.9

（2）拨备前利润情况

工商银行 2018 年度计提资产减值 1615.94 亿元，较 2017 年同比上涨 26.5%，考虑计提资产减值因素，工商银行 2018 年拨备前利润为 8129.87 亿元，同比增长 7.4%（见表 13）。

表 13　　拨备前利润

	2018 年（亿元）	2017 年（亿元）	变动额（亿元）	变动率（%）
利润总额	3724.13	3646.41	77.72	2.1
本年计提资产减值	1615.94	1277.69	338.25	26.5
一般准备	2789.80	2648.92	140.88	5.3
拨备前利润	8129.87	7573.02	556.85	7.4

2. 收入分析

2018 年工商银行实现营业收入 7737.89 亿元，同比增长 6.5%（见表 14）。其中利息净收入占比为 74.0%，比 2017 年上升 2.1 个百分点；净手续费及佣金收入占比 18.8%，比上年下降 0.4 个百分点；投资净收益占比 2.4%，比上年提升 0.8 个百分点；而其他收入占比从 2017 年的 7.3% 下降至 2018 年的 4.8%。

表 14　　营业收入构成

	2018 年		2017 年		变动额（亿元）	变动率（%）
	金额（亿元）	占比（%）	金额（亿元）	占比（%）		
利息净收入	5725.18	74.0	5220.78	71.9	504.4	9.7
手续费及佣金净收入	1453.01	18.8	1396.25	19.2	56.76	4.1
投资净收益	188.21	2.4	119.27	1.6	68.94	57.8
其他	371.49	4.8	528.72	7.3	−157.23	−29.7
合计	7737.89	100	7265.02	100	472.87	6.5

（1）利息净收入

2018 年工商银行实现利息收入 9480.94 亿元，同比增长 10.0%（见表 15），主要是客户贷款和垫款迅速增长所致。2018 年，该行存放央行利息收入为 492.46 亿元，同比增长 1.9%；投资性利息收入为 2001.57 亿元，同比增加 8.1%；同业往来利息收入为 586.6 亿元，同比增长 5.9%；客户贷款和垫款利息收入为 6400.31 亿元，占利息收入的 67.5%，同比增长 11.8%。

表 15　　利息收入构成

	2018 年		2017 年		变动额（亿元）	变动率（%）
	金额（亿元）	占比（%）	金额（亿元）	占比（%）		
存放中央银行款项	492.46	5.2	483.35	5.6	9.11	1.9
投资性利息收入	2001.57	21.1	1851.81	21.5	149.76	8.1
同业往来	586.6	6.2	553.9	6.4	32.7	5.9
客户贷款和垫款	6400.31	67.5	5726.88	66.5	673.43	11.8
利息收入合计	9480.94	100	8615.94	100	865	10.0

2018 年工商银行利息支出 3755.76 亿元，同比增长 10.6%（见表 16）。其中 2018 年同业往来支出为 649.91 亿元，同比增长 11.3%；吸收存款利息支出为 2802.12 亿元，同比增长 7.4%；应付债券利息支出 303.73 亿元，同比增长 50.8%。

表 16 利息支出构成

	2018 年		2017 年		变动额（亿元）	变动率（%）
	金额（亿元）	占比（%）	金额（亿元）	占比（%）		
同业往来	649.91	17.3	584.18	17.2	65.73	11.3
吸收存款	2802.12	74.6	2609.56	76.9	192.56	7.4
应付债券	303.73	8.1	201.42	5.9	102.31	50.8
合计	3755.76	100	3395.16	100	360.6	10.6

（2）手续费及佣金净收入

2018 年工商银行净手续费及佣金净收入为 1453.01 亿元，同比增长 4.1%；手续费及佣金净收入为 1623.47 亿元，同比增长 2.3%（见表 17）。其中，银行卡业务收入 437.19 亿元，增幅 13.0%，主要是信用卡分期付款手续费和消费回佣收入增长较快；结算、清算及现金管理业务收入增加 49.65 亿元，主要是第三方支付业务增长较快带动收入增加；承诺及担保业务收入增加 20.43 亿元，主要是承诺业务增长较快带动收入增加。同时受资产管理产品于 2018 年开始缴纳增值税等因素，个人理财及对公理财等业务收入有所下降。

表 17 手续费及佣金净收入构成

	2018 年		2017 年		变动额（亿元）	变动率（%）
	金额（亿元）	占比（%）	金额（亿元）	占比（%）		
银行卡	437.19	26.9	386.92	24.4	50.27	13.0
结算、清算及现金管理	317.85	19.6	268.2	16.9	49.65	18.5
个人理财及私人银行	275.96	17.0	328.46	20.7	−52.5	−16.0
投资银行	240.02	14.8	231.89	14.6	8.13	3.5
对公理财	145.82	9.0	189.84	12.0	−44.02	−23.2
资产托管	70.45	4.3	67.31	4.2	3.14	4.7
代理收付及委托	19.59	1.2	18.05	1.1	1.54	8.5
承诺及担保	88.61	5.5	68.18	4.3	20.43	30.0
其他业务	27.98	1.7	27.81	1.8	0.17	0.6
手续费及佣金收入	1623.47	100	1586.66	100	36.81	2.3
减：手续费及佣金支出	170.46	10.5	190.41	12.0	−19.95	−10.5
手续费及佣金净收入	1453.01	89.5	1396.25	88.0	56.76	4.1

3. 支出分析

2018 年，营业支出 4026.02 亿元，增长 10.4%（见表 18）。其中业务及管理费占全部营业支出比重下降至 46.0%；而资产减值损失占全部营业支出比重上升至 40.1%。

表 18　　　　　　　　　　　　　　　　营业支出构成

	2018 年		2017 年		变动额（亿元）	变动率（%）
	金额（亿元）	占比（%）	金额（亿元）	占比（%）		
营业税金及附加	77.81	1.9	74.65	2.0	3.16	4.2
业务及管理费	1850.41	46.0	1777.23	48.7	73.18	4.1
资产减值损失	1615.94	40.1	1277.69	35.0	338.25	26.5
其他业务成本	481.86	12.0	517.03	14.2	-35.17	-6.8
营业支出合计	4026.02	100	3646.6	100	379.42	10.4

　　2018 年，业务及管理费 1850.41 亿元，同比增长 4.1%（见表 19），其中职工费用和业务费用分别占比 65.4% 和 26.1%，比 2017 年分别增长 5.3% 和 4.1%。

表 19　　　　　　　　　　　　　　　　业务及管理费构成

	2018 年		2017 年		变动额（亿元）	变动率（%）
	金额（亿元）	占比（%）	金额（亿元）	占比（%）		
工资及奖金	769.85	41.6	749.19	42.2	20.66	2.8
职工福利	271.37	14.7	256.42	14.4	14.95	5.8
离职后福利—设定提存计划	169.52	9.2	143.93	8.1	25.59	17.8
职工费用小计	1210.74	65.4	1149.54	64.7	61.2	5.3
折旧	125.39	6.8	129.37	7.3	-3.98	-3.1
资产摊销	32.07	1.7	30.5	1.7	1.57	5.1
业务费用	482.21	26.1	467.82	26.3	14.39	3.1
合计	1850.41	100	1777.23	100	73.18	4.1

　　2018 年，工商银行人均薪酬 26.95 万元，比 2017 年增长 6.2%（见表 20）；人均费用 41.18 万元，同比增长 5.0%；点均业务及管理费 1100.12 万元，比 2017 年增长 4.5%；2018 年员工数及网点数分别为 449296 人和 16820 个，分别较 2017 年下降 0.8% 和 0.4%。

表 20　　　　　　　　　　　　　　　　人均薪酬及产值情况

	2018 年	2017 年	变动额	变动率（%）
员工数（人）	449296	453048	-3752	-0.8
网点数（个）	16820	16888	-68	-0.4
人均薪酬（万元）	26.95	25.37	1.57	6.2
人均费用（万元）	41.18	39.23	1.96	5.0
人均产值（万元）	172.22	160.36	11.86	7.4
人均产值/人均薪酬	6.39	6.32	0.07	1.1
点均业务及管理费（万元）	1100.12	1052.36	47.76	4.5

（四）金融科技及产品创新

1. 金融科技

2018 年，工商银行积极运用金融科技先进技术手段构建适应未来发展的综合化、智能化、生态化的现代金融产品服务体系，通过深入开展金融科技探索与实践，积极探索深化普惠金融、绿色金融服务支撑，构建更具新时代基因、更加智慧的金融服务。

在机构设置方面，2018 年该行整合信息科技部、产品创新管理部，正式成立金融科技部，力求运用新思维、新模式、新技术，解决业务需求质量、科技研发效能等问题，建立高效便捷的科技管理体系和产品研发模式，以内部机制与流程的完善优化加快推动信息技术的代际跃升。

在业务板块方面，工商银行在同业中率先成立了"七大创新实验室"，包括区块链与生物识别创新实验室、云计算创新实验室、数字化银行创新实验室、互联网金融创新实验室、机房设备及基础设施创新实验室、大数据与人工智能创新实验室和主机平台网络创新实验室，积极布局人工智能、生物识别、区块链、物联网等前沿技术领域，培养了一批专业型人才，研发了一系列拥有核心知识产权的金融科技平台，建立起在同业中领先的技术能力。

2. 产品创新

2018 年，工商银行正式对外发布 API 开放平台门户，提供 9 大类 610 项 API 服务，对接合作方 940 余家，依托 API 实现账户、支付、投资理财等优势产品服务的标准化封装输出，辐射亿级个人客户；创新打造金融生态云，为企业客户提供集成该行金融服务的行业 SaaS 服务；实施融 e 行、融 e 购、融 e 联三大平台智慧升级，有力提升互联网金融三大平台对客服务能力。

此外，工商银行启动实施智慧银行信息系统（ECOS）工程，助推智慧银行战略落地，主体完成个人账户、个人存款、信用卡、对公支付结算等 28 个领域业务架构整合构建工作，建立全区域、全介质、开放化的账户服务新体系，实现存款产品灵活快速配置，有效解决个人账户开销户与挂失等 400 余个热点、痛点问题。

三、社会责任分析

（一）经济绩效

1. 盈利指标

2018 年，工商银行的总资产约为 27.70 万亿元，同比增长 6.18%（见表 21）；净利润方面，2018 年全年为 2987.23 亿元，相较 2017 年增长了 3.92%，但低于总资产增速。2018 年不良贷款率为 1.52%，与 2017 年相比降低 0.03 个百分点。与此同时，资本充足率也有所上升，2018 年为 15.39%，与 2017 年相比增长 0.25 个百分点。2018 年平均 ROA 为 1.11%，相较 2017 年下降 0.03 个百分点。平均 ROE 2018 年为 13.79%，与 2017 年相比降低 0.56 个百分点。

表 21		经济绩效指标		
	2018 年	2017 年	变动额	变动率（%）
资产总额（万亿元）	27.7	26.09	1.61	6.2
净利润（亿元）	2987.23	2874.51	112.72	3.9
不良贷款率（%）	1.52	1.55	-0.03	-1.9
资本充足率（%）	15.39	15.14	0.25	1.7
平均 ROA（%）	1.11	1.14	-0.03	-2.6
平均 ROE（%）	13.79	14.35	-0.56	-3.9

2. 社会贡献

社会贡献方面，2018 年该行全年纳税额为 1207 亿元，较 2017 年提升 3.6%（见表 22）；公益捐赠额为 10425 万元，较上一年增长了 33.79%，有较大的提升；每股社会贡献值①为 2.53 元，相较于 2017 年的 2.40 元，提升了 5.4%。

表 22		社会贡献		
	2018 年	2017 年	变动额	变动率（%）
纳税（亿元）	1207	1165	42	3.6
公益捐赠（万元）	10425	7792	2633	33.8
每股社会贡献值（元）	2.53	2.4	0.13	5.4

3. 机构情况

2018 年，工商银行的营业网点数、自助银行数和 ATM 数分别为 16004、26786 和 89646，均较 2017 年有所减少（见表 23）。

表 23		机构及供应商情况		
	2018 年	2017 年	变动额	变动率（%）
营业网点数目（家）	16004	16092	-88	-0.5
自助银行数量（家）	26786	27196	-410	-1.5
ATM 数量（台）	89646	100000	-10354	-10.4

（二）公司治理

工商银行不断完善由股东大会、董事会、监事会和高级管理层组成的"权责分明、各司其职、相互协调、有效制衡"的公司治理制衡机制，健全党的领导建设与公司治理机制的有机结合，优化权力机构、决策机构、监督机构和执行机构之间决策科学、执行有力、监督有效、运行稳健的公司治理运作机制。工商银行股东大会下设董事会和监事会。

董事会是股东大会的执行机构，向股东大会负责。董事会下设战略委员会、风险管理委员会、提名委员会、薪酬委员会、关联交易控制委员会、审计委员会六个专门委员会。截至 2018 年末，董事会共有董事 13 名，其中执行董事 2 名，非执行董事 5 名，独立董事 6 名。

监事会是监督机构，向股东大会负责。内部审计局要分别向审计委员会和监事会汇报。

---

① 每股社会贡献值＝每股收益＋（纳税总额＋职工费用＋利息支出＋公益投入总额－社会成本）÷期末总股本。

截至 2018 年末，监事会共有监事 5 名，其中股东代表监事 1 名，职工代表监事 2 名，外部监事 2 名（见图1）。

  信息披露方面，工商银行通过建立实时沟通与定期沟通相结合、专项沟通与国际交流相搭配的沟通机制，确保与各关键利益方常态化交流，并积极发挥新媒体平台的作用，鼓励相关方参与互动；实时沟通方面，公司官网及内部网讯设立社会责任专栏，保持信息及时更新和发布，通过官方微博、融 e 联、第三方社交平台等新媒体渠道，加强与公众的互动交流；定期沟通方面，每年发布社会责任报告，定期发布业绩报告。专项沟通方面，召开职工代表大会、员工沟通会，进行路演与反向路演；国际交流方面，参加联合国环境规划署相关会议、联合国全球契约组织相关会议以及全球报告倡议组织相关会议。

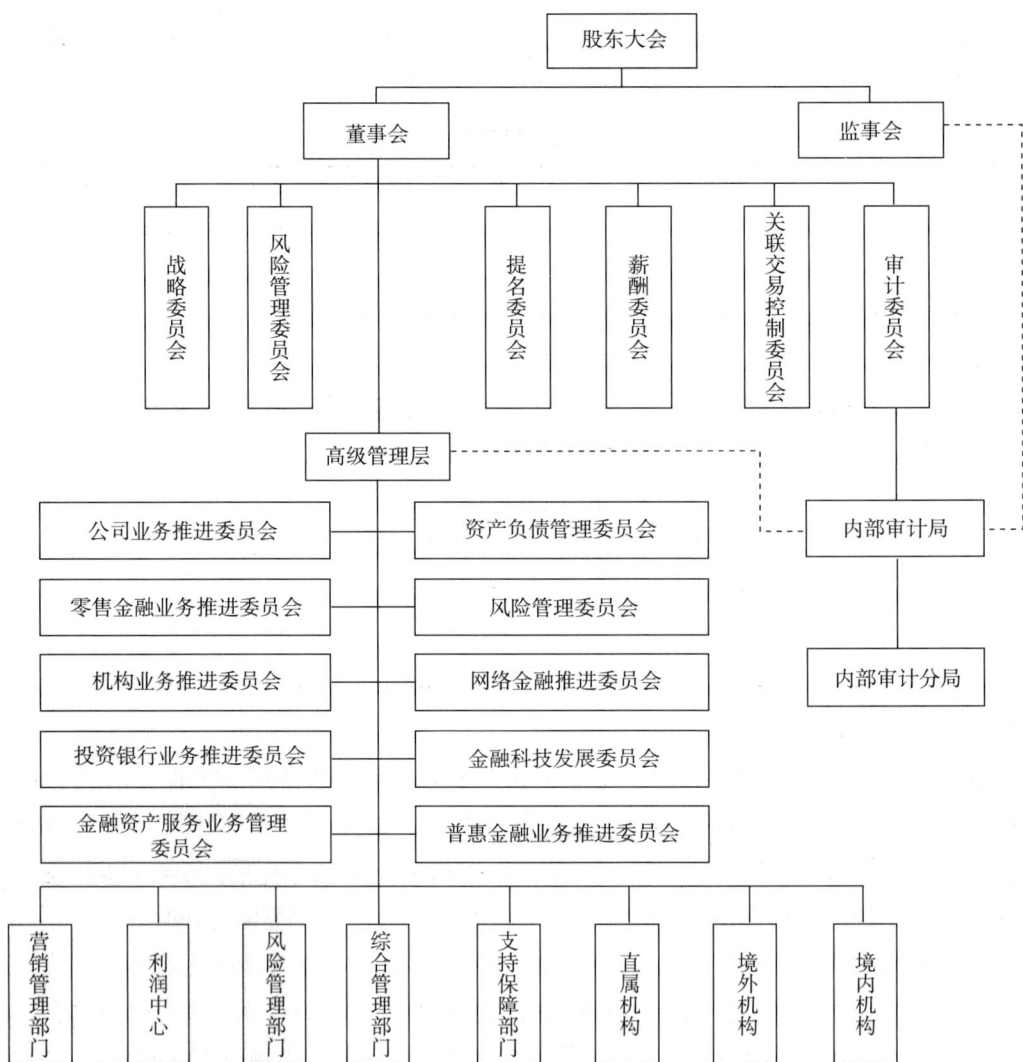

注：图中实线为第一汇报路线；虚线为第二汇报路线。

图1　工商银行管理架构

（三）社会绩效

1. 扶贫

工商银行成立了金融扶贫工作领导小组，统筹完善扶贫工作机制。2018 年是实施精准脱贫攻坚战三年行动的第一年，该行坚持精准扶贫、精准脱贫基本方略，创新推进扶贫工作，不断加大金融支持和精准帮扶力度，精准对接贫困地区需求。截至 2018 年末，金融精准扶贫贷款余额达到 1559.45 亿元，较期初增长 22.76%。

工商银行创新精准扶贫模式，紧紧围绕贫困地区的金融需求，重点从信贷投放、产品创新、服务供给等方面突破，深入推进扶贫工作开展，真正使金融扶贫发挥出更大的撬动作用，全力推进新时期金融精准扶贫工作。具体来看主要有以下三种形式。

（1）打造产业扶贫生态链。通过联合多家机构成立"精准扶贫美好生活联盟"，为贫困户提供包括线上开店、产品推广、综合金融和低价物流、人员培训在内的"成长呵护"式服务，打造"大型银行＋中央媒体＋物流通道＋运营直销"的产业扶贫生态链。

（2）推进电商支农扶贫。充分发挥强大的信息科技力量，依靠自身"融 e 购"电商平台影响力，整合物流、资金流与信息流，帮助贫困地区农企、农户通过网络销售农资、农产品。围绕打造"第一扶贫电商"，建立了"一通道五支持"链式帮扶模式，包括开辟"绿色通道"帮助商户两周内快速上线，提供"电商运营培训＋品牌打造＋手续费保证金双免优惠＋市场推广补贴＋融资支持"五项支持措施。截至 2018 年末，该行在"融 e 购"开设了 22 家"扶贫馆"，已经有 281 个贫困县 574 家企业的 7600 多种产品在"融 e 购"电商平台销售。2018 年"融 e 购"销售贫困地区农产品金额近 1.1 亿元。

（3）消费扶贫。2018 年，工商银行将购买贫困地区农产品、帮助销售农产品作为金融扶贫的重要手段，鼓励各分支机构在采购时优先考虑贫困地区农产品。截至 2018 年末，全行已实现采购额 2584.67 万元。

2. 普惠

2018 年，工商银行坚持以"真做小微，做真小微"为指导思想，按照商业可持续原则，积极推动普惠金融业务整体向上发展，普惠领域各项贷款实现全面增长，资产质量稳中向好。截至 2018 年末，该行境内普惠贷款余额 3216.85 亿元（银保监会口径），较年初增加 492.03 亿元，增幅 18.1%。

在普惠机构建设方面，工商银行充分发挥普惠金融业务推进委员会协调议事作用，进一步强化普惠金融事业部作为普惠领域金融业务牵头部门的职能，推动形成普惠金融联动发展局面。在总行和一级分行成立普惠金融事业部的基础上，进一步完善二级分行层面的普惠金融垂直管理体系。截至 2018 年末，已在 428 家二级分行设立了普惠金融事业部。银行共批复组建 258 个小微中心，其中 250 家已挂牌运营，80 家重点城市行中 79 家已设立小微中心。

在线上普惠产品创新方面，工商银行大力推进"一体两翼"普惠金融发展策略，积极探索网络融资新模式，以现有客户资源和行内数据为"主体"，以外部场景和分行特色场景创新为"两翼"，加快构建线上普惠经营模式。依托金融科技，按照数据有价值、信用可变现、融资高效率的理念，加速产品迭代，不断优化客户体验，打造了以小微金融服务平台"一个平台"和经营快贷、网贷通和线上供应链融资"三大类产品"为核心的线上小微金融服务体系。

在延伸线下服务模式方面，积极推进标准化、批量化业务"集中运营"，通过专业化分工、流水线作业提高运营效率，化解单户融资小额化带来的客户经理管户瓶颈问题，为大规模的业务拓展提供有力支撑。围绕营销组织中心、业务处理中心、风险管控中心以及O2O落地服务中心四个中心建设目标，强化小微中心的"经营"职能。下沉经营重心，以"分行小微中心＋支行分中心"的形式，将经营触角进一步向小微资源丰富、经营管理能力较强的重点支行延伸。

3. 员工

（1）员工人数及结构

2018年末，工商银行共有员工449296人，比上年末相比减少3752人。其中境内控股子公司员工6660人，境外机构员工15687人。2016年、2017年和2018年招聘女性员工占比分别为59%、57%和56%。境内员工中专业构成及教育程度分布如图2所示。

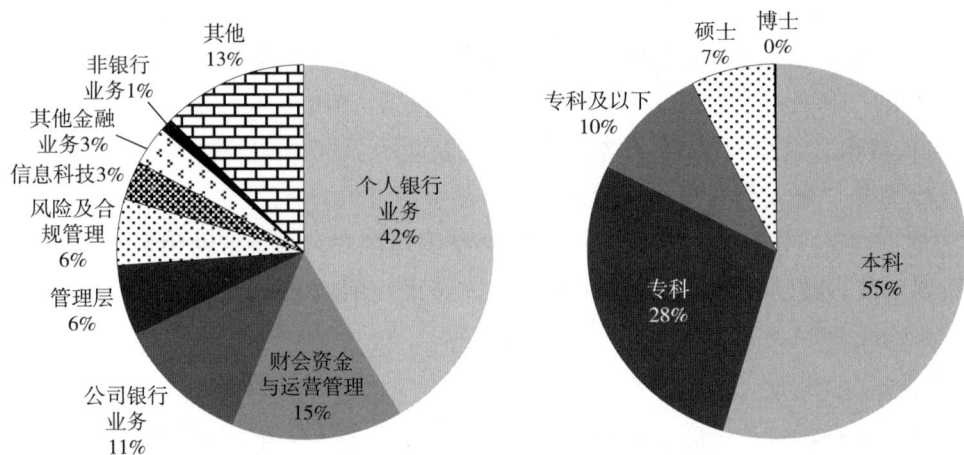

图2　境内员工专业构成及教育程度分布

（2）员工培训

工商银行聚焦学习型银行建设，围绕集团经营转型、业务发展和员工需求，统筹优化管理人员、专业人员和基层一线员工培训，拓展发挥战略传导、研讨交流、问题解决、学习共享平台优势。2018年，共举办各类培训4.47万期，培训524万人次，人均受训约10.43天，为增强员工岗位履职能力提供了必要的培训支持。

4. 客户数量及满意度

截至2018年末，工商银行互联网金融客户规模创历史新高达到4.29亿户，其中"融e行"用户达到了3.13亿户，增长率为10.8%；"融e购"B2C客户达1.23亿户，增长率为41.3%；"融e联"用户达到1.50亿户，增长率为31.6%。从客户满意度来看，第三方调查显示，2018 年客户满意度较上年上升 4.5 个百分点。

（四）环境绩效

1. 绿色金融

2018 年工商银行积极践行创新、协调、绿色、开放、共享的五大发展理念，将加强绿色金融建设作为长期坚持的重要战略，从政策制度、管理流程、业务创新、自身表现等各个方面，全面推进绿色金融建设，积极支持绿色产业发展，加强环境和社会风险防控，持续推进低碳运营，实现经济效益、社会效益、生态效益同步提升。

在绿色信贷方面，截至 2018 年末，工商银行投向生态保护、清洁能源、资源循环利用等节能环保项目的境内绿色信贷余额 12377.58 亿元，增幅 12.61%，高于同期境内公司贷款余额增速约 6.6 个百分点。

在绿色债券方面，2018 年工商银行继续积极践行绿色金融，助力绿色债券市场发展，累计承销各类绿色债券 6 只，募集资金总量 655.1 亿元，发行 2 只双币种绿色债券。

2. 环保

工商银行倡导绿色办公理念，持续丰富办公信息化系统内涵，积极推广无纸化办公，研发并推广无纸化会议。进一步严格用车制度，继续构建以自有车辆为主、网约车等社会化车辆为辅的多元化公务用车保障格局。

在推行无纸化会议方面，工商银行总部基于办公信息化平台和 PAD 设备，在移动端实现会议材料安全呈阅、便捷管控、统一归档等功能，与传统的会议材料印制模式相比，该系统具有"更安全、更便捷、更绿色"的特点。

在倡导节约用水方面，工商银行总部通过优化用水主管道截门调节供水用量，建立剩水回收和保洁用水再利用机制，实现直饮水过滤废水输送中央空调冷却塔再利用，年节水 2181 吨。2018 年总部材料印制消耗纸张同比下降 0.11%，车辆耗油量同比下降 10.93%。

年报二　中国农业银行 2018 年度报告分析

一、基本情况及发展战略

（一）基本情况

中国农业银行股份有限公司（以下简称农业银行）的前身为 1951 年成立的农业合作银行。2009 年 1 月，农业银行整体改制为股份有限公司。2010 年 7 月，农业银行分别在上海证券交易所（601288）和香港联合交易所（01288.HK）挂牌上市。

截至 2018 年 12 月 31 日，农业银行的主要大股东为汇金公司和财政部，持有股权比例分别为 40.03% 和 39.21%。农业银行总资产 22.61 万亿元，营业收入 5985.88 亿元，贷款和垫款 11.46 万亿元，不良贷款率 1.59%，当年实现净利润 2026.31 亿元。

（二）发展战略

2016—2020 年，农业银行以建设成为一家经营特色明显、服务高效便捷、功能齐全协同、价值创造能力突出的国际一流商业银行集团为战略目标，进一步突出"服务'三农'、做强县域；突出重点、做优城市；集团合成、做高回报"三大经营定位，着力推动从"以自我为中心"向"以客户为中心"转型，从"单一信用中介服务商"向"全面金融服务商"转型，从"重资本型业务"向"轻资本型业务"转型。

二、业务经营分析

（一）资产分析

截至 2018 年 12 月 31 日，农业银行资产总额 22.61 万亿元[①]，同比增加 7.4%，主要是由集团贷款及垫款、证券投资增长拉动。农业银行的现金及存放中央银行款项、同业往来资产有所下滑，分别同比减少 3.2% 和 12.2%（见表 1）。

---

① 本报告数据来源：2018 年和 2017 年中国农业银行年度报告。

表 1　　　　　　　　　　　　　　　　　　资产规模及构成

	2018 年 12 月 31 日		2017 年 12 月 31 日		变动额（亿元）	变动率（％）
	金额（亿元）	占比（％）	金额（亿元）	占比（％）		
现金及存放央行款项	28051.07	12.4	28966.19	13.8	-915.12	-3.2
同业往来资产	10327.42	4.6	11759.00	5.6	-1431.58	-12.2
发放贷款和垫款	114615.42	50.7	103163.11	49.0	11452.31	11.1
证券投资	68850.75	30.5	61527.43	29.2	7323.32	11.9
其他资产	4250.05	1.9	5118.09	2.4	-868.04	-17.0
资产总计	226094.71	100.0	210533.82	100.0	15560.89	7.4

1. 同业往来资产

2018 年末，农业银行同业往来资产共计 1.03 万亿元，同比减少 12.2%（见表 2），主要是存款同业及其他金融机构款项和买入返售款项减少所致。农业银行存放同业款项 1097.28 亿元，同比减少 15.8%，拆出资金 5520.13 亿元，同比增长 9.3%，买入返售金融资产 3710.01 亿元，同比减少 31.3%。

表 2　　　　　　　　　　　　　　　　　　同业往来资产构成

	2018 年 12 月 31 日		2017 年 12 月 31 日		变动额（亿元）	变动率（％）
	金额（亿元）	占比（％）	金额（亿元）	占比（％）		
存放同业	1097.28	10.6	1302.45	11.1	-205.17	-15.8
拆出资金	5520.13	53.5	5052.69	43.0	467.44	9.3
买入返售款项	3710.01	35.9	5403.86	46.0	-1693.85	-31.3
合计	10327.42	100.0	11759.00	100.0	-1431.58	-12.2

2. 贷款和垫款

2018 年末，农业银行客户贷款与垫款净额 11.46 万亿元，占资产总额的 50.7%，同比增长 11.1%。

（1）贷款和垫款客户结构

2018 年末，贷款和垫款总额 11.91 万亿元（见表 3），其中公司类贷款和垫款为 6.51 万亿元，同比增长 6.0%，占贷款和垫款总额的 54.7%；个人贷款为 4.67 万亿元，同比增长 16.6%，占贷款和垫款总额的 39.2%；票据贴现为 0.34 万亿元，同比增长 83.4%，占贷款和垫款总额的 2.9%。

表 3 企业及个人贷款和垫款

	2018 年 12 月 31 日		2017 年 12 月 31 日		变动额（亿元）	变动率（%）
	金额（亿元）	占比（%）	金额（亿元）	占比（%）		
公司类贷款	65143.83	54.7	61475.84	57.3	3667.99	6.0
票据贴现	3439.61	2.9	1875.02	1.7	1564.59	83.4
个人贷款	46658.71	39.2	40002.73	37.3	6655.98	16.6
－ 个人住房贷款	36605.74	30.7	31334.74	29.2	5271	16.8
－ 个人消费贷款	1580.09	1.3	1375.25	1.3	204.84	14.9
－ 个人经营贷款	2156.16	1.8	2046.81	1.9	109.35	5.3
－ 个人卡透支	3807.19	3.2	3175.47	3.0	631.72	19.9
－ 农户贷款	2499.87	2.1	2060.44	1.9	439.43	21.3
－ 其他	9.66	0.0	10.02	0.0	－0.36	－3.6
境外及其他	3894.10	3.3	3852.52	3.6	41.58	1.1
贷款和垫款总额	119136.25	100.0	107206.11	100.0	11930.14	11.1
加：以摊余成本计量的贷款和垫款应收利息	270.60	—	—	—	—	—
减：减值准备	4791.43	—	4043.00	—	748.4	18.5
贷款和垫款净额	114615.42	—	103163.11	—	11452.31	11.1

注：2018 年因新增"以摊余成本计量的贷款和垫款应收利息"，贷款和垫款总额统计口径与 2017 年存在差异。但影响较小，故忽略这种变化的影响。

（2）不良贷款

截至 2018 年 12 月 31 日，农业银行不良贷款余额 1900.02 亿元，减少 40.3 亿元，不良贷款率 1.59%，较 2017 年下降 0.22 个百分点（见表 4）。2018 年，农业银行核销未结清的合同金额为 665.93 亿元；不良贷款拨备覆盖率为 208.37%，较 2017 年增加 34.97 个百分点；贷款拨备率 3.77%，较 2017 年下降 0.35 个百分点。

表 4 贷款五级分类

	2018 年 12 月 31 日		2017 年 12 月 31 日		变动额（亿元）	变动率（%）
	金额（亿元）	占比（%）	金额（亿元）	占比（%）		
正常类贷款	113972.04	95.7	101757.64	94.9	12214.4	12.0
关注类贷款	3264.19	2.7	3508.15	3.3	－243.96	－7.0
不良类贷款	1900.02	1.6	1940.32	1.8	－40.30	－2.1
次级类贷款	453.88	0.4	388.77	0.4	65.11	16.7
可疑类贷款	1262.74	1.1	1314.79	1.2	－52.05	－4.0
损失类贷款	183.40	0.2	236.76	0.2	－53.36	－22.5
贷款合计	119136.25	100.0	107206.11	100.0	11930.14	11.1

（3）小微企业贷款

2018 年农业银行着力打造普惠金融"五专"经营机制，按照零售化、小额化、标准化、批量化的思路建立专门的小微企业信贷管理体系，形成了具有农行特色的"三农 + 小微"双轮驱动的普惠金融服务体系，普惠金融业务获得央行年度涉农和小微企业信贷政策导向效果评估"双第一"。截至 2018 年末，银保监会"两增两控"① 监管口径普惠金融贷款余额 4937 亿元，较上年末增加 1107 亿元，同比增速 28.9%，高于全行贷款增速；贷款户数 244.5 万户，较上年末增长 28.4 万户。

3. 证券投资

截至 2018 年末，农业银行证券投资总额 6.89 万亿元，占总资产 30.5%，增长 11.9%。其中，以公允价值计量且其变动计入损益的金融资产为 6432.45 亿元，占证券投资的 9.5%；以摊余成本法计量的债权投资为 44220.90 亿元，占证券投资的 65.2%；以公允价值计量且其变动计入其他综合收益的其他债权和其他权益工具投资为 17191.91 亿元，占证券投资的 25.3%。

截至 2018 年末，农业银行债券投资 6.54 万亿元，较上年增长 11.7%（见表 5），主要是政府债、公共实体发行债券和企业债迅速增长，其同比分别增长 20.0%、21.3% 和 12.0%。

表5　　　　　　　　　　　　　债券投资发行主体构成

	2018 年 12 月 31 日		2017 年 12 月 31 日		变动额（亿元）	变动率（%）
	金额（亿元）	占比（%）	金额（亿元）	占比（%）		
政府债①	34238.95	52.3	28525.34	48.7	5713.61	20.0
金融债②	24431.70	37.3	24164.08	41.2	267.62	1.1
企业债	4489.85	6.9	4007.62	6.8	482.23	12.0
其他③	2286.4	3.5	1884.14	3.2	402.26	21.3
债券总额	65446.9	100.0	58581.18	100.0	6865.72	11.7

注：①包括政府发行债券、应收财政部款项和特别国债。

②包括政策性银行债和同业发行的债券。

③包括公共实体发行的债券。

（二）负债分析

截至 2018 年 12 月 31 日，农业银行负债总额为 20.93 万亿元，较上年末增长 6.7%（见表 6），主要是客户存款、应付债券和向中央银行借款增加所致，同比分别增长 7.1%、64.3%、20.4%。

① "两增两控"目标："两增"即单户授信总额 1000 万元以下（含）小微企业贷款同比增速不低于各项贷款同比增速，有贷款余额的户数不低于上年同期水平；"两控"即合理控制小微企业贷款资产质量水平和贷款综合成本（包括利率和贷款相关的银行服务收费）水平。

表6　　　　　　　　　　　　　　　　　负债规模及构成

	2018 年 12 月 31 日		2017 年 12 月 31 日		变动额（亿元）	变动率（%）
	金额（亿元）	占比（%）	金额（亿元）	占比（%）		
向中央银行借款	5611.95	2.7	4659.47	2.4	952.48	20.4
同业往来负债	16069.64	7.7	15745.8	8.0	323.84	2.1
客户存款	173462.9	82.9	161942.79	82.5	11520.11	7.1
应付债券	7806.73	3.7	4750.17	2.4	3056.56	64.3
其他负债	6395.62	3.1	9141.62	4.7	−2746	−30.0
负债总计	209346.84	100.0	196239.85	100.0	13106.99	6.7

1. 同业往来负债

农业银行 2018 年末同业往来负债 16069.64 亿元，增幅 2.1%（见表7）。其中，同业和其他金融机构存放款项 11243.22 亿元，占同业往来负债 70.0%，比 2017 年提高 8.1 个百分点。拆入资金金额 3255.41 亿元，占比 20.3%，增加 2.5 个百分点。卖出回购金融资产 1571.01 亿元，占比由 2017 年的 20.3% 降至 9.8%。

表7　　　　　　　　　　　　　　　　　同业往来负债构成

	2018 年 12 月 31 日		2017 年 12 月 31 日		变动额（亿元）	变动率（%）
	金额（亿元）	占比（%）	金额（亿元）	占比（%）		
同业存放	11243.22	70.0	9747.30	61.9	1495.92	15.3
拆入资金	3255.41	20.3	2800.61	17.8	454.8	16.2
卖出回购	1571.01	9.8	3197.89	20.3	−1626.88	−50.9
合计	16069.64	100.0	15745.8	100.0	323.84	2.1

2. 吸收存款

截至 2018 年末，农业银行吸收存款余额①17.15 万亿元，同比增长 5.9%（见表8）。从客户结构上看，农业银行存款主要集中在个人存款，个人存款余额占总存款的 57.1%，与 2017 年持平。公司存款余额占总存款的 38.3%，较 2017 年下滑 1.1 个百分点；其他存款占总存款的 4.6%，较 2017 年增加 1.1 个百分点。

表8　　　　　　　　　　　　　　　　　存款客户结构

	2018 年 12 月 31 日		2017 年 12 月 31 日		变动额（亿元）	变动率（%）
	金额（亿元）	占比（%）	金额（亿元）	占比（%）		
公司存款	65590.82	38.3	63794.47	39.4	1796.35	2.8
个人存款	97919.74	57.1	92465.10	57.1	5454.64	5.9
其他存款	7945.90	4.6	5683.22	3.5	2262.68	39.8
客户存款总额	171456.46	100.0	161942.79	100.0	9513.67	5.9

---

① 不含应计利息。

从期限结构来看，2018 年末农业银行存款以活期存款为主，活期存款占比 58.2%，较 2017 年下降 0.1 个百分点（见表 9）。定期存款占比 37.1%，较 2017 年下滑 1.1 个百分点，其他存款占比 4.6%。其他存款占比较上年末增加 1.1 个百分点。2018 年末，农业银行存贷比为 68.3%，同比提升 2.64 个百分点。

表 9　　　　　　　　　　　存款定活结构

	2018 年 12 月 31 日		2017 年 12 月 31 日		变动额（亿元）	变动率（%）
	金额（亿元）	占比（%）	金额（亿元）	占比（%）		
活期存款	99872.03	58.2	94383.05	58.3	5488.98	5.8
定期存款	63638.53	37.1	61876.52	38.2	1762.01	2.8
其他存款	7945.90	4.6	5683.22	3.5	2262.68	39.8
存款总额	171456.46	100.0	161942.79	100.0	9513.67	5.9

3. 应付债券

2018 年末，农业银行应付债券 7806.73 亿元，较上年增长 64.3%（见表 10），主要是已发行同业存单猛增所致。2018 年末，农业银行已发行同业存单为 2379.70 亿元，较 2017 年增加 2291.13 亿元。

表 10　　　　　　　　　　　应付债券结构

	2018 年 12 月 31 日		2017 年 12 月 31 日		变动额（亿元）	变动率（%）
	金额（亿元）	占比（%）	金额（亿元）	占比（%）		
已发行债券	2828.80	36.2	2468.33	52.0	360.47	14.6
已发行存款证	2408.97	30.9	1964.12	41.3	444.85	22.6
已发行商业票据	132.83	1.7	29.15	4.8	−96.32	−42.0
已发行同业存单	2379.70	30.5	88.57	1.9	2291.13	2586.8
应计利息	56.43	0.7	—	—	—	—
合计	7806.73	100.0	4750.17	100.0	3056.56	64.3

（三）收入、支出及利润

1. 利润分析

（1）利润表

2018 年，农业银行营业利润 2502.16 亿元（见表 11），利润总额 2516.74 亿元，净利润 2026.31 亿元，分别增长 6.3%、5.1% 和 4.9%，农业银行利润保持稳步增长趋势。

表11　　　　　　　　　　　　　　　公司利润

	2018 年（亿元）	2017 年（亿元）	变动额（亿元）	变动率（%）
营业收入	5985.88	5370.41	615.47	11.5
营业支出	3483.72	3016.83	466.89	15.5
营业利润	2502.16	2353.58	148.58	6.3
加：营业外收入	39.47	58.71	− 19.24	− 32.8
减：营业外支出	24.89	17.51	7.38	42.1
利润总额	2516.74	2394.78	121.96	5.1
减：所得税费用	490.43	463.45	26.98	5.8
净利润	2026.31	1931.33	94.98	4.9

（2）拨备前的利润情况

农业银行 2018 年计提资产减值 2170.03 亿元（见表12），较 2017 年同比上涨 6.8%，考虑计提资产减值的因素，农业银行 2018 年拨备前利润总额为 4686.77 亿元，同比上涨 5.9%。

表12　　　　　　　　　　　　　　　拨备前利润

	2018 年（亿元）	2017 年（亿元）	变动额（亿元）	变动率（%）
利润总额	2516.74	2394.78	121.96	5.1
本年计提资产减值	2170.03	2032.33	137.7	6.8
拨备前利润	4686.77	4427.11	259.66	5.9

2. 收入分析

2018 年，农业银行实现营业收入 5985.88 亿元，同比增长 11.5%（见表13），增速较 2017 年提升 5.0 个百分点，主要是利息净收入、手续费及佣金净收入稳步增长和投资净收益及其他收益飞速增长所致。

表13　　　　　　　　　　　　　　　营业收入构成

	2018 年		2017 年		变动额（亿元）	变动率（%）
	金额（亿元）	占比（%）	金额（亿元）	占比（%）		
利息净收入	4777.60	79.8	4419.30	82.3	358.30	8.1
手续费及佣金净收入	781.41	13.1	729.03	13.6	52.38	7.2
投资净收益	179.31	3.0	62.78	1.2	116.53	185.6
其他	247.56	4.1	159.3	3.0	88.26	55.4
合计	5985.88	100.0	5370.41	100.0	615.47	11.5

（1）利息净收入

利息净收入是营业收入的最大组成部分，2018 年农业银行实现利息净收入 4777.6 亿元，增长 8.1%，占营业收入的 79.8%。

2018 年，农业银行实现利息收入 7847.24 亿元，同比增长 10.0%（见表14）。其中，发放贷款和垫款利息收入5026.16亿元，较上年增加611.41亿元，增长13.8%，主要是由于平均余额增加10600.57亿元以及平均收益率上升14个基点。债券投资利息收入2161.18亿元，较上年增加156.43亿元，主要是由于平均余额增加3314.31亿元以及平均收益率上升6个基点。平均收益率上升主要是受市场环境等因素影响，债券市场利率同比有所提高。

存放中央银行款项利息收入407.01亿元，较上年减少9.03亿元，主要是由于平均余额下降594.49亿元。拆放同业利息收入252.89亿元，较上年减少48.56亿元，主要是由于平均余额减少1583.74亿元，但部分被平均收益率上升5个基点所抵销。平均收益率上升主要是由于受市场环境因素影响，货币市场利率同比有所提高。

表14　　　　　　　　　　　　　　　　　利息收入构成

	2018年		2017年		变动额（亿元）	变动率（%）
	金额（亿元）	占比（%）	金额（亿元）	占比（%）		
存放中央银行款项	407.01	5.2	416.04	5.8	-9.03	-2.2
投资性利息收入	2161.18	27.5	2004.75	28.1	156.43	7.8
同业往来	252.89	3.2	301.45	4.2	-48.56	-16.1
客户贷款和垫款	5026.16	64.1	4414.75	61.9	611.41	13.8
利息收入合计	7847.24	100.0	7136.99	100.0	710.25	10.0

2018年，农业银行利息支出为3069.64亿元，同比增长13.0%（见表15）。

吸收存款利息支出2278.19亿元，较上年增加180.37亿元，主要是由于平均余额增加7991.17亿元以及平均付息率上升5个基点。平均付息率上升主要是由于市场环境变化以及存款业务市场竞争加剧，存款付息率有所上升。

同业存拆放利息支出402.28亿元，较上年增加55.05亿元，主要是由于平均余额增加1351.07亿元以及平均付息率上升13个基点。平均付息率上升主要是由于受到境外货币市场利率上行影响，拆入资金和卖出回购金融资产款付息率上升较多。

其他付息负债利息支出389.17亿元，较上年增加116.53亿元，主要是由于平均余额增加2603.40亿元以及平均付息率上升31个基点。平均余额增加主要是因为农行发行同业存单、与央行常规化开展借贷便利以及发行二级资本债券的增加。平均付息率上升主要是由于与央行开展借贷便利的利率高于上年。

表15　　　　　　　　　　　　　　　　　利息支出构成

	2018年		2017年		变动额（亿元）	变动率（%）
	金额（亿元）	占比（%）	金额（亿元）	占比（%）		
同业往来	402.28	13.1	347.23	12.8	55.05	15.9
吸收存款	2278.19	74.2	2097.82	77.2	180.37	8.6
其他①	389.17	12.7	272.64	10.0	116.53	42.7
合计	3069.64	100.0	2717.69	100.0	351.95	13.0

---

① 主要包括已发行债务证券和向中央银行借款的利息支出。

（2）手续费及佣金净收入

2018年，农业银行净手续费及佣金净收入为781.41亿元，同比增长7.2%；手续费及佣金净收入为915.25亿元，同比增长7.4%（见表16）。其中，结算与清算手续费收入下降3.9%，主要是由于农业银行贯彻国家金融服务优惠政策，减免部分业务收费。代理业务手续费收入下降8.1%，主要是由于代客理财和代理保险业务收入减少。银行卡手续费收入增长12.7%，主要是由于信用卡收单及分期付款业务收入增加。电子银行业务收入增长34.6%，主要是由于电子商务业务收入增加。

表16　　　　　　　　　　　　　手续费及佣金净收入构成

	2018年		2017年		变动额（亿元）	变动率（%）
	金额（亿元）	占比（%）	金额（亿元）	占比（%）		
结算类业务	106.8	11.7	111.13	13.0	-4.33	-3.9
银行卡业务	255.86	28.0	226.99	26.6	28.87	12.7
代理类业务	209.29	22.9	227.73	26.7	-18.44	-8.1
托管类业务	35.98	3.9	33.68	4.0	2.3	6.8
承诺类业务	17.82	1.9	20.94	2.5	-3.12	-14.9
咨询类业务	88.76	9.7	83.58	9.8	5.18	6.2
电子银行业务收入	196.40	21.5	145.95	17.1	50.45	34.6
其他	4.34	0.5	2.57	0.3	1.77	68.9
手续费及佣金收入	915.25	100.0	852.57	100.0	62.68	7.4
减：手续费及佣金支出	133.84		123.54		10.3	8.3
手续费及佣金净收入	781.41		729.03		52.38	7.2

3. 支出分析

2018年，农业银行营业支出3483.72亿元，同比增长15.5%（见表17），主要是由资产减值损失和信用减值损失增加所致。2018年资产减值损失和信用减值损失为1368.98亿元，同比增长39.5%，其增长的主要原因是农业银行考虑宏观环境的不确定因素而审慎计提贷款减值准备。

表17　　　　　　　　　　　　　营业支出构成

	2018年		2017年		变动额（亿元）	变动率（%）
	金额（亿元）	占比（%）	金额（亿元）	占比（%）		
营业税金及附加	53.30	1.5	49.53	1.6	3.77	7.6
业务及管理费	1872.00	53.7	1770.10	58.7	101.90	5.8
资产减值损失（和信用减值损失）	1368.98	39.3	981.66	32.5	387.32	39.5
其他业务成本	189.44	5.4	215.54	7.1	-26.10	-12.1
营业支出合计	3483.72	100.0	3016.83	100.0	466.89	15.5

2018 年农业银行业务及管理费 1872.00 亿元，同比增加 5.8%，成本收入比为 31.27%，较 2017 年下降 1.69 个百分点（见表 18）。

表 18　　　　　　　　　　业务及管理费构成

	2018 年		2017 年		变动额（亿元）	变动率（%）
	金额（亿元）	占比（%）	金额（亿元）	占比（%）		
员工费用	1236.14	66.0	1138.39	64.3	97.75	8.6
业务费用	471.73	25.2	450.24	25.4	21.49	4.8
折旧和摊销	164.13	8.8	181.47	10.3	-17.34	-9.6
业务及管理费合计	1872.00	100.0	1770.10	100.0	101.90	5.8

截至 2018 年末，农业银行在职员工总数 473691 人，较 2017 年减少 13616 人；网点数为 23381 个，较 2017 年减少 280 个（见表 19）。这主要是因为农业银行推进网点转型，压缩网点面积和柜员数量。

2018 年，农业银行人均费用 39.52 万元，同比增长 8.8%；人均薪酬 26.14 万元，同比增长 11.9%。点均业务及管理费用为 800.65 万元，同比增长 7.0%；人均产值/人均薪酬为 4.83，同比增长 2.4%。

表 19　　　　　　　　　　人均薪酬及人均/点均费用

	2018 年	2017 年	变动额	变动率（%）
员工数（人）	473691	487307	-13616	-2.8
网点数（个）	23381	23661	-280	-1.2
人均薪酬（万元）	26.14	23.35	2.79	11.9
人均费用（万元）	39.52	36.32	3.20	8.8
人均产值（万元）	126.37	110.21	16.16	14.7
人均产值/人均薪酬	4.83	4.72	0.11	2.4
点均业务及管理费（万元）	800.65	748.11	52.54	7.0

（四）金融科技及产品创新

农业银行顺应金融科技飞速发展和金融业态深刻变革的趋势，把数字化转型作为未来一段时期经营转型的核心。农业银行以金融科技和业务创新为驱动，推进产品、营销、渠道、运营、内控、决策等全面数字化转型，着力打造客户体验一流的智慧银行、"三农"普惠领域最佳数字生态银行。2018 年农业银行科技与产品创新管理体制改革取得初步成效，产品交付周期、科技研发周期分别缩短至 84 天和 71 天。

1. 金融科技

2018 年农业银行加大金融科技创新力度，为经营管理提供强有力的技术支撑，进一步提升产品创新效率和质量，推动全行数字化转型。农行持续推进金融科技创新，主要有以下几大创新。第一，移动互联技术应用方面，推出新一代智能掌银，实现语音转账、智能注册、智能开户、智能营销等功能，构建线上开户、全产品推荐、客户分群等智能化应用。推出聚合扫码支付产品，推出农行首个全线上运作的小微企业融资产品"微捷贷"。第二，人工智能技术应用方面，人工智能（AI）平台金融大脑顺利投产，提供包括人脸识别、语音识别、语义识别等生物识别能力，为新一代智能掌上银行提供语音导航、语义识别、刷脸验证等智能服务。完成自助语音智能交互导航项目投产，推进客服智能化转型。与科大讯飞公司建立智能语音联合创新实验室，提升农行语音识别、语义理解等技术水平。第三，大数据技术应用方面，夯实大数据平台基础架构。推进数据分析挖掘平台建设，进一步提升数据提取服务效能和自动化管理水平。分行数据集市一期投产并试点，大数据服务能力应用于经营一线。第四，云计算技术应用方面，推进新一代基础架构云平台建设，实现灵活调度、随需应变、动态扩展、集约使用的 IT 基础架构。不断完善云平台服务内容，优化服务流程，丰富应用场景。第五，网络安全技术应用方面，制订 IPv6 部署工作方案，推进网络安全态势感知基础平台、威胁情报分析平台、新一代终端安全防护等项目建设。

不仅如此，农业银行也提高经营管理科技化水平，体现在以下几个方面：第一，农行围绕战略重点，全力推进"惠农 e 通"平台、柜面业务综合化改造、新一代超级柜台、个贷智能作业系统和营销作业系统、基金智能投资平台等重点信息化项目，有力支持互联网金融服务"三农"、零售与网点转型、中间业务提升"三大工程"；第二，农行不断提升案件防控的科技水平，持续推进"三线一网格"系统建设，构建员工行为的网格化管理模式；第三，农行优化完善信用风险统一视图、信贷风险智能监控、反欺诈黑名单等管理系统建设，推进智慧信贷、有效风险数据加总、外币利率定价等系统建设，着力提升风险管理、资产负债领域的管控水平。

农业银行还进行多项建设，保障信息系统安全运行，取得以下成果：第一，推进京沪"两地三中心"工程建设（上海生产中心、上海同城灾备中心及北京异地灾备中心）；第二，首次利用灾备架构实施主机系统升级，其间全渠道全业务对外提供服务；第三，2018 年农行生产运行交易量快速增长，核心系统日均交易量达 5.44 亿笔，日交易量峰值达 6.62 亿笔，核心系统主要业务时段可用率达 100%，保持了稳定的连续运行服务能力。

2. 产品创新

农业银行结合金融科技，大力推进产品创新，加快建设线上渠道，并利用产品创新有效地提升对小微客户、"三农"客户的服务能力。

渠道方面，农业银行增强产品创新和场景布局，加快产品和业务向线上引流，线上渠道客户规模持续扩大，交易流量稳步提升。2018 年，农行电子渠道金融性交易笔数为 578 亿笔，同比增长 29.1%。

农行也持续加强小微金融业务和产品创新。运用金融科技，创新线上融资产品，上线全线上纯信用的小微企业法人信贷产品——"微捷贷"，实现"秒申"、"秒审"、"秒贷"，截至 2018 年末，有贷客户突破 2 万户，累计贷款超过 100 亿元。不仅如此，农业银行创新推广供应链金融模式，发展"数据网贷"业务，向核心企业上下游小微客户提供全线上化融资服务。截至 2018 年末，为众多核心企业的上下游小微企业发放贷款 2.3 万笔，总额达到

91 亿元。

农业银行深入推进互联网金融服务"三农""一号工程",充分运用移动互联网、区块链、大数据等科技手段,不断完善"惠农 e 通"平台,加快推进"惠农 e 贷"全面突破、"惠农 e 付"广泛覆盖、"惠农 e 商"上量提质,推动惠农通服务点与"惠农 e 付"全面对接,构建"机具 + 惠农 e 通 + 聚合码"的新型服务模式,让广大农民客户"用农行的 APP,扫农行的码、贷农行的款",享受便捷高效的线上线下一体化现代金融服务。

三、社会责任分析

(一)经济绩效

经济绩效方面,农业银行 2018 年总资产为 22.61 万亿元,同比增长 7.4%(见表 20);2018 年净利润为 2026.31 亿元,同比增长 4.9%。不良贷款率有所下降,2018 年为 1.59%,同比下降 12.2%;资本充足率有所提升,2018 年为 15.12%,同比增长 10.0%。2018 年农业银行 ROA 为 0.95%,同比下降 2.1%;ROE 为 13.66%,同比下降 6.2%。2018 年,农业银行缴纳税款 838.32 亿元,同比增加 23.8%;每股社会贡献值为 2.06,同比增加 3.0%。截至 2018 年末,农业银行有 1249 个总行级注册供应商,有 23413 个机构,其中境内分支机构为 23381 个,境外分支机构为 17 个,主要控股子公司有 15 家。

表 20 人均薪酬及人均/点均费用

	2018 年	2017 年	变动额	变动率(%)
总资产(亿元)	226094.71	210533.82	15560.89	7.4
净利润(亿元)	2026.31	1931.33	94.98	4.9
不良贷款率(%)	1.59	1.81	-0.22	—
资本充足率(%)	15.12	13.74	1.38	—
ROA(%)	0.93	0.95	-0.02	—
ROE(%)	13.66	14.57	-0.91	—
纳税(亿元)	838.32	677.23	161.09	23.8
总行级注册供应商(个)	1249.00	1323.00	-74.00	-5.6
公益捐款(亿元)	0.55	0.37	0.18	47.6
每股社会贡献值(元)	2.06	2.00	0.06	3.0
机构数(个)	23413	23693	-280.00	-1.2

(二)公司治理

1. 公司治理情况

2018 年,农业银行调整董事会、监事会及下设相关专门委员会的人员构成,健全组织架构,优化职能配置。提升消费者权益保护的战略高度,将"董事会风险管理委员会"更名为"董事会风险管理/消费者权益保护委员会",强化消费者权益保护工作职责。不断完善集团公司治理,以授权为纽带,强化子公司治理的战略协同性。农业银行 2018 年的新型公司治理架构如图 1 所示。

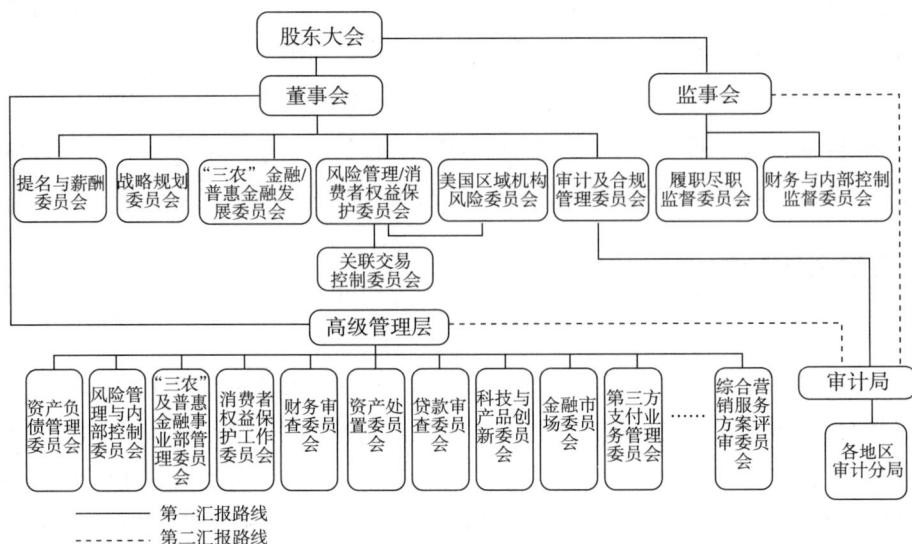

注：风险管理/消费者权益保护委员会兼任美国区域机构风险委员会职责。

图 1 农业银行的公司治理架构

农业银行不断优化董事会科学决策、高级管理层高效执行和监事会严格监督的运行机制。截至 2018 年底，农业银行董事会共有董事 11 名，其中执行董事 2 名，非执行董事 4 名，独立非执行董事 5 名；监事会共有监事 8 名，其中股东代表监事 2 名，职工代表监事 3 名，外部监事 3 名；共有高级管理人员 4 名。

信息披露方面，农业银行持续完善信息披露制度体系，不断提升信息披露工作的制度化、标准化和规范化水平。2018 年，农行在上海证券交易所和香港联合交易所共披露 320 余项信息披露文件。

投资者沟通方面，农行已建立起覆盖大、中、小股东全方位的沟通渠道。2018 年，农行持续加强投资者关系管理工作，通过业绩发布、路演、参加资本市场峰会、接待投资者来访、投资者热线、上证 E 平台和投资者邮箱等多种形式将公司发展战略、财务经营指标和市场关注热点及时高效传递给投资者。全年共举办各类投资者会议约一百场，并且在上交所网站举办了投资者集体接待日活动，增进资本市场对农行投资价值的认同。

2. 社会责任战略与管理

2018 年，农业银行秉持"责任为先，兼善天下，勇于担当，造福社会"责任理念，积极践行社会责任，不断推进经济、环境与社会协调可持续发展，努力实现和各利益相关方和谐共进。

（三）社会绩效

1. 扶贫

2018 年，农业银行加大精准扶贫农户贷款投放力度，研究差异化信贷支持政策，精准帮扶建档立卡贫困户增收脱贫。2018年，农业银行精准扶贫贷款余额为3415亿元。其中，全行产业和其他个人带动类精准扶贫贷款余额1000亿元，同比增长25.9%；项目精准扶贫贷款余额2183亿元，同比增长17.3%。

2. 普惠金融

农业银行不断完善"'三农'金融事业部＋普惠金融事业部"双轮驱动普惠金融服务体系，在全部一级分行和重点二级分行均设立普惠金融事业部，共建立799家普惠金融专营机构。不仅如此，农业银行积极对接客户需求，持续加强小微企业金融业务和产品创新。充分运用互联网思维和大数据技术，创新小微企业线上服务渠道，实现了互联网服务小微企业的全新突破。

2018年，农业银行普惠金融工作取得良好成效，农业银行普惠金融业务实现银保监会"两增两控"和央行定向降准第二档双达标，业务指标在同业中名列前茅。2018年底，监管口径普惠重点领域贷款余额4937亿元，同比增速28.9%，高于全行各项贷款同比增速17.4个百分点（见表21）；小微企业贷款余额14252.92亿元，同比增长4.5%；贷款户数244.5万户，同比增长28.4万户。

表21　　　　　　　　　　　　　　　农业银行普惠金融指标

	2018年	2017年	变动额	变动率（%）
监管口径普惠重点领域贷款余额（亿元）	4937	3830	1107	28.9
小微企业贷款余额（亿元）	14252.92	13638	614.92	4.5
贷款户数（万户）	244.5	216.1	28.4	13.1

3. 员工

2018年，农业银行在职员工总数473691人，较2017年减少13616人，主要是由于农业银行推进网点转型，压缩网点面积和柜员数量（见表22）。县域员工数为200556人，较2017年减少7974人。女性员工占比为46.1%，小幅下降；少数民族员工占比为8.29%，小幅上升。2018年，农业银行培训员工97.95万人次，同比减少39.3%。

表22　　　　　　　　　　　　　　　　农业银行员工

	2018年	2017年	变动额	变动率（%）
员工总数（人）	473691	487307	−13616	−2.8
县域员工数（人）	200556	208530	−7974	−3.8
女性员工占比（%）	46.1	46.6	−0.5	−1.1
少数民族员工占比（%）	8.29	8.13	0.16	2.0
员工培训（万人次）	97.95	161.37	−63.42	−39.3

4. 客户及客户服务质量

2018年，通过科技赋能，农业银行重塑网点对客业务流程，全面推动线下服务渠道向智能化、轻型化和线上线下一体化转型，智能化转型已覆盖10988家网点，占农行网点总量的50%。农业银行线上渠道建设取得良好成果，2018年末，个人网银签约客户达到265百万人，同比增加42百万人（见表23）；企业网银签约客户6.20百万人，同比增加88万人。客户服务质量方面，2018年农业银行客户满意度为99.25%，同比增加0.41个百分点；投诉接通率为93.05%，同比增加9.29个百分点；客户投诉办结率保持100%。

表23 客户服务情况

	2018年	2017年	变动额	变动率（%）
客户满意度（%）	99.25	98.84	0.41	0.4
投诉接通率（%）	93.05	83.76	9.29	11.1
客户投诉办结率（%）	100	100	0	0.0
个人网银签约客户数（百万）	265	223	42	18.8
企业网银签约客户数（百万）	6.20	5.32	0.88	16.5

（四）环境绩效

1. 绿色金融

2018年，农业银行采用加强绿色信贷政策指导、强化环境和社会风险管控、建立绿色信贷考核机制、做好绿色信贷业务统计等举措推进绿色信贷工作，取得良好成效。2018年，农业银行绿色信贷规模为1.05万亿元，同比增长40.5%（见表24）。不仅如此，农业银行在绿色债券、绿色基金、绿色ABS等方面均取得一定成果。2018年，农业银行发行绿色债券募集资金630亿元，其中，农业银行份额为108亿元。农业银行也加大绿色产业基金投放力度，2018年审批绿色产业基金投放额148亿元，同比增加18.4%。2018年，农业银行牵头发行1期绿色资产证券化产品——华润租赁有限公司2018年度第一期绿色资产支持票据，该产品注册发行规模13.47亿元，全部用于符合绿金委要求的绿色项目。

表24 绿色金融

	2018年	2017年	变动额	变动率（%）
绿色信贷贷款余额（亿元）	10504.00	7476.25	3027.75	40.5
绿色债券（亿元）	630	383	247	64.5
绿色债券中农行份额（亿元）	108	61.6	46.4	75.3
绿色产业基金投资（亿元）	148	125	23	18.4

2. 绿色办公

2018年，农业银行充分挖掘信息技术价值，丰富电子银行服务种类，节约社会资源，电子渠道金融性交易笔数占总交易笔数的比重为98%，较2017年增加1个百分点（见表25）。农业银行坚持绿色发展、低碳金融的经营理念，将节能环保上升到战略管理高度。2018年，总行本部办公人均用水量、人均用电量、人均燃气量小幅上升，但均低于2016年的对应指标。2018年，农业银行总行本部办公人均用水量为44.31立方米/人，同比增长3.8%；总行本部办公人均用电量5866.87度/人，同比增长2.5%；总行本部办公人均燃气量为 63.04 立方米/人，同比增加 3.0%。

表 25　　　　　　　　　　　　　绿色办公情况

	2018 年	2017 年	变动额	变动率（％）
电子渠道金融性交易笔数占总交易笔数的比重（％）	98	97	1	1.0
总行本部办公人均用水量（立方米/人）	44.31	42.70	1.61	3.8
总行本部办公人均用电量（度/人）	5866.87	5724.99	141.88	2.5
总行本部办公人均燃气量（立方米/人）	63.04	61.18	1.86	3.0

年报三　中国银行 2018 年度报告分析

一、基本情况及发展战略

（一）基本情况

中国银行股份有限公司（以下简称中国银行）系国有控股股份制商业银行，其前身中国银行成立于 1912 年 2 月 5 日。自成立之日至 1949 年，曾履行中央银行、国际汇兑银行和国际贸易专业银行等职能。1949 年中华人民共和国成立后，成为外汇专业银行。1994 年，中国银行开始向国有商业银行转轨，于 2004 年 8 月 26 日整体改制为股份制商业银行，成立中国银行股份有限公司。2006 年，中国银行在香港联合交易所有限公司和上海证券交易所上市。

截至 2018 年末，中国银行 A 股前三大股东分别是中央汇金投资有限责任公司，持股数 1884.62 亿股，持股比例 64.02%；香港中央结算（代理人）有限公司，持股数 819.12 亿股，持股比例 27.82%；中国证券金融股份有限公司，持股数 85.96 亿股，持股比例 2.92%。

2018 年，中国银行总资产 21.27 万亿元，营业收入 5041.07 亿元，净利润 1800.86 亿元，贷款总额 11.82 万亿元，不良贷款率 1.42%。

（二）发展战略

战略目标方面，中国银行以习近平新时代中国特色社会主义思想为指导，坚持科技引领、创新驱动、转型求实、变革图强，把中国银行建设成为新时代全球一流银行。战略内涵方面，坚持科技引领、创新驱动、转型求实、变革图强，同时坚持党的领导。

实现战略目标分"三步走"：到 2020 年我国全面建成小康社会之际，实现发展基础进一步夯实，特色优势进一步扩大，体制机制进一步完善，综合实力进一步增强；到 2035 年国家基本实现社会主义现代化时，中国银行要实现从世界一流大行向世界一流强行的跨越，全面建成新时代全球一流银行；到 2050 年将中国银行打造成为社会主义现代化强国的金融重器，成为全球金融业的一面旗帜。

二、业务经营分析

（一）资产分析

2018 年末，中国银行总资产 21.27 万亿元[①]，增长 9.25%（见表 1）。其中增长较快的

[①] 本报告数据来源：2017 年和 2018 年中国银行年度报告、Wind 资讯。

是同业往来资产和证券投资资产，分别增长 32.54% 和 10.97%。

表1   资产规模及构成

	2018 年 12 月 31 日		2017 年 12 月 31 日		变动额（亿元）	变动率（%）
	金额（亿元）	占比（%）	金额（亿元）	占比（%）		
现金及存放中央银行款项	24078.08	11.3	23030.20	11.8	1047.88	4.6
同业往来资产	14055.34	6.6	10604.56	5.4	3450.78	32.6
贷款和垫款	115157.64	54.2	106443.04	54.7	8714.60	8.2
证券投资	50545.51	23.8	45547.22	23.4	4998.29	11.0
其他资产	8836.18	4.1	9049.22	4.7	-213.04	-2.4
资产总计	212672.75	100.0	194674.24	100.0	17998.51	9.3

1. 贷款和垫款

（1）企业及个人贷款和垫款

2018 年末，贷款和垫款总额 11.82 万亿元（见表2），其中公司贷款为 73475.98 亿元，占客户贷款总额的 62.17%；个人贷款为 44400.85 亿元，占贷款和垫款总额的 37.57%；应计利息为 315.89 亿元，占贷款和垫款总额的 0.27%。

表2   企业及个人贷款和垫款

	2018 年 12 月 31 日		2017 年 12 月 31 日		变动额（亿元）	变动率（%）
	金额（亿元）	占比（%）	金额（亿元）	占比（%）		
公司贷款	73475.98	62.2	69727.01	64.00	3748.97	5.4
个人贷款	44400.85	37.6	39238.57	36.0	5162.28	13.1
应计利息	315.89	0.27	—	—	—	—
客户贷款总额	118192.72	100.0	108965.58	100.0	9227.14	8.5

（2）贷款和垫款期限结构

2018 年，中国银行短期贷款为 2.54 万亿元，同比增长 2.16%（见表3）；中长期贷款为 5.83 万亿元，同比增长 7.02%。同 2017 年相比，短期贷款占贷款平均余额比重略有降低，中长期贷款占比略有增加；总体来看，中国银行的贷款和垫款期限结构比较稳定。

表3   贷款和垫款期限结构

	2018 年		2017 年		变动额（亿元）	变动率（%）
	金额（亿元）	占比（%）	金额（亿元）	占比（%）		
短期贷款	25397.55	30.4	24859.74	31.3	537.81	2.2
中长期贷款	58286.52	69.7	54464.87	68.7	3821.65	7.0
贷款平均余额	83684.07	100.0	79324.61	100.0	4359.46	5.5

（3）不良贷款

截至 2018 年 12 月 31 日，中国银行不良贷款率为 1.42%（见表 4）。2018 年末按照五级分类，正常贷款 11.28 万亿元，占各项贷款的 95.68%，比上年提高 0.04 个百分点。关注贷款 3423.63 亿元，占比 2.9%，下降 0.01 个百分点。不良贷款余额 1669.41 亿元，增加 84.72 亿元，不良贷款率 1.42%，下降 0.03 个百分点。2018 年，该行核销及转出额 889.53 亿元，同比增长 28.12%；不良贷款拨备覆盖率为 181.97%，较 2017 年增加 22.79 个百分点，风险抵御能力进一步提升。

表 4   贷款五级分类

	2018 年 12 月 31 日		2017 年 12 月 31 日		变动额（亿元）	变动率（%）
	金额（亿元）	占比（%）	金额（亿元）	占比（%）		
正常类贷款	112783.79	95.7	104210.64	95.6	8573.15	8.2
关注类贷款	3423.63	2.9	3170.25	2.9	253.38	8.0
不良类贷款	1669.41	1.4	1584.69	1.5	84.72	5.4
次级类贷款	497.88	0.4	592.65	0.6	−94.77	−16.0
可疑类贷款	493.41	0.4	454.04	0.4	39.37	8.7
损失类贷款	678.12	0.6	538.00	0.5	140.12	26.0
贷款合计	117876.83	100.0	108965.58	100.0	8911.25	—

（4）中小微企业贷款

截至 2018 年末，中国银行普惠金融小微企业贷款余额 3042 亿元，较上年末增长 12.26%，高于全行各项贷款增速；同时发布《支持民营企业二十条》，加大对优质民营企业及中小微企业的授信投放，帮助民营企业拓宽融资渠道，民营企业贷款余额超过 1.5 万亿元。

2. 证券投资

2018 年末，中国银行证券投资 50545.51 亿元，同比增长 10.97%。按照新的会计准则，证券投资的主要组成部分仍是以摊余成本方式计量的金融资产。其中以公允价值计量且其变动计入当期损益的金融资产 3704.91 亿元，占证券投资额的 7.33%；以公允价值计量且其变动计入其他综合收益的金融资产为 18797.59 亿元，占 37.19%；以摊余成本计量的金融资产为 28043.01 亿元，占 55.48%。

2018 年末，中国银行债券投资总额为 48685.93 亿元，同比增长 9.82%。债券投资包括政府债[1]、金融债[2]、企业债[3]及其他债券[4]，分别为 30207.31 亿元、13100.13 亿元、3447.46 亿元和 1931.03 亿元，同比分别增长 8.63%、9.88%、13.41% 和 23.60%（见表 5）。

---

[1] 包括政府债券。
[2] 包括政策性银行债券、金融机构债券及东方资产管理公司债券。
[3] 包括公司债券。
[4] 主要包含公共实体及准政府债券。

表 5   债券投资发行主体构成

	2018 年 12 月 31 日		2017 年 12 月 31 日		变动额（亿元）	变动率（%）
	金额（亿元）	占比（%）	金额（亿元）	占比（%）		
政府债	30207.31	62.0	27807.32	62.7	2399.99	8.6
金融债	13100.13	26.9	11921.99	26.9	1178.14	9.9
企业债	3447.46	7.1	3039.75	6.9	407.71	13.4
其他	1931.03	4.0	1562.27	3.5	368.76	23.6
债券总额	48685.93	100.0	44331.33	100.0	4354.60	9.8

3. 同业往来资产

2018 年，中国银行同业往来资产总额为 14055.34 亿元，同比增加 32.54%（见表 6）。其中，存放同业和其他金融机构款项金额为 3631.76 亿元，同比下降 25.13%，占同业往来资产比重由 45.74% 下降至 25.84%。拆出资金 7817.61 亿元，同比增长 60.67%，占同业往来资产比重由 45.88% 提升至 55.62%。买入返售金融资产为 2605.97 亿元，同比增长 193.33%，占同业往来资产比重由 8.38% 上升至 18.54%。

表 6   同业往来资产构成

	2018 年 12 月 31 日		2017 年 12 月 31 日		变动额（亿元）	变动率（%）
	金额（亿元）	占比（%）	金额（亿元）	占比（%）		
存放同业	3631.76	25.8	4850.57	45.7	-1218.81	-25.1
拆出资金	7817.61	55.6	4865.59	45.9	2952.02	60.7
买入返售款项	2605.97	18.6	888.40	8.4	1717.57	193.3
合计	14055.34	100.0	10604.56	100.0	3450.78	32.5

（二）负债分析

2018 年末，中国银行负债总额为 19.54 万亿元，同比增长 9.17%（见表 7），主要是同业往来负债和应付债券增加所致，其分别同比增长 21.72% 和 56.7%。

表 7   负债规模及构成

	2018 年 12 月 31 日		2017 年 12 月 31 日		变动额（亿元）	变动率（%）
	金额（亿元）	占比（%）	金额（亿元）	占比（%）		
向中央银行借款	9075.21	4.6	10357.97	5.8	-1282.76	-12.4
同业往来负债	23434.76	12.0	19253.54	10.8	4181.22	21.7
客户存款	148835.96	76.2	136579.24	76.3	12256.72	9.0
应付债券	7821.27	4.00	4991.28	2.8	2829.99	56.7
其他负债	6251.58	3.2	7815.42	4.3	-1563.84	-20.0
负债总计	195418.78	100.0	178997.45	100.0	16421.33	9.2

中国上市银行可持续发展分析（2019）

1. 同业往来负债

2018 年末，同业往来负债总额为 2.34 万亿元，同比增长 21.72%（见表 8）。2018 年，同业和其他金融机构存放款项 17312.09 亿元，占同业往来负债的 73.87%，比 2017 年下降 0.16 个百分点。拆入资金金额 3272.49 亿元，占比 13.96%，增长 1.41 个百分点。卖出回购金融资产 2850.18 亿元，占比由 2017 年的 13.42% 降至 12.16%。整体来看，拆入资金的占比有所增加，同业及其他金融机构存放款项以及卖出回购均存在不同比例的减少。

表 8　　　　　　　　　　　　　同业往来负债构成

	2018 年 12 月 31 日		2017 年 12 月 31 日		变动额（亿元）	变动率（%）
	金额（亿元）	占比（%）	金额（亿元）	占比（%）		
同业存放	17312.09	73.9	14252.62	74.0	3059.47	21.5
拆入资金	3272.49	14.0	2416.92	12.6	855.57	35.4
卖出回购	2850.18	12.1	2584.00	13.4	266.18	10.3
合计	23434.76	100.0	19253.54	100.0	4181.22	21.7

2. 吸收存款

2018 年末，客户存款总额为 14.88 万亿元，同比增长 8.97%，占总负债的 76.16%，比重较 2017 年下降了 0.14 个百分点。

公司客户存款余额 7.93 万亿元，同比增长 7.43%（见表 9），占存款总额的比重为 53.3%，较 2017 年下降 0.76 个百分点；零售客户存款余额 6.42 万亿元，占存款总额的比重为 43.15%，较 2017 年增加了 0.46 个百分点，余额方面同比增长 10.14%。2018 年，中国银行零售存款业务占客户存款总额比重仍高于个人存款业务，但占比有所下降。

表 9　　　　　　　　　　　　　存款客户结构

	2018 年 12 月 31 日		2017 年 12 月 31 日		变动额（亿元）	变动率（%）
	金额（亿元）	占比（%）	金额（亿元）	占比（%）		
公司存款	79324.13	53.3	73837.74	54.1	5486.39	7.4
个人存款	64224.70	43.1	58312.28	42.7	5912.42	10.1
其他存款①	5287.13	3.6	4429.22	3.2	857.91	19.4
客户存款总额	148835.96	100.0	136579.24	100.0	12256.72	9.0

截至 2018 年 12 月 31 日，中国银行的存款总额主要包括活期存款与定期存款，占存款总额比重分别达到 47.8%、44.72%，占比较 2017 年末均有所下降，分别下降 0.29 个、1.21 个百分点。同时，其他存款占比显著上升，存款额度同比增长 36.53%（见表 10）。

---

① 主要包括发行存款证、其他。

表 10 存款定活结构

	2018 年 12 月 31 日		2017 年 12 月 31 日		变动额（亿元）	变动率（%）
	金额（亿元）	占比（%）	金额（亿元）	占比（%）		
活期存款	71146.23	47.8	65686.15	48.1	5460.08	8.3
定期存款	66553.36	44.7	62736.20	45.9	3817.16	6.1
其他存款①	11136.37	7.5	8156.89	6.0	2979.48	36.5
存款总额	148835.96	100.0	136579.24	100.0	12256.72	9.0

2018 年，中国银行存贷比为 77.37%，比 2017 年的 77.94% 和 2016 年的 75.24% 有所下降，流动性风险降低。

3. 应付债券

2018 年末，应付债券余额 7821.27 亿元，同比增加 56.7%（见表 11）。其中，以摊余成本计量的应付债券为 7548.63 亿元，同比增加 51.24%；占应付债券的比重由 100% 下降至 96.51%，这主要是受到新会计准则的影响，原应付债券为以摊余成本计量的应付债券，根据新的准则，出现了以公允价值计量的应付债券与应计利息。以公允价值计量的应付债券余额为 205.17 亿元，占 2.62%；应计利息余额为 67.47 亿元，占 0.86%。

表 11 应付债券结构

	2018 年 12 月 31 日		2017 年 12 月 31 日		变动额（亿元）	变动率（%）
	金额（亿元）	占比（%）	金额（亿元）	占比（%）		
以摊余成本计量的应付债券	7548.63	96.5	4991.28	100.0	2557.35	51.2
– 次级债券	989.30	12.7	1143.91	22.9	– 154.61	– 13.5
– 二级资本债	1903.66	24.3	1093.18	21.9	810.48	74.1
– 其他债券	3152.94	40.3	2649.93	53.1	503.01	19.0
– 同业存单	1502.73	19.2	104.26	2.1	1398.47	1341.3
以公允价值计量的应付债券	205.17	2.6	—	—		
应计利息	67.47	0.9	—	—		
合计	7821.27	100.0	4991.28	100.0	2829.99	56.7

（三）收入、支出及利润分析

1. 利润分析

（1）利润

2018 年，中国银行营业利润 2284.85 亿元（见表 12），利润总额 2296.43 亿元，净利润 1924.35 亿元，分别增长 2.82%、3.02% 和 4.03%，营业收入、税后利润等主要指标实现稳

---

① 主要包括结构性存款、发行存款证、其他。

中国上市银行可持续发展分析（2019）

健增长，价值创造能力进一步提升。

表12   公司利润

	2018年（亿元）	2017年（亿元）	变动额（亿元）	变动率（%）
营业收入	5041.07	4832.78	208.29	4.3
营业支出	2756.22	2610.49	145.73	5.6
营业利润	2284.85	2222.29	62.56	2.8
加：营业外收入	18.09	16.45	1.64	10.0
减：营业外支出	6.51	9.71	-3.20	-33.0
利润总额	2296.43	2229.03	67.40	3.0
减：所得税费用	372.08	379.17	-7.09	-1.9
净利润	1924.35	1849.86	74.49	4.0

（2）拨备前的利润情况

中国银行2018年计提资产减值2640.39亿元（见表13），较2017年同比增长99.57%，考虑计提资产减值的因素，中国银行2018年拨备前利润总额为4564.74亿元，同比增长43.87%。

表13   拨备前利润

	2018年（亿元）	2017年（亿元）	变动额（亿元）	变动率（%）
利润总额	1924.35	1849.86	74.49	4.0
本年计提资产减值	2640.39	1323.07	1317.32	99.6
拨备前利润	4564.74	3172.93	1391.81	43.9

2. 收入分析

2018年，中国银行实现营业收入5041.07亿元，同比增长4.31%（见表14），价值创造能力进一步提升。其中利息净收入占比为71.36%，比2017年上升1.34个百分点；净手续费及佣金收入占比17.3%，比上年下降1.05个百分点；投资净收益占比3.71%，比上年提升1.19个百分点；而其他净收入占比从2017年的9.11%下降至2018年的7.64%。

表14   营业收入构成

	2018年		2017年		变动额（亿元）	变动率（%）
	金额（亿元）	占比（%）	金额（亿元）	占比（%）		
利息净收入	3597.06	71.4	3383.89	70.0	213.17	6.3
手续费及佣金净收入	872.08	17.3	886.91	18.4	-14.83	-1.7
投资净收益	186.79	3.7	121.55	2.5	65.24	53.7
其他	385.14	7.6	440.43	9.1	-55.29	-12.6
合计	5041.07	100.0	4832.78	100.0	208.29	4.3

（1）利息净收入

2018年，中国银行实现利息收入6879亿元，同比增长10.49%（见表15），主要是发放贷款和垫款、金融投资收入迅速增长所致。2018 年，中国银行发放贷款及垫款利息收入为 4690.98 亿元，同比增加 13.12%；金融投资利息收入为 1443.26 亿元，同比增加 9.20%；存拆放同业、存放央行及买入返售利息收入为 744.76 亿元，同比减少 1.69%。

表 15 利息收入构成

	2018 年		2017 年		变动额（亿元）	变动率（%）
	金额（亿元）	占比（%）	金额（亿元）	占比（%）		
发放贷款和垫款	4690.98	68.2	4146.95	66.6	544.03	13.1
金融投资	1443.26	21.0	1321.67	21.2	121.59	9.2
存拆放同业、存放央行及买入返售金融资产	744.76	10.8	757.54	12.2	-12.78	-1.7
利息收入合计	6879	100.0	6226.16	100.0	652.84	10.5

2018 年，中国银行利息支出 3281.94 亿元，同比增长 15.47%（见表 16），主要是吸收存款和同业存拆放的利息支出快速增长所致。2018 年，中国银行吸收存款利息支出为 2299.98 亿元，同比增长 12.31%；同业存拆放利息支出为 515.47 亿元，同比增长 27.78%；应付债券利息支出为 217.18 亿元，同比增长 37.46%；向中央银行借款利息支出为 241.6 亿元，同比增长 6.8%；其他利息支出为 7.71 亿元，同比增长 14.73%。

表 16 利息支出构成

	2018 年		2017 年		变动额（亿元）	变动率（%）
	金额（亿元）	占比（%）	金额（亿元）	占比（%）		
吸收存款	2299.98	70.1	2047.94	72.0	252.04	12.3
同业存拆放	515.47	15.7	403.40	14.2	112.07	27.8
应付债券	217.18	6.6	157.99	5.6	59.19	37.5
向中央银行借款	241.60	7.4	226.22	8.0	15.38	6.8
其他	7.71	0.2	6.72	0.2	0.99	14.7
合计	3281.94	100.0	2842.27	100.0	439.67	15.5

（2）手续费及佣金净收入

2018 年，中国银行净手续费及佣金净收入为 872.08 亿元，同比减少 1.67%；手续费及佣金收入为 999.97 亿元，同比减少 0.80%；手续费及佣金支出为 127.89 亿元，同比增长 5.62%（见表 17）。其中，银行卡业务收入为 299.43 亿元，同比增长 16.07%；代理类业务收入为 202.12 亿元，同比减少 13.29%；结算类业务收入为 136.7 亿元，同比增长 10.93%；承诺类业务为 131.81 亿元，同比减少 12.65%；外汇买卖价差收入为 77.40 亿元，同比减少 4.24%；托管类业务收入为 35.97 亿元，同比增加 1.98%；咨询类业务收入为 35.34 亿元，同比减少 37.06%；其他收入为 81.2 亿元，同比增加 15.11%。

表 17　　　　　　　　　　　　手续费及佣金净收入构成

	2018 年		2017 年		变动额（亿元）	变动率（%）
	金额（亿元）	占比（%）	金额（亿元）	占比（%）		
结算类业务	136.70	13.7	123.23	12.2	13.47	10.9
银行卡业务	299.43	29.9	257.98	25.6	41.45	16.1
代理类业务	202.12	20.2	233.10	23.1	-30.98	-13.3
托管类业务	35.97	3.6	35.27	3.5	0.70	2.0
承诺类业务	131.81	13.2	150.90	15.0	-19.09	-12.7
外汇买卖价差收入	77.40	7.8	80.83	8.0	-3.43	-4.2
咨询类业务	35.34	3.5	56.15	5.6	-20.81	-37.1
其他	81.2	8.1	70.54	7.0	10.66	15.1
手续费及佣金收入	999.97	100.0	1008.00	100.0	-8.03	-0.8
减：手续费及佣金支出	127.89	—	121.09	—	6.80	5.6
手续费及佣金净收入	872.08	—	886.91	—	-14.83	-1.7

3. 支出分析

2018 年，营业支出 2756.22 亿元，增长 5.58%（见表 18）。营业税金及附加 47.44 亿元，同比增加 1.45%；业务及管理费支出 1416.1 亿元，占营业支出比重下降 1.09 个百分点，同比增加 3.39%；资产减值损失显著下降，较上年同期减少 880.1 亿元至 1.51 亿元，占比下降 33.72 个百分点；其他业务成本支出显著上升，由 2017 年的 312.49 亿元增加至 1291.17 亿元，同比增加 313.19%，占比增加 34.88 个百分点。

表 18　　　　　　　　　　　　营业支出构成

	2018 年		2017 年		变动额（亿元）	变动率（%）
	金额（亿元）	占比（%）	金额（亿元）	占比（%）		
营业税金及附加	47.44	1.7	46.76	1.8	0.68	1.5
业务及管理费	1416.10	51.4	1369.63	52.5	46.47	3.4
资产减值损失（和信用减值损失）	1.51	0.1	881.61	33.7	-880.10	-99.8
其他业务成本	1291.17	46.8	312.49	12.0	978.7	313.2
营业支出合计	2756.22	100.0	2610.49	100.0	145.73	5.6

2018 年，中国银行业务及管理费 1416.1 亿元，同比增长 3.39%（见表 19），包括员工费用、业务费用和折旧和摊销费用，分别占业务与管理费用总额的 60.3%、30.2% 和 9.5%。其中，员工费用、业务费用同比增长 4.06%、3.72%；折旧和摊销同比下降 1.58%。

表 19　　　　　　　　　　　　　　　　　　　　　　业务及管理费构成

| | 2018 年 | | 2017 年 | | 变动额（亿元） | 变动率（%） |
	金额（亿元）	占比（%）	金额（亿元）	占比（%）		
员工费用	853.91	60.3	820.61	59.9	33.30	4.1
业务费用	427.68	30.2	412.35	30.1	15.33	3.7
折旧和摊销	134.51	9.5	136.67	10.0	−2.16	−1.6
合计	1416.10	100.0	1369.63	100.0	46.47	3.4

2018 年，中国银行人均薪酬 27.58 万元，比 2017 年增长 4.47%（见表 20）；人均费用 45.66 万元，同比增长 3.73%；点均业务及管理费 1320.25 万元，比 2017 年增长 2.89%。2018 年人均薪酬、人均费用和点均业务及管理费均有所上升，中国银行的经营成本特别是人工成本有所增长。2018 年末，中国银行网点数为 10726 个，连续 2 年维持在 10000 个以上的水平。

表 20　　　　　　　　　　　　　　　　　　　人均薪酬及人均/点均费用

	2018 年	2017 年	变动额（量）	变动率（%）
员工数（人）	310119.00	311133.00	−1014.00	−0.3
网点数（个）	10726.00	10674.00	52.00	0.5
人均薪酬（万元）	27.58	26.40	1.18	4.5
人均费用（万元）	45.66	44.02	1.64	3.7
人均产值（万元）	162.55	155.33	7.22	4.7
人均产值/人均薪酬	5.89	5.88	0.01	0.2
点均业务及管理费（万元）	1320.25	1283.15	37.10	2.9

（四）金融科技及产品创新

1. 金融科技

中国银行在战略内涵中指出要坚持科技引领，把科技元素注入业务全流程、全领域，打造用户体验极致、场景生态丰富、线上线下协同、产品创新灵活、运营管理高效、风险控制智能的数字化银行，打造新金融，构建新生态，建设新中行。中国银行严格控制行政费用开支，进一步加强科技创新投入，把握 2022 年北京冬奥会市场机遇，加大对重点地区、业务一线、海外机构资源倾斜，大力支持移动金融、人民币国际化、网点智能化等项目。

坚持科技引领，加快推动数字化银行建设。以手机银行、交易银行、智能柜台为载体，加快推动全行数字化转型。手机银行客户数突破 1.4 亿户，交易金额突破 20 万亿元，客户体验和市场口碑大幅提升。加快网点智能服务体系建设，实现智能柜台全网点覆盖，推广移动版、现金版智能柜台，网点生产力持续提升，电子渠道客户数量及交易笔数持续上升。持续提升跨境支付及收款服务，推出 BoC Pay，成为首个"一站式"跨境电子支付手机应用程式，方便两地客户使用银联二维码支付和充值服务；推出 BoC Bill，成为香港首家可处理银联二维码支付的综合收款平台，为商户提供综合收款服务。

坚持创新驱动，持续强化 IT 治理，促进集团范围内信息科技一体化发展，有力支持集团战略实施。遵循集中式与分布式架构并重的技术发展路线，全面推动技术架构战略转型，构建云计算、大数据、人工智能三大新技术平台，为业务与经营管理的网络化、智能化、生态化奠定坚实基础。西安云中心投入运行，扎实推进"多地多中心"机房基础设施建设。开展人工智能、生物识别、区块链等新兴技术的应用研究，重点在风险防控、客户体验、业务交易、安全运维等领域探索运用。坚守金融技术创新回归业务本源的原则，紧密跟踪金融科技的核心技术，探寻应用场景，推动新技术与业务的融合。积极利用区块链技术，与同业合作设计开发福费廷交易平台并成功投产。深入应用人工智能技术，研发外汇价格预测和智能报文分发模型，并探索运用深度学习技术改进建模效果，提升预测结果的可靠性。

中国银行在信息科技服务能力持续增强，IT 产能同比增长 16.6%，金融科技发明专利申请量全球金融业排名第 2 位。中国银行促进各地金融科技建设，海外信息系统整合转型项目顺利收官，实现全球系统版本统一、集中部署和一体化运营，该项目历时 6 年，覆盖 6 大洲 50 个国家和地区，实现一套核心系统覆盖全球，实现信息系统版本统一、集中部署和运营管理一体化；中国银行在新加坡成立创新研发基地，并发布手机银行国际版，积极适应数字化时代发展浪潮，推动科技体制机制转型；中国银行支持香港金融管理局推出的快速支付系统"转数快"，为个人及企业客户提供跨行、跨平台港元及人民币即时转账及收付服务；针对粤港澳大湾区，中国银行推出以"支付通""融资通"和"服务通"为核心的粤港澳大湾区综合服务方案，为区域基础设施互联互通、产业转型升级、科技创新和国际合作提供全方位支持；在雄安新区，中国银行与中国雄安集团有限公司、英国金丝雀码头集团三方于 2018 年 1 月共同签署了《关于雄安新区金融科技城项目战略合作协议》，为金融科技城项目规划、开发管理、投融资方案、产业引进贡献金融智慧，助力雄安新区建设世界级金融科技中心。

2. 产品创新

中国银行坚持创新驱动，不断升级产品服务。投产新产品数量同比增长 126%，为业务发展注入新活力。围绕客户需求，中国银行加大产品服务创新。重点推广"中银慧投""对公商品期权""可持续发展债券"等产品，努力打造明星产品。多项产品和成果获得省部级奖项，涵盖"一带一路"、跨境金融、绿色金融、普惠金融、数字化银行等多个领域，赢得市场认可。

中国银行紧随市场导向及客户需求变化，持续完善产品服务体系，努力打造中高端客户、跨境、女士和年轻族群中意的信用卡品牌银行，推出助力粤港澳大湾区的中银大湾区信用卡、服务冰雪运动季全民健身的长城冰雪信用卡等。创新推出中银数字信用卡，推进"场景连接、科技金融"服务模式，打造互联网化获客场景。加快消费分期产品创新升级，推广"易分享"自动分期、优客分期、汽车衍生消费分期等产品及灵活还款功能，持续开展二手车、汽车融资租赁、婚育等分期试点，获得中国汽车金引擎"2018最佳汽车信用卡分期服务银行"奖项。整合支付服务模式，打造"中银智慧付"品牌，推广聚合支付线下收单产品，提供"一点接入、全面受理"的线上收银台产品，优化"中银智慧商家"服务平台，为广大商户提供全流程、一站式的综合金融服务。深化商户增值服务体系建设，推出优惠商户及电子券平台，开展商户系列O2O精准营销活动，打造消费生态场景闭环。持续开展客户360度生命周期维护，依托大数据加强客群分析，助力精准营销和额度动态管理。

同时，中国银行持续丰富网络金融产品体系。围绕市场与客户需求，打造网络支付、金融超市、中银E贷、E融汇、报关即时通等明星产品。加快网络支付业务发展，成为网联平台首家接入、首笔交易、首家切量银行，业内首推银联跨境二维码支付。构建一站式金融超市，聚合集团资源，为客户提供银行理财、代销基金等全类型18大类投资理财产品。紧抓数据与场景两条主线，持续拓展和丰富"中银E贷"客群范围与获客场景；创建网络融资创新孵化机制，探索开发基于消费行为和场景数据的个人客户信用风险评价模型。延续报关业务优势，配合海关总署和人民银行，成为业内首家试点银行并在全国推广"单一窗口"税费支付业务、电子汇总征税保函业务，"报关即时通"业务持续保持市场份额第一。

中国银行创新驱动成果丰硕，产品服务基础不断夯实。稳步推进三级创新体系建设，在执委会下设立创新与产品管理委员会，在新加坡成立首家总行级创新研发基地。开展"千万商户大会战"，拓展商户总量超过95.6万户，带动个人客户存款和金融资产分别增长300亿元、527亿元。

三、社会责任分析

（一）经济绩效

1. 盈利指标

2018年，中国银行的总资产、营业收入、营业支出、利润总额和净利润均实现不同程度增长；与2017年同期相比，分别增长9.25%、4.31%、5.58%、3.02%和4.03%。资本充足率由2017年的同比下降（2017年相对于2016年）0.63%至2018年同比增长5.50%，增长了6.13个百分点，风险抵御能力进一步增强。全行成本收入比保持在较低水平，经营效率进一步提升。

平均总资产回报率与净资产收益率同比减少，但同比减少的幅度较2017年有所降低（见表21）。平均总资产由2017年同比减少6.67%增加至2018年同比减少4.08%，增加了2.59个百分点；净资产收益率由2017年同比减少2.70%增加至2018年同比减少1.47%，增加了1.23个百分点，表明回报率的情况有所改善。

中国上市银行可持续发展分析（2019）

表 21   盈利指标

指标	2018 年	2017 年	变动额（量）	变动率（%）
资产总计（亿元）	212672.75	194674.24	17998.51	9.3
营业收入（亿元）	5041.07	4832.78	208.29	4.3
营业支出（亿元）	2756.22	2610.49	145.73	5.6
利润总额（亿元）	2296.43	2229.03	67.4	3.0
净利润（亿元）	1924.35	1849.86	74.49	4.0
平均总资产回报率（%）	0.94	0.98	-0.04	-4.1
净资产收益率（%）	12.06	12.24	-0.18	-1.5
资本充足率（%）	14.97	14.19	0.78	5.5
不良贷款率（%）	1.46	1.45	0.01	0.7

2. 社会贡献

社会贡献方面，2018 年中国银行所得税费用为 372.08 亿元，较 2017 年降低 0.02%（见表 22）；公益捐赠额稳步增长，由 2017 年的 0.64 亿元增长至 0.87 亿元，同比增长 35.94%；每股社会贡献值①同比增长 4.62%；表明中国银行社会责任的意识不断提高。

表 22   社会贡献

指标	2018 年	2017 年	变动额（量）	变动率（%）
所得税费用（亿元）	372.08	379.17	-7.09	-0.0
公益捐赠额（亿元）	0.87	0.64	0.23	35.9
每股社会贡献值（元）	1.81	1.73	0.08	4.6

3. 机构情况

中国银行紧跟全球客户金融服务需求，稳步推进机构营业网点和电子渠道建设。从网点机构情况来看，中国银行的网点、柜台和手机客户数量都有所上升，但 ATM 的数量连续两年持续减少。具体来看，境内营业网点的数量基本保持稳定，2017 年增加 23 家，2018 年增加 52 家，同比分别增长 0.22%、0.49%（见表 23）；智能化网点机构的数量连续两年增长较大，2017 年增加 3245 家，2018 年增加 2134 家，分别同比增长 61.45%、25.03%。与营业网点相比，可以看出近年来智能化水平的提高与银行业务的结合更加紧密。同时，智能柜台和手机银行客户也呈现较快增长趋势。智能柜台由 2016 年的 253 台大幅增长至 16235 台，实现了同比增长 6317%；2018 年增幅与 2017 年相比有所降低，但仍达到了 60.42%。手机银行的客户分别实现了 2017 年、2018 年同比增长 22.17%、25.73%。手机银行功能显著优化，完成交易银行架构整合；智能柜台实现全网点覆盖，网点智能服务体系逐步完善，推出移动版智能柜台，网点服务半径大幅扩展。

---

① 每股社会贡献值 = 每股收益 +（纳税额 + 职工费用 + 利息支出 + 公益投入总额 - 公司因环境污染造成的社会成本）/期末总股本。

与柜台、网点数量的较快增长相比，ATM 的数量逐年减少。2017 年减少 4303 台，2018 年减少 784 台，同比分别减少 9.19%、1.84%。

表 23 机构及供应商情况

指标	2018 年	2017 年	变动额（量）	变动率（%）
境内营业网点（家）	10726.00	10674.00	52.00	0.5
智能化网点机构（家）	10660.00	8526.00	2134.00	25.0
ATM（台）	41723.00	42507.00	−784.00	−1.8
智能柜台（台）	26044.00	16235.00	9809.00	60.4
手机银行客户数（万户）	14500.00	11533.00	2967.00	25.7

从采购实践来看，中国银行通过制定《采购人员廉洁从业行为准则》和《供应商廉洁从业行为准则》，确保采购工作公开公正、廉洁合规。采购项目采用公开挂网结合竞争性谈判的方式，满足条件的企业均可参与竞争。在合格供应商基本资质要求制定过程中，除个别特殊需求的项目外，不再对企业注册资本、规模等提出额外要求。集中采购项目总数以及涉及预算金额都有所增加，分别增加了 1409 个和 32 亿元，同比增长 10.99% 和 14.79%（见表 24）。

表 24 采购项目情况

指标	2018 年	2017 年	变动额（量）	变动率（%）
集中采购项目总数（个）	14227.00	12818.00	1409.00	11.0
集中采购涉及预算金额（亿元）	249.25	217.13	32.12	14.8

在供应商社会绩效评估的过程中，所有采购项目文件中均明确要求"供应商不得存在非法用工等引发社会风险的违法违规行为"。在供应商考察和项目评审过程中对供应商在社会责任等方面的承诺进行评估，将供应商用工合同签订、社保缴纳、办公环境健康和安全性、劳动保护措施等状况纳入采购项目评审考察范围。

（二）公司治理

1. 公司治理情况

中国银行积极夯实以"三会一层"为基础的公司治理架构，优化董事会工作流程，完善董事会运作、信息披露等各项公司治理机制。中国银行股东大会下设董事会与监事会，负责管理监督公司的各项事务（见图 1）。

截至 2018 年末，中国银行董事会由 14 位成员组成，除董事长外，包括 3 位执行董事、5 位非执行董事、5 位独立董事。2018 年，董事会审议通过了定期报告、提名董事候选人、发展战略、发行债券、股息分配、设立境外分支机构等相关议案 75 项。

2018 年，中国银行进一步加大投资者关系工作力度，丰富市场沟通形式、提高市场沟通层级，提升投资者关系活动的主动性和有效性。成功举行 2017 年年度业绩发布会、2018 年第一季度业绩电话会、2018 年中期业绩发布会，召开各类投资者会议合计近 200 场。

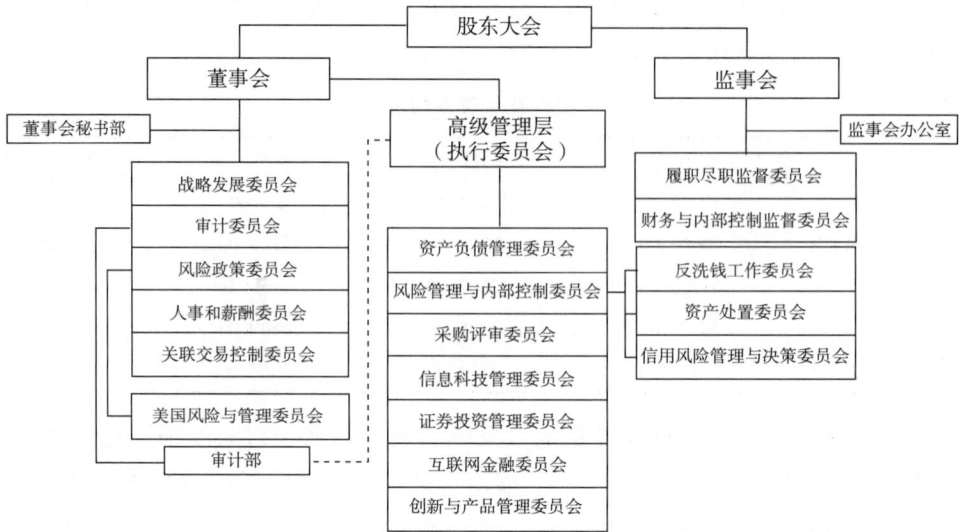

图1　中国银行管理架构

信息披露方面，中国银行建立了全面、完整的信息披露制度，不断梳理和完善信息披露工作流程，提升制度完备性。不断提高信息披露的针对性、有效性和透明度，切实保障投资者的知情权，确保两地投资者公平获取信息的权利，获上海证券交易所上市公司2017—2018年度信息披露最高评价等级（"A"级评价）。

2. 社会责任战略与管理

中国银行以"建设新时代全球一流银行"为战略目标，"担当、诚信、专业、创新、稳健、绩效"的价值观，根据集团经营发展战略、行业趋势，通过系统、全面地评估集团可持续发展要素，确定了社会责任方面的议题；同时，从对中行和利益相关方两个方面的重要性进行评估，确定了议题的重要性排序，明确了社会责任的重点内容（见图2）。

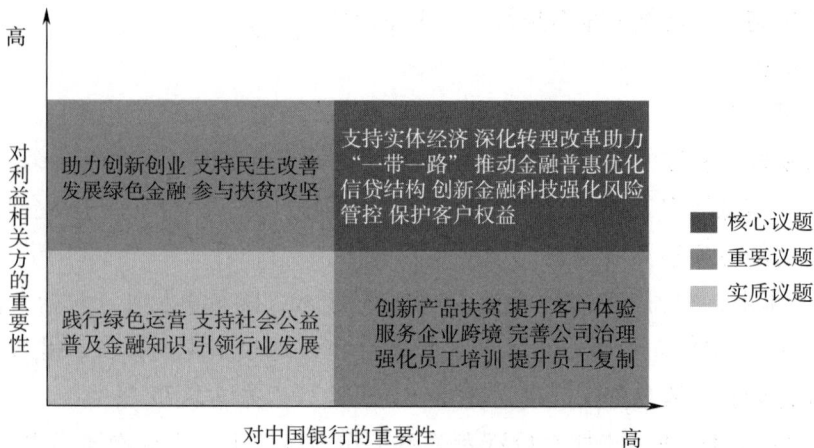

图2　中国银行责任议题

（三）社会绩效

1. 扶贫

中国银行坚持定点扶贫。自 2002 年起，连续 16 年在陕西省咸阳"北四县"开展定点扶贫工作，探索形成了围绕"一个目标"、依靠"两方合力"、聚焦"三个领域"、发挥"四种力量"的扶贫工作模式；选派扶贫干部 18 人，无偿投入帮扶资金 7509 万元。同时，充分发挥金融扶贫优势，开设 4 家中银富登村镇银行，帮助引进资金 2.28 亿元，为小微企业和贫困户提供金融服务，支持当地实体经济发展；帮助 1626 名贫困人口实现就业，脱贫13119 户、43784 人，助力"北四县"圆满完成当年的脱贫攻坚目标任务。

在金融扶贫方面，中国银行依托自身金融优势，加强扶贫信贷投放。中国银行持续加大对贫困地区小微企业和个人的支持力度，加强信贷投放，开展金融培训，建立绿色扶贫信贷通道，为扶贫类项目优先审批、优先匹配规模，并给予利率优惠。2018 年末，中国银行扶贫贷款余额 624 亿元。同时，中国银行创新扶贫金融产品，诸如"扶贫通""苹果贷"等；截至 2018 年末，中国银行共承销扶贫债券 2 只，发行金额合计 40 亿元。

2. 普惠

中国银行服务民生工程。通过高度关注民生与社会发展，加大对公共交通、保障性住房的支持力度，完善公共服务体系、提升居民生活质量提供金融支持。

在支持公共交通方面，中国银行为铁路、公路、轨道交通等交通基础设施建设提供长期稳定的金融支持。2018 年，在各类交通领域新增投放贷款 1694 亿元。在提高人民生活水平方面，中国银行积极支持国家保障性安居工程建设，为棚户区改造和住房租赁提供全面金融服务。截至 2018 年末，中国银行保障性住房贷款余额 1238 亿元，同比增长 130.46%。其中，棚户区改造贷款余额为 1056 亿元，同比增长 237.06%。

在扶持小微、"三农"企业，解决"融资难、融资贵"问题方面，中国银行不断创新产品服务体系。截至 2018 年末，普惠金融小微企业贷款余额 3042 亿元，较上年末增长12.26%，客户数量高于上年同期水平，达到 38 万户。同时，2018 年中国银行普惠金融事业部成立，截至 2018 年末，通过自设及并购方式在县域控股 125 家村镇银行法人机构，在乡镇设立支行网点 142 家，在行政村设立助农服务站点 380 个，形成了覆盖全国 22 个省（市）的农村金融服务网络，建成了全国机构数量最多、业务范围最广的村镇银行集团。

3. 员工

（1）员工人数及结构

中国银行关注员工的成长，重视青年人才的培育，通过各类形式的培训、竞赛和文体活动，为青年员工提供了自我展示的舞台和能力提升的机会。

员工指标方面，与 2017 年员工人数增加形成对比，2018 年员工人数有所减少。员工人数、男性、女性员工人数都存在不同程度的下降，当年新进员工人数也显著减少，同比减少14.44%。员工人数、男性、女性员工人数与 2017 年相比，分别减少 0.3%、0.6%、0.1%，表明部分员工离职（见表25）。

表 25 员工人数及结构

指标	2018 年	2017 年	变动量	变动率（%）
员工人数（人）	310119	311133	-1014.00	-0.3
当年新进员工人数（人）	10685	12488	-1803.00	-14.4
男性员工人数（人）	132781	133628	-847.00	-0.6
女性员工人数（人）	177338	177505	-167.00	-0.1

从员工的地区分布来看，中国大陆地区的员工人数减少2409人，同比减少0.8%（见表26）；但外派员工人数、港澳台地区员工人数以及海外机构本地员工人数均有增长，分别同比增长4.0%、2.2%、6.2%，员工的分布方面有所变动，海外业务与综合经营业务管理机制持续优化，差异化竞争优势进一步巩固。

表 26 员工人数及地区分布

指标	2018 年	2017 年	变动量	变动率（%）
中国大陆地区员工人数（人）	285797	288206	-2409.00	-0.8
外派员工人数（人）	1391	1337	54.00	4.0
港澳台地区员工人数（人）	18047	17665	382.00	2.2
海外机构本地员工人数（人）	22931	21590	1341.00	6.2

同时，中国银行也注重员工权益的保护以及职业健康的关爱，充分保障员工合法权益、尊重文化差异，丰富文体、志愿活动，提升员工的幸福感和归属感。中国银行的劳动合同签订率维持为100.00%（见表27），女性员工和少数民族员工的比例也在上升，女性员工同比增长0.1%，少数民族员工同比增长0.7%，体现了在员工招录、薪酬福利、职业晋升方面无任何歧视条件，充分尊重和保护员工合法权益，通过劳动合同、集体协商、职代会等做好职工权益保障工作。

表 27 员工权益保护

指标	2018 年（%）	2017 年（%）	变动量（%）	变动率（%）
劳动合同签订率	100.00	100.00	0.00	0.0
女性员工比例	57.18	57.10	0.08	0.1
少数民族员工比例	4.18	4.15	0.03	0.7

（2）员工培训

员工教育培训方面，通过持续优化培训体系，加强人才队伍建设，为员工发展提供有力支持。员工培训的投入金额以及培训人次有所增加，员工培训投入金额较2017年增加0.76亿元，同比增长13.4%（见表28）；员工参与培训人次增加115071人次，同比增长4.0%。

表 28　　　　　　　　　　　　　　　员工培训情况

指标	2018 年	2017 年	变动量	变动率（%）
员工培训投入金额（亿元）	6.42	5.66	0.76	13.4
员工参与培训人次（人）	2966118	2851047	115071.00	4.0

4. 客户满意度

中国银行保护客户隐私，成立消费者权益保护办公室。一方面，完善客户信息保护内控制度，规范接触客户信息的岗位范围和查询权限，加强对可以获取、使用客户信息人员的保密管理，上岗签署保密承诺，离职执行脱密措施，严禁泄露客户信息。借助网络隔离等技术手段严密监控可能产生信息泄露的环节，防范信息泄露风险。加强对信用卡和网银客户的信息保护，提高风险防范等级。定期对客户信息存储系统和档案进行安全检查，杜绝泄密隐患。

另一方面，全面落实监管要求，实施理财产品销售专区及录音录像工作，开发统一产品信息查询平台。及时妥善处理客户投诉，提升客户满意度，持续提升投诉管理的规范化、精细化和系统化。但从结果上看，2018 年的外部客户满意度较 2017 年有所降低，降低了 3 个百分点（见表 29）。

表 29　　　　　　　　　　　　　　　外部客户满意度

指标	2018 年	2017 年	变动百分点
外部客户满意度（%）	91.7	94.7	−3.0

（四）环境绩效

1. 绿色金融

中国银行积极支持环境改善、应对气候变化和资源节约高效利用的经济活动，全业务、全流程和全方位地贯彻绿色发展理念，拓展绿色金融服务的广度和深度，促进绿色信贷、绿色债券等金融业务持续健康发展。在持续优化信贷结构、支持生态环境改善方面加大支持力度，截至 2018 年末，中国银行绿色信贷余额为 6326.67 亿元，同比增长 17.42%。绿色信贷不良率为 0.52%。

具体来看，中国银行的绿色信贷呈逐年增长趋势。不仅绿色信贷余额在增加，同比增长率也有显著提高。绿色信贷余额 2017 年较 2016 年增加 714.57 亿元（见表 30），2018 年较 2017 年增加 938.68 亿元；同比增长率由 2017 年的 15.29% 上升至 17.4%，增加了 2.13 个百分点。

表 30　　　　　　　　　　　　　　　绿色信贷余额

指标	2018 年	2017 年	变动量	变动率（%）
绿色信贷余额（亿元）	6326.67	5387.99	938.68	17.4

2. 绿色债券

中国银行积极贯彻绿色发展战略，制定了《中国银行绿色金融发展规划》，深入推进绿色金融服务创新，持续加大对绿色产业的支持力度，着力为经济发展方式转变、经济结构优化、绿色经济发展提供动能。截至 2018 年末，中国银行累计发行五期等值 64 亿美元的绿色债券与可持续发展债券。全年共承销 14 笔境内外绿色债券，合计 841 亿元人民币。

2018 年 5 月，中国银行在境外发行 30 亿港元可持续发展债券和 10 亿美元绿色债券。其中，30 亿港元可持续发展债券是中国银行第一只境外港元债券，也是中资银行境外首笔可持续发展债券。募集资金主要用于支持可再生能源、清洁交通等绿色信贷项目，以及国家助学贷款、个人创业担保贷款等普惠金融项目。

3. 绿色运营

中国银行倡导环保理念，推广绿色办公，打造绿色服务。通过减少物料、节约能源、用水，降低排放以及污水和废弃物管理等方面，减少对资源环境的消耗和影响。

中国银行鼓励客户使用手机银行、网上银行等线上服务，并在网点大力推广电子印章、申请无纸化、协议电子化等服务，减少各类能源消耗。2018 年，中国银行的办公用纸量比 2017 年增加 4.8 吨，节约用纸量减少 12.5 吨（见表 31）。

表 31　　　　　　　　　　　　　　　办公用纸情况

指标	2018 年	2017 年	变动量	变动率（%）
办公用纸量（吨）	48.00	43.20	4.80	11.1
节约用纸量（吨）	4.80	17.30	−12.50	−72.3

能源使用方面，除了电力消耗量以及视频会议召开的次数增加外，柴油、天然气、汽油以及热力使用量都存在不同程度的减少，分别同比减少 156.6%、88.9%、1.6%、18.6%（见表 32）。电力消耗量连续两年增加，2017 年同比增长（相对于 2016 年的电力消耗量）3.3%，2018 年同比增长 2.5%，增长幅度有所降低；视频会议同比增长幅度由 2017 年的40.3% 下降至 12.1%。

表 32　　　　　　　　　　　　　　　能源使用情况

指标	2018 年	2017 年	变动量	变动率（%）
柴油消耗量（公升）	8708.00	22344.00	−13636.00	−156.6
天然气消耗量（立方米）	962409.00	977679.00	−15270.00	−1.6
汽油消耗量（公升）	43279.00	81733.00	−38454.00	−88.9
电力消耗量（兆瓦时）	126635.00	123447.00	3188.00	2.5
外购热力总量（吉焦）	85008.00	100820.00	−15812.00	−18.6
视频会议召开次数（次）	4378.00	3849.00	529.00	12.1

注：柴油消耗量、天然气消耗量、电力消耗量、外购热力总量及视频会议召开次数均为总行北京地区机构统计口径。汽油消耗量为总行自有车辆的汽油消耗量。2018 年，通过启用网上自助预约车辆平台，规范用车行为，汽油消耗量显著下降。

从污染物的排放方面，除温室气体和间接温室气体的排放量比 2017 年有所增长外，其他排放物均有显著下降（见表 33）。有害废弃物的排放总量同比减少 30.0%，无害废弃物的排放总量同比减少 75.6%，直接温室气体的排放量同比减少 4.3%。虽然温室气体和间接温室气体的排放量有所增加，但其同比增长的幅度较 2017 年降低，温室气体排放量同比增长率由 2017 年的 2.9% 减少至 2.4%，下降了 0.6 个百分点；间接温室气体排放量的同比增长率由 2017 年的 3.3% 减少至 2018 年的 2.6%，下降了 0.7 个百分点。

表 33　　　　　　　　　　　　　　　　　废弃物排放情况

指标	2018 年	2017 年	变动量	变动率（%）
有害废弃物的排放总量（吨）	3.87	5.53	-1.66	-30.0
无害废弃物的排放总量（吨）	286.00	1172.00	-886.00	-75.6
温室气体排放量（吨）	78568.00	76736.00	1832.00	2.4
直接温室气体排放量（吨）	2081.00	2174.00	-93.00	-4.3
间接温室气体排放量（吨）	76488.00	74562.00	1926.00	2.6

注：总行北京地区机构统计口径。

水资源的使用方面，水消耗总量同循环用水总量均呈增长趋势。水消耗总量的同比增长率较 2017 年有所减少，由 6.0% 减少至 4.4%（见表 34）。循环用水的总量增加，表明资源的利用效率在不断提升，循环用水量的同比增长率由 2017 年的 -9.7% 增长至 16.1%，增长了 25.8 个百分点。

表 34　　　　　　　　　　　　　　　　　水资源使用情况

指标	2018 年	2017 年	变动量	变动率（%）
水消耗总量（立方米）	401581.00	384529.00	17052.00	4.4
循环用水总量（立方米）	74687.00	64341.00	10346.00	16.1

注：总行北京地区机构统计口径。

同时，对于污水和废弃物，中国银行聘请有资质的第三方检测机构对污水排放进行定期监测。对日常办公和运营产生的废弃物，如生活垃圾、厨余垃圾、有害废弃物等，均进行分类收集和回收处理，并将厨余垃圾、有毒有害垃圾委托给有资质的第三方机构处理。2018 年，中国银行未因环保事件受处罚，也未收到任何环境申诉。

供应商环境绩效评估方面，在供应商考察和项目评审过程中，对供应商在环境保护、社会责任等方面的承诺进行评估。除了关注供应商的书面承诺外，在具体项目考察时还对供应商环境保护设备和措施、办公环境健康和安全、劳动保护措施等情况进行综合考察，并在评审过程中予以考虑。

年报四　中国建设银行 2018 年度报告分析

一、基本情况及发展战略

（一）基本情况

中国建设银行股份有限公司（以下简称建设银行）是国有股份制商业银行，其前身中国人民建设银行成立于 1954 年 10 月 1 日，1996 年 3 月 26 日更名为中国建设银行。2004 年，建设银行改制为国家控股的股份制商业银行，注册资本 1942.3 亿元。

建设银行主要股东为：汇金公司（持 H 股总数 1425.90 亿股，A 股总数 1.96 亿股，持股总比例 57.11%）；香港中央结算（代理人）有限公司（持 H 股总数 919.72 亿股，持股比例 36.79%）；中国证券金融股份有限公司（持 A 股总数 21.89 亿股，持股比例 0.88%）；宝武钢铁集团（持 H 股总数 20.00 亿股，持股比例 0.80%）。

截至 2018 年末，建设银行资产总额 23.22 万亿元，营业收入总额 6588.91 亿元，2018 年度共实现净利润 2556.26 亿元，贷款总额 13.78 万亿元，不良贷款率 1.46%。

（二）发展战略

2018 年，建设银行全面实施住房租赁、普惠金融和金融科技"三大战略"。在住房租赁战略方面，落实"房子是用来住的，不是用来炒的"要求，推进"要租房，到建行"的市场品牌，打造"建融家园"长租社区，探索存房业务新模式；在普惠金融战略方面，建设银行提出"小企业，大事业，无止境"的口号，探索以"批量化获客、精准化画像、自动化审批、智能化风控、综合化服务"为特色的普惠金融新模式，线上线下共同创新，推进普惠金融业务发展；在金融科技战略方面，启动新一轮金融科技"TOP＋"战略，成立建信金融科技公司，整合形成七大核心事业群。

二、业务经营分析

（一）资产分析

2018 年 12 月 31 日，建设银行资产总额①23.22 万亿元，较上年增长 5.0%（见表 1），主要是由于贷款和垫款、证券投资以及同业往来资产的增长。资产增长率较 2017 年下降了 9.28 个百分点。

---

① 本报告数据来源：2018 年和 2017 年建设银行年度报告。

建设银行资产主要集中在客户贷款及垫款、金融投资、现金及存放中央银行款项等项目上，上述项目占资产总额的 90% 以上。

表 1 资产规模及构成

	2018 年 12 月 31 日		2017 年 12 月 31 日		变动额（亿元）	变动率（%）
	金额（亿元）	占比（%）	金额（亿元）	占比（%）		
现金及存放中央银行款项	26328.63	11.3	29882.56	13.5	-3553.93	-11.9
同业往来资产	10385.21	4.5	7085.98	3.2	3299.23	46.6
贷款和垫款	133654.30	57.6	125744.73	56.8	7909.57	6.3
证券投资	57149.09	24.6	51816.48	23.4	5332.61	10.3
其他资产	4709.70	2.0	6714.08	3.0	-2004.38	-29.9
资产总计	232226.93	100.0	221243.83	100.0	10983.10	5.0

1. 贷款和垫款

（1）企业及个人贷款和垫款

表 2 企业及个人贷款和垫款①

	2018 年 12 月 31 日		2017 年 12 月 31 日		变动额（亿元）	变动率（%）
	金额（亿元）	占比（%）	金额（亿元）	占比（%）		
公司类贷款和垫款	74784.66	54.4	74878.32	58.0	-93.66	-0.1
贷款	73423.95	53.4	73650.95	57.1	-227.00	-0.3
融资租赁	1360.71	1.0	1227.37	1.0	133.34	10.9
票据贴现	3102.44	2.3	1357.15	1.1	1745.29	128.6
个人贷款和垫款	59575.45	43.3	52798.94	40.9	6776.51	12.8
个人住房贷款	48444.40	35.2	42526.98	33.0	5917.42	13.9
个人助业贷款	372.87	0.3	414.17	0.3	-41.30	-10.0
个人消费贷款	2147.83	1.6	2032.18	1.6	115.65	5.7
信用卡	6551.90	4.8	5676.83	4.4	875.07	15.4
其他	2058.45	1.5	2148.78	1.7	-90.33	-4.2
客户贷款和垫款总额	137462.55	100.0	129034.41	100.0	8428.14	6.5

2018 年末，建设银行发放贷款和垫款总额 13.75 万亿元，较上年增加 8428.14 亿元，增幅为 6.5%，主要是境内贷款增长推动。

从境内贷款和垫款来看，公司类贷款和垫款 6.50 万亿元，较上年增加 541.54 亿元，增幅为 0.84%，主要投向基础设施行业等领域，其中，短期贷款减少 493.28 亿元，中长期贷款增加 1034.82 亿元；个人贷款和垫款 58398.03 亿元，较上年增加 6459.50 亿元，增幅 12.44%，

---

① 贷款和垫款为未提取贷款损失准备的总额（不考虑应计利息），其中 2018 年票据贴现和公司类贷款数据等于以公允价值计量和以摊余成本计量二者之和。另外，本表中数据为境内、外贷款合计。

其中，个人住房贷款 47535.95 亿元，较上年增加 5405.28 亿元，增幅 12.83%，信用卡贷款 6513.89 亿元，较上年增加 877.76 亿元，增幅 15.57%，个人消费贷款 2101.25 亿元，较上年增加 174.73 亿元，增幅 9.07%，主要是"快贷"个人自助贷款增加；票据贴现 3083.68 亿元，较上年增加 1858.73 亿元，增幅 151.74%，主要是为满足企业短期资金需求。

从境外贷款和垫款来看，海外和子公司贷款和垫款 11004.06 亿元，较上年减少 431.63 亿元，降幅 3.77%。

（2）贷款和垫款期限结构

从贷款剩余到期日来看，实时偿还的贷款变动幅度较大，增长 13.7%（见表 3），占贷款净额比例达到 5.4%，同比 2017 年提高 0.4 个百分点；中长期贷款均明显增长，其中，1 年至 5 年期贷款增长 11.2% 至 3.2 万亿元，5 年以上贷款增长 4.0% 至 5.5 万亿元。各期限贷款在贷款净额中占比基本与 2017 年持平。

表3　　　　　　　　　　　　　　　贷款和垫款期限结构

	2018 年 12 月 31 日		2017 年 12 月 31 日		变动额（亿元）	变动率（%）
	金额（亿元）	占比（%）	金额（亿元）	占比（%）		
无期限	702.52	0.5	729.33	0.6	−26.81	−3.7
实时偿还	7172.26	5.4	6310.65	5.0	861.61	13.7
1 个月以内	4751.09	3.6	4458.07	3.5	293.02	6.6
1 个月至 3 个月	5678.15	4.2	5816.01	4.6	−137.86	−2.4
3 个月至 1 年	27994.88	20.9	26411.72	21.0	1583.16	6.0
1 年至 5 年	32031.35	24.0	28813.96	22.9	3217.39	11.2
5 年以上	55324.05	41.4	53204.99	42.3	2119.06	4.0
贷款净额合计	133654.30	100.0	125744.73	100.0	7909.57	6.3

（3）不良贷款

2018 年 12 月 31 日，建设银行不良贷款余额 2008.81 亿元，较上年增加 85.90 亿元，增长 4.5%（见表 4）。不良贷款率为 1.5%，与 2017 年基本持平。另外，关注类贷款占比 2.8%，较上年小幅下降 0.02 个百分点，期末余额增加 218.34 亿元。

表4　　　　　　　　　　　　　　　贷款五级分类

	2018 年 12 月 31 日		2017 年 12 月 31 日		变动额（亿元）	变动率（%）
	金额（亿元）	占比（%）	金额（亿元）	占比（%）		
正常	131579.44	95.7	123455.54	95.7	8123.90	6.6
关注	3874.30	2.8	3655.96	2.8	218.34	6.0
不良贷款	2008.81	1.5	1922.91	1.5	85.90	4.5
次级	814.32	0.6	729.19	0.6	85.13	11.7
可疑	932.70	0.7	975.22	0.8	−42.52	−4.4
损失	261.79	0.2	218.50	0.2	43.29	19.8
合计	137462.55	100.0	129034.41	100.0	8428.14	6.5

截至 2018 年末，建设银行境内公司类贷款不良率较上年上升 0.02 个百分点至 2.60%，新增不良贷款主要集中在交通运输业和制造业等行业，批发零售业、房地产业和建筑业等行业的不良贷款金额则有明显下降；个人贷款不良率较上年下降 0.01 个百分点至 0.41%；海外及子公司贷款不良率较上年上升 0.3 个百分点至 0.69%。整体来看，资产不良率与 2017 年基本持平。

为了防范由于不良贷款产生的风险，建设银行加大拨备计提力度，拨备覆盖率 208.37%，较上年提升 37.29 个百分点。

（4）中小企业贷款

2018 年，建设银行全面启动普惠金融战略，推广网络供应链等线上融资新模式，以"双大"延伸拓展"双小"，出台 26 项精准措施定向扶持民营经济和小微企业。创新"小微快贷"系列产品和平台化经营模式，累计投放贷款超过 7100 亿元，惠及小微企业 55 万户。

2. 证券投资

表 5　　　　　　　　　　　　　　金融资产构成

	2018 年 12 月 31 日		2017 年 12 月 31 日		变动额（亿元）	变动率（%）
	金额（亿元）	占比（%）	金额（亿元）	占比（%）		
债券投资	52600.61	92.0	47140.14	91.0	5460.47	11.6
权益工具和基金	1042.70	1.8	1132.44	2.2	−89.74	−7.9
其他债务工具	3505.78	6.1	3543.90	6.8	−38.12	−1.1
金融投资总额	57149.09	100.0	51816.48	100.0	5332.61	10.3

2018 年末，建设银行金融投资总额 57149.09 亿元，较上年增加 5332.61 亿元（见表5），10.3%。其中，债券投资较上年增加 5460.47 亿元，增幅 11.6%，在金融投资总额中的占比为 92.0%，较上年上升 1.07 个百分点；权益工具和基金较上年减少 89.74 亿元，占比为 1.8%，较上年下降 0.37 个百分点；发行表内保本理财产品投资的存放同业款项、债券及信贷类资产等其他债务工具较上年减少 38.12 亿元，占比下降至 6.1%。

表 6　　　　　　　　　　　　　债券投资发行主体构成

	2018 年 12 月 31 日		2017 年 12 月 31 日		变动额（亿元）	变动率（%）
	金额（亿元）	占比（%）	金额（亿元）	占比（%）		
政府债①	37927.26	72.1	32918.38	69.8	5008.88	15.2
金融债②	10193.73	19.4	9856.39	20.9	337.34	3.4
其他	4479.62	8.5	4365.37	9.3	114.25	2.6
债券投资总额	52600.61	100.0	47140.14	100.0	5460.47	11.6

---

① 政府债包含政府债券和中央银行债券。
② 金融债包含政策性银行债券和银行及非银行金融机构债券。

建设银行债券投资 5.26 万亿元，较上年增加 5460.47 亿元，增长 11.6%（见表6）。其中，政府债券 37538.74 亿元，占比 71.4%，中央银行债券 388.52 亿元，占比 0.7%，政府债券总体较上年同比增长 15.2%；政策性银行债券 7916.60 亿元，占比 15.1%，银行及非银行金融机构债券 2277.13 亿元，占比 4.3%，金融债总体较上年同比增长 3.4%；其他债券投资亦有小幅增长。

3. 同业往来资产

同业往来资产项包括存放同业款项、买入返售金融资产、拆出资金。

建设银行同业往来资产项目合计 10385.21 亿元，同比增长 46.6%（见表7），其中存放同业款项 4869.49 亿元，同比 2017 年大幅上涨 178.2%。

表7 同业往来资产构成

	2018 年 12 月 31 日		2017 年 12 月 31 日		变动额（亿元）	变动率（%）
	金额（亿元）	占比（%）	金额（亿元）	占比（%）		
存放同业款项	4869.49	46.9	1750.05	24.7	3119.44	178.2
拆出资金	3497.27	33.7	3252.33	45.9	244.94	7.5
买入返售金融资产	2018.45	19.4	2083.60	29.4	-65.15	-3.1
同业往来资产合计	10385.21	100.0	7085.98	100.0	3299.23	46.6

（二）负债分析

2018 年 12 月 31 日，建设银行负债总额 21.23 万亿元，同比增长 4.4%，增速降低了 0.53 个百分点。

2018 年末，建设银行吸收存款总额达到 17.11 万亿元，同比增长 4.6%（见表8），在负债总额中的占比小幅上升至 80.6%；同业往来负债 18784.62 亿元，同比增长 4.7%，占负债总额的 8.8%；已发行债务证券较上年增加 1792.59 亿元，占比提升至 3.7%。

通过负债结构分析可以看出，存款对建设银行业务发展的支持力度仍然最大，在负债中占比仍然保持在 80% 以上。

表8 负债规模及构成

	2018 年 12 月 31 日		2017 年 12 月 31 日		变动额（亿元）	变动率（%）
	金额（亿元）	占比（%）	金额（亿元）	占比（%）		
向中央银行借款	5543.92	2.6	5472.87	2.7	71.05	1.3
同业往来负债	18784.62	8.8	17949.13	8.8	835.49	4.7
吸收存款	171086.78	80.6	163637.54	80.5	7449.24	4.6
已发行债务证券	7757.85	3.7	5965.26	2.9	1792.59	30.1
其他负债	9137.82	4.3	10260.76	5.0	-1122.94	-10.9
负债合计	212310.99	100.0	203285.56	100.0	9025.43	4.4

1. 同业往来负债

截至 2018 年末，建设银行同业往来产生的负债余额合计 18784.62 亿元，同比增长 4.7%（见表 9），主要原因是同业以及其他金融机构存放款项同比增长 6.8%，同时拆入资金同比增长 9.5%，这两项是同业往来负债的主要构成。卖出回购金融资产同比下降 58.6%。

表 9　　　　　　　　　　　　　　　　同业往来负债构成

	2018 年 12 月 31 日		2017 年 12 月 31 日		变动额（亿元）	变动率（%）
	金额（亿元）	占比（%）	金额（亿元）	占比（%）		
同业存放	14274.76	76.0	13369.95	74.5	904.81	6.8
拆入资金	4202.21	22.4	3836.39	21.4	365.82	9.5
卖出回购金融资产	307.65	1.6	742.79	4.1	-435.14	-58.6
同业往来负债合计	18784.62	100.0	17949.13	100.0	835.49	4.7

2. 吸收存款

建设银行 2018 年底存款总额① 16.93 万亿元，比 2017 年增长 3.5%。

建设银行公司类存款 8.67 万亿元，占存款总额的 51.2%，同比下降 0.4%（见表 10），个人存款达 7.77 万亿元，同比增长 9.4%，存款结构较为稳定。

表 10　　　　　　　　　　　　　　　　存款客户结构

	2018 年 12 月 31 日		2017 年 12 月 31 日		变动额（亿元）	变动率（%）
	金额（亿元）	占比（%）	金额（亿元）	占比（%）		
公司存款	86673.22	51.2	87008.72	53.2	-335.50	-0.4
个人存款	77711.65	45.9	71058.13	43.4	6653.52	9.4
其他存款	4929.42	2.9	5570.69	3.4	-641.27	-11.5
合计	169314.29	100.0	163637.54	100.0	5676.75	3.5

表 11　　　　　　　　　　　　　　　　存款定活结构

	2018 年 12 月 31 日		2017 年 12 月 31 日		变动额（亿元）	变动率（%）
	金额（亿元）	占比（%）	金额（亿元）	占比（%）		
活期存款	91257.88	53.9	88933.34	54.3	2324.54	2.6
定期存款	73126.99	43.2	69133.51	42.2	3993.48	5.8
其他存款	4929.42	2.9	5570.69	3.4	-641.27	-11.5
合计	169314.29	100.0	163637.54	100.0	5676.75	3.5

---

① 不包含应计利息。

建设银行活期存款91257.88亿元，同比增长2.6%，占比53.9%（见表11）；定期存款73126.99亿元，同比增长5.8%，占比43.2%，定期存款占比较2017年增加了1个百分点。

2018年，日均存贷比率为73.71%，较上年上升2.98个百分点，继续保持着存贷比逐年上升的趋势。

3. 已发行债务证券

截至2018年12月31日，已发行债务证券[①]合计7708.80亿元，同比增长29.2%（见表12）。其中已发行存款证3715.83亿元，同比增长15.6%，在已发行债务证券中占比达到48.2%；已发行债券1114.47亿元，同比增长56.2%；已发行次级债1451.69亿元，基本与2017年持平；已发行合格二级资本债券1426.81亿元，同比大幅增长142.1%，与已发行次级债券占比相近。

表12 已发行债务证券

	2018年12月31日		2017年12月31日		变动额（亿元）	变动率（%）
	金额（亿元）	占比（%）	金额（亿元）	占比（%）		
已发行存款证	3715.83	48.2	3213.66	53.9	502.17	15.6
已发行债券	1114.47	14.5	713.31	12.0	401.16	56.2
已发行次级债券	1451.69	18.8	1448.98	24.3	2.71	0.2
已发行合格二级资本债券	1426.81	18.5	589.31	9.9	837.50	142.1
合计	7708.80	100.0	5965.26	100.0	1743.54	29.2

（三）收入、支出及利润

1. 利润分析

（1）利润

建设银行2018年营业利润总额3081.60亿元，同比增长2.8%（见表13），净利润2556.26亿元，同比增长4.9%。利润增长主要影响因素如下：①受益于生息资产规模适度增长、央行降准、资产收益提升及结构优化等因素，利息净收入较上年增加338.22亿元，增幅7.48%；②信用卡、网络金融等业务手续费收入增速较快，手续费及佣金净收入较上年增加52.37亿元，增幅4.45%；③业务及管理费较上年增长5.08%，成本收入比26.42%，较上年同期下降0.53个百分点。

---

① 不包含应计利息。

表 13   利润表

	2018 年（亿元）	2017 年（亿元）	变动额（亿元）	变动率（％）
营业收入	6588.91	6216.59	372.32	6.0
营业支出	3503.77	3234.73	269.04	8.3
营业利润	3085.14	2981.86	103.28	3.5
加：营业外收入	10.70	39.83	−29.13	−73.1
减：营业外支出	14.24	23.82	−9.58	−40.2
利润总额	3081.60	2997.87	83.73	2.8
减：所得税费用	525.34	561.72	−36.38	−6.5
净利润	2556.26	2436.15	120.11	4.9

（2）拨备前的利润情况

建设银行 2018 年计提资产减值 1454.11 亿元（见表 14），较 2017 年同比上涨 14.5%，考虑计提资产减值的因素，建设银行 2018 年拨备前利润总额为 4535.71 亿元，同比上涨 6.3%。

表 14   拨备前利润

	2018 年（亿元）	2017 年（亿元）	变动额（亿元）	变动率（％）
利润总额	3081.6	2997.87	83.73	2.8
本年计提资产减值	1454.11	1269.57	184.54	14.5
拨备前利润	4535.71	4267.44	268.27	6.3

2. 收入分析

建设银行 2018 年营业收入合计 6588.91 亿元，同比增长 6.0%（资产总额同比增长 5.0%），收入能力相对良好，营业收入增长速度较之 2017 年明显提升（2017 年营业收入同比增长 2.7%）。

表 15   营业收入构成

	2018 年		2017 年		变动额（亿元）	变动率（％）
	金额（亿元）	占比（％）	金额（亿元）	占比（％）		
利息净收入	4862.78	73.8	4524.56	72.8	338.22	7.5
手续费及佣金净收入	1230.35	18.7	1177.98	18.9	52.37	4.4
投资收益	145.86	2.2	64.11	1.0	81.75	127.5
其他	349.92	5.3	449.94	7.2	−100.02	−22.2
合计	6588.91	100.0	6216.59	100.0	372.32	6.0

营业收入结构变动不大，其中利息净收入 4862.78 亿元，增长 7.5%（见表 15），占收入总额的 73.8%，比 2017 年上升 1 个百分点；手续费及佣金净收入 1230.35 亿元，增长 4.4%，占收入总额的 18.7%，与 2017 年基本持平；投资收益大规模增长 127.5%。其中，利息净收入和手续费及佣金净收入共占营业收入总额的 92.5%，增长态势良好。

（1）利息净收入

建设银行 2018 年度利息收入总计 8110.26 亿元，同比增长 8.1%，增速较 2017 年上升 0.43 个百分点，盈利能力相对保持稳定。

表 16 利息收入构成

	2018 年		2017 年		变动额（亿元）	变动率（%）
	金额（亿元）	占比（%）	金额（亿元）	占比（%）		
存放中央银行款项	388.92	4.8	430.27	5.7	−41.35	−9.6
投资性利息收入	1721.47	21.2	1707.13	22.8	14.34	0.8
同业往来	330.45	4.1	209.87	2.8	120.58	57.5
客户贷款和垫款	5669.42	69.9	5154.27	68.7	515.15	10.0
合计	8110.26	100.0	7501.54	100.0	608.72	8.1

客户贷款与垫款利息收入 5669.42 亿元，占收入总额的 69.9%，同比增长 10.0%（见表 16）；投资性利息收入 1721.47 亿元，同比增长 0.8%，与 2017 年基本持平；同业往来利息收入 330.45 亿元，同比增长 57.5%，主要是由于同业往来资产同比上升 46.6%，同时收益率有所提升；受降准影响，存放中央银行款项金额减少，利息收入同比下降 9.6%。

表 17 利息支出构成

	2018 年		2017 年		变动额（亿元）	变动率（%）
	金额（亿元）	占比（%）	金额（亿元）	占比（%）		
向中央银行借款	156.71	4.8	144.86	4.9	11.85	8.2
同业往来利息	514.65	15.8	500.12	16.8	14.53	2.9
已发行债务证券	247.35	7.6	198.87	6.7	48.48	24.4
客户存款利息	2328.77	71.7	2133.13	71.7	195.64	9.2
合计	3247.48	100.0	2976.98	100.0	270.50	9.1

建设银行 2018 年度利息支出总计 3247.48 亿元，同比增长 9.1%（见表 17）。其中，存款利息支出 2328.77 亿元，占支出总额的 71.7%，同比增长 9.2%（存款余额增长 4.6%）；同业往来利息支出 514.65 亿元，占利息支出总额的 15.8%，同比增长 2.9%（同业往来负债增长 4.7%）；已发行债务证券利息支出 247.35 亿元，同比增长 24.4%（已发行债务证券总额增长 30.1%）；向中央银行存款利息支出 156.71 亿元，同比增长 8.2%（向中央银行借款总额增长 1.3%）。

（2）手续费及佣金净收入

截至 2018 年末，建设银行实现手续费及佣金净收入 1230.35 亿元，较上年增长 4.4%（见表 18）。手续费及佣金净收入对营业收入比率达 18.7%。

表18　　　　　　　　　　　　　　手续费及佣金收入及支出

	2018 年		2017 年		变动额（亿元）	变动率（%）
	金额（亿元）	占比（%）	金额（亿元）	占比（%）		
手续费及佣金收入	1380.17	100.0	1313.22	100.0	66.95	5.1
银行卡手续费	461.92	33.5	422.42	32.2	39.50	9.4
电子银行业务收入	185.85	13.5	93.41	7.1	92.44	99.0
代理业务手续费	160.44	11.6	162.56	12.4	-2.12	-1.3
托管及其他受托业务佣金	127.48	9.2	118.57	9.0	8.91	7.5
结算与清算手续费	121.01	8.8	132.11	10.1	-11.10	-8.4
理财产品业务收入	111.13	8.1	200.40	15.3	-89.27	-44.5
顾问和咨询费	104.41	7.6	99.06	7.5	5.35	5.4
担保手续费	34.14	2.5	33.30	2.5	0.84	2.5
信用承诺手续费	15.73	1.1	15.25	1.2	0.48	3.1
其他	58.06	4.2	36.14	2.8	21.92	60.7
手续费及佣金支出	149.82	100.0	135.24	100.0	14.58	10.8
银行卡交易费	80.00	53.4	77.10	57.0	2.90	3.8
银行间交易费	13.60	9.1	12.84	9.5	0.76	5.9
其他	56.22	37.5	45.30	33.5	10.92	24.1
手续费及佣金净收入	1230.35		1177.98		52.37	4.4

　　银行卡手续费收入461.92亿元，增幅9.4%，主要是信用卡发卡量、分期业务和消费交易额保持较快增长；电子银行业务收入185.85亿元，大幅增长99.0%，得益于建设银行手机银行、网上银行用户数量持续增长，移动金融交易量的快速提升；代理业务手续费收入160.44亿元，降幅1.3%，主要是代理保险收入较上年有所下降；托管及其他受托业务佣金收入127.48亿元，增幅7.5%，主要是对基金、保险等资产托管规模持续提升，托管收入稳健增长，同时银团贷款牵头筹组及分销能力不断增强，银团贷款收入实现较快增长；结算与清算手续费收入121.01亿元，降幅8.4%，主要是受基础结算价格减免优惠、贸易融资规模下降等因素影响，单位人民币结算和国际结算收入下降；理财产品业务收入111.13亿元，较上年下降44.5%，主要是受到资管新规实施和理财产品市场发行成本上升等因素影响；顾问和咨询费收入104.41亿元，增幅5.4%。

　　3. 支出分析

　　2018年，建设银行营业支出总额3503.77亿元，同比增长8.3%（见表19）。其中业务及管理费占总额的47.7%，资产减值损失占总额的43.1%，营业税金及附加占营业支出总额的1.8%。

表19 营业支出构成

	2018 年		2017 年		变动额（亿元）	变动率（%）
	金额（亿元）	占比（%）	金额（亿元）	占比（%）		
营业税金及附加	61.32	1.8	57.67	1.8	3.65	6.3
业务及管理费	1672.08	47.7	1591.18	49.2	80.90	5.1
资产减值损失	1509.88	43.1	1273.62	39.4	236.26	18.6
其他业务成本	260.49	7.4	312.26	9.7	-51.77	-16.6
合计	3503.77	100.0	3234.73	100.0	269.04	8.3

2018 年建设银行业务及管理费用总额 1672.08 亿元，同比增长 5.1%（见表20）。其中，员工成本 1020.57 亿元，占总额的 61.0%，同比增长 6.0%；审计费小幅下降 5.8%；其余各项均以稳定速度增长。

表20 业务及管理费构成

	2018 年		2017 年		变动额（亿元）	变动率（%）
	金额（亿元）	占比（%）	金额（亿元）	占比（%）		
员工成本	1020.57	61.0	962.74	60.5	57.83	6.0
物业及设备支出	323.90	19.4	304.85	19.2	19.05	6.2
摊销费	24.27	1.5	23.06	1.4	1.21	5.2
审计费	1.62	0.1	1.72	0.1	-0.10	-5.8
其他业务及管理费	301.72	18.0	298.81	18.8	2.91	1.0
合计	1672.08	100.0	1591.18	100.0	80.90	5.1

截至 2018 年末，建设银行员工共 345971 人（见表21），同比 2017 年减少了 6650 人；人均薪酬 29.60 万元，同比 2017 年 27.32 万元增加了 2.28 万元，增长幅度达 8.4%；员工人均费用 48.33 万元，同比 2017 年上涨 7.1%；人均产值 190.45 万元，同比增长 8.0%，高于人均费用涨幅；人均产值/人均薪酬比例为 6.43，同比下降了 0.3 个百分点。

建设银行 2018 年末共有营业网点 14977 个（2017 年为 14920 个），点均成本 1116.43 万元（2017 年为 1066.47 万元），比 2017 年同比上涨 4.7%。

表21 人均薪酬及产值情况

	2018 年	2017 年	变动量	变动率（%）
员工数（人）	345971	352621	-6650	-1.9
网点数（个）	14977	14920	57	0.4
人均薪酬（万元）	29.60	27.32	2.28	8.4
人均费用（万元）	48.33	45.12	3.21	7.1
人均产值（万元）	190.45	176.30	14.15	8.0
人均产值/人均薪酬	6.43	6.45	-0.02	-0.3
点均业务及管理费（万元）	1116.43	1066.47	49.96	4.7

（四）金融科技及产品创新

1. 金融科技

2018 年，建设银行发布金融科技战略规划，构建技术与数据双轮驱动的金融科技基础能力，加强人工智能、大数据、区块链等新技术平台建设及业务场景应用，以金融科技引领业务发展。

建设银行以"创新、数字、开放、协作"作为推进金融科技战略规划的核心理念,实施金融科技 TOP + 战略,其中,T 代表 Technology——科技驱动,以技术与数据构成科技双要素,双轮驱动金融创新,形成新趋势中转型发展的源动力;O 代表 Open——能力开放,在符合监管要求的前提下,将集团业务功能和数据以服务方式向社会开放,充分激发外部活力与创造力,发挥建设银行"应用商店"价值;P 代表 Platform——平台生态,构建自有的平台、连接合作伙伴的平台,编织平台与平台之间的网络,共同构造用户生态圈,满足人民日益增长的美好生活需要;"+"代表培育"鼓励创新、包容创新"的机制与企业文化,支持集团不断转型革新,实现面向未来的可持续发展。

在金融科技战略布局下,建设银行信息系统全年运行稳定,重要系统交易峰值、交易金额、交易笔数、客户数、快捷支付占比等保持同业领先。"双十一"期间快捷支付交易峰值高达 21751 笔/秒,本行支付渠道仍保持平稳畅通。全年累计发现和处置钓鱼网站 9000 余个,保护密码被猜解的账户 9 万个,拦截风险事件 5.6 万起,保障了全行客户的资金安全。

2. 产品创新

2018 年,建设银行以创新实践推进住房租赁、普惠金融、金融科技"三大战略",全年共完成产品创新 1300 余项、重点产品移植 1800 余项。

在金融服务方面,建设银行推出住房租赁云平台,增加政府和企业长租房源供给;推出"善行宗教"综合服务项目,为宗教事务提供一站式综合服务;推出企业智能撮合综合服务平台"建融智合",实现业务发展新模式;推出区块链贸易金融平台,实现国内信用证、福费廷、国际保理、物流金融等产品端全流程在线处理;推出飞驰债券承分销全流程支持系统,强化了债券承分销业务的企业级管理和全流程系统化管控能力;推出"云税贷",实现与国家税务总局及多省税务数据系统直连,实现对小微企业及企业主的需求精准匹配及风险准确判断;推出"龙财富"个人财富管理平台,强力整合金融、科技资源,打造新零售模式;推出私人银行家族办公室,为资产 5 亿元以上的客户提供家族财富管理与传承、家族治理、家族企业持续经营及社会慈善等综合服务。

在指标体系方面,国务院发展研究中心金融研究所和中国建设银行研究院联合发布《金融科技研究与评估 2018——全球系统重要性银行金融科技指数》,为研究全球金融科技理论和应用提供系统性的分析框架;发布"建设银行·新华普惠金融——小微指数",成为首个全国性有影响力的银行业普惠金融指数和评价指标。

三、社会责任分析

（一）经济绩效

1. 盈利指标

2018 年,建设银行的总资产约为 23.22 万亿元,同比增长 5%;净利润方面,2018 年全年为 2556.66 亿元,相较 2017 年增长了 4.9%,与总资产增速基本持平。2018 年不良贷款率为 1.46%，绝对值较 2017 年降低了 0.03%。与此同时，资本充足率也有所上升，2018 年为 17.17%，绝对值较 2017 年上升了 1.69%，有了较大提升。2018 年平均 ROA 与 2017 年基本持平。平均 ROE 2018 年为 14.04%，绝对数较 2017 年下降了 0.76%。

表 22 盈利指标

	2018 年	2017 年	变动额（量）	变动率（%）
资产总额（万亿元）	23.22	22.12	1.10	5.0
净利润（亿元）	2556.66	2436.15	120.51	4.9
不良贷款率（%）	1.46	1.49	-0.03	—
资本充足率（%）	17.19	15.50	1.69	—
平均 ROA（%）	1.13	1.13	0.00	—
平均 ROE（%）	14.04	14.80	-0.76	—

2. 社会贡献

社会贡献方面，2018 年建设银行全年纳税额为 586.66 亿元，较 2017 年降低 5.3%；公益捐赠额为 8941 万元，较上一年增长了 14.8%，有较大的提升；每股社会贡献值[①]为 2.88 元，相较于 2017 年的 2.74 元，提升了 5.1%。

表 23 社会贡献

	2018 年	2017 年	变动额	变动率（%）
纳税（亿元）	586.66	619.39	-32.73	-5.3
公益捐赠（万元）	8941.00	7786.00	1155.00	14.8
每股社会贡献值（元）	2.88	2.74	0.14	5.1

3. 机构情况

机构及供应商方面，2018 年全年建设银行的营业网点数为 14977 个，较 2017 年上涨 0.4%，自助银行数量和 ATM 数量较上一年均有所下降；智慧银行方面，2018 年全年的智慧银行数为 10 个，较 2017 年减少 2 个。总行级潜在供应商有所增长，2018 年为 3004 个，较 2017 年上涨 14.7%（见表 24）。

表 24 机构及供应商情况

	2018 年	2017 年	变动量	变动率（%）
营业网点数目（个）	14977	14920	57	0.4
自助银行数量（个）	28238	29046	-808	-2.8
ATM 数量（个）	92225	97007	-4782	-4.9
智慧银行（个）	10	12	-2	-16.7
总行级潜在供应商（个）	3004	2620	384	14.7

（二）公司治理

1. 公司治理情况

建设银行股东大会下设董事会和监事会（见图 1）。

---

① 每股社会贡献值 = 每股收益 +（纳税额 + 职工费用 + 利息支出 + 公益投入总额 - 公司因环境污染造成的社会成本）/期末总股本。

股东大会

监事会
- 办公室
- 履职尽职监督委员会
- 财务与内部控制监督委员会

董事会
- 办公室
- 战略发展委员会
- 风险管理委员会
- 审计委员会
- 提名与薪酬委员会
- 社会责任与关联交易委员会
- 普惠金融发展委员会
- 人才、薪酬与组织机构统筹委员会
- 资产负债与成本控制委员会
- 信息技术与流程银行建设委员会
- 风险管理与内控合规管理委员会
- 产品统筹与创新委员会

行长

各部门：
- 办公室
- 财务会计部
- 资产负债管理部
- 人力资源部（教育培训部）
- 股权与投资管理部
- 风险管理部
- 资产保全经营中心
- 信贷管理部
- 授信审批部
- 审计部
- 内控合规部
- 公司业务部（养老金业务部）
- 战略客户部
- 机构业务部
- 同业业务中心
- 小企业业务部（普惠金融事业部）
- 资产托管业务部
- 结算与现金管理部
- 个人存款与投资部
- 财富管理与私人银行部
- 住房金融与个人信贷部
- 信用卡中心
- 网络金融部
- 产品创新与管理部
- 金融市场部
- 金融市场交易中心
- 资产管理业务中心
- 投资银行部
- 国际业务部
- 渠道与运营管理部
- 数据管理部
- 信息技术管理部
- 法律事务部
- 战略规划部
- 监察部
- 公共关系与企业文化部（消费者权益保护部）
- 安全保卫部
- 离退休人员管理部
- 党群工作部（工会）

分支机构：
- 省、自治区分行 → 市区（县）分支行、分理处、储蓄所
- 直辖市分行 → 市区（县）分支行、分理处、储蓄所
- 直属（管）分行 → 市区（县）分支行、分理处、储蓄所
- 海外分行及代表处

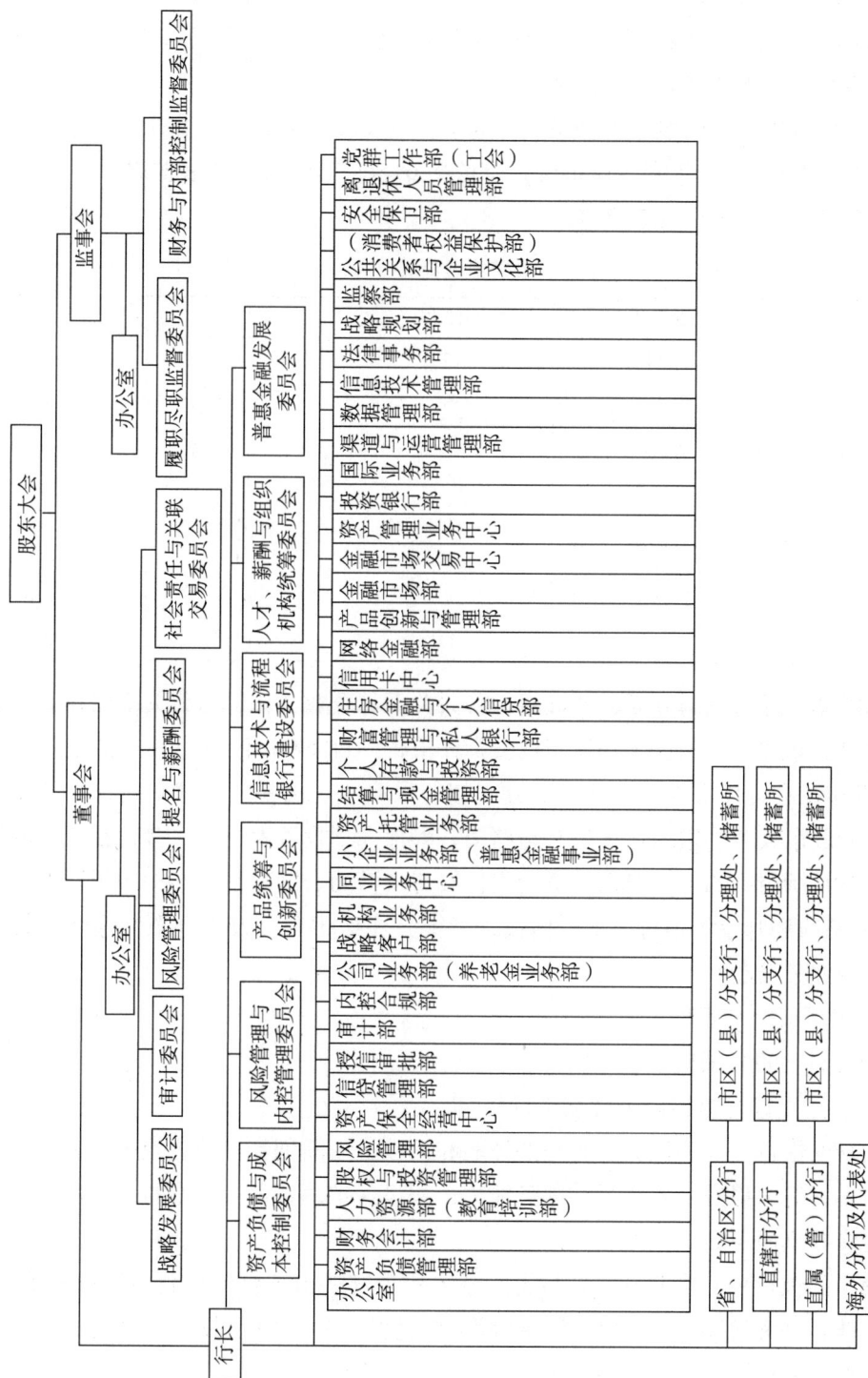

图1　建设银行管理架构

董事会是股东大会的执行机构，向股东大会负责。董事会下设战略发展委员会、审计委员会、风险管理委员会、提名与薪酬委员会、社会责任与关联交易委员会等五个专门委员会。截至2018年末，建设银行董事会共有董事14名，其中执行董事3名，非执行董事5名，独立董事6名。田国立先生担任董事长。

监事会是监督机构，向股东大会负责。监事会下设履职尽职监督委员会、财务与内部控制监督委员会。截至2018年末，监事会共有监事6名，其中股东代表监事2名，职工代表监事3名，外部监事1名（见表25）。

表25 　　　　　　　　　　　　　　　公司治理情况

	2018年	2017年	变动量	变动率（%）
董事会	14	15	-1	-6.7
执行董事	3	4	-1	-25.0
非执行董事	5	6	-1	-16.7
独立董事	6	5	1	20.0
监事会	6	7	-1	-14.3
股东代表监事	2	3	-1	-33.3
职工代表监事	3	3	0	0.0
外部监事	1	1	0	0.0

在信息披露管理与机制方面，建设银行公共关系与企业文化部与相关部门建立环境、社会与管治信息披露协同机制，定期发布社会责任报告。自2005年10月在香港上市以来，已连续13年发布社会责任报告。2018年，建设银行采取"走出去"与"请进来"相结合的方式，通过召开股东大会、组织业绩发布与路演、参加大型投资者论坛、接待投资者调研、参加上海证券交易所组织的上市公司投资者集体接待日活动、网络在线与中小投资者交流、接听和回复IR热线和邮箱等多种方式，向投资者推介住房租赁、普惠金融和金融科技三大战略推进成果及业务发展。

2. 社会责任战略与管理

（1）企业社会责任战略

2018年，建设银行提出以下社会责任战略：

服务大众的银行——关注大众客户的体验和诉求，不断创新和改进业务流程，大力开拓消费金融市场，努力提升服务质量和服务能力；积极保护消费者合法权益；利用营业场所为公众提供更多共享服务。

促进民生的银行——将业务发展与支持经济社会发展相结合，与满足客户需求相结合；全力支持实体经济和民生事业的发展，践行普惠金融战略，用心服务小微企业、"三农"、住房租赁等民生领域，助力人们追求更加幸福美好的生活。

低碳环保的银行——关注全球气候变化，坚持责任投资，推进绿色银行建设；大力发展绿色金融，支持低碳经济和环保产业，帮助企业客户节能减排，保护生物多样性，严格管控高污染、高能耗行业；发展金融科技，打造共享金融生态；实施移动优先战略，积极推行网络金融服务；坚持低碳运营，降低自身能源消耗及对气候环境的影响。

可持续发展的银行——实行全面风险管理，坚持合规运营；提升企业价值创造力，为客户创造价值、为股东提供持续稳定回报；关注员工权益，努力为员工创造更好的工作氛围、提供更好的职业发展机会；关注社会发展和社区建设，带动员工、客户和机构积极参与公益慈善事业，为推动社会的和谐发展做出贡献。

（2）企业社会责任管理

建设银行建立专门的社会责任管理体系，管理范围包括高级管理层、总行各相关部门、各一级分行及各营业网点以及各海外分行及子公司，由总行公共关系与企业文化部社会责任处负责开展相关工作（见图 2）。

2017 年，建设银行识别五个社会责任的重要议题，包括支持绿色信贷、提升客户满意度、推行普惠金融、实施员工激励、保持运营连续性等。2017—2018 年，建设银行先后获得中国银行业协会"年度最具社会责任金融机构奖""年度最佳社会责任特殊贡献网点奖""年度最佳社会责任管理者奖"；金融金鼎奖"年度最具社会责任银行"；中国企业社会责任年会"最佳责任企业"等奖项。

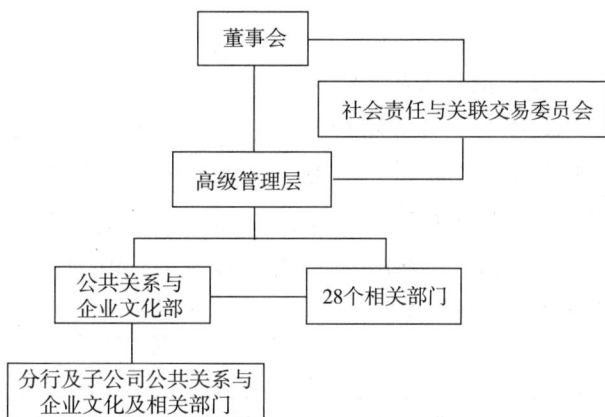

图 2　建设银行社会责任管理架构

（三）社会绩效

1. 扶贫

建设银行坚持精准扶贫、精准脱贫基本方略，将扶贫工作与普惠金融战略、金融科技战略相融合，通过定点扶贫、产业扶贫、扶贫产品创新、电商扶贫、公益扶贫等多种方式开展扶贫工作。

截至 2017 年末，建设银行金融精准扶贫贷款余额 1492.64 亿元，增速 57.41%；截至 2018 年末，建设银行产业精准扶贫贷款余额 630.40 亿元，增幅 31.75%，通过产业帮扶，已服务带动 11.4 万贫困人口就业增收。

2. 普惠

"普惠金融"是建设银行当前三大战略之一。2017 年，建设银行董事会社会责任与关联交易委员会负责监督指导管理层推进普惠金融相关工作，成立普惠金融发展委员会，组建普惠金融事业部。建设银行依托互联网、大数据，打造"快贷""小微快贷""云税贷"系列品牌，满足居民消费金融和小微企业融资需求；推广"裕农通"模式，加快发展"村口银行"，为服务"三农"和支持乡村振兴战略提供"最后一公里"的金融服务，提升普惠金融服务质量。

表 26　　　　　　　　　　　普惠金融贷款余额

	2018 年（亿元）	2017 年（亿元）	变动额（亿元）	变动率（%）
小微企业贷款	—	16105.82	—	—
涉农贷款	17646.50	17650.87	-4.37	0.0
新农村建设贷款余额	148.63	305.85	-157.22	-51.4
个人支农贷款	29.28	52.11	-22.83	-43.8
个人住房贷款	47535.95	42130.56	5405.39	12.8
公积金个人住房贷款余额	22103.06	20489.92	1613.14	7.9
保障性住房项目开发贷款余额	1313.22	578.30	734.92	127.1
棚户区改造贷款余额	1199.52	453.30	746.22	164.6
银保监会"两增"口径普惠金融贷款余额	6310.17	4185.02	2125.15	50.8

3. 员工

（1）员工人数及结构

2018 年，建设银行员工总数为 345971 人，较 2017 年略有下降，降幅为 1.9%；2018 年新进员工 12234 人，较 2017 年大幅增长，涨幅为 107.6%。从性别来看，男性员工与女性员工的比约为 4.6:5.4，女性员工居多。从员工年龄构成来看，41～50 岁的员工占比最大，为 37.4%，但是较 2017 年略有下降，34～40 岁的员工占比第二，同时该年龄段的员工数量和占比都有小幅上涨（见表 27）。

表 27　　　　　　　　　　　员工人数及结构

	2018 年		2017 年		变动量	变动率（%）
	人数	占比（%）	人数	占比（%）		
员工总人数	345971	100.0	352621	100.0	-6650	-1.9
劳务派遣用工	3937	—	4792	—	-855	-17.8
新进员工	12234	3.5	5894	1.7	6340	107.6
少数民族员工	19138	5.5	19077	5.4	61	0.3
外籍员工	763	0.2	719	0.2	44	6.1
按性别划分：						
男性员工	157664	45.6	161426	45.8	-3762	-2.3
女性员工	188307	54.4	191195	54.2	-2888	-1.5
按年龄划分：						
30 岁以下	77033	22.3	84879	24.1	-7846	-9.2
31～40 岁	88190	25.5	83658	23.7	4532	5.4
41～50 岁	129481	37.4	135581	38.4	-6100	-4.5
51～59 岁	51076	14.8	48319	13.7	2757	5.7
60 岁以上	191	0.1	184	0.1	7	3.8

（2）员工培训

2018 年，建设银行成立建设银行大学，为不同业务条线、不同岗位、不同层级的员工提供分层分类培训。全年全行共举办现场培训 23843 期，培训 131 万人次，人均培训 6.9

天；网络培训 513 万人次（课次），折合培训工作量 85.5 万人天（见表 28）。

表 28　　　　　　　　　　　　　员工培训情况

	2018 年	2017 年	变动量	变动率（%）
现场培训（人次）	483	872	−389	−44.6
一级分行行级和总行部门级	29312	30685	−1373	−4.5
二级分行行级、一级分行部门级和总行处级	1275556	1460816	−185260	−12.7
业务经理级及以下	—	—	—	—
网络培训（人）	253	334	−81	−24.3
一级分行行级和总行部门级	8023	9336	−1313	−14.1
二级分行行级、一级分行部门级和总行处级	299408	321019	−21611	−6.7
业务经理级及以下	483	872	−389	−44.6

（3）员工流失率

从员工流失率来看，建设银行员工流失率低于行业平均水平。2018 年，离职率最高的年龄段为 26～35 岁的员工，离职率为 6.1%，较 2017 年有大幅上涨，同时 36～45 岁的员工虽然离职率的绝对值不高，2018 年为 2%，但是同比增长了 81.8%。55 岁以上的员工离职率最低，为 0.2%，与 2017 年持平。从地域来看，2018 年，长江三角洲的离职率最高，为 3.7%，其次为珠江三角洲，为 2.3%，但这两个地方的离职率较 2017 年都有明显下降。在所有地域中，海外的离职率最高，为 9.1%。离职率最低的地方为东北地区，离职率为 1.2%（见表 29）。

表 29　　　　　　　　　　　　　员工流失率

	2018 年	2017 年	变动量	变动率（%）
按年龄划分：				
25 岁以下	5.9	6.6	−0.7	−10.6
26～35 岁	6.1	4.8	1.3	27.1
36～45 岁	2.0	1.1	0.9	81.8
46～55 岁	0.6	0.5	0.1	20.0
55 岁以上	0.2	0.2	0.0	0.0
按地区划分：				
长江三角洲	3.7	5.0	−1.3	−26.0
珠江三角洲	2.3	2.5	−0.2	−8.0
环渤海地区	1.6	1.5	0.1	6.7
中部地区	1.8	1.5	0.3	20.0
西部地区	1.9	2.0	−0.1	−5.0
东北地区	1.2	1.0	0.2	20.0
总行	7.5	8.1	−0.6	−7.4
海外	9.1	10.7	−1.6	−15.0

4. 客户数量及满意度

2018 年，建设银行网上银行客户数量、电话银行客户数量以及手机银行客户数量均超过 3 亿户，较 2017 年有较大涨幅。同时，2018 年电话热线客服服务人次为 5.13 亿人次，较 2017 年降低 13.6%。从客户满意度来看，无论是个人客户还是对公客户，2018 年总体满意度都有所上升（见表 30）。

表 30　　　　　　　　　　　　　　　客户数量及满意度

	2018 年	2017 年	变动量	变动率（%）
客户数量：				
网上银行客户数量（万户）	31256	27675	3581	12.9
电话银行客户数量（万户）	33649	28882	4767	16.5
手机银行客户数量（万户）	30954	26638	4316	16.2
电话热线客服（亿人次）	5.13	5.94	-0.81	-13.6
微信/在线/短信客服（亿人次）	12.88	12.66	0.22	1.7
客户满意度：				
个人客户总体满意度（%）	81.0	78.7	2.3	—
对公客户总体满意度（%）	93.8	93.2	0.6	—

（四）环境绩效

1. 绿色金融

2017 年，建设银行提出绿色信贷"三个支持"和"三个不支持"原则。

"三个支持"：对列为国家重点的节能减排项目、得到财政税收支持的节能减排项目、对节能减排显著的企业和项目给予支持，在办理流程、核准权限、准入标准等方面给予"绿色通道"，在贷款定价方面给予一定优惠政策，在信贷规模上予以适当倾斜，甚至配以专享额度，并借助综合性、集团化经营优势，为其提供综合金融服务。

"三个不支持"：对列入国家产业政策限制和淘汰类的项目，对高耗能、污染问题突出、环保不达标的客户或项目，以及出现重大环境风险和重大环保问题、存在环境违法违规的客户或项目不予支持。

2018 年，建设银行绿色贷款余额占对公贷款比重 15.35%，较年初提高 0.52 个百分点。2018 年绿色贷款共计新增客户投放 1708.80 亿元，其中清洁交通领域 708.72 亿元、清洁能源领域 450.17 亿元、节能减排改造领域 265.81 亿元。

2. 环保

2018 年，建设银行共发放绿色贷款 10422.6 亿元，较 2017 年上升 4%。减排二氧化碳 6826.12 万吨，较 2017 年上升 9.8%；减排二氧化硫 24.73 万吨，较 2017 年有所下滑，降幅为 7.7%；2018 年减排氮氧化物 3.96 万吨，相比 2017 年降低了 17%。2018 年节水 123.06 万吨，较 2017 年上涨 2.7%（见表 31）。

表 31 　　　　　　　　　　　　　　　绿色信贷规模及节能减排情况

	2018 年	2017 年	变动量	变动率（%）
绿色贷款（亿元）	10422.60	10025.21	397.39	4.0
折合减排标准煤（万吨）	3011.71	2800.46	211.25	7.5
减排二氧化碳当量（万吨）	6926.12	6305.09	621.03	9.8
减排 COD（万吨）	29.63	23.64	5.99	25.3
减排氨氮（万吨）	3.87	3.14	0.73	23.2
减排二氧化硫（万吨）	24.73	26.78	-2.05	-7.7
减排氮氧化物（万吨）	3.96	4.77	-0.81	-17.0
节水（万吨）	123.06	119.87	3.19	2.7

年报五　招商银行 2018 年度报告分析

一、基本情况及发展战略

（一）基本情况

招商银行股份有限公司（以下简称招商银行）成立于 1987 年，由香港招商局集团有限公司创办，是中国第一家完全由企业法人持股的股份制商业银行。2002 年 4 月 9 日在上交所挂牌，是国内第一家采用国际会计标准的上市公司，2006 年 9 月 22 日在香港联交所上市。

截至 2018 年末，招行 A 股前三大股东分别是香港中央结算（代理人）有限公司，持股数 45.46 亿股，持股比例 18.03%；招商局轮船股份有限公司，持股数为 32.89 亿股，持股比例为 13.04%；中国远洋运输（集团）总公司，持股数 15.75 亿股，持股比例 6.24%。

2018 年度，招商银行总资产 6.75 万亿元，营业收入 2485.55 亿元，净利润 808.19 亿元，贷款总额 3.93 万亿元，不良贷款率 1.36%。

（二）发展战略

招商银行将"创新驱动、零售领先、特色鲜明的中国最佳商业银行"作为发展愿景，紧密围绕打造"轻型银行"的转型目标，实现"质量、效益、规模"动态均衡发展，经营结构持续优化，"轻型银行"体系基本构建，数字化招行初具规模，国际化、综合化深入推进。坚持"一体两翼"的战略定位，聚焦基础客群和核心客群建设，构建基础产品和专业产品两大产品体系，形成优势显著的零售业务和特色鲜明的批发业务，强化条线协同。

招商银行的发展战略方向分为三个方面，一是积极打造未来战略制高点，持续推进结构调整和经营转型，全面推进数字化；二是深入推进业务模式转型，坚持投商行一体化，全方位发挥公司金融整体优势，深入推进"交易银行""投资银行"两大转型业务协同发展，构建领先的交易银行和投资银行业务体系；三是打造强有力的战略支撑体系，逐步推进精益敏捷开发模式，实现 IT 项目"双模开发"，大力建设科技基础能力。

二、业务经营分析

（一）资产分析

2018 年末招商银行总资产 6.75 万亿元[①]，增长 7.1%（见表 1）。资产增加主要是同业

---

① 本报告数据来源：2017 年和 2018 年招商银行年度报告、Wind 资讯。

往来资产、贷款和垫款所致，分别同比增长 26.6% 和 9.8%。

表 1 资产规模及构成

	2018 年 12 月 31 日		2017 年 12 月 31 日		变动额（亿元）	变动率（%）
	金额（亿元）	占比（%）	金额（亿元）	占比（%）		
现金及存放中央银行款项	4933.82	7.3	6164.19	9.8	-1230.37	-20.0
同业往来资产	6129.57	9.1	4840.96	7.7	1288.61	26.6
贷款和垫款	37499.49	55.6	34146.12	54.2	3353.37	9.8
证券投资	16496.17	24.5	15783.56	25.1	712.61	4.5
其他资产	2398.24	3.6	2041.55	3.2	356.69	17.5
资产总计	67457.29	100.0	62976.38	100.0	4480.91	7.1

注：贷款和垫款为净额。

1. 贷款和垫款

2018 年末，贷款和垫款净额为 3.75 万亿元，同比增长 9.8%，占总资产的 55.6%，同比增加 1.4 个百分点。

（1）贷款和垫款客户结构

2018 年末，贷款和垫款总额 3.93 万亿元（见表 2），其中公司贷款为 1.77 万亿元，同比增长 6.6%，占贷款和垫款总额的 45.1%；零售贷款和垫款为 2.01 万亿元，同比增长 12.5%，占贷款和垫款总额的 51.1%；票据贴现为 0.15 万亿元，同比增长 29.2%，占贷款和垫款总额的 3.8%。

表 2 公司及零售贷款和垫款

	2018 年 12 月 31 日		2017 年 12 月 31 日		变动额（亿元）	变动率（%）
	金额（亿元）	占比（%）	金额（亿元）	占比（%）		
公司贷款	17739.29	45.1	16639.61	46.7	1099.68	6.6
－流动资金贷款	8846.6	22.5	8688.44	24.4	158.16	1.8
－固定资产贷款	4705.21	12.0	3978.07	11.2	727.14	18.3
－贸易融资	1570.93	4.0	1590.9	4.5	-19.97	-1.3
－其他	2616.55	6.7	2381.2	6.7	235.35	9.9
票据贴现	1497.66	3.8	1158.88	3.3	338.78	29.2
零售贷款	20093.39	51.1	17852.95	50.1	2240.44	12.5
－小微贷款	3505.34	8.9	3127.16	8.8	378.18	12.1
－个人住房贷款	9287.6	23.6	8334.1	23.4	953.5	11.4
－信用卡贷款	5754.9	14.6	4913.83	13.8	841.07	17.1
－其他	1545.55	3.9	1477.86	4.1	67.69	4.6
贷款和垫款总额	39330.34	100.0	35650.44	100.0	3679.9	10.3
加：以摊余成本计量的贷款和垫款应收利息	88.1		—			
减：减值准备	1918.95		1504.32		414.6	27.6
贷款和垫款净额	37499.49		34146.12		3353.37	9.8

注：2018 年因新增"以摊余成本计量的贷款和垫款应收利息"，贷款和垫款总额统计口径与 2017 年的存在差异。但以摊余成本计量的贷款和垫款应收利息/贷款和垫款总额仅为 0.02%，影响较小，本文忽略这种变化的影响。

（2）贷款和垫款期限结构

2018 年，招商银行短期贷款为 1.6 万亿元，同比增长 9.0%（见表 3）；中长期贷款为 1.94 万亿元，同比增长 9.1%。同 2017 年相比，短期和中长期贷款平均余额的占比变化不大，招商银行的贷款和垫款期限结构比较稳定。

表 3 贷款和垫款期限结构

类别	2018 年		2017 年		变动额（亿元）	变动率（%）
	金额（亿元）	占比（%）	金额（亿元）	占比（%）		
短期贷款	16027.21	45.2	14701.91	45.2	1325.3	9.0
中长期贷款	19446.71	54.8	17832.11	54.8	1614.6	9.1
贷款平均余额	35473.92	100.0	32534.02	100.0	2939.9	9.0

注：表中数据为年度贷款平均余额。

（3）不良贷款

截至 2018 年 12 月 31 日，招商银行不良贷款余额 536.05 亿元，减少 37.88 亿元，不良贷款率为 1.4%，减少 0.2 个百分点（见表 4）。2018 年，招商银行期内（常规）核销不良贷款 202.02 亿元，同比减少 5.5%；不良贷款拨备覆盖率为 358.18%，较 2017 年增加 96.07 个百分点；贷款拨备率 4.88%，较 2017 年增加 0.66 个百分点。

表 4 贷款五级分类

	2018 年 12 月 31 日		2017 年 12 月 31 日		变动额（亿元）	变动率（%）
	金额（亿元）	占比（%）	金额（亿元）	占比（%）		
正常类贷款	38201	97.1	34504.5	96.8	3696.5	10.7
关注类贷款	593.29	1.5	572.01	1.6	21.28	3.7
不良类贷款	536.05	1.4	573.93	1.6	−37.88	−6.6
次级类贷款	135.26	0.3	171	0.5	−35.74	−20.9
可疑类贷款	250.41	0.6	215.77	0.6	34.64	16.1
损失类贷款	150.38	0.4	187.16	0.5	−36.78	−19.7
贷款合计	39330.34	100.0	35650.44	100.0	3679.9	10.3

（4）中小微企业贷款

2018 年末，招商银行小微贷款余额合计 3505.34 亿元，增幅 12.1%，占贷款和垫款总额的比重为 8.9%，较 2017 年提高 1.41 个百分点。

2. 证券投资

2018 年末，招商银行证券投资 16496.17 亿元，同比增长 4.5%。其中，交易性金融资产为 3276.43 为亿元，占证券投资的 19.8%；债权投资 9032.68，占证券投资的 54.76%；其他债权投资为 4146.91 亿元，占证券投资的 25.1%；其他权益工具投资为 40.15 亿元，占证券投资的 0.2%。

2018 年末，招商银行持有政府债①、金融债②及其他债券③分别为 6411.02 亿元、4659.75 亿元和 983.89 亿元，同比分别增长 36.3%、6.8% 和 40.9%（见表5）。

表5　　　　　　　　　　　　债券投资发行主体构成

	2018 年 12 月 31 日		2017 年 12 月 31 日		变动额（亿元）	变动率（%）
	金额（亿元）	占比（%）	金额（亿元）	占比（%）		
政府债	6411.02	53.2	4702.6	48.2	1708.42	36.3
金融债	4659.75	38.7	4363.14	44.7	296.61	6.8
其他	983.89	8.2	698.26	7.2	285.63	40.9
债券总额	12054.66	100.0	9764	100.0	2290.66	23.5

3. 同业往来资产

2018 年末，招商银行同业往来资产为 6129.57 亿元，同比减少 26.6%（见表6）。其中，存放同业和其他金融机构款项金额为 1001.6 亿元，同比增长 30.2%，占同业往来资产比重小幅提升至 16.3%。拆出资金 3134.11 亿元，同比增长 102.7%，占同业往来资产比重由 31.9% 提升至 51.1%。买入返售金融资产为 1993.86 亿元，同比下降 21.1%，占同业往来资产比重由 52.2% 下降至 32.5%。

表6　　　　　　　　　　　　同业往来资产构成

	2018 年 12 月 31 日		2017 年 12 月 31 日		变动额（亿元）	变动率（%）
	金额（亿元）	占比（%）	金额（亿元）	占比（%）		
存放同业	1001.6	16.3	769.18	15.9	232.42	30.2
拆出资金	3134.11	51.1	1546.28	31.9	1587.83	102.7
买入返售款项	1993.86	32.5	2525.5	52.2	-531.64	-21.1
合计	6129.57	100.0	4840.96	100.0	1288.61	26.6

（二）负债分析

2018 年末，负债总额为 6.20 万亿元，同比增长 6.7%（见表7），主要是应付债券和客户存款快速增加所致，分别同比增长 43.3% 和 8.9%。

---

① 包括中国政府债券和中国人民银行债券。
② 包括政策性银行债券和商业银行及其他金融机构债券。
③ 主要包含企业债券。

表 7 　　　　　　　　　　　　　　　　　负债规模及构成

	2018 年 12 月 31 日		2017 年 12 月 31 日		变动额（亿元）	变动率（%）
	金额（亿元）	占比（%）	金额（亿元）	占比（%）		
向中央银行借款	4053.14	6.5	4148.38	7.1	−95.24	−2.3
同业往来负债	7529.17	12.1	8374.72	14.4	−845.55	−10.1
客户存款	44275.66	71.4	40643.45	69.9	3632.21	8.9
应付债券	4249.26	6.9	2964.77	5.1	1284.49	43.3
其他负债	1914.01	3.1	2011.14	3.5	−97.13	−4.8
负债总计	62021.24	100.0	58142.46	100.0	3878.78	6.7

1. 同业往来负债

2018 年末，同业往来负债总额为 7529.17 万亿元，同比减少 10.1%（见表 8）。2018 年同业和其他金融机构存放款项 4708.26 亿元，占同业往来负债 62.5%，比 2017 年提高 10.1 个百分点。拆入资金金额 2039.5 亿元，占比 27.1%，下降 5.5 个百分点。卖出回购金融资产 781.41 亿元，占比由 2017 年的 15.0% 降至 10.4%。

表 8 　　　　　　　　　　　　　　　　　同业往来负债构成

	2018 年 12 月 31 日		2017 年 12 月 31 日		变动额（亿元）	变动率（%）
	金额（亿元）	占比（%）	金额（亿元）	占比（%）		
同业存放	4708.26	62.5	4391.18	52.4	317.08	7.2
拆入资金	2039.5	27.1	2727.34	32.6	−687.84	−25.2
卖出回购	781.41	10.4	1256.2	15.0	−474.79	−37.8
合计	7529.17	100.0	8374.72	100.0	−845.55	−10.1

2. 吸收存款

2018 年末，客户存款余额为 4.40 万亿元，同比增长 8.3%，占总负债的 74.1%，比重较 2017 年提升 1.5 个百分点，连续两年上升 1.4% 左右，主要是零售存款的快速增长所致。

公司客户存款余额 2.84 万亿元，同比增长 4.1%（见表 9），占存款总额的比重为 64.5%，较 2017 年下降 2.6 个百分点；零售客户存款余额 1.56 万亿元，占存款总额的比重为 35.5%，同比增长 16.8%。2018 年度，招商银行零售存款业务发展明显强于公司存款业务。

表 9 　　　　　　　　　　　　　　　　　存款客户结构

	2018 年 12 月 31 日		2017 年 12 月 31 日		变动额（亿元）	变动率（%）
	金额（亿元）	占比（%）	金额（亿元）	占比（%）		
公司存款	28377.21	64.5	27258.23	67.1	1118.98	4.1
零售存款	15629.53	35.5	13385.22	32.9	2244.31	16.8
客户存款总额	44006.74	100.0	40643.45	100.0	3363.29	8.3

截至 2018 年 12 月 31 日，招商银行活期存款占客户存款比重为 65.3%（见表 10），同比增长 2.5 个百分点。

表 10   存款定活结构

	2018 年 12 月 31 日		2017 年 12 月 31 日		变动额（亿元）	变动率（%）
	金额（亿元）	占比（%）	金额（亿元）	占比（%）		
活期存款	28753.5	65.3	25540.93	62.8	3212.57	12.6
定期存款	15253.24	34.7	15102.52	37.2	150.72	1.0
存款总额	44006.74	100.0	40643.45	100.0	3363.29	8.3

2018 年末，招商银行存贷比为 89.4%，同比提升 1.66 个百分点。

3. 应付债券

2018 年末，应付债券余额为 4249.26 亿元，同比增加 43.3%（见表 11）。其中，次级定期债券为 457.14 亿元，同比增长 34.5%；长期债券为 1044.83 亿元，同比增长 64.9%；同业存单为 2454.06 亿元，同比增长 37.7%；存款证为 267.24 亿元，同比增长 27.7%。

表 11   应付债券结构

	2018 年 12 月 31 日		2017 年 12 月 31 日		变动额（亿元）	变动率（%）
	金额（亿元）	占比（%）	金额（亿元）	占比（%）		
次级定期债券	457.14	10.8	339.77	11.5	117.37	34.5
长期债券	1044.83	24.6	633.76	21.4	411.07	64.9
同业存单	2454.06	57.8	1781.89	60.1	672.17	37.7
存款证	267.24	6.3	209.35	7.1	57.89	27.7
应付利息	25.99	0.6	—	—	—	—
合计	4249.26	100.0	2964.77	100.0	1284.49	43.3

（三）收入、支出及利润分析

1. 利润分析与拨备前的利润情况

（1）利润分析

2018 年，招商银行营业利润 1066.08 亿元（见表 12），利润总额 1064.97 亿元，净利润 808.19 亿元，分别增长 17.7%、17.4% 和 14.4%，招商银行利润保持稳步增长趋势。2018 年，招商银行拨备前利润是 2217.81 亿元，同比增长 61.3%。

表 12   公司利润

	2018 年（亿元）	2017 年（亿元）	变动额（亿元）	变动率（%）
营业收入	2485.55	2208.97	276.58	12.5
营业支出	1419.47	1303.57	115.9	8.9
营业利润	1066.08	905.4	160.68	17.7
加：营业外收入	2.64	3.43	-0.79	-23.0
减：营业外支出	3.75	2.03	1.72	84.7
利润总额	1064.97	906.8	158.17	17.4
减：所得税费用	256.78	200.42	56.36	28.1
净利润	808.19	706.38	101.81	14.4

（2）拨备前利润情况

招商银行2018年计提资产减值608.37亿元（见表13），较2017年同比增长1.5%，考虑计提资产减值的因素，招商银行拨备前利润为1673.34亿元，相比上年增加167.28亿元，变动率为11.1%。

表13 拨备前利润

	2018年（亿元）	2017年（亿元）	变动额（亿元）	变动率（%）
利润总额	1064.97	906.8	158.17	17.4
本年计提资产减值	608.37	599.26	9.11	1.5
拨备前利润	1673.34	1506.06	167.28	11.1

2. 收入分析

2018年，招商银行实现营业收入2485.55亿元，同比增长12.5%（见表14）。其中利息净收入占比为64.5%，比重较2017年下降1.1个百分点；净手续费及佣金收入占比26.7%，比重较上年下降2.3个百分点；投资净收益占比5.1%，比重较上年提升2.3个百分点；而其他净收入占比从2017年的2.6%提升至2018年的3.6%。

表14 营业收入构成

	2018年		2017年		变动额（亿元）	变动率（%）
	金额（亿元）	占比（%）	金额（亿元）	占比（%）		
利息净收入	1603.84	64.5	1448.52	65.6	155.32	10.7
手续费及佣金净收入	664.8	26.7	640.18	29.0	24.62	3.8
投资净收益	126.36	5.1	62.05	2.8	64.31	103.6
其他	90.55	3.6	58.22	2.6	32.33	55.5
合计	2485.55	100.0	2208.97	100.0	276.58	12.5

（1）利息净收入

①利息收入

2018年，招商银行实现利息收入2709.11亿元，同比增长11.9%（见表15），主要是同业往来利息收入和贷款利息收入迅速增长所致。2018年，招商银行存放央行利息收入为79.61亿元，同比减少8.3%；投资性利息收入为482.67亿元，同比减少7.3%；存拆放同业利息收入183.13亿元，同比增长47.4%；贷款利息收入为1963.7亿元，占利息收入的72.5%，同比增长16.3%。

表15 利息收入构成

	2018年		2017年		变动额（亿元）	变动率（%）
	金额（亿元）	占比（%）	金额（亿元）	占比（%）		
存放中央银行款项	79.61	2.9	86.79	3.6	−7.18	−8.3
投资性利息收入	482.67	17.8	520.42	21.5	−37.75	−7.3
同业往来	183.13	6.8	124.26	5.1	58.87	47.4
客户贷款和垫款	1963.7	72.5	1688.58	69.8	275.12	16.3
利息收入合计	2709.11	100.0	2420.05	100.0	289.06	11.9

②利息支出

2018 年，招商银行利息支出 1105.27 亿元，同比增长 13.8%（见表 16），主要是央行借款利息支出和吸收存款利息支出快速增长所致。2018 年，招商银行央行借款支出为109.82 亿元，同比增加 18.7%；同业利息支出为 230.28 亿元，同比减少 4.6%；存款利息支出 619.87 亿元，同比增长 23.2%；应付债券利息支出为 145.3 亿元，同比增长 8.1%。

表 16　　　　　　　　　　　　　　　　利息支出构成

	2018 年		2017 年		变动额（亿元）	变动率（%）
	金额（亿元）	占比（%）	金额（亿元）	占比（%）		
向中央银行借款	109.82	9.9	92.5	9.5	17.32	18.7
同业往来	230.28	20.8	241.38	24.8	−11.1	−4.6
吸收存款	619.87	56.1	503.29	51.8	116.58	23.2
应付债券	145.3	13.1	134.36	13.8	10.94	8.1
合计	1105.27	100.0	971.53	100.0	133.74	13.8

（2）手续费及佣金净收入

2018 年，招商银行净手续费及佣金净收入为 664.8 亿元，同比增长 3.8%；手续费及佣金净收入为 730.46 亿元，同比增长 4.5%（见表 17）。其中，银行卡手续费收入较上年增长27.16 亿元，增幅 19.4%，主要是信用卡中间业务收入增长；结算业务手续费收入增长10.58 亿元，增幅 11.5%，主要是电子支付收入增长；代理业务手续费收入增长 4.36 亿元，增幅 3.5%，主要是代理基金收入增长；承诺业务佣金增长 4.35 亿元，增幅 6.8%，主要是融资租赁手续费收入和国内保理手续费收入增长；托管类业务佣金收入同比减少 18.94 亿元，降幅 7.50%，主要受资管新规、社会融资需求下降、利率水平走低等因素影响。

表 17　　　　　　　　　　　　　　手续费及佣金净收入构成

	2018 年		2017 年		变动额（亿元）	变动率（%）
	金额（亿元）	占比（%）	金额（亿元）	占比（%）		
结算类业务	102.67	14.1	92.09	13.2	10.58	11.5
银行卡业务	167.27	22.9	140.11	20.0	27.16	19.4
代理类业务	127.23	17.4	122.87	17.6	4.36	3.5
托管类业务	233.51	32.0	252.45	36.1	−18.94	−7.5
承诺类业务	68.07	9.3	63.72	9.1	4.35	6.8
其他	31.71	4.3	27.84	4.0	3.87	13.9
手续费及佣金收入	730.46	100.0	699.08	100.0	31.38	4.5
减：手续费及佣金支出	65.66	—	58.90	—	6.76	11.5
手续费及佣金净收入	664.8	—	640.18	—	24.62	3.8

3. 支出分析

2018 年，营业支出 1419.47 亿元，增长 8.9%（见表 18）。其中业务及管理费占全部营业支出比重提升至 54.3%；而资产减值损失和信用减值损失占全部营业支出比重下降至 42.9%。

表18   营业支出构成

	2018 年		2017 年		变动额（亿元）	变动率（%）
	金额（亿元）	占比（%）	金额（亿元）	占比（%）		
营业税金及附加	21.32	1.5	21.52	1.7	−0.2	−0.9
业务及管理费	771.12	54.3	667.72	51.2	103.4	15.5
资产减值损失（和信用减值损失）	608.37	42.9	599.26	46.0	9.11	1.5
其他业务成本	18.66	1.3	15.07	1.2	3.59	23.8
营业支出合计	1419.47	100.0	1303.57	100.0	115.9	8.9

2018 年，招商银行业务及管理费 771.12 亿元，同比增长 15.5%（见表19），其中员工费用和其他一般及行政费用分别占比 59.7% 和 29.3%，比上年分别增长 16.5%、18.6%。

表19   业务及管理费构成

	2018 年		2017 年		变动额（亿元）	变动率（%）
	金额（亿元）	占比（%）	金额（亿元）	占比（%）		
员工费用	460.25	59.7	395.12	59.2	65.13	16.5
固定资产折旧费	32.55	4.2	32.93	4.9	−0.38	−1.2
无形资产摊销费	9.83	1.3	7.14	1.1	2.69	37.7
租赁费	42.42	5.5	41.89	6.3	0.53	1.3
其他一般及行政费用	226.07	29.3	190.64	28.6	35.43	18.6
合计	771.12	100.0	667.72	100.0	103.4	15.5

2018 年，招商银行人均薪酬 57.7 万元，比 2017 年增长 17.8%（见表20）；人均费用 92.1 万元，同比增长 12.3%；点均业务及管理费 14260.3 万元，比 2017 年增长 16.0%。2018 年人均薪酬费用和点均费用均有所上升，招商银行的经营成本特别是人工成本有所增长。2018 年末，招商银行网点数为 1810 个，连续 2 年维持在 1800 个以上的水平，主要是招商银行注重扩张、完善和协同电子银行渠道，有效分流了营业网点的压力。

表20   人均薪酬及人均/点均费用

	2018 年	2017 年	变动额（量）	变动率（%）
员工数（人）	74590	72530	2060	2.8
网点数（个）	1810	1818	−8	−0.4
人均薪酬（万元）	57.7	49.0	8.7	17.8
人均费用（万元）	103.4	92.1	11.3	12.3
人均产值（万元）	333.2	304.6	28.7	9.4
人均产值/人均薪酬	5.8	6.2	−0.4	−7.1
点均业务及管理费（万元）	4260.3	3672.8	587.5	16.0

4. 金融科技及产品创新

（1）金融科技

招商银行持续加大科技资源投入，2018 年信息科技投入 65.02 亿元，同比增长

35.17%，是本公司当年营业收入的 2.78%，同比提高 0.46 个百分点。全行累计申报金融科技创新项目 931 个，其中 304 个项目已投产上线，"金融科技银行"建设取得明显进展。

（2）产品创新

2018 年，招商银行票据业务借助金融科技和体制优势，通过不断的产品创新和流程优化，市场竞争力和客户体验进一步提升。一是为迎接企业远期结算和短期融资票据化趋势前瞻布局，初步完成票据全产品服务平台——"票据大管家"的建设，成为市场上首家能够为企业提供一站式票据综合服务的大中型商业银行；二是产品创新卓有成效，票据大管家平台服务外延不断拓展，取得服务 B2B 电商平台票据结算业务的先发优势，提升了服务产业互联网能力，并为批量轻型拓展公司客群创造了机会；三是客户体验不断提升，加快推进流程优化工作，各项产品服务效率大幅提速，客户认可度不断提高。

三、社会责任分析

（一）经济绩效

1. 财务指标分析

2018 年，招商银行资产达 67457.29 亿元，同比增长 7.1%（见表 21）。其净利润在 2018 年达到 808.19 亿元，相比 2017 年大幅度增长了 14.41%。同时，招商银行不良贷款率表现效果良好，从 2017 年的 1.61% 下降到 2018 年的 1.36%，下降了 0.25 个百分点。资本充足率也表现较好，2018 年资本充足率达到 15.68%，相较于 2017 年的 15.48%，提高了 0.2 个百分点。招商银行的平均 ROA 和平均 ROE 也均有所增加，分别为 1.24% 和 16.57%，分别增长了 0.09 个百分点和 0.03 个百分点。

表 21　　　　　　　　　　　　　　　财务指标分析

项目	2018 年	2017 年	变动额（量）	变动率（%）
资产（亿元）	67457.29	62976.38	4480.91	7.1
净利润（亿元）	808.19	706.38	101.81	14.4
不良贷款率（%）	1.36	1.61	−0.25	—
资本充足率（%）	15.68	15.48	0.20	—
平均 ROA（%）	1.24	1.15	0.09	—
平均 ROE（%）	16.57	16.54	0.03	—

2. 社会效益分析

2018 年，招商银行的社会效益均有一定程度的增长。2018 年，招商银行纳税总额达 278.1 亿元，相较于 2017 年纳税 221.94 亿元，增长了 25.3%。2018 年公益捐赠为 3566 万元，同比增长 35.7 个百分点。而每股社会贡献值则从 2017 年的 9.08 元增长至 2018 年的 10.44 元，增长了 15.0%（见表 22）。

中国上市银行可持续发展分析（2019）

表 22 社会效益指标分析

项目	2018 年	2017 年	变动额	变化率（%）
纳税总额（亿元）	278.10	221.94	56.16	25.3
公益捐赠（万元）	3566.00	2628.32	937.68	35.7
每股社会贡献值（元）	10.44	9.08	1.36	15.0

2018 年，招商银行境内外分支机构数量、自助银行数量及自助设备数量均有所下降。截至 2018 年末，招行境内外分支机构数量为 1822 家，较 2017 年的 1830 家小幅下降 0.4 个百分点。2018 年自助银行数量达 3259 家，也较 2017 年有所下降，下降了 2.4%。2018 年，自助设备达 10316 台，较 2017 年下降 9.4%（见表 23）。

表 23 机构数目分析

指标	2018 年	2017 年	变动额	变化率（%）
境内外分支机构数量（家）	1822	1830	−8	−0.4
自助银行数量（家）	3259	3340	−81	−2.4
自助设备数量（台）	10316	11382	−1066	−9.4

2018 年，招商银行海内外供应商数量均有不同幅度的减少。具体来讲，2018 年中国大陆地区供应商数量为 271 家，较 2017 年下降 12.0%。而 2018 年海外地区供应商数量为 0，下降幅度高达 100.0%（见表 24）。

表 24 供应商数目分析

指标	2018 年	2017 年	变动额	变化率（%）
中国大陆地区供应商数量（家）	271	308	−37	−12.0
海外地区供应商数量（家）	0	5	−5	−100.0

（二）公司治理

1. 公司治理情况

（1）治理架构

招商银行公司治理架构如图 1 所示。招商银行股东大会、董事会、监事会及董事会、监事会各专门委员会各司其责、有效运作，保障了本公司的合规稳健经营和持续健康发展。

（2）治理情况

截至 2018 年，招商银行董事会共有 16 名董事，其中非执行董事 8 名，执行董事 2 名，独立非执行董事 6 名；此外董事会还有 2 名女性董事。董事会下设战略委员会、提名委员会、薪酬与考核委员会、风险与资本管理委员会、审计委员会及关联交易管理与消费者权益保护委员会等 6 个委员会。

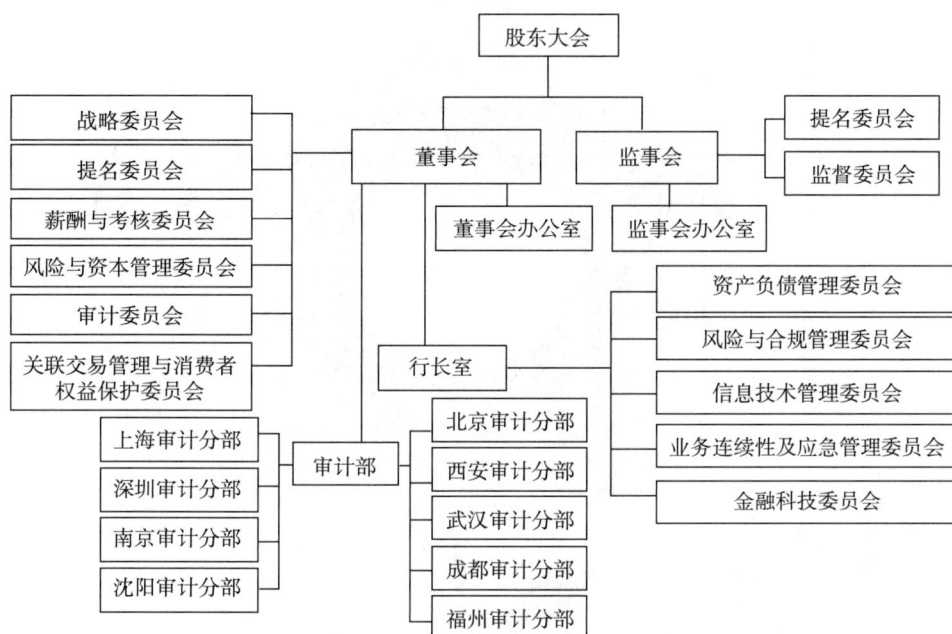

图 1　招商银行公司治理架构

（3）投资者沟通

2018 年，招商银行共安排、接待了 230 家国内外机构投资者和投行、券商分析师的 103 次来访和电话调研，并参加了 39 家境内外投行、券商举办的投资者会议，与 1151 家机构投资者进行了 156 场次一对一或一对多的沟通。

（4）信息披露

2018 年，招商银行制定并发布了《定期报告和业绩推介材料编制与审核工作规范》；按照相关法律法规要求，年度披露文件共 340 余份。此外，招商银行获得了 2018 年在上海证券交易所对上市公司信息披露工作的年度考核评价中最高等级 A 的评价。

2. 社会责任战略与管理

（1）社会责任战略

招商银行为公司的责任战略与理念构建了葵花责任理念模型，对社会责任理念进行了重新诠释，具体见图 2。

（2）社会责任管理

招商银行将葵花责任理念模型与自身的发展战略和经营活动紧密融合，并通过持续将企业社会责任（CSR）管理体系传导至各个部门与分支机构，将责任理念和对利益相关方的承诺转化为具体行动，具体管理体系见图 3。

图 2　招商银行葵花责任理念模型

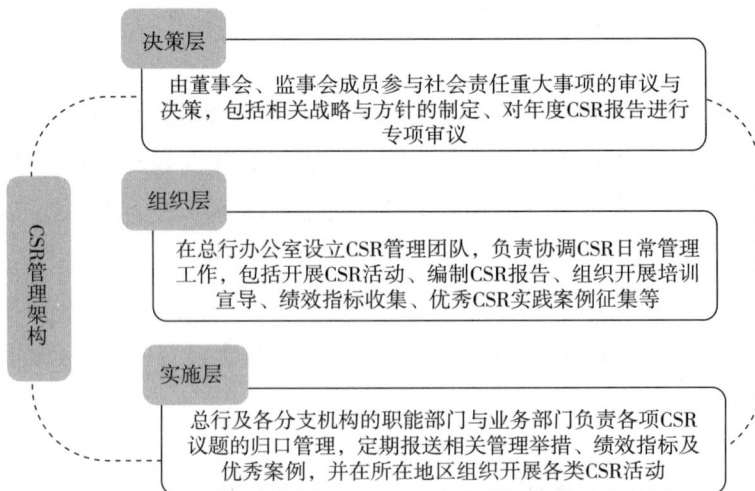

图 3　招商银行社会责任管理体系

（三）社会绩效

1. 扶贫

2018 年，招商银行继续坚持"真扶贫、扶真贫"的理念，大力推进"教育扶贫、产业扶贫、文化扶贫"三位一体的"造血"扶贫模式，全心全力帮助贫困地区民众改善生活条件、提升生计水平。在 2018 年，招商银行在全国投放金融精准扶贫贷款 208.5 亿元，其中个人精准扶贫贷款 143.1 亿元，单位精准扶贫贷款 65.4 亿元（见表 25）。

表 25　　　　　　　　　　　　精准扶贫工作情况统计

指标	数量及开展情况
一、总体情况	
资金	在武定、永仁直接投入帮扶资金 1179.38 万元
帮助建档立卡贫困人口脱贫数（人）	4192
二、分项投入	
产业发展脱贫	—
产业扶贫项目个数（个）	43
产业扶贫项目投入金额（万元）	209.4（不含消费扶贫数据）
帮助建档立卡贫困人口脱贫数（人）	4192
转移就业脱贫	—
职业技能培训人数（人/次）	1300
教育脱贫	—
资助贫困学生投入金额（万元）	261.2
资助贫困学生人数（人）	3041
改善贫困地区教育资源投入金额（万元）	655.46

2. 普惠

2018 年 3 月，招商银行在总行及 44 家一级分行成立了普惠金融服务中心，建立起垂直化管理的普惠金融服务模式。截至 2018 年末，招商银行已设立超过 350 个小微金融服务团队，2000 余名小微金融服务客户经理，为各类普惠金融客群提供专业化、差异化的金融服务。

（1）服务"两小"企业

截至 2018 年末，招商银行的小微贷款行标余额达 3489.93 亿元，较上年末增长 12.23%；小企业客户数 175.20 万户，较年初增长 20.63%，境内行标小企业贷款余额达 1027.71 亿元，全面完成了银保监会下达的"两增两控"目标。

供应链小企业客户融资总余额 212.79 亿元，比上年末增加 74.96 亿元。"招行小企业金融＋"微信小程序累计活跃用户达 4.5 万户。

（2）扶持科创企业

截至 2018 年末，通过"千鹰展翼"计划，招商银行累计向 5.7 万余家国家级高新技术企业提供了综合金融服务，向其中的 7683 家企业提供总额超过 1.2 万亿元的授信支持。此外，连续 7 年支持科技部举办的中国创新创业大赛，为 1.7 万余家参赛企业提供金融服务，累计授信总额 230 亿元。

（3）助力创新创业

招商银行持续推进创新创业服务体系建设，主动调研、倾听创业者的贷款服务需求，结合各地创业扶持政策，给予其定制化的创业贷款政策，帮助初创企业把握发展机遇，推动创新创业高质量发展。

3. 员工

（1）员工结构

截至 2018 年末，本公司共有在职人员 74590 人（含派遣人员），专业构成为：零售金融 30625 人、公司金融 16056 人、运营操作及管理 13884 人、综合管理 7547 人、风险管理 3895 人、研发 2003 人、行政后勤 580 人；学历分布为：硕士及以上 14461 人、大学本科 52280 人、大专 6887 人、中专及以下 962 人。

2018 年，招商银行核心技术团队及关键技术人员等对本公司核心竞争力有重大影响的人员未发生变动。

（2）员工薪酬政策

招商银行的薪酬政策与本公司的经营目标、文化理念、价值观相一致，以健全和完善激励约束机制、实现企业战略、提高组织绩效、约束经营风险为目标，遵循"战略导向、绩效体现、风险约束、内部公平、市场适应"的薪酬管理原则，坚持"以岗定薪，按劳取酬"的薪酬支付理念。

（3）员工教育培训计划

招商银行制定分类别、全覆盖、专业化的人才培养体系，建立服务于人才队伍中长期培养的大学教育、锚定员工即时战斗力提升的短期培训及多元化办学，内容以业务和产品知识、职业操守与安全、管理技能、领导力等为主。2018 年教育培训计划完成率在 100% 以上。

4. 客户

（1）客户数量

2018 年招商银行储蓄客户和零售客户总数分别达到 1 亿和 1.25 亿，分别增长 17% 和 18%；"招商银行"与"掌上生活"两大 APP 累计用户数达到 1.48 亿，增长 43%，其中月活跃用户（MAU）突破 8100 万人次，增长 47%。公司客户数突破 180 万人次，增长 18%，当年新开户突破 40 万户，客群基础加速增厚。

（2）客户服务质量

招商银行坚定移动优先策略，平台赋能和数字化经营服务能力大幅提升；加快自建和外拓场景，加紧搭建生态化客户服务体系；加大科技基础设施投入，以科技敏捷带动业务敏捷；加速金融科技应用，以客户体验为导向的互联网思维和价值观为主导，进行数字化转型加速推进。

（四）环境绩效

1. 绿色金融

招商银行从全行战略高度推进绿色金融，持续完善绿色信贷政策，制定了《招商银行绿色信贷营销指导意见》《绿色金融信贷政策》《关于促进产能过剩行业信贷结构优化管理的通知》等多项制度规定，引导信贷资源优先投入环保领域，大力支持环保产业，创造绿色价值。

2018 年内，招商银行遵循"绿色发展、美丽中国"的理念，顺应绿色经济的发展趋势，推进绿色金融，持续完善绿色信贷政策，支持对低碳经济、节能环保等领域绿色信贷的投放，及时跟进国家节能重点项目，严控"两高一剩"产业的贷款授信门槛。截至 2018 年期末，招商银行绿色贷款余额达 1660.33 亿元，较上年末增加 89.30 亿元。

2. 环保

截至 2018 年末，招商银行使用信用卡电子账单的客户数占比达 97.74%。全年通过电子账单推广，累计节省纸质账单用纸 15.48 亿余张。

招商银行大力推进"智能化""无纸化"业务流程，着力实践节能减排，持续主动减少对环境所产生的资源和能源消耗。2018 年内，公司建设无纸化签收公共模块，减少客户纸质单据签收；加快运营公共平台的智能化建设，推进运营无纸化平台共享，并完成 142 个流程的无纸化平台对接，实现全流程电子化。在日常办公运营中，公司大力倡导员工节约使用办公用品，打造低碳环保的办公文化。

招商银行持续积极开展环保公益，传播绿色理念。2018 年内，公司连续第 14 年开展"百年招银林"植树造林活动，结合认建、认养、共建、捐建等形式，进一步实践绿色发展责任理念。

年报六　光大银行 2018 年度报告分析

一、基本情况及发展战略

（一）基本情况

中国光大银行股份有限公司（以下简称光大银行）成立于 1992 年 8 月，是经国务院批复并经中国人民银行批准设立的全国性股份制商业银行。光大银行 2010 年 8 月在上交所挂牌、2013 年 12 月在香港联交所挂牌上市。

截至 2018 年 12 月，光大银行 A 股前三大股东分别为中国光大集团股份有限公司，持股数 115.66 亿股，持股比例 22.03%；中央汇金投资有限责任公司，持股数 102.51 亿股，持股比例 19.53%；中国光大控股有限公司持股数 15.73 亿股，持股比例 3%，中国光大控股有限公司是光大集团间接控制的全资子公司。

2018 年末，光大银行总资产 4.36 万亿元，取得营业收入 1102.44 亿元，净利润 337.21 亿元，贷款和垫款本金总额 2.42 万亿元，不良贷款率 1.59%。

（二）发展战略

光大银行的发展战略是建设成为一家"有情怀、有质量、有特色、有创新、有底线、有口碑、有活力、有责任"的"一流财富管理银行"。围绕"敏捷、科技、生态"三大战略转型方向，加快战略展现，构建财富 E – SBU——光大生态协同战略。

二、业务经营分析

（一）资产分析

2018 年末，光大银行总资产 4.36 万亿元①，同比增长 6.58%（见表 1）。贷款和垫款是拉动总资产增长的主要原因，其同比增加 19.2%。同业往来资产大幅降低，同比减少 38.4%。

---

① 本报告数据来源：2017 年和 2018 年光大银行年度报告、Wind 资讯。

表1   资产规模及构成

	2018 年 12 月 31 日		2017 年 12 月 31 日		变动额（亿元）	变动率（%）
	金额（亿元）	占比（%）	金额（亿元）	占比（%）		
现金及存放中央	3665.75	8.4	3537.03	8.7	128.72	3.6
同业往来资产	1754.63	4.0	2850.11	7.0	−1095.48	−38.4
贷款和垫款	23612.78	54.2	19808.18	48.5	3804.60	19.2
证券投资	13010.80	29.9	12979.36	31.7	31.44	0.2
其他资产	1529.36	3.5	1707.75	4.2	−178.39	−10.4
资产总计	43573.32	100.0	40882.43	100.0	2690.89	6.6

注：贷款和垫款为净额。

1. 贷款和垫款

2018 年末，贷款和垫款净额为 2.36 万亿元，同比增长 19.21%，占总资产的 54.19%，同比增加 5.74 个百分点。

（1）企业及个人贷款和垫款

2018 年末，贷款和垫款总额 2.42 万亿元（见表2），其中公司贷款和垫款约为 1.31 万亿元，同比增长 10.7%，占贷款和垫款总额的 54.0%。个人贷款和垫款为 1.05 万亿元，同比增长 26.9%，占贷款和垫款总额的 43.5%。个人贷款和垫款增长的主要原因是个人消费贷款和信用卡的大幅增长，该行个人消费贷款和信用卡分别为 1254.25 亿元和 4005.04 亿元，分别同比增长 246.8% 和 33.2%。

表2   公司及个人贷款和垫款

	2018 年 12 月 31 日		2017 年 12 月 31 日		变动额（亿元）	变动率（%）
	金额（亿元）	占比（%）	金额（亿元）	占比（%）		
以摊余成本计量的发放贷款和垫款	23610.15	97.5	20320.56	100.0	3289.59	16.2
公司贷款和垫款	13064.73	54.0	11796.63	58.1	1268.1	10.7
票据贴现	13.39	0.1	223.89	1.1	−210.5	−94.0
个人贷款和垫款	10532.03	43.5	8300.04	40.8	2231.99	26.9
个人住房按揭贷款	3817.72	15.8	3676.65	18.1	141.07	3.8
个人经营贷款	1455.02	6.0	1255.58	6.2	199.44	15.9
个人消费贷款	1254.25	5.2	361.65	1.8	892.6	246.8
信用卡	4005.04	16.5	3006.16	14.8	998.88	33.2
以公允价值计量且其变动计入其他综合收益的贷款和垫款	603.14	2.5	—		—	
福费廷——国内信用证	261.56	1.1	—		—	
票据贴现	341.58	1.4	—		—	
贷款和垫款总额	24213.29	100.0	20320.56	100.0	3892.73	19.2
加：应计利息①	71.58	—	—		—	
减：以摊余成本计量的发放贷款和垫款的减值准备	672.09	—	512.38	—	159.71	31.2
贷款和垫款净额	23612.78	—	19808.18	—	3804.6	19.2

---

① 仅包括以摊余成本计量的贷款和垫款应收利息。

（2）贷款和垫款期限结构

截至 2018 年末，光大银行未到期贷款和垫款期限主要集中在 3 个月至 1 年和 5 年以上（见表3），分别占比 23.7% 和 27.6%。已逾期贷款和 1 个月以内的贷款和垫款大幅增加，同比增长 50.7% 和 50.6%。

表3 贷款和垫款期限结构

	2018 年 12 月 31 日		2017 年 12 月 31 日		变动额（亿元）	变动率（%）
	金额（亿元）	占比（%）	金额（亿元）	占比（%）		
已逾期/无期限	324.18	1.4	215.18	1.1	109.00	50.7
实时偿还	3786.66	16.0	2959.44	14.9	827.22	28.0
1 个月以内	868.18	3.7	576.47	2.9	291.71	50.6
1 个月至 3 个月	1532.03	6.5	1126.07	5.7	405.96	36.1
3 个月至 1 年	5605.58	23.7	4325.62	21.8	1279.96	29.6
1 年至 5 年	4976.61	21.1	4885.21	24.7	91.40	1.9
5 年以上	6519.54	27.6	5720.19	28.9	799.35	14.0
贷款合计	23612.78	100.0	19808.18	100.0	3804.60	19.2

注：表中数据为贷款净额。

（3）不良贷款

截至 2018 年 12 月 31 日，光大银行不良贷款率为 1.59%，与上年末持平（见表4）。按照贷款五级分类，正常类贷款和关注类贷款分别为 2.32 万亿元和 583.43 亿元，占比分别为 96.0% 和 2.4%。不良贷款余额 384.21 亿元，较上年末增加 60.29 亿元。2018 年，该行期内核销/处置不良贷款 263.11 亿元，同比增长 119.90%；不良贷款拨备覆盖率为 176.16%，较 2017 年增加 17.98 个百分点。

表4 贷款五级分类

	2018 年 12 月 31 日		2017 年 12 月 31 日		变动额（亿元）	变动率（%）
	金额（亿元）	占比（%）	金额（亿元）	占比（%）		
正常类贷款	23245.65	96.0	19393.78	95.4	3851.87	19.9
关注类贷款	583.43	2.4	602.86	3.0	-19.43	-3.2
不良类贷款	384.21	1.6	323.92	1.6	60.29	18.6
次级类贷款	173.92	0.7	102.04	0.5	71.88	70.4
可疑类贷款	144.37	0.6	138.75	0.7	5.62	4.1
损失类贷款	65.92	0.3	83.13	0.4	-17.21	-20.7
贷款合计	24213.29	100.0	20320.56	100.0	3892.73	19.2

（4）中小微企业贷款

2018 年度，光大银行与民营企业合作首单利用降准资金的市场化债转股项目。此外，该行针对小微企业客户推出短期可循环贷款产品——"阳光 e 微贷"，开办"信友贷""税信贷""拍卖贷""外贸融资宝"，推出包括专利权、商标权、股权等在内的新型权利质押贷款等业务。2018 年末该行小微贷款余额达 4521.33 亿元，较年初增长 518.55 亿元，同比增长 12.95%。单户授信总额 1000 万元以下（含）小微企业贷款余额 1281.76 亿元，同比增长 30.7%；有贷款余额的客户数 30.89 万户，比上年末增加 5.16 万户。

2. 证券投资①

2018 年末，光大银行证券投资 13010.80 亿元，同比增长 0.2%。2018 年光大银行其中债券投资 6593.11 亿元，占证券投资的 50.7%。2018 年末该行持有政府债、金融债和企业债分别为 2921.67 亿元，2225.05 亿元和 1143.76 亿元，同比变化 -4.5%、148% 和 14.2%（见表 5）。

表 5　　　　　　　　　　　　　债券投资发行主体构成

| | 2018 年 | | 2017 年 | | 变动额（亿元） | 变动率（%） |
	金额（亿元）	占比（%）	金额（亿元）	占比（%）		
政府债②	2921.67	44.3	3060.17	59.5	-138.50	-4.5
金融债③	2225.05	33.7	897.12	17.4	1327.93	148.0
企业债	1143.76	17.3	1001.97	19.5	141.79	14.2
其他	302.63	4.6	183.08	3.6	119.55	65.3
合计	6593.11	100.0	5142.34	100.0	1450.77	28.2

3. 同业往来资产

2018 年，光大银行同业往来资产为 1754.63 亿元，同比减少 38.4%（见表 6）。拆出资金与买入返售款项是同业往来资产下降的主要原因，其中拆出资金 966.85 亿元，同比下降 35%；买入返售金融资产为 377.73 亿元，同比下降 58.7%，占同业往来资产比重由 32.1% 下降至 21.5%。

表 6　　　　　　　　　　　　　同业往来资产构成

| | 2018 年 12 月 31 日 | | 2017 年 12 月 31 日 | | 变动额（亿元） | 变动率（%） |
	金额（亿元）	占比（%）	金额（亿元）	占比（%）		
存放同业	410.05	23.4	447.54	15.7	-37.49	-8.4
拆出资金	966.85	55.1	1488.16	52.2	-521.31	-35.0
买入返售款项	377.73	21.5	914.41	32.1	-536.68	-58.7
合计	1754.63	100.0	2850.11	100.0	-1095.48	-38.4

（二）负债分析

2018 年末，负债总额为 4.03 万亿元，同比增长 6.7%（见表 7），增长的主要原因是向

① 2017 年 3 月，财政部修订并颁布新金融工具准则，光大银行于 2018 年 1 月 1 日开始实施上述准则。该准则改变金融资产的分类和计量方式，确定三个主要计量类别：摊余成本、以公允价值计量且其变动计入其他综合收益、以公允价值计量且其变动计入当期损益。

② 包括中国政府债券和中国人民银行债券。

③ 包括政策性银行债券和商业银行及其他金融机构债券。

中国上市银行可持续发展分析（2019）

中央银行借款和客户存款的增加，分别同比增长14.9%和13.2%，其他负债大幅下滑，同比减少29%。

表7　　　　　　　　　　　　负债规模及构成

	2018年12月31日		2017年12月31日		变动额（亿元）	变动率（%）
	金额（亿元）	占比（%）	金额（亿元）	占比（%）		
向中央银行借款	2671.93	6.6	2325.00	6.1	346.93	14.9
同业往来负债	6825.39	16.9	7298.26	19.3	-472.87	-6.5
客户存款	25719.61	63.7	22726.65	60.1	2992.96	13.2
应付债券	4404.49	10.9	4453.96	11.8	-49.47	-1.1
其他负债	727.17	1.8	1024.20	2.7	-297.03	-29.0
负债总计	40348.59	100.0	37828.07	100.0	2520.52	6.7

1. 同业往来负债

2018年末，光大银行同业往来负债总额为6825.39万亿元，同比减少6.5%（见表8）。其中同业和其他金融机构存放款项4900.91亿元，占同业往来负债的71.8%，相比2017年下降7.3个百分点；拆入资金金额1520.37亿元，占同业往来负债的22.3%，相比2017年增加7.7个百分点；卖出回购404.11亿元，占比由2017年的6.2%下降至5.9%。

表8　　　　　　　　　　　　同业往来负债构成

	2018年12月31日		2017年12月31日		变动额（亿元）	变动率（%）
	金额（亿元）	占比（%）	金额（亿元）	占比（%）		
同业存放	4900.91	71.8	5774.47	79.1	-873.56	-15.1
拆入资金	1520.37	22.3	1067.98	14.6	452.39	42.4
卖出回购	404.11	5.9	455.81	6.2	-51.70	-11.3
合计	6825.39	100.0	7298.26	100.0	-472.87	-6.5

2. 吸收存款

2018年末，光大银行吸收存款余额为2.54万亿元，同比增长11.7%（见表9）。从客户结构来看，公司存款余额17226.66亿元，同比增长9.1%，占存款总额的67.8%；个人客户存款余额5119.04亿元，同比增长34.3%，占存款总额的20.2%。

表9　　　　　　　　　　　　存款客户结构

	2018年12月31日		2017年12月31日		变动额（亿元）	变动率（%）
	金额（亿元）	占比（%）	金额（亿元）	占比（%）		
公司存款	17226.66	67.9	15793.07	69.5	1433.59	9.1
零售存款	5119.04	20.2	3810.95	16.8	1308.09	34.3
其他①	3041.38	12.0	3122.63	13.7	-81.25	-2.6
存款总额	25387.08	100.0	22726.65	100.0	2660.43	11.7

---

① 包括保证金存款和其他存款。

从存款定活结构来看，光大银行活期存款 9242.20 亿元，占比 36.4%（见表 10），相比上年减少 2.6 个百分点；定期存款余额 8278.92 亿元，占存款总额的 32.6%，相比上年减少 1.8 个百分点；结构性存款 4824.58 亿元，同比增长 64.9%，占存款总额的 19%，相比上年增加了 6.1 个百分点。

表 10 　　　　　　　　　　　　　　　　存款定活结构

	2018 年		2017 年		变动额（亿元）	变动率（%）
	金额（亿元）	占比（%）	金额（亿元）	占比（%）		
活期存款	9242.20	36.4	8857.58	39.0	384.62	4.3
定期存款	8278.92	32.6	7820.51	34.4	458.41	5.9
结构性存款	4824.58	19.0	2925.93	12.9	1898.65	64.9
其他①	3041.38	12.0	3122.63	13.7	−81.25	−2.6
合计	25387.08	100.0	22726.65	100.0	2660.43	11.7

2018 年光大银行存贷比为 91.8%，相比 2017 年的 87.2% 有所上升，虽然存贷比已非监管指标，但其可反映商业银行的流动性风险，2018 年光大银行的流动性风险有所上升。

3. 应付债券

2018 年末，光大银行应付债券余额 4367.80 亿元，同比减少 1.9%（见表 11）。其中，次级债和二级资本债分别为 67 亿元和 561.70 亿元，均与 2017 年持平；一般金融债 549.40 亿元，同比增长 4.2%；可转换公司债券为 266.18 亿元，同比增长 4.0%；同业存单为 2658.94 亿元，占比 60.9%，同比减少 6.5%；存款证为 97.11 亿元，同比下降 2.9%；中期票据 167.47 亿元，同比增长 72.0%。

表 11 　　　　　　　　　　　　　　　　应付债券结构

	2018 年 12 月 31 日		2017 年 12 月 31 日		变动额（亿元）	变动率（%）
	金额（亿元）	占比（%）	金额（亿元）	占比（%）		
次级债	67.00	1.5	67	1.5	0.00	0.0
一般金融债	549.40	12.6	527.43	0.1	2197.00	4.2
二级资本债	561.70	12.9	561.65	0.1	5.00	0.0
可转换公司债券	266.18	6.1	255.97	0.1	1021.00	4.0
同业存单	2658.94	60.9	2844.57	0.6	−18563.00	−6.5
存款证	97.11	2.2	100	0.0	−289.00	−2.9
中期票据	167.47	3.8	97.34	0.0	7013.00	72.0
合计	4367.80	100.0	4453.96	100.0	−8616.00	−1.9

---

① 包括保证金存款和其他存款。

（三）收入、支出及利润分析

1. 利润分析

（1）利润

2018 年光大银行营业利润 409.90 亿元（见表 12），利润总额 408.52 亿元，净利润 337.21 亿元，分别增长 1.0%、0.5% 和 6.7%，该行利润增长趋缓。

表 12　　　　　　　　　　　　　　　　公司利润

	2018 年（亿元）	2017 年（亿元）	变动额（亿元）	变动率（%）
营业收入	1102.44	918.5	183.94	20.0
营业支出	692.54	512.69	179.85	35.1
营业利润	409.90	405.81	4.09	1.0
加：营业外收入	1.42	1.68	−0.26	−15.5
减：营业外支出	2.80	1.03	1.77	171.8
利润总额	408.52	406.46	2.06	0.5
减：所得税费用	71.31	90.35	−19.04	−21.1
净利润	337.21	316.11	21.1	6.7

（2）拨备前利润情况

光大银行 2018 年计提资产减值 358.28 亿元（见表 13），较 2017 年同比增长 74.2%，考虑计提资产减值的因素，光大银行拨备前利润为 695.49 亿元，相比上年增加 173.68 亿元，变动率为 33.3%。

表 13　　　　　　　　　　　　　　　　拨备前利润

	2018 年（亿元）	2017 年（亿元）	变动额（亿元）	变动率（%）
利润总额	408.52	406.46	2.06	0.5
本年计提资产减值	358.28	205.70	152.58	74.2
拨备前利润	766.80	612.16	154.64	25.3

2. 收入分析

2018 年，光大银行实现营业收入 1102.44 亿元，同比增长 20%（见表 14）。其中利息净收入占比为 55.4%；手续费及佣金净收入占比 33.5%，与上年持平；投资净收益由负转正，占比 9.9%；其他净收入占比从 2017 年的 0.4% 提升至 2018 年的 1.3%。

表 14　　　　　　　　　　　　　　　　营业收入构成

	2018 年		2017 年		变动额（亿元）	变动率（%）
	金额（亿元）	占比（%）	金额（亿元）	占比（%）		
利息净收入	610.43	55.4	609.5	66.4	0.93	0.2
手续费及佣金净收入	368.94	33.5	307.74	33.5	61.20	19.9
投资净收益	109.19	9.9	−2.12	−0.2	111.31	−5250.5
其他	13.88	1.3	3.38	0.4	10.50	310.7
合计	1102.44	100.0	918.5	100.0	183.94	20.0

（1）利息净收入

2018 年，光大银行实现利息收入 1685.67 亿元，同比增长 5.1%（见表 15），客户贷款和垫款利息是拉动利息收入增长的主要原因。具体来看，该行存放央行利息收入、投资性利息收入和存拆放同业利息收入分别为 51 亿元、458.70 亿元和 92.31 亿元，同比减少 3.1%、15.7% 和 16.2%；而贷款和垫款利息收入 1049.87 亿元，占利息收入的 62.3%，同比增长 20.8%。

表 15　　　　　　　　　　　　利息收入构成

| | 2018 年 | | 2017 年 | | 变动额（亿元） | 变动率（%） |
	金额（亿元）	占比（%）	金额（亿元）	占比（%）		
存放中央银行款项	51.00	3.0	52.63	3.3	-1.63	-3.1
投资性利息收入	458.70	27.2	543.91	33.9	-85.21	-15.7
同业往来	92.31	5.5	110.19	6.9	-17.88	-16.2
客户贷款和垫款	1049.87	62.3	869.41	54.2	180.46	20.8
利息收入合计	33.79	2.0	27.29	1.7	6.50	23.8

2018 年，光大银行利息支出 1075.24 亿元，同比增长 8.2%（见表 16），主要是向中央银行借款利息支出和吸收存款利息支出增长所致。该行向中央银行借款利息支出和存款利息支出分别为 84.81 亿元和 510.26 亿元，相比上年分别增长 26.7% 和 20.9%。

表 16　　　　　　　　　　　　利息支出构成

| | 2018 年 | | 2017 年 | | 变动额（亿元） | 变动率（%） |
	金额（亿元）	占比（%）	金额（亿元）	占比（%）		
向中央银行借款	84.81	7.9	66.95	6.7	17.86	26.7
同业往来	297.83	27.7	298.98	30.1	-1.15	-0.4
吸收存款	510.26	47.5	422.18	42.5	88.08	20.9
应付债券	182.34	17.0	205.82	20.7	-23.48	-11.4
合计	1075.24	100.0	993.93	100.0	81.31	8.2

（2）手续费及佣金净收入

2018 年，光大银行净手续费及佣金收入为 368.94 亿元（见表 17），同比增长 19.9%。手续费及佣金净收入占营业收入的比重为 33.5%，与上年持平。其中，银行卡服务手续费占主要地位，占手续费及佣金收入 72.4%，金额同比增长 40.6%；结算与清算手续费收入增长 2.13 亿元，同比增长 20%；承兑与担保手续费增长 2.59 亿元，同比增长 30.1%；托管及其他受托业务和理财服务手续费分别减少 3.25 亿元和 25.24 亿元，分别同比减少 19.3%、74.2%，主要是受到资管新规、理财新规、社融需求下降等因素的影响。

表 17　　　　　　　　　　　　　　　　　手续费及佣金净收入构成

	2018 年 12 月 31 日		2017 年 12 月 31 日		变动额（亿元）	变动率（%）
	金额（亿元）	占比（%）	金额（亿元）	占比（%）		
银行卡服务手续费	286.44	72.4	203.72	61.7	82.72	40.6
代理业务手续费	27.34	6.9	26.65	8.1	0.69	2.6
承销及咨询手续费	15.94	4.0	16.04	4.9	-0.1	-0.6
托管及其他受托业务佣金	13.58	3.4	16.83	5.1	-3.25	-19.3
结算与清算手续费	12.79	3.2	10.66	3.2	2.13	20.0
承兑及担保手续费	11.2	2.8	8.61	2.6	2.59	30.1
理财服务手续费	8.76	2.2	34	10.3	-25.24	-74.2
其他	19.47	4.9	13.74	4.2	5.73	41.7
手续费及佣金收入	395.52	100.0	330.25	100.0	65.27	19.8
减手续费及佣金支出	26.58		22.51		4.07	18.1
手续费及佣金净收入	368.94		307.74		61.2	19.9

3. 支出分析

2018 年，光大银行营业支出 692.54 亿元，同比增长 35.1%（见表 18），其中业务及管理费占全部营业支出比重由 2017 年的 57.2% 下降至 45.8%；其他业务成本占全部营业支出比重由 0.7% 提升至 52.45%，资产减值损失占全部营业支出比重则由 40.1% 下降至 0.1%。发生上述变动的主要原因是会计政策的变更。

表 18　　　　　　　　　　　　　　　　　营业支出构成

	2018 年		2017 年		变动额（亿元）	变动率（%）
	金额（亿元）	占比（%）	金额（亿元）	占比（%）		
营业税金及附加	11.65	1.7	10.25	2.0	1.40	13.7
业务及管理费	317.36	45.8	293.17	57.2	24.19	8.3
资产减值损失（和信用减值损失）	0.84	0.1	205.7	40.1	-204.86	-99.6
其他业务成本	362.69	52.4	3.57	0.7	359.12	10059.4
营业支出合计	692.54	100.0	512.69	100.0	179.85	35.1

2018 年，光大银行业务及管理费 317.36 亿元，同比增长 8.3%（见表 19），其中职工薪酬费用和其他费用分别占比 53.2% 和 31.4%，相比上年分别增长 7.6% 和 12.2%。

表 19　　　　　　　　　　　　　　　　　业务及管理费构成

	2018 年 12 月 31 日		2017 年 12 月 31 日		变动额（亿元）	变动率（%）
	金额（亿元）	占比（%）	金额（亿元）	占比（%）		
职工薪酬费用	168.69	53.2	156.79	53.5	11.9	7.6
物业及设备支出	48.87	15.4	47.46	16.2	1.41	3.0
其他	99.8	31.4	88.92	30.3	10.88	12.2
合计	317.36	100.0	293.17	100.0	24.19	8.3

2018 年，光大银行人均薪酬 39.19 万元，比 2017 年增长 12.2%（见表 20）；人均费用 70.55 万元，同比增长 6.0%；点均业务及管理费 2534.82 万元，比 2017 年增长 3.4%。2018 年，光大银行人均薪酬费用和点均费用均有所上升，但人工成本的增加是其经营成本上升的主要原因。截至 2018 年末，光大银行员工数 44982 人，同比增长 2.1%；网点数共计 1252 个，同比增长 4.7%；员工及网点的增加是其人工成本乃至经营成本增加的主要原因。

表 20 人均薪酬及人均/点均费用

	2018 年	2017 年	变动额（量）	变动率（%）
员工数（人）	44982.00	44066.00	916.00	2.1
网点数（个）	1252.00	1196.00	56.00	4.7
人均薪酬（万元）	39.19	34.93	4.26	12.2
人均费用（万元）	70.55	66.53	4.02	6.0
人均产值（万元）	245.08	208.44	36.65	17.6
人均产值/人均薪酬	6.25	5.97	0.29	4.8
点均业务及管理费（万元）	2534.82	2451.25	83.57	3.4

（四）金融科技及产品创新

1. 金融科技

从发展战略来看，光大银行围绕"敏捷、科技、生态"三大战略转型方向，先后开展了核心业务系统 3.0、新一代对公客户关系管理系统、新一代财富管理平台、新一代贵金属交易系统、新一代积分系统、新零售业绩管理系统、智能柜台、移动外拓 PAD、光大超市等重点项目建设。

此外，光大银行通过与互联网巨头合作来打造数字化转型平台布局，该行联合腾讯集团成立"光大腾讯金融科技创新实验室"，与蚂蚁金服探索建立"数据共创实验室"，与京东、银联等签署战略合作协议，与小米、苏宁、百度、字节跳动、滴滴金融、360 等开展全面业务合作。通过一系列合作，光大银行打造了云缴费、云支付、随心贷等数字化产品和手机银行、网上银行、远程银行等数字化服务平台，并实现客户画像与行为分析、缴费云图等大数据产品，开展区块链技术平台建设。2018 年，光大银行在《21 世纪经济报道》举办的"21 世纪亚洲金融机构竞争力评选"中被评为"2018 年度金融科技银行"。

2. 产品创新

从业务产品再创新角度看，农业银行推出"省农担""物联网动产贷"等 6 个新型信贷服务，新推"汇赢存"外汇存款产品"芙蓉稳健、精选、多策略"净值型理财产品，灵活调整"大额存单""惠民宝"期限和利率。

从普惠金融创新角度看，光大银行成立总行云缴费事业中心，利用云计算技术建设云缴费平台，2018 年该平台项目总量超过 4000 项，平台缴费用户达 2.53 亿户，全年缴费金额超过 2000 亿元，平均每天缴费金额超过 5 亿元。

从智能应用创新角度看，截至 2018 年末，光大银行铺设智能设备 8028 台，现金类自主设备 5380 台，通过网上银行、手机银行、微信银行等实现电子渠道综合柜面替代率 97.91%。共布设 2393 台自主研发的智能柜台，营业网点覆盖率为 100%。

从互联网创新角度看，光大银行基于互联网大数据风控、人工智能等技术开发"阳光随心贷"产品帮助简化贷款流程，2018 年新增贷款投放约 2500 亿元，服务客户超过 2300 万户，至年末贷款余额超过 630 亿元。

三、社会责任分析

（一）经济绩效

从盈利指标来看，截至 2018 年末，光大银行总资产规模为 4.36 万亿元，全年实现营业收入 1102.44 亿元，实现净利润 337.21 亿元（见表 21）。2018 年光大银行平均总资产收益率为 0.8%，相比 2017 年上升 0.02 个百分点，加权平均净资产收益率为 11.55%，比上年下降 1.2 个百分点，该行不良贷款率为 1.59%，与上年持平；资本充足率达到 13.01%，相比上年下降 0.48 个百分点。

从社会贡献水平来看，光大银行累计向其定点扶贫县[①]捐赠金额为 3838 万元，该行总行公益捐赠总额达 1213 万元。总行设立的"阳光关爱基金"实现总收入 42141 万元。员工志愿活动时长达到 3162 小时。

从机构数量来看，光大银行在境内设立分支机构 1252 家，在境外设立 4 家分行，分别为中国香港分行、首尔分行、卢森堡分行和悉尼分行。

表 21 经济绩效

指标	2018 年	2017 年	变动额（量）	变动率（%）
总资产（亿元）	43573.32	40882.43	2690.89	6.6
营业收入（亿元）	1102.44	918.5	183.94	20.0
净利润（亿元）	337.21	316.11	21.1	6.7
平均总资产收益率（%）	0.8	0.78	0.02	—
加权平均净资产收益率（%）	11.55	12.75	-1.2	—
不良贷款率（%）	1.59	1.59	0	—
资本充足率（%）	13.01	13.49	-0.48	—
累计向集团定点扶贫县捐赠金额（万元）	3838	3300	538	16.3
总行公益捐赠总额（万元）	1213	764.29	448.71	58.7
总行阳光关爱基金总收入（万元）	41141	30.48	41110.52	134877.0
员工志愿活动时长（小时）	3162	3142	20	0.6
机构数（家）	1256	1199	57	4.8

---

① 湖南省新化县、新田县、古丈县。

（二）公司治理

1. 公司治理

（1）公司治理架构

从公司治理架构来看，光大银行优化以"三会一层"为主体的公司治理架构。截至 2018 年末，该行董事会共有成员 13 名，其中非执行董事 7 名，独立董事 6 名；监事会共有 9 名监事，其中股东监事 3 名，外部监事 3 名，职工监事 3 名（见图 1）。

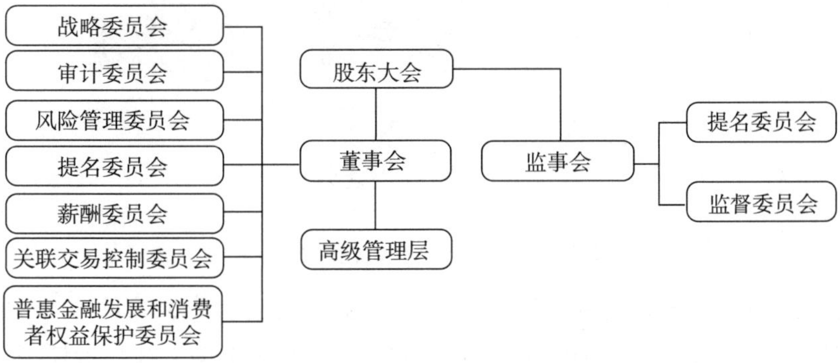

图 1　光大银行公司治理架构

（2）治理情况

从公司治理情况来看，股东大会方面，2018 年光大银行召开 3 次股东大会，审议通过董事会工作报告、监事会工作报告、利润分配方案等 17 项议案，听取报告 2 项。董事会方面，共召开 16 次董事会会议，审议议案 96 项，听取报告 16 项；共召开 35 次董事会各专门委员会会议，审议议案 77 项，听取报告 25 项。监事会方面，共召开 6 次监事会会议，审议议案 19 项，听取报告 9 项；召开 7 次监事会各专门委员会会议，审议议案 13 项。

（3）信息披露

从信息披露情况来看，光大银行顺利完成季度报、半年报和年报的披露。截至 2018 年末，该行共发布 115 期 A 股临时公告和 146 期 H 股临时公告。其在上海证券交易所开展的年度上市公司信息披露工作评价获得 A 级评价。

2. 社会责任战略与管理

从社会责任战略角度看，2018 年光大银行的责任战略为：完善社会责任管理体系；完善总分行推进阳光服务工作领导小组；持续推进精准扶贫工作。光大银行通过国内外社会责任标准，基于自身发展，对标 CSR 先进企业，梳理出履行社会责任的一般性议题。进一步通过与利益相关方访谈，对上述一般性议题建立起"利益相关方关注程度"和"对该行可持续发展的影响"的二维矩阵，最终确立年度核心议题（见图 2）。

从社会责任管理角度看，光大银行设立有扶贫与社会责任工作领导小组负责社会责任日常管理，社会责任工作运行机制的完善，扶贫工作组织领导和统筹协调的加强等。普惠金融管理委员会负责推进普惠金融业务的管理和发展。该行还建立总分行推进阳关服务工作小组，负责服务工作的改进和客户体验的提升。

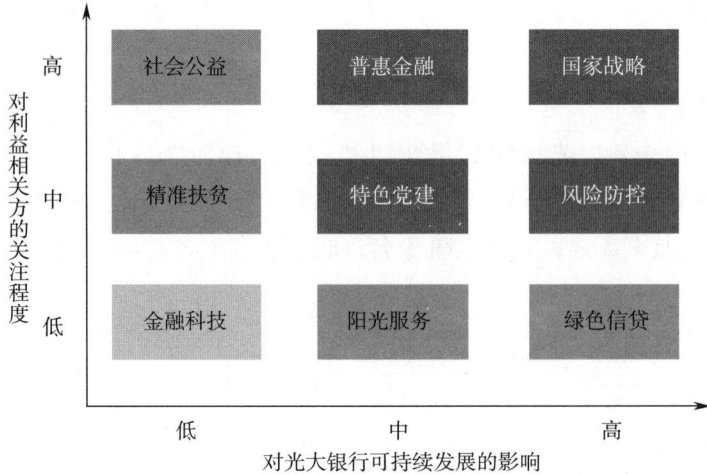

纵轴（从下到上）：低、中、高
纵轴标签：对利益相关方的关注程度
横轴（从左到右）：低、中、高
横轴标签：对光大银行可持续发展的影响

矩阵内容：
- 高/低：社会公益
- 高/中：普惠金融
- 高/高：国家战略
- 中/低：精准扶贫
- 中/中：特色党建
- 中/高：风险防控
- 低/低：金融科技
- 低/中：阳光服务
- 低/高：绿色信贷

图2　光大银行社会责任议题矩阵

从社会责任沟通角度看，内部沟通方面，光大银行通过《光大家园》、内部网站、微信公众号等渠道搭建沟通桥梁；外部沟通方面，该行通过发布中英文社会责任报告，参加银行业新闻例行发布会，参加《企业社会责任蓝皮书（2018）》发布会，参加人民网、新华网等主流媒体举办的社会责任分享与评比活动等方式拓宽与外界交流渠道。

（三）社会绩效

1. 扶贫

从总体成效来看，2018年光大银行扶贫捐赠资金总计944.97万元，帮助建档立卡贫困人口脱贫人数总计15604人（见表22）。从分项投入情况来看，光大银行以产业发展脱贫为主，截至2018年末，其"购精彩"电商平台帮扶国家级贫困县超过40个，销售额超1000万元。总的来看，该行产业发展脱贫项目投入金额总计59277.55万元，产业发展脱贫项目帮助建档立卡贫困人口脱贫人数占其总数的67.4%。

从公益帮扶角度来看，光大银行向集团定点扶贫县①捐赠500万元；扶贫助学，认捐719名学生，金额达54.95万元；向中国妇女发展基金会捐赠资金300万元；向内蒙古红十字会捐赠资金120万元；向中国公安民警英烈基金会捐赠资金200万元。

表22　　　　　　　　　　　精准扶贫总体情况

总体情况	2018年	2017年	变动额	变动率（%）
资金投入（万元）	304581.23	663507.48	-358926.25	-54.1
金融扶贫贷款（万元）	303636.26	662932.28	-359296.02	-54.2
物资折款（万元）	297.38	43.98	253.40	576.2
帮助建档立卡贫困人口脱贫数（人）	15604.00	12029.00	3575.00	29.7

———————————

① 湖南省新化县、新田县、古丈县。

2. 普惠

从民营企业层面来看，截至2018年末，民营企业贷款余额4056.77亿元，增速达18.96%，高于光大银行平均贷款增速；客户数较年初增长17.06%，占对公客户数的62.30%。光大银行1—12月新增民营企业表内外授信9308亿元，占光大银行新增表内外授信的47.10%。

从小微企业层面来看，组织管理层面，2018年光大银行设立普惠金融事业部，督导39家分行设立普惠管理委员会和普惠金融部，还设立普惠金融专营支行，重点为小微、民营企业开展授信金额低于1000万元的贷款业务。截至2018年末，该行国标小微贷款余额4521.33亿元，增速达13.0%；单户授信总额1000万元以下（含）小微企业贷款余额1281.76亿元，增速达30.74%；有贷款余额的客户数30.89万户，比上年增加5.16万户（见表23）。

表23 小微企业贷款情况

指标	2018年	2017年	变动额（量）	变动率（%）
小微企业贷款余额（亿元）	4521.33	4002.78	518.55	13.0
小微企业贷款余额占全部贷款余额的比例①（%）	19.27	20.23	-0.96	—
小微企业贷款客户数量（人）	313281.00	26144.00	287137.00	1098.3

3. 员工

（1）员工人数及结构

截至2018年末，光大银行员工共计44982人，相比上年增加916人（见表24）。其中残疾人员工人数16人，相比上年下降2人。从性别结构来看，男、女员工分别为20108人、24874人，分别占比44.7%和55.3%。从年龄结构来看，29岁以下员工共计19061人，30~39岁员工共计8530人，39岁以下员工占员工总数的83.6%，员工年龄结构以中青年为主，富有活力。

表24 员工基本情况

员工	2018年		2017年		变动量（人）	变动率（%）
	人数（人）	占比（%）	人数（人）	占比（%）		
性别结构						
男员工数	20108	44.7	19692	44.7	416	2.1
女员工数	24874	55.3	24374	55.3	500	2.1
年龄结构						
年龄小于29岁	19061	42.4	20230	45.9	-1169	-5.8
年龄30~39岁	18530	41.2	16817	38.2	1713	10.2
年龄大于40岁	7391	16.4	7019	15.9	372	5.3
员工人数总计	44982	100.0	44066	100.0	916	2.1

① "小微企业贷款余额占全部贷款余额的比例"为银保监会监管口径数据。

（2）员工合同制流失率

从合同制流失率来看，2018年光大银行总合同流失率为5.86%（见表25），其中29岁以下员工流失率为7.72%，相比上年增加1.47个百分点；30~39岁员工流失率为5.88%，相比上年增加0.11个百分点；40岁以上员工流失率为1.95%，相比上年有所下降。

表25　　　　　　　　　　　　　员工流失情况

合同制流失率（%）	2018年	2017年	变动百分点
年龄小于29岁	7.72	6.25	1.47
年龄30~39岁	5.88	5.77	0.11
年龄大于40岁	1.95	2.81	-0.86
合计	5.86	5.43	0.43

（3）员工安全保障及培训

从员工安全权利保障程度来看，2018年光大银行合同签订率与社会保险覆盖率为100%，未出现员工因工作原因死亡情况。该行举办各类安全培训、消防演练、交通法规宣讲、维稳教育、运营安全培训等共计4156次，累计参加约16万人。

从员工发展角度来看，光大银行组织实施各类员工培训课程，从管理层来看，有"凝心聚力，开启新征程"的5期高管人员培训班、推动战略实施的2期二级分行行长培训班等；从基层员工来看，该行组织了"千人助推计划""阳光大讲堂"、新员工培养计划、海外人才培养计划等培训项目。截至2018年末，该行组织培训7051期次，高管人员参训人数达2740人，中层参训人数达49531人，员工参训人数达400930人，培训覆盖率均达到100%。

4. 客户数量及满意度

截至2018年末，光大银行客户数量接近5000万户。该行获得中国银行行业额协会授予的"2018年银行业文明规范服务工作突出贡献单位"称号，有44家网点获得银行业协会授予的"2018年银行业文明规范服务千佳单位"称号。

从服务范围来看，光大银行共设有1116家营业网点（不包括社区网点），覆盖境内省级行政区域。从产品优化来看，光大银行打造"阳光金管家"、"养福全程通"等财富管理产品，以帮助优化对公开户服务。该行共计办理对公开户业务147910笔，较上年增加80679笔，业务量增幅达120%。从服务技能提升来看，该行新增一级服务能手139人，比上年增加50人，同比增长达56%；新增二级服务能手602人，比上年增加244人，同比增长68%。从投诉处理来看，2018年该行共受理客户投诉13550件，客户投诉办结率为100%，客户满意率达99.8%，无突发突出投诉事件发生。

（四）环境绩效

1. 绿色信贷

考察绿色信贷管理制度情况，2018年光大银行制定了《中国光大银行绿色信贷政策》《中国光大银行绿色信贷授信政策指引》等政策指引。该行推行"绿色信贷一票否决"制，对不符合环保要求、可能对环境造成重大不利影响的项目一律予以否决，减少对"两高一剩"行业信贷。

2. 绿色债券

从绿色债券来看，2018年光大银行香港分行通过在香港交易所挂牌的50亿美元欧洲中期票据计划（EMTN），成功发行3年期、3亿美元绿色债券，票面利率为3MLibor＋85个基点。这是光大银行首次发行绿色债券，也是首家境外发行绿色债券的股份制商业银行。

3. 绿色运营

考察光大银行的绿色运营情况。从能源消耗角度看，2018年光大银行能源消耗总量为117507.34兆瓦时，相比上年增长9.46%，人均能源消耗总量为6.25兆瓦时，相比上年增长12.0%（见表26）。该行通过使用节水型器具，建造废弃水蓄水池，将直饮水过滤掉的废弃水加压后二次利用等方式进行节水，2018年该行日常用水消耗量达501748.50吨，同比减少21.3%；人均日常用水消耗量为26.70吨，同比下降19.4%，节水成果较为显著。该行推行了无纸化办公，减少一次性办公用品消耗，2018年新增披露复印纸消耗总量701.98吨。

从排放情况来看，2018年，光大银行日常运营中涉及的有害废弃物和无害废物分别为194.63吨和2712.19吨，同比增长84.5%及66.2%，有害废物主要类型为废铅酸蓄电池和办公打印设备废弃墨盒、废弃硒鼓、废弃碳粉、废弃色带废物。该行温室气体总排放量为71661.43吨，相比上年增加7814.89吨，同比增长12.2%。

表26   能源消耗情况

能源及资源消耗指标	2018年	2017年	变动量	变动率（%）
能源消耗总量（兆瓦时）	117507.34	107350.76	10156.58	9.5
人均能源消耗总量（兆瓦时/人）	6.25	5.58	0.67	12.0
每平方米楼面面积的能源消耗量（兆瓦时/平方米）	0.18	0.17	0.01	5.9
日常用水消耗量（吨）	501748.50	637348.18	−135599.68	−21.3
人均日常用水消耗量（吨/人）	26.70	33.11	−6.41	−19.4
每平方米楼面面积的日常用水消耗量（吨/平方米）	0.75	1.01	−0.26	−25.7
复印纸消耗总量（吨）	701.98	—	—	—

年报七　平安银行 2018 年度报告分析

一、基本情况及发展战略

（一）基本情况

平安银行股份有限公司（以下简称平安银行）是深圳发展银行以吸收合并原平安银行并更名后的银行，是全国性股份制商业银行。公司自 2016 年开始全面向零售银行转型，全力打造智能化零售银行，大力推进精品公司银行双轻化，综合金融是公司的特色优势。公司前身深圳发展银行股份有限公司于 1991 年 4 月 3 日在深交所成功上市，是中国内地第一家上市公司。

截至 2018 年末，平安银行 A 股前三大股东分别是中国平安保险（集团）股份有限公司，持股数为 85.10 亿股，持股比例 49.56%；中国平安人寿保险股份有限公司，持股数为 10.49 亿股，持股比例为 6.11%；香港中央结算有限公司，持股数为 4.31 亿股，持股比例 2.51%。

2018 年，平安银行总资产 3.42 万亿元，营业收入 1167.16 亿元，净利润 248.18 亿元，贷款总额 1.95 万亿元，不良贷款率 1.75%。

（二）发展战略

平安银行紧跟国家战略，以打造"中国最卓越、全球领先的智能化零售银行"为目标，持续深化"科技引领、零售突破、对公做精"十二字策略方针，不断加大对民营企业、小微企业的支持力度，不断提升服务实体经济的能力，不断提高防控金融风险的水平。

第一，科技引领。平安银行致力于将前沿科技全面运用于产品创新、客户营销、业务运营和风险控制等各个领域，构建"3 + 2"科技平台格局，打造口袋银行、口袋财务和行 e 通"三大门户"，打造智慧财务和智慧风控"两大心脏"，持续升级传统业务，不断创新业务模式，提高运营效率，提升服务体验，打造金融科技"护城河"。第二，零售突破。举全行之力，融科技智慧，推动零售业务实现业务突破、模式突破、渠道突破与组织突破，构建零售业务"3 + 2"经营管理体系，发力基础零售、消费金融与私行财富"三大板块"，提升成本控制与风险控制"两大能力"，全力打造"中国最卓越、全球领先的智能化零售银行"。第三，对公做精。坚持行业化、专业化、投行化、轻资产、轻资本"三化两轻"发展道路，成立客户、产品、资源支持和风险控制四大中心，通过科技赋能、生态经营两大核心方式，精选行业、精耕客户、精配产品、精控风险，打造特色鲜明、专业领先的"智能化精品公司银行"。

二、业务经营分析

（一）资产分析

2018 年末平安银行总资产 3.42 万亿元①，增长 7.1%（见表 1）。其中增长较快的是其他资产和贷款，分别增长 253.2%、17.4%。

表 1 资产规模及构成

	2018 年 12 月 31 日		2017 年 12 月 31 日		变动额（亿元）	变动率（%）
	金额（亿元）	占比（%）	金额（亿元）	占比（%）		
现金及存放中央银行款项	2785.28	8.1	3102.12	9.5	−316.84	−10.2
同业往来资产	1950.17	5.7	2311.57	7.1	−361.40	−15.6
贷款和垫款	19497.57	57.0	16604.20	51.1	2893.37	17.4
证券投资	1487.68	4.4	8070.02	24.8	−6582.34	−81.6
其他资产	8465.22	24.8	2396.83	7.4	6068.39	253.2
资产总计	34185.92	100.0	32484.74	100.0	1701.18	5.2

注：贷款和垫款为净额。

平安银行资产主要集中在客户贷款和垫款、金融投资、现金及存放中央银行款项等项目上，上述项目占资产总额的 90% 以上。

1. 贷款和垫款

2018 年末贷款和垫款净额为 1.95 万亿元，同比增长 17.4%，占总资产的 57.0%，同比增加 5.9 个百分点。

（1）企业及个人贷款和垫款

2018 年末贷款和垫款总额 2.00 万亿元（见表 2），较上年增加 2932.99 亿元，增幅达 17.2%，主要是个人贷款和垫款增长推动。其中企业贷款和垫款为 0.84 万亿元，同比减少 1.4%，占贷款和垫款总额的 42.2%；个人贷款和垫款为 1.15 万亿元，同比增长 35.9%，占贷款和垫款总额的 57.8%；票据贴现为 0.04 万亿元，同比增长 182.6%，占贷款和垫款总额的 2.1%。个人贷款和垫款增长的主要原因是信用卡应收账款大幅增长，2018 年增加 1696.67 亿元，同比增长 55.9%。

---

① 本报告数据来源：2017 年和 2018 年平安银行年度报告、Wind 资讯。

表2 公司及零售贷款和垫款

	2018 年 12 月 31 日		2017 年 12 月 31 日		变动额（亿元）	变动率（%）
	金额（亿元）	占比（%）	金额（亿元）	占比（%）		
企业贷款和垫款	8435.16	42.2	8551.95	50.2	−116.79	−1.4
− 贷款	8018.14	40.1	8404.39	49.3	−386.25	−4.6
− 贴现	417.02	2.1	147.56	0.9	269.46	182.6
个人贷款和垫款	11540.13	57.8	8490.35	49.8	3049.78	35.9
− 住房按揭贷款	1823.63	9.1	1528.65	9.0	294.98	19.3
− 新一贷	1537.45	7.7	1298.44	7.6	239.01	18.4
− 汽车金融贷款	1720.29	8.6	1409.29	8.3	311.00	22.1
− 信用卡应收账款	4732.95	23.7	3036.28	17.8	1696.67	55.9
− 其他	1725.81	8.6	1217.69	7.1	508.12	41.7
贷款和垫款总额	19975.29	100.0	17042.30	100.0	2932.99	17.2
加：应计利息	62.61	—	0.00	—	—	—
减：贷款减值准备	−540.33	—	−438.10	—	−102.23	23.3
贷款和垫款净额	19497.57	—	16604.20	—	2893.37	17.4

注：2018 年因新增"以摊余成本计量的贷款和垫款应收利息"和"以公允价值计量且其变动计入其他综合收益的贷款和垫款"，贷款和垫款总额统计口径与 2017 年的存在差异。但以二者之和/贷款和垫款总额仅为 0.72%，影响较小，本书忽略这种变化的影响。

（2）贷款和垫款期限结构

2018 年，平安银行未到期贷款和垫款期限主要集中在 3 个月至 1 年和 5 年以上，其中 3 个月至 1 年贷款和垫款余额 6226.54 亿元，占总余额的 27.5%，1 年至 5 年贷款和垫款余额 5946.41 亿元，占总余额的 26.3%。1 年以内贷款为 1.21 万亿元，同比增长 26.8%，其中 1 个月以内的贷款增长幅度巨大，升幅达 148.6%（见表3）；1 年至 5 年贷款为 0.59 亿元，同比增长 6.2%。同 2017 年相比，1 年以内和 1 年至 5 年期贷款平均余额的占比变化不大，平安银行的贷款和垫款期限结构比较稳定。

表3 贷款和垫款期限结构

类别	2018 年		2017 年		变动额（亿元）	变动率（%）
	金额（亿元）	占比（%）	金额（亿元）	占比（%）		
逾期/即时偿还	297.58	1.3	491.69	2.6	−194.11	−39.5
1 个月内	2451.86	10.8	986.30	5.1	1465.56	148.6
1 个月至 3 个月	3393.95	15.0	3367.82	17.5	26.13	0.8
3 个月至 1 年	6226.54	27.5	5163.25	26.9	1063.29	20.6
1 年至 5 年	5946.41	26.3	5600.72	29.2	345.69	6.2
5 年以上	4284.93	19.0	3587.83	18.7	697.10	19.4
合计	22601.27	100.0	19197.61	100.0	3403.66	17.7

注：表中数据为年度贷款平均余额。

（3）不良贷款

截至 2018 年 12 月 31 日，平安银行不良贷款率为 1.7%，其中企业贷款不良率为 2.82%（见表4）。2018 年末按照五级分类，正常贷款 1.91 万亿元，占各项贷款的 95.5%，比上年提高 0.9 个百分点。关注贷款 545.52 亿元，占比 2.7%，下降 1 个百分点。不良贷款余额 349.05 亿元，减少 59.08 亿元，不良贷款率 1.75%，上升 0.05 个百分点。2018 年，平安银行期内核销/处置不良贷款 464.09 亿元，同比增长 17.2%；不良贷款拨备覆盖率为 155.24%，较 2017 年增加 4.16 个百分点。

表4　　　　　　　　　　　　　　　贷款五级分类

	2018 年 12 月 31 日		2017 年 12 月 31 日		变动额（亿元）	变动率（%）
	金额（亿元）	占比（%）	金额（亿元）	占比（%）		
正常类贷款	19080.72	95.5	16122.49	94.6	2958.23	18.3
关注类贷款	545.52	2.7	629.84	3.7	−84.32	−13.4
不良类贷款	349.05	1.7	289.97	1.7	59.08	20.4
次级类贷款	179.55	0.9	125.10	0.7	54.45	43.5
可疑类贷款	45.09	0.2	33.43	0.2	11.66	34.9
损失类贷款	124.41	0.6	131.44	0.8	−7.03	−5.3
贷款合计	19975.29	100.0	17042.30	100.0	2932.99	17.2

（4）中小微企业贷款

2018 年，平安银行新发放民营企业贷款占对公贷款的比例为 60.2%，2018 年末民营企业贷款余额占对公贷款余额的比例为 59.3%；本行单户授信 1000 万（含）以下的小微企业贷款较上年末增长 61%，高于全行各项贷款平均增速，贷款余额户数高于上年同期水平 21.4 万户，该类小微企业贷款利率较第一季度下降 1.43 个百分点，不良率控制在合理范围。

2. 证券投资

2018 年末，平安银行证券投资 5876.14 亿元，同比增长 49.1%。其中，交易性金融资产为 777.64 亿元，占证券投资的 13.2%；债权投资为 4773.39 亿元，占证券投资的 81.2%；其他债权投资为 309.92 亿元，占证券投资的 5.3%；其他权益工具投资为 15.19 亿元，占证券投资的 0.3%。

2018 年末，平安银行持有政府债①、金融债②及其他债券③分别为 3569.95 亿元，1905.81 亿元及 385.19 亿元，同比分别增长 79.4%、11.9% 和 62.3%（见表5）。

---

① 包括中国政府债券和中国人民银行债券。
② 包括政策性银行债券和商业银行及其他金融机构债券。
③ 主要包含企业债券。

表5 债券投资发行主体构成

	2018 年 12 月 31 日		2017 年 12 月 31 日		变动额（亿元）	变动率（%）
	金额（亿元）	占比（%）	金额（亿元）	占比（%）		
政府债	3569.95	60.9	1989.59	50.6	1580.36	79.4
金融债	1905.81	32.5	1702.85	43.3	202.96	11.9
其他	385.19	6.6	237.37	6.0	147.82	62.3
债券总额	5860.95	100.0	3929.81	100.0	1931.14	49.1

3. 同业往来资产

2018 年，平安银行同业往来资产为 1950.17 亿元，同比减少 15.6%（见表6）。其中，存放同业和其他金融机构款项金额为 850.98 亿元，同比减少 34.6%，占同业往来资产比重降至 43.6%。拆出资金 729.34 亿元，同比增长 23.6%，占同业往来资产比重由 25.5% 提升至 37.4%。买入返售金融资产为 369.85 亿元，同比下降 11.8%，占同业往来资产比重与上年基本持平，由 18.1% 微增至 19.0%。

表6 同业往来资产构成

	2018 年 12 月 31 日		2017 年 12 月 31 日		变动额（亿元）	变动率（%）
	金额（亿元）	占比（%）	金额（亿元）	占比（%）		
存放同业	850.98	43.6	1302.08	56.3	−451.10	−34.6
拆出资金	729.34	37.4	590.15	25.5	139.19	23.6
买入返售款项	369.85	19.0	419.34	18.1	−49.49	−11.8
合计	1950.17	100.0	2311.57	100.0	−361.40	−15.6

（二）负债分析

2018 年末，平安银行负债总额为 3.18 万亿元，同比增长 5.0%（见表7），主要是应付债券和客户存款快速增加所致，分别同比增长 11.5% 和 7.4%，其他负债大幅下滑，同比下滑 17.3%。

表7 负债规模及构成

	2018 年 12 月 31 日		2017 年 12 月 31 日		变动额（亿元）	变动率（%）
	金额（亿元）	占比（%）	金额（亿元）	占比（%）		
向中央银行借款	1497.56	4.7	1306.52	4.3	191.04	14.6
同业往来负债	4253.32	13.4	4652.87	15.4	−399.55	−8.6
客户存款	21491.42	67.6	20004.20	66.1	1487.22	7.4
应付债券	3818.84	12.0	3424.92	11.3	393.92	11.5
其他负债	724.36	2.3	875.69	2.9	−151.33	−17.3
负债总计	31785.50	100.0	30264.20	100.0	1521.30	5.0

1. 同业往来负债

2018 年末同业往来负债总额为 4253.32 亿元,同比减少 8.6%(见表 8)。2018 年同业和其他金融机构存放款项 3927.38 亿元,占同业往来负债 92.3%,比 2017 年降低 8.9 个百分点。拆入资金金额 246.06 亿元,占比 5.8%,下降 12.2 个百分点。卖出回购金融资产 79.88 亿元,占比由 2017 年的 1.4% 升至 1.9%。

表 8 同业往来负债构成

	2018 年 12 月 31 日		2017 年 12 月 31 日		变动额（亿元）	变动率（%）
	金额（亿元）	占比（%）	金额（亿元）	占比（%）		
同业存放	3927.38	92.3	4309.04	92.6	−381.66	−8.9
拆入资金	246.06	5.8	280.24	6.0	−34.18	−12.2
卖出回购	79.88	1.9	63.59	1.4	16.29	25.6
合计	4253.32	100.0	4652.87	100.0	−399.55	−8.6

2. 吸收存款

2018 年末客户存款余额为 2.13 万亿元,同比增长 6.4%,占总负债的 67.0%,比重较 2017 年提升 0.9 个百分点,主要是零售存款的快速增长所致。

公司客户存款余额 21.67 万亿元,同比增长 0.5%(见表 9),占存款总额的比重为 78.3%,较 2017 年下降 4.7 个百分点;零售客户存款余额 0.46 万亿元,占存款总额的比重为 21.7%,同比增长 35.4%。2018 年度,平安银行零售存款业务发展明显强于公司存款业务。

表 9 存款客户结构

	2018 年 12 月 31 日		2017 年 12 月 31 日		变动额（亿元）	变动率（%）
	金额（亿元）	占比（%）	金额（亿元）	占比（%）		
公司存款	16669.66	78.3	16594.21	83.0	75.45	0.5
零售存款	4615.91	21.7	3409.99	17.0	1205.92	35.4
客户存款总额	21285.57	100.0	20004.20	100.0	1281.37	6.4

从存款定活结构来看,截至 2018 年 12 月 31 日,平安银行活期存款 7069.59 亿元,占客户存款比重为 37.7%(见表 10),同比降低 6.7 个百分点;定期存款余额 11667.44 亿元,占总存款余额的 62.3%,相比上年增加 24.3 个百分点。

表 10 存款定活结构

	2018 年 12 月 31 日		2017 年 12 月 31 日		变动额（亿元）	变动率（%）
	金额（亿元）	占比（%）	金额（亿元）	占比（%）		
活期存款	7068.59	37.7	7575.99	44.7	−507.40	−6.7
定期存款	11667.44	62.3	9385.52	55.3	2281.92	24.3
存款总额	18736.03	100.0	16961.51	100.0	1774.52	10.5

3. 应付债券

平安银行 2018 年末应付债券余额 3818.84 亿元，同比增加 11.5%（见表 11）。其中，混合资本债券为 51.16 亿元，与上年相同；金融债为 499.83 亿元，同比大幅增长 233.2%；二级资本债券为 250.00 亿元，与上年持平；同业存单为 3001.29 亿元，同比增长 0.9%。

表 11   应付债券结构

	2018 年 12 月 31 日		2017 年 12 月 31 日		变动额（亿元）	变动率（%）
	金额（亿元）	占比（%）	金额（亿元）	占比（%）		
混合资本债券	51.16	1.3	51.16	1.5	0.00	0.0
金融债	499.83	13.1	150.00	4.4	349.83	233.2
二级资本债券	250.00	6.5	250.00	7.3	0.00	0.0
同业存单	3001.29	78.6	2973.76	86.8	27.53	0.9
应付利息	16.56	0.4	—	—	—	—
合计	3818.84	100.0	3424.92	100.0	393.92	11.5

（三）收入、支出及利润

1. 利润分析

（1）利润

2018 年平安银行营业利润 323.05 亿元（见表 12），利润总额 322.31 亿元，净利润 248.18 亿元，分别增长 6.9%、6.9% 和 7.0%，平安银行利润保持稳步增长趋势。

表 12   公司利润

	2018 年（亿元）	2017 年（亿元）	变动额（亿元）	变动率（%）
营业收入	1167.16	1057.86	109.30	10.3
营业支出	844.11	755.63	88.48	11.7
营业利润	323.05	302.23	20.82	6.9
加：营业外收入	0.28	0.38	−0.10	−26.3
减：营业外支出	1.02	1.04	−0.02	−1.9
利润总额	322.31	301.57	20.74	6.9
减：所得税费用	74.13	69.68	4.45	6.4
净利润	248.18	231.89	16.29	7.0

（2）拨备前的利润情况

平安银行 2018 年计提资产减值 478.71 亿元（见表 13），较 2017 年同比上涨 11.5%，考虑计提资产减值的因素，平安银行 2018 年拨备前利润总额为 801.02 亿元，同比上涨 9.6%。

表 13　　　　　　　　　　　　　　公司利润

	2018 年（亿元）	2017 年（亿元）	变动额（亿元）	变动率（%）
利润总额	322.31	301.57	20.74	6.9
本年计提资产减值	478.71	429.25	49.46	11.5
拨备前利润	801.02	730.82	70.20	9.6

2. 收入分析①

2018 年平安银行实现营业收入 1167.16 亿元，同比增长 10.3%（见表 14）。其中利息净收入占比为 64.0%，较 2017 年下降 6 个百分点；净手续费及佣金收入占比 26.8%，比上年下降 2.2 个百分点；投资净收益占比 7.9%，较上年提升 7.3 个百分点；而其他净收入占比从 2017 年的 0.4% 提升至 2018 年的 1.3%。

表 14　　　　　　　　　　　　　　营业收入构成

	2018 年		2017 年		变动额（亿元）	变动率（%）
	金额（亿元）	占比（%）	金额（亿元）	占比（%）		
利息净收入	747.45	64.0	740.09	70.0	7.36	1.0
手续费及佣金净收入	312.97	26.8	306.74	29.0	6.23	2.0
投资净收益	91.86	7.9	6.32	0.6	85.54	1353.5
其他	14.88	1.3	4.71	0.4	10.17	215.9
合计	1167.16	100.0	1057.86	100.0	109.30	10.3

2018 年平安银行实现利息收入 1628.88 亿元，同比增长 10.0%（见表 15），主要是客户贷款和垫款利息收入迅速增长所致。2018 年，平安银行存放央行利息收入为 40.02 亿元，同比减少 5.4%；投资性利息收入为 283.63 亿元，同比减少 16.8%；存拆放同业利息收入 109.33 亿元，同比增长 1.9%；贷款利息收入为 1184.84 亿元，占利息收入的 72.6%，同比增长 24.4%。

表 15　　　　　　　　　　　　　　利息收入构成

	2018 年		2017 年		变动额（亿元）	变动率（%）
	金额（亿元）	占比（%）	金额（亿元）	占比（%）		
存放中央银行款项	40.02	2.5	42.32	2.9	-2.30	-5.4
投资性利息收入	283.63	17.4	340.78	23.0	-57.15	-16.8
同业往来	109.33	6.7	107.26	7.2	2.07	1.9
客户贷款和垫款	1181.84	72.6	949.76	64.1	232.08	24.4
其他	14.06	0.9	40.56	2.7	-26.50	-65.3
利息收入合计	1628.88	100.0	1480.68	100.0	148.20	10.0

---

① 此存款总额为财报中活期与定期存款总额，未包括保证金存款、财政性存款、国库定期存款、应解及汇出汇款等项目。

2018 年平安银行利息支出 881.43 亿元，同比增长 19.0%（见表 16），主要是央行借款利息支出和吸收存款利息支出快速增长所致。2018 年，平安银行央行借款支出为 42.99 亿元，同比大幅增加 61.0%；同业利息支出为 186.86 亿元，同比减少 2.4%；存款利息支出 496.38 亿元，同比增长 31.1%；应付债券利息支出为 155.20 亿元，同比增长 8.1%。

表 16 利息支出构成

	2018 年		2017 年		变动额（亿元）	变动率（%）
	金额（亿元）	占比（%）	金额（亿元）	占比（%）		
向中央银行借款	42.99	4.9	26.71	3.6	16.28	61.0
同业往来	186.86	21.2	191.55	25.9	-4.69	-2.4
吸收存款	496.38	56.3	378.75	51.1	117.63	31.1
应付债券	155.20	17.6	143.58	19.4	11.62	8.1
合计	881.43	100.0	740.59	100.0	140.84	19.0

3. 手续费及佣金净收入

2018 年平安银行净手续费及佣金净收入为 312.97 亿元，同比增长 2.0%；手续费及佣金收入为 393.62 亿元，同比增长 10.2%（见表 17）。其中，银行卡手续费收入较上年增长 67.55 亿元，增幅 36.5%；代理类业务手续费收入增长 7.73 亿元，增幅 23.1%；结算类业务手续费收入增长 0.85 亿元，增幅 3.6%；资金理财手续费收入同比减少 20.46 亿元，降幅为 60.0%；咨询类业务收入较 2017 年减少 11.96 亿元，降幅 45%；托管类业务佣金收入同比减少 1.90 亿元，降幅 6.2%，主要受资管新规、社会融资需求下降、利率水平走低等因素影响。

表 17 手续费及佣金净收入构成

	2018 年		2017 年		变动额（亿元）	变动率（%）
	金额（亿元）	占比（%）	金额（亿元）	占比（%）		
结算类业务	24.77	6.3	23.92	6.7	0.85	3.6
银行卡业务	252.66	64.2	185.11	51.8	67.55	36.5
代理类业务	41.23	10.5	33.50	9.4	7.73	23.1
托管类业务	28.56	7.3	30.46	8.5	-1.90	-6.2
咨询类业务	14.63	3.7	26.59	7.4	-11.96	-45.0
资金理财手续费	13.65	3.5	34.11	9.5	-20.46	-60.0
其他	18.12	4.6	23.56	6.6	-5.44	-23.1
手续费及佣金收入	393.62	100.0	357.25	100.0	36.37	10.2
减：手续费及佣金支出	80.65	—	50.51	—	30.14	59.7
手续费及佣金净收入	312.97	—	306.74	—	6.23	2.0

4. 支出分析

2018 年平安银行营业支出 844.11 亿元，同比增长 11.7%（见表 18）。其中信用减值损失和业务及管理费占全部营业支出比重分别提升至 56.6% 和 41.9%；而资产减值损失在总支出中。

表 18　　　　　　　　　　　　　　　　营业支出构成

	2018 年		2017 年		变动额（亿元）	变动率（%）
	金额（亿元）	占比（%）	金额（亿元）	占比（%）		
营业税金及附加	11.49	1.4	10.22	1.4	1.27	12.4
业务及管理费	353.91	41.9	316.16	41.8	37.75	11.9
资产减值损失	—	—	429.25	56.8	—	—
信用减值损失	478.14	56.6	—	—	—	—
其他资产减值损失	0.57	0.1	—	—	—	—
营业支出合计	844.11	100.0	755.63	100.0	88.48	11.7

2018 年，平安银行业务及管理费 353.91 亿元，同比增长 11.9%（见表 19），其中员工费用和一般业务管理费用分别占比 50.1% 和 35.2%，比上年分别增长 12.4% 和 11.9%。

表 19　　　　　　　　　　　　　　　　业务及管理费构成

	2018 年		2017 年		变动额（亿元）	变动率（%）
	金额（亿元）	占比（%）	金额（亿元）	占比（%）		
员工费用	177.19	50.1	157.69	49.9	19.50	12.4
固定资产折旧	11.34	3.2	9.75	3.1	1.59	16.3
无形资产摊销	8.88	2.5	6.74	2.1	2.14	31.8
租赁费	27.58	7.8	25.81	8.2	1.77	6.9
经营租入固定资产改良支出摊销	4.29	1.2	4.81	1.5	−0.52	−10.8
一般业务管理费用	124.63	35.2	111.36	35.2	13.27	11.9
合计	353.91	100.0	316.16	100.0	37.75	11.9

截至 2018 年末，平安银行员工总数 34626 人，人均薪酬 51.17 万元，比 2017 年增长 5.5%（见表 20）；人均费用 35.99 万元，同比增长 5.1%；点均业务及管理费 3348.25 万元，比 2017 年增长 14.3%。2018 年人均薪酬费用和点均费用均有所上升，平安银行的经营成本特别是人工成本有所增长。2018 年末，平安银行网点数为 1057 个，连续 2 年维持在 1000 个以上水平，主要是平安银行注重扩张、完善和协同电子银行渠道，有效分流了营业网点的压力。

表20 人均薪酬及人均/点均费用

	2018 年	2017 年	变动额（量）	变动率（%）
员工数（人）	34626	32502	2124.00	6.5
网点数（个）	1057	1079	-22.00	-2.0
人均薪酬（万元）	51.17	48.52	2.66	5.5
人均费用（万元）	35.99	34.26	1.73	5.1
人均产值（万元）	337.08	325.48	11.60	3.6
人均产值/人均薪酬	6.59	6.71	-0.12	-1.8
点均业务及管理费（万元）	3348.25	2930.12	418.13	14.3

（四）金融科技及产品创新

1. 金融科技

平安银行将科技视为战略转型的第一生产力，致力于将前沿科技全面运用于产品创新、客户营销、业务运营和风险控制等各个领域，构建"3+2"科技平台格局，打造口袋银行、口袋财务和行e通"三大门户"，打造智慧财务和智慧风控"两大心脏"，持续升级传统业务，不断创新业务模式，提高运营效率，提升服务体验，打造金融科技"护城河"。

平安银行以科技驱动战略转型，通过科技手段改造队伍现状、创新业务模式、升级传统业务、促进智慧管理。通过加快大数据、区块链、人工智能、云计算、生物识别等前沿科技与应用场景的融合，实现技术引领；通过不断优化升级口袋银行、口袋财务、SAS、KYB、跨境e金融、"AI+"等服务模式和平台，实现模式和平台引领；以"金融+科技"双轮驱动，培养了一支拥有约6000名复合型金融科技人才的科技队伍，并从硅谷、国内外领先互联网企业引入大量复合型高端技术人才，实现科技人才引领。

平安银行以科技赋能零售业务转型，打造更便捷、更智能、更全面的金融服务。在线下推出"轻型化、社区化、智能化、多元化"的零售新门店，在线上不断迭代优化口袋银行APP，并通过线上线下融合的智能OMO服务体系，将客户的口袋银行APP与零售新门店无缝对接，实现了多种服务场景的线上线下融合。同时，推出"AI+客户""AI+投顾""AI+风控"服务营销和管理体系，为客户提供了一体化、无缝、便捷的极致体验。

在由证券时报主办的中国AI金融探路者峰会暨"第二届中国金融科技先锋榜"颁奖典礼上，平安银行凭借金融科技与战略业务的深度融合荣获"2018中国AI金融先锋榜综合奖"。

2. 产品创新

平安银行通过不断创新业务模式，突破传统放贷款的思路，通过"商行+投行"模式，借力集团五大生态圈，帮助对公客户更高效地整合产业上下游资源。不仅为企业提供融资服务，更通过多种金融工具的组合运用，帮助客户提振主业，获得更多内生性发展动力。

2018年平安银行公司业务聚焦精品业务、精品渠道、精品工程的打造，以生态化的经营理念，着力做大、做强生态各方。在建设精品银行的过程中，公司业务深度借助云技术、区块链、物联网、大数据等科技手段，为管理赋能，驱动业务创新，形成智能化的精品公司银行业务体系。2018 年末，口袋财务累计注册开通客户已达 28 万户，全年交易金额超过了 8300 亿元；2018 年供应链应收账款服务平台（SAS）业务累计交易量突破 100 亿元，已为 111 家核心企业及其上游中小微企业提供金融服务支持；2018 年末，小企业数字金融（KYB）服务客户数 14103 户，2018 年累计发放贷款 107 亿元。

平安银行积极贯彻落实中央关于科技创新应用、服务实体经济的决策部署，以科技驱动战略转型，充分运用人工智能、生物识别、大数据、区块链、云计算等前沿科技，创新提升服务实体经济能力。2018 年末，本行表内外授信总融资额 28387 亿元，较上年末增加 6531 亿元，增幅 29.9%。

平安银行贯彻中国银保监会《绿色信贷指引》的原则，秉持可持续发展理念，逐年制定年度绿色信贷政策，实施全行绿色信贷发展战略，加大绿色信贷支持，引领绿色金融产品创新，将绿色低碳理念融入金融服务全过程。制定《平安银行绿色信贷指引》，按照国际领先银行执行"赤道原则"的普遍做法，有效配置信贷资源，加大对低碳经济、循环经济、节能减排等绿色经济的支持力度，限制介入不符合国家环保和产业政策的行业。

三、社会责任分析

（一）经济绩效

1. 盈利指标

2018 年，平安银行的总资产约为 3.42 万亿元（见表 21），同比增长 5.2%；净利润方面，2018 年全年实现净利润 248.18 亿元，相较 2017 年增长了 7.0%，高于总资产增速。2018 年平安银行不良贷款率为 1.75%，较 2017 年降低了 0.05 个百分点。与此同时，资本充足率也有所上升，2018 年为 11.5%，较 2017 年上升了 0.3 个百分点，提升较大。2018 年平均 ROA 为 0.74%，较 2017 年低 0.01 个百分点。2018 年平安银行平均 ROE 为 11.49%，较 2017 年下降了 0.13 个百分点，反映出平安银行 2018 年盈利能力有所下滑。

表 21 盈利指标

	2018 年	2017 年	变动额（量）	变动率（%）
资产总额（万亿元）	3.42	3.25	0.17	5.2
净利润（亿元）	248.18	231.89	16.29	7.0
不良贷款率（%）	1.75	1.70	0.05	2.9
资本充足率（%）	11.50	11.20	0.30	2.7
平均 ROA（%）	0.74	0.75	-0.01	-1.3
平均 ROE（%）	11.49	11.62	-0.13	-1.1
每股收益（元）	1.39	1.30	0.09	6.9

注：平安银行于 2016 年 3 月 7 日非公开发行 200 亿元非累积型优先股，在计算"加权平均净资产收益率"时，分子均扣减了已发放的优先股股息。

2. 社会贡献

社会贡献方面，2018 年平安银行全年纳税额为 230.94 亿元（见表 22），较 2017 年降低 3.37%；公益捐赠额为 489.83 万元，较上一年降低了 11.3%；对小微企业贷款 3041.39 亿元，同比增长 27.1%，增幅明显；新增产业扶贫基金 44.58 亿元；建档贫困户贷款余额 27.02 亿元，较上年同期增长 7.5%。

从机构情况来看，截至 2018 年末，平安银行在境内设立分支机构 1057 家，较 2017 年减少 22 家，同比减少 2.0%，显示出公司优化营业模式的趋势。

表 22 社会贡献及机构情况

	2018 年	2017 年	变动额（量）	变动率（%）
小微企业贷款（亿元）	3041.39	2393.25	648.14	27.1
缴税总额（亿元）	230.94	239.00	-8.06	-3.4
公益捐赠（万元）	489.83	552.00	-62.17	-11.3
产业扶贫资金（亿元）	44.58	—	—	—
建档贫困户贷款余额（亿元）	27.02	25.13	1.89	7.5
营业网点数目（个）	1057.00	1079.00	-22.00	-2.0

（二）公司治理

1. 公司治理情况

2018 年，平安银行持续建立健全各项公司治理制度，包括公司章程、股东大会议事规则、董事会及其各专门委员会议事规则、监事会及其各专门委员会议事规则、信息披露事务管理制度、投资者关系工作制度、董监事和高级管理人员所持本行股份及其变动管理办法、内幕信息及知情人管理制度、年报信息披露重大差错责任追究制度、防范大股东及其关联方资金占用制度、董监事履职评价办法等。2018 年 6 月，股东大会审议通过了关于修订公司章程的议案，将党建工作及股权管理相关规定写入章程，并已获得中国银保监会审核批准。

股东大会：股东大会严格按照《公司法》《章程》等有关规定，有效发挥职能。2018 年召开 2 次股东大会，共审议通过 11 项议案，听取 4 项报告。

董事会：董事会向股东大会负责，承担经营管理的最终责任，按照法定程序召开会议，行使战略管理和决策职权。2018 年董事会共召开 8 次会议，各专门委员会共召开 24 次会议。董事会审议通过了三年发展战略规划、风险管理和内部控制政策、资本管理报告和计划等议案，并听取了内部审计、合规案防、消费者权益保护等工作报告，科学决策引领转型。各位独立董事对重大事务进行独立判断和决策，发表客观、公正的独立意见，维护银行整体利益，尤其关注中小股东的合法权益不受损害。

监事会：本着对全体股东和员工负责的态度，监事会与董事会、管理层保持密切的联系与沟通，有效履行各项监督职权和义务。2018 年监事会召开 6 次会议，两个专门委员会共召开 6 次会议。监事会搭建了会议监督、战略监督、巡检调研监督、履职评价监督、外审检查监督、沟通约谈监督等较为完善的监督体系，有效行使了对董事会和高管层的履职监督及对本行财务管理、风险管理、内部控制的监督职能。

管理层：遵守诚信原则，谨慎、勤勉地履行职责，按董事会决策开展经营管理，同时接受监事会监督。高级管理层根据章程及董事会授权开展经营管理活动，确保本行经营与董事会所制定批准的发展战略、风险偏好及其他各项政策相一致，推动战略转型落地实施。

2018 年平安银行发布定期报告和临时公告共 63 份，连续 7 年在深交所信息披露考核中获评最高等级 A 级。公司借鉴同业及互联网企业的披露内容和形式，结合公司战略方向和业务特点，重新组织定期报告的框架结构，增加核心战略与竞争力分析、投资者关注问题等内容，扩展对"科技引领、零售突破、对公做精"战略下各业务板块的讨论与阐释，做到更易阅读、更易理解、更易传播，帮助读者全方位地了解公司发展态势。

2. 社会责任战略与管理

平安银行建立了企业社会责任管理与品牌管理相结合的社会责任工作体系，形成了董事会和高级管理层直接领导、总行办公室牵头协调、总行各部门共同参与、各分支行落地拖进、全行员工共同参与的社会责任管理架构和工作格局，确保社会责任管理理念与行为在日常工作中的落地（见图 1）。

平安银行秉持"责任创造价值，真诚回报社会"的社会责任理念，坚持经济、环境、社会综合价值最大化的原则，努力打造价值银行、品牌银行、人文银行、绿色银行、爱心银行，以责任金融推动经济发展、环境改善和社会进步。

2018 年，平安银行荣获中国银行业协会颁发的"年度最佳社会责任实践案例奖""年度最佳社会责任特殊贡献网点"两大奖项；平安银行总行及深圳分行均荣获深圳市银行业协会颁发的"最具社会责任奖"，总行还荣获"最具社会责任实践案例奖"。

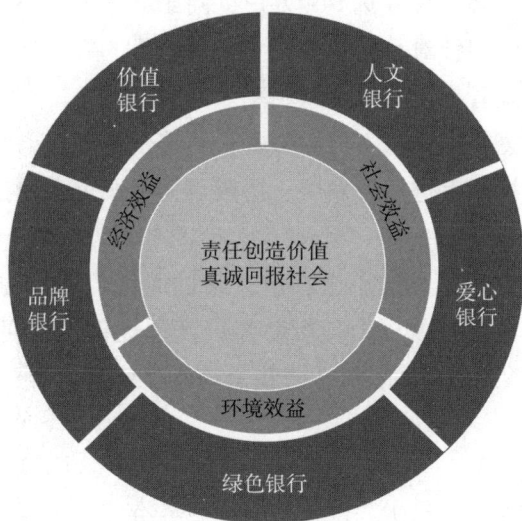

图 1 平安银行社会责任体系

（三）社会绩效

1. 扶贫

为贫困地区嫁接金融资源，以金融扶贫赋能产业扶贫，是平安银行在扶贫工作中的重要实施策略。2018 年，平安银行专门成立扶贫金融办公室实施"村官工程"，计划 5 年至 8 年内提供 1000 亿元产业扶贫资金，聚焦当地优势产业，由银行投入资金支持企业与政府的扶贫项目，促进当地产业发展，带动贫困户参与到产业价值链的各个环节，实现稳定增收。

自"村官工程"2018 年初启动以来，平安银行创新开发了"种植贷""养殖贷""水电贷""光伏贷"、扶贫政府债、扶贫企业债等多种金融扶贫产品，在全国多个贫困地区因地制宜，有效开展"金融＋产业"扶贫，累计投放产业扶贫资金 44.58 亿元，覆盖广西、云南、贵州、江西、四川等地近百个贫困县的贫困户，惠及建档立卡贫困人口超过 33 万人，1917 户建档立卡贫困户直接受益。2018 年，平安银行荣获"2018 年度责任企业""精准扶贫先锋单位""2018 年度中国精准扶贫突出贡献单位""农业扶贫创新年度优秀品牌"等荣誉称号。

2. 普惠

平安银行围绕中小企业经营场景，从支付出发，结合先进科技成果，持续探索解决中小企业融资难题的新模式、新思路，更好地支持和服务中小微企业发展。2018 年，公司成立普惠金融事业部，以更专业的组织架构统筹和推动普惠金融业务发展，让普惠金融改革发展成果惠及更多人民群众。

截至 2018 年底，平安银行全口径小微贷款余额 3041.39 亿元，占全行各项贷款余额的 15.2%；贷款服务小微客户 66.9 万户，综合金融服务小微客户近 180 万户，截至 2017 年末，综合金融服务小微企业客户总数达 141 万户，同比增长 27.7%。

加强产品研究：推出专门针对小微企业的"优保贷""新云贷"等新转化产品，通过增信和分期的设计，加强风险管控，降低贷款利率。

提供价格优惠：对普惠金融贷款实行内部资金转移价格优惠；对小微贷款制定单独的拨备预算，支持消化历史包袱，促进业务发展；持续贯彻尽职免责的激励考核政策等，夯实内部管理和保障机制。

减轻还款压力：针对经营困难的小微客户，通过优化产品结构和要素，如延长还款期限、分期还款等措施减轻客户还款压力，帮助客户渡过经营困难期。2018 年，存量客户利率下调 14000 余笔，减免金额 9.35 亿元（按整个贷款存续期计算）。

3. 员工

（1）员工人数及结构

平安银行坚持平等雇佣，在招聘、选拔、升职、处分、员工发展、福利和劳动合同终止等方面禁止任何因为财富、社会出身、年龄、性别、残疾、怀孕、信仰、政治派别、社团成员或婚姻等状况不同而产生歧视。截至 2018 年底，平安银行员工总数为 34626 人，其中女性员工占比为 55%，2017 年同期为 54%，较 2017 年增长 1 个百分点，少数民族员工占比为

3.8%，2017 年同期为 3.7%，较 2017 年增加 0.1 个百分点；全年劳动合同签订率 100%，与 2017 年持平；员工体检及健康档案覆盖率为 100%。

从年龄分布看，26～35 岁员工共计 21545 人，占总员工数的 62.2%，其次是 36～45 岁员工总计 7392 人，占总员工数的 21.4%，员工年龄结构以中青年为主，富有活力；25 岁及以下、46 岁及以上员工分别为 3044 人、2645 人，分别占总员工数的 8.8% 和 7.6%（见图 2）。

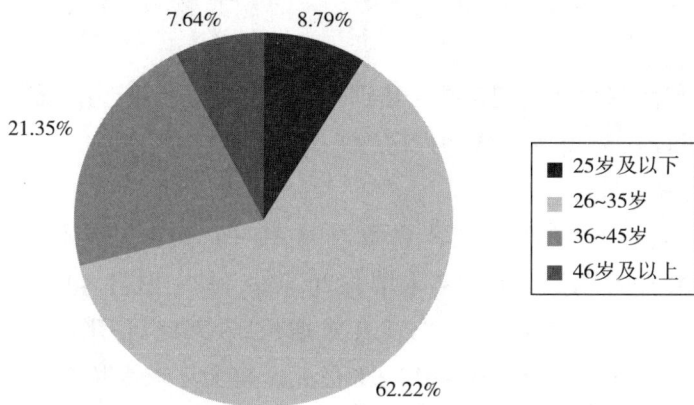

图 2 平安银行员工年龄分布

从学历分布看，最高学历为本科员工占比最高，共计 23122 人，占总员工数的 66.8%；最高学历为研究生及以上员工数量与最高学历为大专员工数量接近，分别为 5613 人、5319 人，分别占总员工数的 16.2% 和 15.4%；最高学历为高中的员工仅有 572 人，占总员工数的 1.7%（见图 3）。

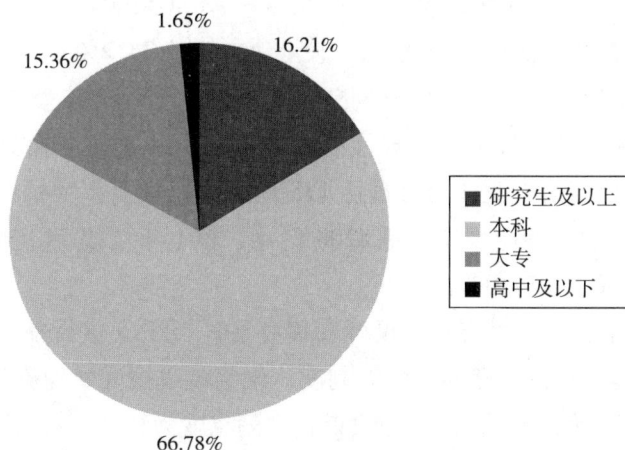

图 3 平安银行员工学历分布

（2）员工培训

2018 年，平安银行全年培训投入 12194 万元，总学时数达到 3441884 小时，人均培训课时 102 小时；全行岗位资格年检必修课程完成率 100%；线上知鸟 APP 全年课程学习量达到

362 万人次。通过多层次培训内容，平安银行针对各类对象在不同发展阶段的学习提升需求，建立了战神、战狼、战英的多层次培训体系，覆盖从总行到分行、从高层执委到一线员工的各类人群，满足员工多层次发展需求。

线上方面：通过知鸟在线学习平台、直播大赛、私财 FPM 专区等方式打造多元线上学习平台，解决员工跨专业公司培训难题。全年上线知鸟专业课程 570 门，课程学习 362 万人次，平均月活 98%；累计举办学习直播 597 场，总观看量 16 万人次，单场直播最高达 6391 人。

线下方面：开展内部面授培训及外派培训，全年共组织 5987 场内部面授培训及 506 期外派培训，参训人员约 33.50 万人次，人均约 9.70 次。

4. 客户数量及满意度

2018 年末，平安银行管理零售客户资产（AUM）14167.96 亿元、较上年末增长 30.4%；零售客户数 8390 万户、较上年末增长 20.0%，其中财富客户 59.16 万户、较上年末增长 29.6%，私行达标客户 3 万户、较上年末增长 27.7%；信用卡流通卡量 5152 万张，较上年末增长 34.4%；个人存款余额 4615.91 亿元、较上年末增长 35.4%，个人贷款余额 11540.13 亿元、较上年末增长 35.9%，占比为 57.8%、较上年末提升 8.0 个百分点。2018 年信用卡总交易金额 27248.07 亿元，同比增长 76.1%。2018 年末平安口袋银行 APP 注册客户数 6225 万户，2018 年 12 月平安口袋银行 APP 月活客户数 2588 万户、同比增长 74.6%。

2018 年，综拓渠道迁徙客户（不含信用卡）新增 295.87 万户，占零售整体新增客户（不含信用卡）的比例为 29.8%，其中私财客户净增 5.42 万户，占整体净增私财客户的比例为 40.1%；2018 年末代发企业数 26829 户，较上年末增长 50.5%；2018 年有效客户数净增 63 万户，同比增长 32.9%；2018 年末，代发客户 AUM 余额 2021.35 亿元，较上年末增长 41.8%；代发客户存款余额 695.11 亿元，较上年末增长 34.2%。

2018 年末，"行 e 通"平台累计合作客户达 2079 户，较上年末新增 150 户。同业代销、承销、推介产品引入并上架 574 只，实现代销量 2252 亿元；利率互换交易量 20765.5 亿元、较上年增幅 24.9%，代客衍生业务交易量达 135 亿美元、较上年增幅 25.0%，新增企业和金融机构客户 110 户。自营贵金属交易量 8200 亿元，较上年增幅 24.3%；代理贵金属交易量 5200 亿元，较上年增幅 254.0%。

平安银行制定《平安银行零售客户投诉管理办法》《平安银行信用卡业务投诉管理办法》《平安银行公司客户投诉管理办法》等制度，规范客户投诉处理流程，及时回应客户投诉、建议，确保客户问题妥善解决。全年投诉客户满意度为 95%。信用卡客户满意度 87%，2017 年同期数值为 84.1%，客户满意度进一步提升。

（四）环境绩效

1. 绿色金融

平安银行遵循党的十九大报告中"建设美丽中国"的发展要求，按照风险可控、商业可持续原则，深入推进绿色金融，打造绿色金融特色产品与服务，积极支持绿色、循环和低碳经济发展，推进生态文明建设，实现业务发展与环境保护的协调统一。

2. 绿色信贷

制定绿色信贷政策。平安银行制定《平安银行绿色信贷政策》，按照"赤道原则"有效配置信贷资源，明确重点关注的绿色信贷业务边界，包括普惠金融、小微企业、节能环保制造及服务行业、清洁能源行业、新能源汽车行业及绿色建筑行业，提出目标客户和授信方案指引。

实行严格的授信目录管理。严守国家行业政策合规底线，对《产业结构调整指导目录》中的淘汰类项目、环保违法项目以及其他不符合国家节能减排政策规定和国家明确要求淘汰的落后产能项目，不提供任何形式的新增授信，已有授信的采取妥善措施确保债权安全收回。

完善绿色信贷机制。进一步加强环境和社会风险管理政策、制度和流程以及专门环境与社会风险岗位职责的建设；逐步完善综合评价客户管理环境和社会风险的意愿、能力和历史记录，对客户或项目进行有效的环境和社会风险判断，并进行跟踪风险管理；持续推动根据客户所处环境和社会风险类别、设立差别化的绿色信贷授信流程和权限，形成专项调查和系统流程控制以及环境和社会风险的专项动态管理。

对"两高一剩"行业实行组合限额管理。对高耗能、高污染、产能严重过剩行业等落后产能行业授信实行组合限额管理，对高污染、高耗能行业采取严格的名单制管理，严控过剩产能行业信贷投放；严防过剩产能行业风险，推动化解产能过剩，实现"消化一批、转移一批、整合一批、淘汰一批"，不断完善对"两高一剩"行业实施的风险敞口管理制度，并逐步形成名单制管理机制，保持贷款占比逐步下降。截至 2018 年底，平安银行过剩产能行业贷款余额 527.26 亿元，占全行各项贷款的 2.64%，占比较 2017 年降低 1.53 个百分点。

平安银行定期组织开展绿色信贷实施情况自评工作，从绿色信贷组织管理、政策制度及能力建设、流程管理、内控管理、信息披露、监督检查等方面开展绿色信贷自我评估，全面评估绿色信贷成效，并逐步将评估结果作为授信评级、业务准入、人员履职评价的重要依据，逐步提高自身绿色信贷组织管理和能力建设。

平安银行明确了"聚焦经营清洁能源、绿色环保"的战略定位，加大对符合产业升级方向的先进制造业及成长前景明确的新兴产业的支持力度，完善新能源领域客户策略、行业客户的整体产品方案设计，努力为客户提供专业化的综合金融服务，推动全行新能源领域、清洁能源领域、绿色建筑行业等绿色环保发展。

截至 2018 年底，平安银行绿色信贷授信总额 626.93 亿元，贷款余额 262.84 亿元，有效推动了节能产业、绿色产业的发展。

3. 环保

平安银行不断深化互联网和信息技术与金融服务的融合，将绿色低碳理念融入金融服务全过程，加快电子渠道建设，打造特色化服务平台，推广电子对账方式，减少资源浪费，降低对环境的影响。

中国上市银行可持续发展分析（2019）

全年总行公务用车汽油消耗 36723 升，同比下降 39.4%；全年开展视频会议 31811 次，同比上升 9.7%。平安银行通过小贴士、内部传播等积极倡导员工节约用水；倡导水资源的二次利用和循环利用；将耗水设备及时更换为节水设备；对公共能耗进行指标考核，杜绝浪费，精准操作；逐步实施灯光改造，将高能耗灯具换成 LED 节能灯；加强空调节能降耗管理，及时保养空调主机和末端设备，保证系统高效运行；通过发放节能用电小贴士等方式，加强节电宣传；积极参与"地球 1 小时活动"，以实际行动践行节电理念（见表 23）。

表 23 平安银行业务电子化情况

	2018 年	2017 年	变动额	变动率（%）
总行电子账单（份）	545593	71513	474080	662.9
总行纸质账单（份）	37850	238615	−200765	−84.1
信用卡电子账单（份）	209749557	327196065	−117446508	−35.9
信用卡中心纸质账单（份）	30166894	17285901	12880993	74.5

年报八　兴业银行 2018 年度报告分析

一、基本情况及发展战略

（一）基本情况

兴业银行股份有限公司成立于 1988 年 8 月，总行设在福建省福州市，是经国务院、中国人民银行批准成立的首批股份制商业银行之一，也是中国首家赤道银行。2007 年 2 月在上海证券交易所挂牌上市（股票代码：601166），目前注册资本 207.74 亿元。公司先后成立兴业信托、兴业金融租赁、兴业基金、兴业消费金融、兴业研究、兴业数字金融、兴业资产管理等机构，成为拥有最多金融牌照的商业银行之一。

截至 2018 年末，兴业银行 A 股前三大股东分别是福建省财政厅，持股数为 39.02 亿股，持股比例为 18.7%；中国烟草总公司，持股数为 11.10 亿股，持股比例为 5.3%；中国人民财产保险股份有限公司，持股数为 9.48 亿股，持股比例为 4.6%。

2018 年，兴业银行的资产总额 67116.57 亿元，2018 年实现营业收入 1582.87 亿元，同比增长 13.1%，其中，实现手续费及佣金净收入 429.78 亿元。2018 年，加权平均净资产收益率 14.3%，总资产收益率 0.9%。截至 2018 年末，公司不良贷款余额 461.40 亿元，较期初增加 74.86 亿元；不良贷款率 1.5%。全年实现归属于母公司股东的净利润 606.20 亿元，同比增长 5.9%。

（二）发展战略

公司主动适应"十三五"时期经济新常态、金融新格局对银行发展带来的影响，逐步探索形成"1234"完整的战略体系："1"是"一条主线"，即稳中求进、加快转型，转型的方向是轻资本、轻资产、高效率；"2"是"两个抓手"，即"商行＋投行"，客户为本、商行为体、投行为用；"3"是"三项能力"，即结算型、投资型、交易型银行能力建设，强调各项业务功能均衡发展，既要在具有特色的投行领域下功夫、巩固提升优势，也要在基础薄弱的商行领域补短板、使短板不短；"4"是"四个重点"，即重点分行、重点行业、重点客户和重点产品，通过整合行内资源，集中优势兵力，将有限的资源精准配置到发展潜力大、综合收益好的关键领域。

二、业务经营分析

（一）资产分析

2018 年末公司总资产 67116.57 亿元，增长 4.6%（见表 1）。资产增加主要是同业往来资产、贷款和垫款增长所致，分别增长 167.6%、20.8%。

表 1　　　　　　　　　　　　　　　　资产规模及构成①

	2018 年 12 月 31 日		2017 年 12 月 31 日		变动额（亿元）	变动率（%）
	金额（亿元）	占比（%）	金额（亿元）	占比（%）		
现金及存放中央银行款项	4757.81	7.1	4664.03	7.3	93.78	2.0
同业往来资产	3329.88	5.1	3053.51	4.8	276.37	167.6
贷款和垫款	28384.45	42.3	23488.31	36.6	4896.14	20.8
证券投资	28922.16	43.1	31201.66	48.6	-2279.5	-7.3
其他资产	1722.27	2.6	1760.91	2.8	-38.64	-2.2
资产总计	67116.57	100.0	64168.42	100.0	2948.15	4.6

1. 贷款和垫款

2018 年末贷款和垫款净额为 2.73 万亿元，同比增长 21.6%。占总资产 42.3%，同比增加 20.8 个百分点。

（1）企业及个人贷款和垫款

2018 年末贷款和垫款总额 2.77 万亿元（见表 2），其中公司贷款为 1.67 万亿元，同比增长 14.3%，占贷款和垫款总额的 60.2%；零售贷款为 1.02 万亿元，同比增长 24.1%，占贷款和垫款总额的 36.8%；票据贴现为 0.08 万亿元，同比增长 123.0%，占贷款和垫款总额的 3.1%。

表 2　　　　　　　　　　　　　　企业及个人贷款和垫款②

	2018 年 12 月 31 日		2017 年 12 月 31 日		变动额（亿元）	变动率（%）
	金额（亿元）	占比（%）	金额（亿元）	占比（%）		
公司贷款	16674.24	60.2	14591.03	64.0	2083.21	14.3
零售贷款	10187.52	36.8	8212.13	36.0	1975.39	24.1
票据贴现	861.34	3.1	386.2	1.7	475.14	123.0
贷款和垫款总额	27723.1	100.0	22803.16	100.0	4919.94	21.6
减：减值准备	380.67	—	286.21	—	94.46	33.0
贷款和垫款净额	27342.43	—	22516.95	—	4825.48	21.43

---

① 本报告数据来源：2017 年和 2018 年兴业银行年度报告、Wind 资讯。

② 贷款和垫款为未提取贷款损失准备的总额（不考虑应计利息），其中 2018 年票据贴现和公司类贷款数据等于以公允价值计量和以摊余成本计量二者之和。

（2）贷款和垫款期限结构

2018 年，兴业银行短期贷款为 1.22 万亿元，同比增长 25.9%（见表 3）；中长期贷款为 1.46 万亿元，同比增长 11.7%。同 2017 年相比，短期和中长期贷款平均余额的占比变化不大，兴业银行的贷款和垫款期限结构比较稳定。

表 3　　　　　　　　　　　　　贷款和垫款期限结构

	2018 年		2017 年		变动额（亿元）	变动率（%）
	金额（亿元）	占比（%）	金额（亿元）	占比（%）		
短期贷款	12254.99	45.6	9733.36	42.7	2521.63	25.9
中长期贷款	14606.77	54.4	13069.8	57.3	1536.97	11.8
贷款平均余额	26861.76	100.0	22803.16	100.0	4058.6	17.8

（3）不良贷款

截至 2018 年 12 月 31 日，兴业银行不良贷款率为 1.5%（见表 4）。2018 年末按照五级分类，正常贷款 28279 亿元，占各项贷款的 96.4%，比上年提高 0.3 个百分点。关注类贷款余额 600.44 亿元，较期初增加 38.03 亿元，占比 2.1%，较期初下降 0.26 个百分点。不良贷款余额 461.40 亿元，较期初增加 74.86 亿元；不良贷款率 1.6%，较期初下降 0.02 个百分点。2018 年，兴业银行期内核销/处置不良贷款 109.41 亿元，同比增长 86.0%；拨备覆盖率为 207.3%，较 2017 年下降 4.5 个百分点；不良贷款及关注贷款增加的主要原因是：宏观经济、产业结构深入调整，外部环境复杂严峻，个别地区个别行业信用风险持续释放。公司不良贷款和关注类贷款余额有所增加，但整体不良率和关注率有所下降，资产质量保持稳定。

表 4　　　　　　　　　　　　　贷款五级分类

	2018 年 12 月 31 日		2017 年 12 月 31 日		变动额（亿元）	变动率（%）
	金额（亿元）	占比（%）	金额（亿元）	占比（%）		
正常类贷款	28278.98	96.4	23358	96.1	21.07	0.1
关注类贷款	600.44	2.1	562.41	2.3	6.76	1.2
不良类贷款	461.4	1.6	386.54	1.6	55.27	14.3
次级类贷款	194.11	0.7	175.2	0.7	10.79	6.2
可疑类贷款	184.42	0.6	119.76	0.5	53.99	45.1
损失类贷款	82.87	0.3	91.58	0.4	-9.51	-10.4
贷款合计	29340.82	100.0	24306.95	100.0	20.71	0.1

（4）中小企业贷款

截至 2018 年末，兴业银行中小企业客户 63.70 万户，较期初新增 7.70 万户；中小企业贷款余额 7606.35 亿元，较期初新增 1156.53 亿元，客户基础提质扩量，业务规模平稳增长。已落地中小企业集群 468 个，项下信用客户近 8000 户，贷款余额 351.09 亿元。普惠型小微企业贷款客户 3.60 万户，较期初新增 1.02 万户，贷款余额 919.98 亿元，较期初新增 349.91 亿元。

2. 证券投资

2018 年末，兴业银行证券投资 2888992 亿元，同比增加 23.5%。债券投资包括政府债、金融债以及其他债券，分别为 6411.02 亿元、4659.75 亿元、983.89 亿元，同比分别增长 36.3%、6.8%、40.9%（见表 5）。2018 年，该行对政府债券有所增持，债券和同业存单等标准化投资规模保持稳定。理财产品、信托及其他收益权等非标投资规模减少 4638.26 亿元，主要是公司主动压缩同业资产规模，同业专营非标投资规模大幅减少。

表 5　　　　　　　　　　　　　　金融资产构成

	2018 年 12 月 31 日		2017 年 12 月 31 日		变动额（亿元）	变动率（%）
	金额（亿元）	占比（%）	金额（亿元）	占比（%）		
政府债	6411.02	53.2	4702.60	48.2	1708.42	36.3
金融债	4659.75	38.7	4363.14	44.7	296.61	6.8
其他	983.89	8.2	698.26	7.2	285.63	40.9
债券总额	2888992.00	100.0	3117158.00	100.0	2290.66	23.5

3. 同业往来资产

2018 年，兴业银行同业往来资产为 2287.35 亿元，同比增长 13.3%（见表 6）。其中，存放同业和其他金融机构款项金额为 533.03 亿元，同比减少 31.3%，占同业往来资产比重跌至 23.3%。拆出资金 983.49 亿元，同比增长 215.4%，占同业往来资产比重提升至 43.0%。买入返售金融资产为 770.83 亿元，同比下降 17.2%，占同业往来资产比重下降至 33.7%。

表 6　　　　　　　　　　　　　　同业往来资产构成

	2018 年 12 月 31 日		2017 年 12 月 31 日		变动额（亿元）	变动率（%）
	金额（亿元）	占比（%）	金额（亿元）	占比（%）		
存放同业	533.03	23.3	775.59	38.4	-242.56	-31.3
拆出资金	983.49	43.0	311.78	15.5	671.71	215.4
买入返售款项	770.83	33.7	931.19	46.1	-160.36	-17.2
合计	2287.35	100.0	2018.56	100.0	268.79	13.3

（二）负债分析

截至 2018 年末，兴业银行总负债 62390.73 亿元，较期初增加 2449.83 亿元，增长 4.1%（见表 7），主要是由于拆入资金、客户存款所致，分别同比增加 17.5% 和 7.1%。

表 7   负债规模及构成

	2018 年 12 月 31 日		2017 年 12 月 31 日		变动额（亿元）	变动率（%）
	金额（亿元）	占比（%）	金额（亿元）	占比（%）		
同业往来负债	134498.83	21.6	14461.05	24.1	−1011.76	−7.0
向中央银行借款	4514.44	7.2	4177.32	6.9	336.77	17.8
客户存款	33035.12	53.0	30868.93	51.5	2166.19	7.0
应付债券	7178.59	11.5	6629.58	11.1	548.96	8.3
其他负债	4214.24	6.7	3804.57	6.4	409.67	10.8
负债总计	62391.07	100.0	59941.09	100.0	2449.83	4.1

注：其他项包括向中央银行借款、以公允价值计量且其变动计入当期损益的金融负债、衍生金融负债、应付职工薪酬、应交税费、应付利息、其他负债。

1. 同业往来负债

2018 年末同业往来负债总额为 17693 亿元，同比减少 3.6%（见表 8）。2018 年同业及其他金融机构存放款项余额 13448.83 亿元，占同业往来负债 74.9%，比 2017 年增加 2.7 个百分点。拆入资金金额 2208.31 亿元，占比 12.3%，降低 1.8 个百分点。卖出回购金融资产 2305.69 亿元，占比由 2017 年的 12.3% 增加至 12.8%。公司顺应外部市场形势，合理调配资产负债结构，同业存款规模有所下降。

表 8   同业往来负债构成

	2018 年 12 月 31 日		2017 年 12 月 31 日		变动额（亿元）	变动率（%）
	金额（亿元）	占比（%）	金额（亿元）	占比（%）		
同业存放	13448.83	74.9	14461.05	77.6	−1012.22	−7.0
拆入资金	2208.31	12.3	1879.29	10.1	329.02	17.5
卖出回购	2305.69	12.8	2297.94	12.3	7.75	0.3
合计	17962.83	100.0	18638.28	100.0	−675.45	10.8

2. 吸收存款

2018 年末客户存款余额 33035.12 亿元，较期初增加 2166.19 亿元，同比增长 7.1%，占总负债的 52.95%，比重较 2017 年上升了 1.5 个百分点。

公司客户存款余额 27194.09 亿元，同比增长 3.5%（见表 9），占存款总额的比重为 85.0%，较 2017 年下降 1.4 个百分点；零售客户存款余额 4816.65 万亿元，占存款总额的比重为 15.0%，较 2017 减少了 1.4 个百分点。

表 9   存款客户结构

	2018 年 12 月 31 日		2017 年 12 月 31 日		变动额（亿元）	变动率（%）
	金额（亿元）	占比（%）	金额（亿元）	占比（%）		
公司存款	27194.09	85.0	25093.52	86.4	2100.57	8.4
零售存款	4816.65	15.0	3938.23	13.6	878.42	22.3
客户存款总额	32010.74	100.0	29031.75	100.0	2978.99	10.3

截至 2018 年 12 月 31 日，按照存款的期限机构，可将存款划分为活期存款、定期存款与其他存款。兴业银行活期存款占客户存款比重为 38.0%（见表 10），同比降低 4.5 个百分点，定期存款占客户存款比重为 54.9%，同比增加 4.1 个百分点。

表 10   存款定活结构

	2018 年 12 月 31 日		2017 年 12 月 31 日		变动额（亿元）	变动率（%）
	金额（亿元）	占比（%）	金额（亿元）	占比（%）		
活期存款	12548.58	38.0	13106.39	42.5	-557.81	-4.3
定期存款	18140.16	54.9	15676.74	50.8	2464.42	15.7
其他存款	2346.38	7.1	2087.80	6.8	259.58	12.4
存款总额	33035.12	100.0	30868.93	100.0	2166.19	7.0

2018 年兴业银行存贷比为 83.9%，比 2017 年的 74.8% 和 2011 年的 72.5% 有明显的上升。

3. 已发行债务证券

2018 年末应付债券余额 7178.54 亿元，同比增加 8.3%（见表 11）。其中，金融债券为 1502.44 亿元，同比增长 54.1%；二级资本债为 519.35 亿元，基本与 2017 年保持平等；长期次级债券为 209.57 亿元，与 2017 年处于同一水平；同业存单为 4833.63 亿元，同比增长 2.6%。

表 11   已发行债务证券

	2018 年 12 月 31 日		2017 年 12 月 31 日		变动额（亿元）	变动率（%）
	金额（亿元）	占比（%）	金额（亿元）	占比（%）		
长期次级债	209.57	2.9	209.53	3.2	0.04	0.01
金融债券	1502.44	20.9	975.3	14.7	527.14	54.1
二级资本债	519.35	7.2	519.3	7.8	0.05	0.02
同业存单	4833.63	67.3	4710.58	71.1	123.05	2.6
存款证	97.57	1.4	196.2	3.0	-98.63	-50.3
资产支持证券	5.98	0.1	18.67	0.3	-12.69	-68.0
非公开定向债务融资工具	10	0.1	—	—	—	—
合计	7178.54	100.0	6629.58	100.0	548.96	8.3

（三）收入、支出及利润分析

1. 利润分析

（1）利润

2018 年兴业银行营业收入 1582.87 亿元（见表 12），净利润 612.45 亿元，增长 6.1%；2018 年，兴业银行各项业务平稳健康发展，生息资产日均规模平稳增长，净息差同比提高；手续费及佣金收入保持增长；成本收入比保持在较低水平；各类拨备计提充足；实现归属于母公司股东的净利润 606.20 亿元，同比增长 5.9%。

表 12　　　　　　　　　　　　　　　利润表

	2018 年（亿元）	2017 年（亿元）	变动额（亿元）	变动率（%）
营业收入	1582.87	1399.75	183.12	11.6
营业支出	903.73	751.62	152.11	16.8
营业利润	679.14	648.13	31.01	4.6
加：营业外收入	3.35	3.73	−0.38	−11.3
减：营业外支出	1.72	4.33	−2.61	−151.7
税前利润	680.77	647.53	33.24	4.9
减：所得税	68.32	70.18	−1.86	−2.7
净利润	612.45	577.35	35.1	6.1

（2）拨备前的利润情况

兴业银行 2018 年拨备前利润 1058.54 亿元，变动额为 133.52 亿元，同比增长 14.4%（见表 13）。考虑计提资产减值的因素，兴业银行 2018 年拨备前利润总额为 1058.54 亿元，同比上涨 17.0%。

表 13　　　　　　　　　　　　　　　拨备前利润

	2018 年（亿元）	2017 年（亿元）	变动额（亿元）	变动率（%）
净利润	612.45	577.35	35.1	6.1
本年计提资产减值	446.09	347.67	98.42	28.3
拨备前利润	1058.54	925.02	133.52	17.0

2. 收入分析

2018 年兴业银行实现营业收入 1582.87 亿元，同比增长 13.1%（见表 14）。其中净利息收入 956.57 亿元，同比增加 72.06 亿元，占比为 60.4，比 2017 年减少 11.8 个百分点，手续费及佣金净收入占比 27.2%，比上年下降 0.5 个百分点；投资净收益占比 16.7%，比上年提升 13.5 个百分点；而其他损益占比从 2017 年的 5.9% 下降至 2018 年负值。公司各项业务平稳增长，生息资产日均规模同比增长 2.5%，净息差同比提高 10 个基点。

表 14　　　　　　　　　　　　　　　营业收入构成

	2018 年		2017 年		变动额（亿元）	变动率（%）
	金额（亿元）	占比（%）	金额（亿元）	占比（%）		
利息净收入	956.57	60.4	884.51	63.2	72.06	8.1
手续费及佣金净收入	429.78	27.2	387.39	27.7	42.39	10.9
投资净收益	264.82	16.7	45.14	3.2	219.68	486.7
其他损益	−68.3	−4.3	82.71	5.9	−151.01	182.6
合计	1582.87	100.0	1399.75	100.0	183.12	13.1

（1）利息净收入

2018 年兴业银行实现利息收入 2705.78 亿元，同比增长 7.1%（见表 15），主要是同业往来利息收入和贷款利息收入迅速增长所致。同业往来利息收入占比 0.5%，比上年提升 13.5 个百分点。贷款利息收入占比 44.82%，比上年提升 13.8 个百分点。

表 15　　　　　　　　　　　　　　利息收入构成

	2018 年		2017 年		变动额（亿元）	变动率（%）
	金额（亿元）	占比（%）	金额（亿元）	占比（%）		
贷款利息收入	1212.66	44.82	1036.1	41	176.56	17.0
贴现利息收入	35.53	1.31	11.5	0.46	24.03	209.0
投资利息收入	1237.81	45.75	1285.67	50.88	−47.86	−3.7
拆出资金利息收入	27.07	1	13.37	0.53	13.7	102.5
存放同业利息收入	29.49	1.09	19.91	0.79	9.58	48.1
其他利息收入	163.22	6.03	159.89	6.34	3.33	2.1
利息收入小计	2705.78	100	2526.44	100	179.34	7.1

2018 年兴业银行利息支出 1749.21 亿元，同比增长 6.5%（见表 16），主要是央行借款利息支出和存款利息支出快速增长所致。2018 年，兴业银行向中央银行借款利息支出为 86.39 亿元，同比增加 21.6%；同业及其他金融机构存放利息支出为 552.05 亿元，同比减少 13.9%；存款利息支出 699.85 亿元，同比增长 27.5%；发行债券利息支出为 277.07 亿元，同比减少 2.4%。

表 16　　　　　　　　　　　　　　利息支出构成

	2018 年		2017 年		变动额（亿元）	变动率（%）
	金额（亿元）	占比（%）	金额（亿元）	占比（%）		
向中央银行借款利息支出	86.39	4.9	71.05	4.3	15.34	21.6
存款利息支出	699.85	40.0	548.91	33.4	150.94	27.5
同业及其他金融机构存放利息支出	552.05	31.6	641.23	39.0	−89.18	−13.9
拆入资金利息支出	88.99	5.1	61.85	3.8	27.14	43.9
卖出回购利息支出	42.59	2.4	33.58	2.1	9.01	26.8
其他利息支出	2.27	0.1	1.41	0.1	0.86	61.0
发行债券利息支出	277.07	15.8	283.9	17.3	−6.83	−2.4
利息支出小计	1749.21	100.0	1641.93	100.0	107.28	6.5

（2）手续费及佣金净收入

2018 年兴业银行实现手续费及佣金净收入 429.78 亿元，同比增加 42.39 亿元，增长 10.9%（见表 17）。投资损益、公允价值变动损益、汇兑损益等项目之间存在高度关联，合并后整体损益 181.03 亿元，同比增加 68.25 亿元，主要是基金分红等投资收益增加。其中，银行卡手续费收入较上年增长 81.8 亿元，增幅 61.8%；结算业务手续费收入增长 8.32 亿元，增幅 46.4%；承诺业务佣金减少 1.47 亿元，降幅 8.8%；托管类业务佣金收入同比减少 6.58 亿元，降幅 16.2%，主要受资管新规、社会融资需求下降、利率水平走低等因素影响。

表 17　　　　　　　　　　　　手续费及佣金净收入构成

	2018 年		2017 年		变动额（亿元）	变动率（%）
	金额（亿元）	占比（%）	金额（亿元）	占比（%）		
结算类业务	26.24	5.6	17.92	4.2	8.32	46.4
银行卡业务	214.08	45.5	132.28	31.5	81.8	61.8
代理类业务	58.41	12.4	57.5	13.7	0.91	1.6
承诺类业务	15.26	3.2	16.73	4.0	-1.47	-8.8
托管类业务	34.05	7.2	40.63	9.7	-6.58	-16.2
咨询类业务	111.24	23.6	144.16	34.3	-32.92	-22.8
其他	11.34	2.4	11.05	2.6	0.29	2.6
手续费及佣金收入	470.62	100.0	420.27	100.0	50.35	12.0
减：手续费及佣金支出	40.84	—	32.88	—	7.96	24.2
手续费及佣金净收入	429.78	—	387.39	—	42.39	10.94

3. 支出分析

2018 年营业支出 903.73 亿元，增长 20.2%（见表 18）。其中业务及管理费占全部营业支出比重增加至 46.5%；而资产减值损失和信用减值损失占全部营业支出比重升至 51.4%。

表 18　　　　　　　　　　　　营业支出构成

	2018 年		2017 年		变动额（亿元）	变动率（%）
	金额（亿元）	占比（%）	金额（亿元）	占比（%）		
营业税金及附加	14.08	1.6	9.75	1.3	4.33	44.4
业务及管理费	420.64	46.5	381.30	50.7	39.34	10.3
资产减值损失	464.04	51.4	355.07	47.2	108.97	30.7
其他业务成本	4.97	0.6	5.50	0.7	-0.53	-9.6
营业支出	903.73	100.0	751.62	100.0	152.11	20.2

2018 年，兴业银行业务及管理费 420.64 亿元，同比增加 39.34 亿元，同比增长 10.3%（见表 19），其中职工薪酬和其他一般及行政费用分别占比 62.4% 和 23.3%，同比上年分别增长 10.3% 和 9.3%。

表 19 业务及管理费构成

	2018 年		2017 年		变动额（亿元）	变动率（%）
	金额（亿元）	占比（%）	金额（亿元）	占比（%）		
职工薪酬	262.29	62.4	237.87	62.4	24.42	10.3
折旧与摊销	24.23	5.8	20.52	5.4	3.71	18.1
租赁费	30.03	7.1	28.89	7.6	1.14	4.0
研发费用	6.30	1.5	4.57	1.2	1.73	37.9
其他一般及行政费用	97.79	23.3	89.45	23.5	8.34	9.3
合计	420.64	100.0	381.30	100.0	39.34	10.3

2018 年，兴业银行人均薪酬 39.87 万元，比 2017 年降低 10.3 个百分点（见表 20），可能与 2018 年下半年行情以及集团业务调整有关。2018 年末，兴业银行网点数为 2032 个，连续 2 年维持在 2000 个网点以上的水平，主要是兴业银行注重全国布局、完善和协同电子银行渠道，有效分流，实现了规划。

2018 年，公司围绕"稳中求进、转型创新"的财务资源配置原则，加大核心负债拓展、业务转型等重点领域的费用支出，营业费用有所增长，成本收入比 26.9%，保持在较低水平。

表 20 人均薪酬及产值情况

	2018 年	2017 年	变动额	变动率（%）
员工数（人）	59659	58997	662	1.1
网点数（个）	2032	2064	-32	-1.6
总薪酬（万元）	2378700	2622900	-244200	-9.3
人均薪酬（万元）	39.87	44.46	-4.59	-10.3
点均业务及管理费（万元）	1116.43	1066.47	49.96	4.7

（四）金融科技及产品创新

1. 金融科技

兴业银行是最早在业内将金融科技转化为商业模式的银银平台的商业银行，截至 2018 年 12 月 31 日已与 1906 家中小金融机构建立合作关系，288 家非银金融机构在资金管理云平台上线，构建起"共建、共有、共享、共赢"的完整金融生态圈。全面推进"由 B 到 C，以点带面"的开放银行建设。该行对外提供近百项 API 服务；"智慧城市"平台与 499 家医院、373 个旅游景区、1371 个交通企业深度连接，累计服务消费者超过 1.81 亿人次；"好兴动"APP 与 2 万家商户合作，绑卡客户一年增长 10 倍。

兴业银行在 2018 年持续推进金融科技创新，主要包括以下两点：

（1）以金融科技打造信用卡精准获客、精细经营、集约运营的能力；

（2）着力推进金融科技体制机制改革，探索研发人员嵌入式管理，强化科技与业务融合组织创新，设立数字卓越中心，增强金融科技在数字化转型中的引领作用。

兴业银行坚持"科技兴行"的治行方略，以数字化转型为目标，致力于打造"安全银行、流程银行、开放银行、智慧银行"，重点布局大数据、机器人流程自动（RPA）、开放接口、人工智能、用户体验、区块链、云服务和信息安全八大技术领域。2018年，该行进一步优化信息科技管理体制机制，激发科技活力，成立数字卓越中心，引入敏捷模式、数字化设计、客户旅程等新理念和新方法，深化科技与业务融合，进一步驱动业务敏捷创新。

2. 产品创新

借记卡方面：公司抓好借记卡产品创新和经营管理，进一步夯实个人借记卡和账户基础，提升服务品质，保障合规运营。截至2018年末，借记卡发卡量5255万张，较2017年末增加601.60万张；借记卡客户数4556.45万人，人均借记卡持有量1.15张，累计发展收单商户99.22万户。

互联网金融方面：持续推进零售互联网金融产品创新。2018年手机银行、网上银行新推出私人银行、出国金融、用户推荐用户三大服务专区，新增礼仪存单、第三支柱养老金、贵宾积点捐赠等多项零售业务功能与服务。配合零售业务重点，以提升互联网金融月活跃客户数为目标，通过在手机银行、网上银行以重点推荐、广告投放、交易引导、白名单推送等多种形式，开展专项运营，互联网渠道客户活跃数持续提升。截至2018年末，手机银行月登录活跃客户数1257.03万，较2017年末增长99.5%；"兴业银行"微信公众号关注771.3万户，增长24.8%。

三、社会责任分析

（一）经济绩效

经济绩效方面，兴业银行2018年总资产为6.71万亿元，同比增长4.6%（见表21）；2018年净利润为612.45亿元，同比增长6.1%。不良贷款率有所下降，2018年为1.57%，同比下降1.3%；资本充足率基本持平，2018年为12.20%，同比增长0.1%。2018年农业银行ROA为0.93%，同比上升1.1%；ROE为14.27%，同比下降7.0%。2018年，兴业银行公益捐款0.37亿元，同比增加76.2%；每股社会贡献值为13.82元，同比增加5.5%。截至2018年末，兴业银行设有2032个机构，主要控股子公司有4家。

表21   盈利指标

	2018年	2017年	变动额	变动率（%）
总资产（亿元）	67116.57	64168.42	2948.15	4.6
净利润（亿元）	612.45	577.35	35.10	6.1
不良贷款率（%）	1.57	1.59	-0.02	-1.3
资本充足率（%）	12.20	12.19	0.01	0.1
平均ROA（%）	0.93	0.92	0.01	1.1
平均ROE（%）	14.27	15.35	-1.08	-7.0
公益捐款（亿元）	0.37	0.21	0.16	76.2
每股社会贡献值（元）	13.82	13.10	0.72	5.5
机构数（个）	2032	2064	-32	-1.6

（二）公司治理

1. 公司治理

（1）公司治理架构

董事会：董事会战略委员会负责审批兴业银行与可持续发展相关的社会责任战略、绿色信贷以及环境与社会政策等事项，并不定期听取高管层报告。

由董事会聘任的分管副行长：牵头管理社会责任工作，并定期提请董事会审议可持续发展报告和听取企业社会责任履行情况的报告等。

社会责任工作领导小组办公室（落地总行法律与合规部）：牵头组织协调社会责任工作。

总行相关业务及管理部门：作为总行社会责任工作领导小组成员，共同推动各业务条线和管理部门的社会责任工作。

各分行：成立分行社会责任工作领导小组，牵头组织协调分行社会责任工作。

子公司：共同参与社会责任工作（见图1）。

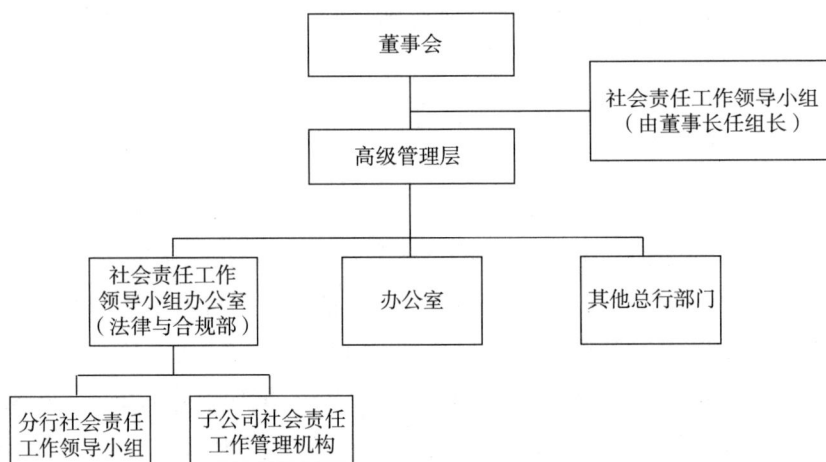

图1　兴业银行治理架构

（2）治理情况

截至2018年兴业银行董事会成员14人，其中股权董事6名、高管董事3名、独立董事5名。兴业银行董事会下设战略委员会、风险管理与消费者权益保护委员会、审计与关联交易控制委员会、提名委员会、薪酬考核委员会等五个委员会，且除战略委员会之外的其余四个委员会主任委员均由独立董事担任。

兴业银行现有8名监事。按类别划分，包括2名股权监事、3名职工监事和3名外部监事。监事会下设监督委员会和提名、薪酬与考核委员会等两个专门委员会，主任委员均由外部监事出任。

（3）信息披露

兴业银行积极参与环境信息披露政策制定工作。2018年，兴业银行作为人民银行和英格兰央行联合发起的"中英金融机构环境信息披露试点工作组"主要成员,积极探索开展更加实际、有效的金融机构环境风险计量、管控方式,持续优化环境与社会风险管理能力;并于2018年11月,作为主要参与金融机构之一,发表《中英金融机构气候与环境信息披露试点2018年度进展报告》。该行信息披露指定渠道包括上海证券交易所网站及中国证券报、上海证券报、证券时报、证券日报。

2. 社会责任战略与管理

兴业银行的可持续发展的公司治理理念是深化对银行社会责任与自身可持续发展间关系的认识,积极探索以多种方式推动银行践行社会责任,构建人与自然、环境、社会和谐共处的良好关系。

（三）社会绩效

1. 扶贫

2018年,兴业银行持续贯彻落实中国人民银行等七部委联合发布的《关于金融助推脱贫攻坚的实施意见》,践行自2016年以来制定的《兴业银行金融扶贫开发服务方案》,从产品扶贫、产业扶贫、渠道扶贫、教育扶贫、定点扶贫五大维度持续推进精准扶贫工作,五位一体,多元创新,在兴业特色的精准扶贫之路上稳步前行（见表22）。

从分项投入来看,教育扶贫方面,截至2018年12月31日,兴业银行教育扶贫领域累计捐资超过6000万元,2018年获福建省政府颁发的"襄教树人奖"。定点扶贫方面,兴业银行按照"总行统筹,分行落实"的原则,围绕福建省内定点扶贫县/村及省外深度贫困地区两大战场来推进定点扶贫工作,在福建省内形成"1县+N村"对口帮扶模式。在省外,则包含新疆南疆和11个连片特困区等贫困县（村）,对接定点扶贫项目60余项,派出扶贫干部22名。仅2018年内,各项定点扶贫支出超过1800万元。

表22　　　　　　　　　　　　兴业银行精准扶贫统计

	2016 年	2017 年	2018 年
精准扶贫贷款余额（亿元）	31.27	55.36	75.17
单位精准扶贫贷款余额（亿元）	20.22	42.42	58.95
项目精准扶贫贷款余额（亿元）	11.21	30.36	31.23
个人精准扶贫贷款余额（亿元）	11.05	12.94	16.22

2. 普惠

2018年,兴业银行以社区银行为支点针对学生、老年人、残障人士等不同受众,多渠道开展金融教育（见表23）。

（1）兴业银行先后组织开展了"3·15消费者权益保护宣传周""普及金融知识万里行""普及金融知识,守住'钱袋子'","金融知识普及月金融知识进万家"及"提升金融素养争做金融好网民""金融知识进校园"等金融知识普及活动。

（2）兴业银行通过"金融知识兴课堂"等专题形式向农民、务工人员等公众群体普及金融知识。

（3）兴业银行在手机银行主页面新增"消费者权益保护专区"，扩大金融知识普及受众面，便于客户查阅金融知识，该专区将与兴业银行官网"金融消费者教育服务专栏"同步更新各类金融知识和兴业银行消费者权益保护宣传活动动态。

表23 公众教育服务情况

	2018 年	2017 年
公众教育服务投入金额（万元）	846.93	16.3
累计活动次数（次）	34750	16041
公众教育专题活动次数（个）	11583	1929
受众客户量（万人）	3552.95	1464.42
发放资料份数（万份）	464.88	43.52
参与员工人数（万人）	6.8	6.2
发送短信（万条）	286.51	150.35
微博微信（万条）	101.61	21.25
媒体报道（次）	515	256

此外，兴业银行通过"银银平台"扩大普惠金融内涵外延。截至2018年末，银银平台合作法人客户达1906家，累计与357家商业银行建立信息系统建设合作关系，已实施上线221家。互联网财富管理平台"钱大掌柜"注册客户突破1319万。

3. 员工

截至2018年底，兴业银行共有员工59659名，较上年增加662名，男女比为0.81:1，女性员工占比超过55%，中高层男女比为2.13:1，与上年持平，女性高管依旧较少，仅占31.9%（见表28）。兴业银行建立有完善的员工薪酬福利体系，切实维护每一位员工和合法权益。2018年，兴业银行所有分支机构职工代表大会建会率、工会建会率、参加工会员工比例、员工体检及健康档案覆盖率均达到100%（见表24）。

表24 员工人数及结构

	截至2018年12月	截至2017年12月	变动额	变动率（%）
员工总数（名）	59659	58997	662	1.12
男女员工比例	0.81:1	0.8:1	0.01	6.1
中高层管理人员男女员工比例	2.13:1	2.13:1	-0.02	-1.3
少数民族员工比例	1:34.40	1:35.40	0.01	0.1
劳动合同签订率（%）	100	100	0	0
社会保障覆盖率（%）	100	100	0	0
公积金覆盖率（%）	100	100	0	0

4. 客户数量及满意度

2018年兴业银行手机银行APP有效客户2551.17万户，增长率为38.31%。小微企业贷款客户数量在2018年增加7678户达到63235户。银银平台合作法人客户达1906家，累计与 357 家商业银行建立信息系统建设合作关系，已实施上线 221 家。互联网财富管理平台"钱大掌柜"注册客户突破 1319 万。兴业银行服务的老年客户超过 1400 万人，提供的增值服务权益与专属保障覆盖范围超过 280 万人，"安愉人生"客户综合金融资产已超 9200 亿元。

（四）环境绩效

1. 绿色金融

（1）绿色标准科技

兴业银行在绿色金融层面有突出表现，在中国金融学会绿色金融专业委员会 2018 年年会上，兴业银行正式发布了中国首套由金融机构自主研发的、目前功能最为完善的绿色金融专业系统——"点绿成金"绿色金融专业支持系统。系统包括业务管理、风险管理、运营管理三大功能模块。

同时，兴业银行全面参与监管机构绿色信贷统计、绿色信贷评价实施方案、能效贷款指引、绿色金融债等多项绿色信贷政策制度的制定工作，帮助开展行业绿色标准制定。在提升内外部绿色标准契合度的基础上，兴业银行依托"点绿成金"绿色金融专业支持系统，进一步优化了绿色金融属性认定流程，精准配置信贷资源。

此外，兴业银行出版 40 万字专著《寓义于利商业银行绿色金融探索与实践》，该书被纳入中国绿色金融学会绿色金融专业委员会绿色金融丛书。

（2）绿色产品

兴业银行整合集团的产品和服务，形成了集团化绿色金融产品与服务体系。在企业客户方面，截至 2018 年末，兴业银行已累计为 16862 家企业提供绿色金融融资 17624 亿元，融资余额达 8449 亿元。兴业金融租赁绿色金融融资余额 470.21 亿元，兴业国际信托实现绿色金融融资余额 596.68 亿元，兴业基金在绿色金融领域的业务余额为 96.34 亿元，绿色金融债券存量规模达 1100 亿元。

在个人客户方面，兴业银行"绿色按揭贷"累计投放达到 245.54 亿元；银行于 2010 年 1 月发行的中国首张低碳主题信用卡累计发卡量已达到 73.08 万张，低碳系列信用卡累计购买碳减排量 336958 吨；于 2016 年 9 月创设的"万利宝—绿色金融"理财产品余额达 143 亿元，募集资金主要投向绿色环保项目和绿色债券。

（3）绿色债券

2018 年，兴业银行发行于 2018 年发行首单境外双币种绿色金融债、"三绿"（绿色发行主体、绿色资金用途、绿色基础资产）ABN 绿色债，并在国内发行第二轮绿色金融债，截至 2018 年末，该行国内存量绿色金融债达 1100 亿元，成为中资商业银行中首家完成境内境外两个市场绿色金融债发行的银行，亦成为全球绿色金融债发行余额最大的商业金融机构。至 2018 年末，兴业银行绿债承销份额市场排名第一，有效满足了绿色企业的融资需求。

（4）绿色信贷

兴业银行积极落实国家差异化信贷政策要求，明确禁止介入技术落后、污染严重、资源浪费、国家明令关停、限制发展的相关行业，对产能过剩行业执行"有保有压、限制增量、盘活存量"的授信政策，从严控制产能严重过剩行业新增授信（见表25）。

表25   "两高一剩"行业业务数据

"两高一剩"行业	2016年		2017年		2018年	
	余额（亿元）	占对公贷款比重（%）	余额（亿元）	占对公贷款比重（%）	余额（亿元）	占对公贷款比重（%）
纺织业、皮革加工、造纸业	25.86	0.20	24.21	0.17	26.61	0.16
化学原料及化学制品制造业*	124.40	0.98	143.65	0.99	228.87	1.37
橡胶与塑料制品*	10.48	0.08	15.46	0.11	12.06	0.07
炼焦	1.71	0.13	15.44	0.11	25.37	0.15
钢铁	180.95	1.42	152.39	1.05	158.48	0.95
水泥	73.22	0.58	60.78	0.42	68.59	0.41
平板玻璃	7.13	0.06	6.00	0.04	5.00	0.03
多晶硅*	7.82	0.06	9.74	0.07	11.32	0.07
电解铝	37.92	0.30	58.63	0.40	114.59	0.68
船舶制造	20.88	0.16	2.22	0.02	1.93	0.01
合计	505.37	3.98	503.99	3.47	652.82	3.90

注："两高一剩"行业分类参考银监会《关于绿色信贷实施关键评价指标的通知》（银监办发〔2014〕186号），带*行业下细分行业数据口径由兴业银行自定义。

从具体成效来看，2018年兴业银行绿色信贷所支持的项目可实现在我国境内每年节约标准煤2979万吨，年减排二氧化碳8416.87万吨，年减排化学需氧量（COD）398.34万吨，年减排氨氮15.90万吨，年减排二氧化硫87.79万吨，年减排氮氧化物7.87万吨，年综合利用固体废弃物4543.75万吨，年节水量40978.19万吨，相当于关闭193座100兆瓦火力发电站。

（5）行业认可

2018年，兴业银行正式向绿色气候基金（GCF）提交执行单位申请，成为唯一一家获得财政部等部委批准申请的商业金融机构；成功申请成为基加利制冷能效项目的合作和支持机构；荣获英国《全球银行及金融评论》（Global Banking & Finance Review）杂志"2017中国最佳绿色银行"奖、《亚洲货币》"年度最佳绿色金融银行"等多项大奖。

2. 环保

兴业银行积极贯彻落实国家低碳环保政策，始终坚持绿色运营理念，强调"绿色办公、低碳生活"，重视精细化能耗管理，从用水、用电、用纸以及废物回收利用、节能环保设施等多方面节能降耗。同时，坚持绿色采购，过程中对供应商在安全、健康、环保以及劳工保障等多方面严格审查，加强对供应商的环境与社会管理（见表26）。

表 26　　　　　　　　　　　　　绿色办公情况

	2018 年
总行办公耗水总量（吨）	136672.07
总行办公耗电总量（万度）	2493.94
总行办公用纸总量（吨）	9.36
总行公车耗油（升）	1615409.7
总行（福州地区）视频会议次数占总会议次数比例（％）	22.51
全行视频设备覆盖率（％）	100

2018 年，为践行绿色办公，调动员工参与度，树立"绿色办公、低碳生活"的理念，兴业银行开展了绿色办公系列活动，包括春之篇——低碳办公、我和春天有个约定，夏之篇——节能减排、清凉一夏我参与，秋之篇——举办绿色办公公益讲座、践行绿色办公——从我做起等活动。

年报九　宁波银行 2018 年度报告分析

一、基本情况及发展战略

（一）基本情况

宁波银行股份有限公司（以下简称宁波银行）成立于 1997 年 4 月 10 日，是一家具有独立法人资格的城市商业银行。2007 年 7 月 19 日，宁波银行在深圳证券交易所挂牌上市（股票代码：002142），成为国内首批上市的城市商业银行之一。

截至 2018 年年末，该银行前三大股东分别是：宁波开发投资集团有限公司，持股数 11.25 亿股，持股比例 21.60%；新加坡华侨银行有限公司，持股数 9.62 亿股，持股比例 18.47%；雅戈尔集团股份有限公司，持股数 7.94 亿股，持股比例 15.25%。

2018 年度，宁波银行总资产 1.12 万亿元，营业收入 289.3 亿元，净利润 112.21 亿元，贷款总额 0.43 万亿元，不良贷款率 0.78%。

（二）发展战略

该公司以"完善盈利结构、改进盈利模式、提升市场地位"为出发点，秉承真诚服务、广泛合作、合规经营、互惠互利的发展战略，不断拓宽同业合作空间，创新丰富产品体系，深化做市商业务，不断提升交易和代客等中间业务占比，致力于成为中小同业金融市场业务最佳合作伙伴之一。

二、业务经营分析

（一）资产分析

2018 年末，宁波银行总资产为 1.12 万亿元[①]，增长 8.2%（见表 1）。资产的增加主要是贷款和垫款、证券投资所致，分别同比增长 23.9% 和 4.6%。

从资产结构角度看，该银行资产集中在贷款和垫款及证券投资，占比分别为 36.9% 和 48.8%，同比增长达到 23.9% 和 4.6%。资产总额同比增长 8.2%。

---

① 本报告数据来源：2017 年和 2018 年宁波银行年度报告、Wind 资讯。

表 1   资产规模及构成

	2018 年 12 月 31 日		2017 年 12 月 31 日		变动额（亿元）	变动率（%）
	金额（亿元）	占比（%）	金额（亿元）	占比（%）		
现金及存放中央银行款项	884.57	7.9	901.94	8.7	-17.37	-1.9
同业往来资产	153.73	1.4	326.94	3.2	-173.21	-53.0
贷款和垫款	4115.92	36.9	3321.99	32.2	793.93	23.9
证券投资	5453.47	48.8	5213.87	50.5	239.6	4.6
其他资产	556.54	5.0	555.68	5.4	0.86	0.2
资产总计	11164.23	100.0	10320.42	100.0	843.81	8.2

注：贷款和垫款为净额。

1. 贷款和垫款

2018 年末，宁波银行贷款和垫款净额为 0.41 万亿元，同比增长 23.9%，占总资产的 36.6%，同比增加 28.9 个百分点。

（1）贷款和垫款客户结构

2018 年末，该银行贷款和垫款总额 0.43 万亿元（见表 2），其中公司贷款和垫款为 0.29 万亿元，同比增长 21.4%，占贷款和垫款总额的 68.1%；个人贷款和垫款为 0.14 万亿元，同比增长 29.7%，占贷款和垫款总额的 31.9%。

表 2   企业及个人贷款和垫款

	2018 年 12 月 31 日		2017 年 12 月 31 日		变动额（亿元）	变动率（%）
	金额（亿元）	占比（%）	金额（亿元）	占比（%）		
公司贷款和垫款	2920.21	68.1	2405.37	69.5	514.84	21.4
－贷款	2423.02	56.5	2121.57	61.3	301.45	14.2
－贸易融资	47.75	1.1	42.48	1.2	5.27	12.4
－票据贴现	449.43	10.5	241.32	7.0	208.11	86.2
个人贷款和垫款	1370.66	31.9	1056.64	30.5	314.02	29.7
－个人消费贷款	1149.75	26.8	873.01	25.2	276.74	31.7
－个体经营贷款	208.43	4.9	172.37	5.0	36.06	20.9
－个人住房贷款	12.48	0.3	11.26	0.3	1.22	10.8
贷款和垫款总额	4290.87		3462.01		828.86	23.9
减：减值准备	174.95		140.02		34.93	24.9
贷款和垫款净额	4115.92		3321.99		793.93	23.9

（2）不良贷款

截至 2018 年 12 月 31 日，宁波银行不良贷款率为 0.78%。2018 年末，按照五级分类，正常贷款 0.42 万亿元，占各项贷款的 98.7%，比上年提高 0.2 个百分点；关注贷款 23.58 亿元，占比 0.5%，下降 0.2 个百分点；不良贷款余额 33.53 亿元，增加 5.14 亿元，不良贷款率 0.78%，下降 0.04 个百分点。2018 年，该银行期内核销/处置不良贷款 11.42 亿元，同比下降

41.2%；不良贷款拨备覆盖率为521.83%，较2017年增加28.57个百分点（见表3）。

表3　　　　　　　　　　　　　　贷款五级分类

	2018年12月31日		2017年12月31日		变动额（亿元）	变动率（%）
	金额（亿元）	占比（%）	金额（亿元）	占比（%）		
正常类贷款	4233.77	98.7	3410.12	98.5	823.65	24.2
关注类贷款	23.58	0.5	23.51	0.7	0.07	0.3
不良类贷款	33.53	0.8	28.39	0.8	5.14	18.1
次级类贷款	14.13	0.3	10.39	0.3	3.74	36.0
可疑类贷款	12.91	0.3	12.66	0.4	0.26	2.0
损失类贷款	6.48	0.2	5.34	0.2	1.14	21.4
贷款合计	4290.87	100.0	3462.01	100.0	828.86	23.9

2. 证券投资

2018年末，宁波银行证券投资5453.46亿元，同比增长4.6%（见表4）。其中，可供出售金融资产2210.34亿元，占比40.5%，交易性金融资产为1347.67亿元，同比下降8%，占证券投资的24.7%。

表4　　　　　　　　　　　　　　证券投资

	2018年12月31日		2017年12月31日		变动额（亿元）	变动率（%）
	金额（亿元）	占比（%）	金额（亿元）	占比（%）		
交易性金融资产	1347.67	24.7	1464.82	28.1	-117.21	-8.0
可供出售金融资产	2210.34	40.5	2188.43	42.0	21.91	1.0
持有至到期投资	701.18	12.9	607.83	11.7	93.35	15.4
应收款项类投资	1194.28	21.9	952.79	18.3	241.49	25.3
合计	5453.46	100.0	5213.86	100.0	239.60	4.6

2018年末该银行持有政府债①、金融债②及企业债③分别为1544.60亿元，365.01亿元及125.12亿元，同比分别变动-0.6%、-32.3%和279.3%（见表5）。

表5　　　　　　　　　　　　债券投资发行主体构成

	2018年12月31日		2017年12月31日		变动额（亿元）	变动率（%）
	金额（亿元）	占比（%）	金额（亿元）	占比（%）		
政府债	1544.60	75.9	1554.01	73.1	-9.40	-0.6
金融债	365.01	17.9	539.20	25.4	-174.19	-32.3
企业债	125.12	6.1	32.99	1.6	92.13	279.3
债券总额	2034.74	100.0	2126.20	100.0	-91.46	-4.3

---

① 包括中国政府债券和中国人民银行债券。

② 包括政策性银行债券和商业银行及其他金融机构债券。

③ 主要包含企业债券。

3. 同业往来资产

2018 年末，宁波银行同业往来资产为 153.73 亿元，同比下降 53.0%（见表 6）。其中，存放同业和其他金融机构款项金额为 92.52 亿元，同比下降 68.7%，占同业往来资产比重下降至 60.2%；拆出资金 24.18 亿元，同比增长 18.2%，占同业往来资产比重由 6.3% 提升至 15.7%；买入返售金融资产为 37.03 亿元，同比上升 237.6%，占同业往来资产比重由 3.4% 上升至 24.1%。

表 6　　　　　　　　　　　　　　　同业往来资产构成

| | 2018 年 12 月 31 日 | | 2017 年 12 月 31 日 | | 变动额（亿元） | 变动率（%） |
	金额（亿元）	占比（%）	金额（亿元）	占比（%）		
存放同业	92.52	60.2	295.51	90.4	-202.99	-68.7
拆出资金	24.18	15.7	20.46	6.3	3.72	18.2
买入返售款项	37.03	24.1	10.97	3.4	26.06	237.6
合计	153.73	100.0	326.94	100.0	-173.21	-53.0

（二）负债分析

2018 年末，宁波银行负债总额约为 1.04 万亿元，同比增长 6.2%（见表 7），主要是向中央银行借款、应付债券和客户存款快速增加所致，分别同比增长 520.0%、21.5% 和 14.4%。

表 7　　　　　　　　　　　　　　　负债规模及构成

| | 2018 年 12 月 31 日 | | 2017 年 12 月 31 日 | | 变动额（亿元） | 变动率（%） |
	金额（亿元）	占比（%）	金额（亿元）	占比（%）		
向中央银行借款	155.00	1.5	25.00	0.3	130.00	520.0
同业往来负债	1020.89	9.9	1678.87	17.2	-657.98	-39.2
客户存款	6467.21	62.5	5652.54	58.0	814.67	14.4
应付债券	2084.37	20.1	1714.99	17.6	369.38	21.5
其他负债	624.46	6.0	676.96	6.9	-52.50	-7.8
负债总计	10351.93	100.0	9748.36	100.0	603.57	6.2

1. 同业往来负债

2018 年末，该银行同业往来负债总额约为 0.10 万亿元，同比减少 39.2%（见表 8）。其中，同业和其他金融机构存放款项 212.15 亿元，占同业往来负债 20.8%，比 2017 年提高 4.5 个百分点；拆入资金金额 539.44 亿元，占比 52.8%，下降 3.6 个百分点；卖出回购金融资产 269.30 亿元，占比由 2017 年的 27.4% 降至 26.4%，整体变化不大。

表 8 同业往来负债构成

	2018 年 12 月 31 日		2017 年 12 月 31 日		变动额（亿元）	变动率（％）
	金额（亿元）	占比（％）	金额（亿元）	占比（％）		
同业存放	212.15	20.8	272.92	16.3	-60.77	-22.3
拆入资金	539.44	52.8	946.06	56.4	-406.62	-43.0
卖出回购	269.30	26.4	459.89	27.4	-190.59	-41.4
合计	1020.89	100.0	1678.87	100.0	-657.98	-39.2

2. 吸收存款

2018 年末，宁波银行客户存款余额约为 0.65 万亿元，同比增长 14.4%，占总负债的 62.5%，比重较 2017 年提升 4.5 个百分点，公司和个人存款均出现快速增长。

该银行的公司客户存款余额为 0.52 万亿元，同比增长 14.0%（见表 9），占存款总额的比重为 81.0%，较 2017 年下降 0.3 个百分点；个人客户存款余额 0.12 亿元，占存款总额的比重为 19.0%，同比增长 16.1%。2018 年度，个人存款业务与公司存款业务发展同时实现快速增长。

表 9 存款客户结构

	2018 年 12 月 31 日		2017 年 12 月 31 日		变动额（亿元）	变动率（％）
	金额（亿元）	占比（％）	金额（亿元）	占比（％）		
公司存款	5238.55	81.0	4593.95	81.3	644.59	14.0
个人存款	1228.67	19.0	1058.59	18.7	170.08	16.1
客户存款总额	6467.21	100.0	5652.54	100.0	814.67	14.4

截至 2018 年 12 月 31 日，宁波银行活期存款占客户存款比重为 46.5%（见表 10），同比下降 6.1 个百分点。

表 10 存款定活结构

	2018 年 12 月 31 日		2017 年 12 月 31 日		变动额（亿元）	变动率（％）
	金额（亿元）	占比（％）	金额（亿元）	占比（％）		
活期存款	3007.13	46.5	2971.80	52.6	35.34	1.2
定期存款	3460.08	53.5	2680.74	47.4	779.34	29.1
存款总额	6467.21	100.0	5652.54	100.0	814.67	14.4

2018 年该银行存贷比为 66.3%，比 2017 年的 61.2% 和 2016 年的 59.2% 有明显的上升，流动性风险有所提高。

3. 应付债券

2018 年末，该银行应付债券余额 2084.37 亿元，同比增加 21.5%（见表 11）。其中，金融债券为 299.73 亿元，同比增长 66.6%；同业存单为 1520.98 亿元，同比增长 21.3%；

可转换公司债券为63.9亿元，同比减少21.3%；次级债券和二级资本债券变化极小，变动可以忽略。

表11　　　　　　　　　　　　　　　　应付债券结构

	2018年12月31日		2017年12月31日		变动额（亿元）	变动率（%）
	金额（亿元）	占比（%）	金额（亿元）	占比（%）		
金融债券	299.73	14.4	179.87	10.5	119.86	66.6
次级债券	29.95	1.4	29.95	1.7	0	0.0
二级资本债券	169.82	8.1	169.9	9.9	-0.08	0.0
可转换公司债券	63.9	3.1	81.19	4.7	-17.29	-21.3
同业存单	1520.98	73.0	1254.09	73.1	266.89	21.3
合计	2084.37	100.0	1714.99	100.0	369.38	21.5

（三）收入、支出及利润分析

1. 利润分析

2018年，宁波银行营业利润为115.46亿元（见表12），利润总额114.98亿元，净利润112.21亿元，分别增长13.4%、13.1%和19.9%。拨备前利润为187.05亿元，同比增长15.0%。该银行利润状况保持稳步增长趋势。

表12　　　　　　　　　　　　　　　　公司利润

	2018年（亿元）	2017年（亿元）	变动额（亿元）	变动率（%）
营业收入	289.30	253.14	36.16	14.3
营业支出	173.84	151.34	22.5	14.9
营业利润	115.46	101.80	13.66	13.4
加：营业外收入	0.14	0.30	-0.16	-53.3
减：营业外支出	0.63	0.46	0.17	37.0
利润总额	114.98	101.63	13.35	13.1
减：所得税费用	2.77	8.08	-5.31	-65.7
净利润	112.21	93.56	18.65	19.9
资产减值准备	72.07	61.08	10.99	18.0
拨备前利润	187.05	162.71	24.34	15.0

2. 收入分析

2018年，宁波银行实现营业收入289.30亿元，同比增长14.3%（见表13）。其中利息净收入占比为66.1%，比2017年上升1.4个百分点；净手续费及佣金收入占比20.0%，比上年下降3.3个百分点；投资净收益占比17.5%，比上年提升4.3个百分点。

表 13   营业收入构成

	2018 年		2017 年		变动额（亿元）	变动率（%）
	金额（亿元）	占比（%）	金额（亿元）	占比（%）		
利息净收入	191.20	66.1	163.89	64.7	27.31	16.7
手续费及佣金净收入	57.94	20.0	59.00	23.3	-1.06	-1.8
投资净收益	50.73	17.5	33.45	13.2	17.28	51.7
其他	-10.57	-3.7	-3.20	-1.3	-7.37	230.3
合计	289.30	100.0	253.14	100.0	36.16	14.3

（1）利息净收入

2018 年，该银行实现利息收入 482.71 亿元，同比增长 17.4%（见表 14），在不考虑其他项基础上，主要是同业往来利息收入和贷款利息收入迅速增长所致。其中，存放央行利息收入为 12.53 亿元，同比增长 3.3%；投资性利息收入为 192.73 亿元，同比增加 11.7%；存拆放同业利息收入 13.35 亿元，同比增长 34.4%；贷款利息收入为 209.88 亿元，占利息收入的 49.0%，同比增长 23.1%。

表 14   利息收入构成

	2018 年		2017 年		变动额（亿元）	变动率（%）
	金额（亿元）	占比（%）	金额（亿元）	占比（%）		
存放中央银行款项	12.53	2.9	12.13	3.3	0.40	3.3
投资性利息收入	192.73	45.0	172.54	47.2	20.19	11.7
同业往来	13.35	3.1	9.94	2.7	3.42	34.4
客户贷款和垫款	209.88	49.0	170.52	46.7	39.36	23.1
其他	0.22	0.1	0.11	0.0	0.10	90.7
利息收入合计	428.71	100.0	365.24	100.0	63.47	17.4

（2）利息支出

2018 年，宁波银行利息支出 237.51 亿元，同比增长 18.0%（见表 15），在不考虑其他项基础上，主要是应付债券利息支出和吸收存款利息支出快速增长所致。2018 年，该银行央行借款支出为 2.29 亿元，同比下降 54.3%；同业利息支出为 36.69 亿元，同比减少 1.2%；存款利息支出 114.08 亿元，同比增长 20.9%；应付债券利息支出为 84.24 亿元，同比增长 30.2%。

表 15   利息支出构成

	2018 年		2017 年		变动额（亿元）	变动率（%）
	金额（亿元）	占比（%）	金额（亿元）	占比（%）		
向中央银行借款	2.29	1.0	5.02	2.5	-2.73	-54.3
同业往来	36.69	15.4	37.14	18.4	-0.45	-1.2
吸收存款	114.08	48.0	94.40	46.9	19.68	20.9
应付债券	84.24	35.5	64.72	32.1	19.52	30.2
其他	0.20	0.1	0.08	0.0	0.13	163.7
合计	237.51	100.0	201.35	100.0	36.16	18.0

（3）手续费及佣金净收入

2018年，宁波银行净手续费及佣金净收入为57.94亿元，同比下降1.8%；手续费及佣金收入为63.30亿元，同比下降0.7%（见表16）。其中，担保类手续费收入较上年增长2.21亿元，增幅78.6%，这主要是由于公司推动国际保函业务收入快速增长；银行卡手续费收入较上年增长2.48亿元，增幅15.7%，这是该银行持续深耕消费信贷业务，信用卡分期付款手续费增长较快所致；结算业务手续费收入增长0.35亿元，增幅18.8%；代理业务手续费收入下降4.5亿元，降幅11.9%，这主要是受制于资管新规，理财业务收入下降；托管业务手续费下降0.85亿元，降幅为17.3%，这主要是监管政策趋紧导致的托管业务规模下滑所致。

表16　　　　　　　　　　　　　手续费及佣金净收入构成

	2018年		2017年		变动额（亿元）	变动率（%）
	金额（亿元）	占比（%）	金额（亿元）	占比（%）		
结算类业务	2.21	3.5	1.86	2.9	0.35	18.8
银行卡业务	18.26	28.8	15.78	24.7	2.48	15.7
代理类业务	33.45	52.8	37.95	59.5	-4.5	-11.9
担保类	5.02	7.9	2.81	4.4	2.21	78.6
托管类业务	4.07	6.4	4.92	7.7	-0.85	-17.3
咨询类业务	0.26	0.4	0.30	0.5	-0.04	-13.3
其他	0.02	0.0	0.14	0.2	-0.12	-85.7
手续费及佣金收入	63.30	100.0	63.76	100.0	-0.46	-0.7
减：手续费及佣金支出	5.36		4.76		0.6	12.6
手续费及佣金净收入	57.94		59.00		-1.06	-1.8

3. 支出分析

2018年，宁波银行的营业支出为173.84亿元，增长14.9%（见表17）。其中业务及管理费占全部营业支出的57.3%，略有下降；而资产减值损失占比小幅上升至41.5%。

表17　　　　　　　　　　　　　　　营业支出构成

	2018年		2017年		变动额（亿元）	变动率（%）
	金额（亿元）	占比（%）	金额（亿元）	占比（%）		
营业税金及附加	2.00	1.2	2.47	1.6	-0.47	-19.0
业务及管理费	99.64	57.3	87.67	57.9	11.97	13.7
资产减值损失	72.07	41.5	61.08	40.4	10.99	18.0
其他业务成本	0.13	0.1	0.12	0.1	0.01	8.3
营业支出合计	173.84	100.0	151.34	100.0	22.50	14.9

2018年，该银行业务及管理费99.64亿元，同比增长12.4%（见表18），其中员工费

用占比 64.5%，比上年增长 17.9%。

表18

业务及管理费构成

	2018 年		2017 年		变动额（亿元）	变动率（%）
	金额（亿元）	占比（%）	金额（亿元）	占比（%）		
员工费用	64.31	64.5	54.55	61.5	9.76	17.9
固定资产折旧费	4.46	4.5	3.93	4.4	0.53	13.5
无形资产摊销费	1.04	1.0	0.75	0.9	0.29	38.7
业务费用	28.00	28.1	26.78	30.2	1.22	4.6
长期待摊费用摊销	1.76	1.8	1.57	1.8	0.19	12.1
税费	0.08	0.1	0.08	0.1	0	0
合计	99.64	100.0	87.67	100.0	10.98	12.4

2018 年，宁波银行人均薪酬 47.0 万元，比 2017 年增长 5.0%（见表19）；人均费用 72.8 万元，同比增长 1.2%；人均产值为 211.4 万元，同比上升 1.8%。

表19

人均薪酬及人均/点均费用

	2018 年	2017 年	变动额	变动率（%）
员工数（人）	13684	12185	1499	12.3
网点数（个）	314	—	—	—
人均薪酬（万元）	47.0	44.8	2.2	5.0
人均费用（万元）	72.8	72.0	0.8	1.2
人均产值（万元）	211.4	207.8	3.6	1.8
人均产值/人均薪酬	4.5	4.6	-0.1	-3.1
点均业务及管理费（万元）	—	—	—	—

（四）金融科技及产品创新

1. 金融科技

2018 年，宁波银行持续推进科技系统建设，提升业务支撑能力。该银行加大电子渠道建设，提升客户服务体验，同时紧跟行业的发展趋势，着力推进科技与业务融合创新，搭建需求、研发、运维、测试一体化的金融科技体系，加快实现业务的数据化、系统化，持续提升银行竞争力。2018 年，公司在总行各业务部门和风险、运营等部门设立 IT 支持部，加快业务与科技融合，提升产品规划、需求编写、快速响应的能力；在总行科技部成立独立的测试中心，将分散在各部门的测试人员集中，整合测试资源，实现业务系统测试的统一管理，通过标准化、专业化测试来降低缺陷率、提升软件质量，保障应用上线的准确性、及时性；在上海、杭州、南京、深圳、苏州、北京、无锡 7 座一线和新一线城市分行设立科技部，满足分行日益增多的业务科技融合创新需求，快速响应分行特色业务开发和系统对接。

宁波银行不断提升科技自主研发能力，持续推进科技与业务融合创新，全面提升金融科技对业务的支撑能力。一是全面推进业务创新，上线票交所直连、数字国结、个人

CRM2.0、作战地图、企业级指标、外币头寸管理等重点项目，推动营销标准化、业务线上化、管理数据化；二是持续突破技术创新，推动 ICR 技术、RPA 技术、智能外呼、知识图谱等技术的技术验证及业务可行性研究；三是持续完善科技支撑体系，总行成立测试中心，各业务部门成立 IT 支持部，一线分行和新一线分行设立独立的科技部，进一步加速科技与业务的融合，提升金融科技对业务发展的支撑能力。

此外在金融科技融合创新方面，公司经过持续积累和不断投入，科技水平已在同类银行中处于领先水平。面对金融科技的发展浪潮，公司积极探索大数据、云计算、人工智能、生物识别等新技术的实践运用，推动金融与科技的融合创新，不断挖掘新的业务模式和特色产品服务，进一步助力业务稳健可持续发展。公司在 2019 年将建成新数据中心，投入使用后将与现有数据中心组成业内领先的双活数据中心架构，系统支撑能力将显著增强，业务连续性更有保障，将有力支撑公司各项业务持续发展。

2. 产品创新

2018 年，公司继续坚持"线下业务线上化，线上业务移动化"的发展理念，重点聚焦移动化领域，从客户需求出发，依托先进的金融科技，持续打造一套开放、好用、安全的互联网平台，实现线上金融服务能力的持续升级。

APP 平台。个人业务方面，继续保持高速增长，客户数同比增长 46%，已成为全行最重要的服务渠道。融资板块积极践行普惠金融策略，推出线上贷款产品，不断简化申请步骤；投资板块，紧跟金融科技发展趋势，全面升级财富版面上线财富顾问等功能，可根据客户个性化需求，提供多维度、智能化的产品推荐，降低投资难度；信用卡板块推出 ETC 信用卡申请签约一站式服务，客户无须前往柜面即可办理。企业业务方面，继续推进对公业务移动化的战略布局，实现两大提升：一是实现全面改版，以客户为中心，持续完善功能布局，为企业打造贴心的掌上办公平台；二是完善功能体系，新增二维码收款平台、支票收款宝、询证函等功能，同时重点突破国结、票据以及金融市场业务的移动化。

网上银行。企业网银方面，签约客户达到 223263 户，较年初增长 34.17%，公司主要业务离柜率达到 96.39%。一是打造新版网银平台，能够为企业客户提供全时段、全方位的综合金融服务；二是提供一站式服务，围绕业务全流程，提供更加便捷易用的线上工作台，实现了功能操作一键直达、待办事项一目了然、业务情况尽在掌握的目标；三是打造极速化服务，通过 ICR 智能识别、线上工具箱、在线客服的组合拳，提升业务办理速度，快速响应客户需求。个人网银方面，持续迁移线下业务，在提供全类业务板块的基础上，推出存款证明开立、大额存单转让等新功能，全面满足客户线上化交易的需求。

微信银行。一是充分发挥微信平台传播优势，在新产品推广、品牌宣传、电信反欺诈客户教育等领域继续发挥重要作用，起到了良好的社会效应；二是开展微信线上营销，围绕节假日等时间节点，开展多种形式的营销活动，为业务拓展和客户维护工作提供了有力抓手；三是积极探索微信小程序场景，推出基金定投、大额存单等小程序应用，客户无须下载APP，即可享受更贴心的财富管理服务，进一步拓展基础客户覆盖面。

三、社会责任分析

（一）经济绩效

宁波银行积极履行纳税义务，及时足额缴纳税款。2018年全行共缴纳税收48.74亿元，同比增加27.63%，其中在浙江省内缴纳税收31.43亿元，同比增长23.47%，为支持地方经济发展作出贡献。

经营业绩方面，2018年，宁波银行的资产规模达到11164.23亿元，同比增长8.2%；各项存款6467.21亿元，比年初增长14.4%，各项贷款4290.87亿元，比年初增长23.9%；实现归属于母公司股东的净利润为111.86亿元。资本充足率为13.58%，一级资本充足率和核心一级资本充足率分别为9.41%和8.61%。不良贷款率0.78%，比年初下降0.04个百分点；拨贷比4.08%，比年初提高了0.04个百分点；拨备覆盖率为521.83%，同比增长5.79%，保持了较强的风险抵御能力。加权平均净资产收益率为18.72%，总资产收益率为1.04%，保持稳定。各项指标总体向好，体现出良好的风险管理能力和稳健经营能力。

表20 经济绩效

	绩效分析	2018 年	2017 年	变动额（量）	变动率（%）
经济绩效	总资产（亿元）	11164.23	10320.42	843.81	8.2
	净利润（亿元）	112.21	93.56	18.65	19.9
	不良贷款率（%）	0.78	0.82	−0.04	——
	资本充足率（%）	13.58	13.58	0.00	——
	平均 ROA（%）	0.97	0.97	0.00	——
	平均 ROE（%）	18.72	19.02	−0.30	——
	纳税（亿元）	48.74	38.44	10.30	26.80
	拨备覆盖率（%）	521.83	493.26	28.57	5.79

（二）公司治理

1. 公司治理情况

宁波银行不断完善公司治理机制，推进由股东大会、董事会、监事会和高级管理层组成的"三会一层"相互协调、相互制约、履职尽责、高效运行的公司治理建设。

股东大会作为最高权力机构，股东通过股东大会行使权力。2018年，宁波银行召开了2017年年度股东大会和2次临时股东大会，审议通过35项议案。董事会在公司治理中居于核心地位，承担该行经营和管理的最终责任。2018年，该银行董事会认真贯彻落实国家宏观调控和监管要求，忠实履职，科学决策，共计召开4次现场会议和4次通讯表决会议，审议通过定期报告、财务报告、利润分配、非公开发行A股股票、发行二级资本债券和金融债券、设立理财子公司等议案，定期听取业务经营情况、风险管理等报告，充分发挥决策作用。各专门委员会根据公司治理实际需求，充分发挥自身职能，全年共召开20次专门委员会会议，起到经营层与董事会之间的桥梁作用，公司治理效率得到有效提升。监事会作为监督机构，负责监督董事会施行稳健的经营理念、价值准则和制定符合该银行实际的发展战略；对董事、监事和高级管理人员履职情况进行监督和评价；对经营状况、风险管理、财务状况、内部控制、经营决策、薪酬管理、绩效考核、案件防控、普惠金融工作等进行检查和监督，积极维护股东、员工、债权人和其他利益相关者的合法权益。2018 年，监事会共计召开 7 次会议，其中例会 5 次、临时会议 2 次，共审议议案 44 项，听取议案 72 项，向董事会及高级管理层出具了 21 项监督检查意见书，提出合理化建议 59 个，有效地发挥了监督作用。

宁波银行在责任治理、规范责任管理等方面积极推进，在合规经营、案件防控、反洗钱、全面风险管理、廉政建设等细分环节中大力推进建设和完善。

在信息披露与投资者沟通方面，该银行致力于构建清晰有效的利益相关方参与机制，拓宽沟通渠道，增强经营透明度，提高利益相关方的参与度，通过与利益相关方建立沟通机制，建立战略互信，形成可持续发展共识，促进和谐共赢。2018 年，宁波银行组织年度业绩网络说明会 1 次，参与宁波市辖区上市公司网络说明会 1 次，接待各类投资者调研 13 次，在深圳证券交易所"互动易"平台回答投资者问题超过 150 个。不断完善信息披露机制，持续提高信息披露质量和效率，增强定期报告披露的主动性和公司经营的透明度。2018 年，该银行在深圳证券交易所发布公告 77 次，披露文件 151 份，包括定期报告、临时公告、公司治理文件、投资者关系活动记录表等内容，确保投资者能够及时了解公司重大事项，最大限度地保障投资者特别是中小投资者的合法权益。

2. 社会责任战略与管理

宁波银行持续完善社会责任管理，不断强化全行员工责任意识，使社会责任意识成为企业文化的重要组成部分，实现企业的商业价值与社会价值的融合统一。

该银行社会责任理念为积极履行社会责任，成长为一家具备高度社会责任意识的银行。社会责任观为公平诚信，善待客户，关心员工，热心公益，致力环保，回报社会。将社会责任的文化内涵定义为将经营行为和社会责任紧密结合，在获得合理回报的同时，大力回馈社会，创造可持续发展的未来。

宁波银行已建立企业社会责任管理工作机制，形成了董事会和高级管理层直接领导，总行办公室牵头协调，总行各部门参与，各分支行为推进主体的社会责任管理架构和工作格局。

重点项目推进机制方面，一是总行办公室牵头汇报企业社会责任工作方案，重大社会责任项目在实施前将具体方案提交行长办公会议审议。二是总行部门将重大社会责任项目的工作任务分解至总行各部门、各分行、宁波地区支行，由各分行、宁波地区支行联合或独立实施。三是总行办公室负责跟进全行社会责任活动实施进展，总结提炼优秀案例的经验，在全行范围内推广。

（三）社会绩效

1. 公益扶贫

公益扶贫领域。宁波银行致力于慈善捐款、公益助学、产业扶贫等。该银行积极践行社会责任，投身公益事业，形成多元化公益体系，在扶贫助困、结对助学、定点扶贫等领域不断推动公益事业发展，2018 年全年公益慈善捐款金额达到 2542.87 万元。

2. 普惠

宁波银行大力践行普惠金融、惠民金融，维护消费者、员工和社区大众的公共利益，提倡慈善责任，积极投身公益活动。普惠金融领域，2018 年，该银行按照"服务小微、循序推进、持续经营"原则，推动小微支行设立，让小微专营团队、业务人员专注于小微金融服务，并实行独立考核，条线单独管理，新设小微机构不断增加，截至 2018 年 12 月，分行区域小微机构 11 家、宁波地区小微支行 5 家。同时扩展小微企业专门从业人员，截至 2018 年底，小微服务团队 235 个，总人数超过 1400 人，较年初增加 400 余人。在提升小微企业金融服务效能方面通过业务线上化、操作自主化，进一步满足小微企业在线综合金融服务需求，打造简单、快捷、灵活业务体验。此外在开展小微企业专场融资服务、有效降低小微企业融资成本等方面也不断加强投入、采取措施。截至 2018 年末，全行普惠小微企业贷款余额为 538 亿元，比年初增加 108 亿元，增速为 25.2%，高于法人机构各项贷款增速 1 个百分点，新增贷款户数 2665 户。同时，该行逐步降低小微企业融资成本，2018 年第四季度小微贷款利率 5.75%，比第一季度贷款利率低 0.1 个百分点。对于社区居民，宁波银行以"便民、惠民、利民"为宗旨，坚持走好社区金融服务的"最后一公里"，把金融服务做到"家"。截至 2018 年末，全行营业网点 336 家，其中社区营业网点 63 家，占比近两成。在实际行动中，该银行方便离退休人员领取养老金等业务办理、为残障人士提供特殊金融服务、大力开展金融知识普及宣传等。

3. 员工

关注员工领域。宁波银行高度重视人才队伍建设工作，以人才引领发展，着力构建公平公正、梯队完备、规范高效三大人才体系，为银行经营管理和持续发展提供有力支撑。包括构建公平公正的人才选拔机制、构建梯队完备的人才培养体系、构建规范高效的人才管理体系。在培训体系方面，实行分层培养，组织有序。针对成长期员工，定制培训生、专业证书项目；针对成熟期员工，着力开展学历提升、专项业务能力提升；针对管理期员工，推进人才培养计划、游学项目等。同时，采取线上线下同步推进模式，全行全年共计开展 9483 次培训，累计参训人数超过 22 万人次，较 2017 年提升 20%。公司同时推进手机学习平台落地，人均年度学习课程达到 53 门。

员工构成方面，管理人员中女性比例轻微上升，占全部管理人员比例近 50%；女性员工比例略微下降，但仍然维持在 50% 以上。

在提升员工归属感方面，该银行不断努力，持续优化员工福利制度，与员工共同分享企业经营发展成果，丰富员工福利，提升福利水平。重视员工关怀体系建设，持续加大员工身心健康、员工家庭、员工生活、员工激励等方面投入，同时通过组织文体活动等倡导积极向上、和谐健康的生活方式。

4. 客户

宁波银行客服中心成立 12 年以来，始终坚持"以客户满意为中心"，致力于为客户提供专业、便捷、高效的服务体验，目前可以受理个人、信用卡、公司、国际结算等全业务服务，全年 365 天、每天 24 小时不间断。客服中心改变传统的以客服电话 95574 为主的服务方式，深入探索智能化、数字化建设，先后将智能客服、语音导航等人工智能技术应用于网上银行、微信银行、移动银行等渠道，客户选择任一渠道接入在线客服，均能得到及时快速的服务响应。客户还可以通过文本、图片等多种交流方式完成业务咨询、办理，不受时间、空间限制，不仅可以轻松体验到热情周到的服务，还可以享受"一站式"综合金融服务带来的便利。同时，客服中心依托智能语音导航服务探测，为理财客户、借记卡客户、贷记卡客户等多类型客户提供不同的金融服务消息，进一步扩大个性化、定制化服务的涵盖范围。

宁波银行高度重视金融消费者权益保护工作，设立一级部"消费者权益保护部"，配备 6 名专职人员，列支专项经费预算，全面统筹开展金融消费者权益保护各项具体工作。一是明确销售规范。公司对所有财富管理产品均制定相应风险评级方法，划分了产品风险等级，要求营销人员坚持产品销售的"适当性原则"，向客户销售与其风险承受能力相匹配的产品。二是实施业务"双录"。公司对财富管理产品销售过程实行全程同步录音录像，理财人员须按照"双录"要求，完成评估客户风险承受能力、介绍产品、揭示风险、明确客户权益、确认客户购买意愿等规定步骤。三是强化防范措施。该行每日对网点理财专区、营业大厅、洽谈室等区域开展监控排查，防范私售"飞单"、非该行人员利用该行场所销售产品等违规情况。该行还开发并上线数据防泄露系统，防范客户信息外泄，保护客户信息和财产安全。四是开展公益宣传。宁波银行组织防范和打击非法集资、防范电信网络诈骗等厅堂宣传和外拓宣传，提高市民风险防范意识。提升行内员工风险防范意识，做好识别风险的技巧培训，堵截金融诈骗，保障客户资金安全。

全行对于客户高度重视并不断提升服务质量，2018 年客户调查满意度达到 99.85%，比 2017 年上升 0.16 个百分点，体现客户服务的高质量（见表 21）。

表 21 社会绩效

	绩效分析	2018 年	2017 年	变动额（量）	变动率（%）
社会绩效	公益捐款（万元）	2542.87	1657.42	885.45	53.42
	营业网点数（个）	336.00	315.00	21.00	6.67
	客户调查满意度（%）	99.85	99.69	0.16	—
	女性员工比例（%）	57.00	58.13	−1.13	—
	管理人员中的女性比例（%）	49.34	49.26	−0.08	—

（四）环境绩效

1. 绿色信贷与绿色债券

宁波银行坚持发展"绿色金融"，提供"绿色服务"，积极响应国家生态保护、环境治理号召，切实履行在倡导资源节约型、环境友好型社会中的职责，加大对节能环保项目和服务等重点领域的支持力度。

宁波银行大力支持绿色产业，截至 2018 年 12 月末，该行绿色贷款行业授信客户 86 户，贷款余额 56.27 亿元；2018 年 9 月，该银行获得中国人民银行核准，准予在全国银行间债券市场发行不超过 30 亿元的绿色金融债券，募集资金将全部用于投放绿色信贷项目，主要项目包括清洁交通、清洁能源、生态保护和适应气候变化、污染防治和资源节约与循环利用类等，将有力推动长三角地区绿色产业转型升级；同时对于"两高一剩"，宁波银行对产能过剩行业整体为审慎合作，按照"控制总量、择优限劣、有进有退"的原则，严格控制过剩产能行业贷款的投放，截至 2018 年 12 月末，该银行对过剩产能行业客户授信共计 7 户，敞口合计 5.78 亿元，主要包括钢铁、水泥等。

2. 绿色运营

宁波银行自身绿色运营方面也卓有成效，包括致力于业务流程电子化、推动办公移动化、大力实施绿色采购、倡导环保理念等。在设备设施采购过程中，该银行优先选择国家有关部门颁布的节能采购目录中的绿色环保产品。搭建采购管理系统，倡导业务审批无纸化，实现业务流程审批电子化，同时采购系统与外网互通，实现外部应用数据互通，减少纸质环节，减少纸张使用。全行大力推行视频会议系统，最大限度地减少召开现场会议的次数，节约会议成本支出。总行办公楼内实现人控与机控相结合，灯光与空调分时分区关闭，纸板箱、报纸、油壶等废旧品合理回收，最大限度地节约资源，避免浪费。同时认真贯彻垃圾分类实施方案，大楼严格执行餐余、有害、可回收、其他等垃圾分类与标识，规范设施配置与区域摆放、收集与运送，配置垃圾专用清运车，保持大楼地面与运送路线干净整洁。

2018 年人均用电量、人均用纸量、人均用水量均保持稳定（见表 22）。

表 22　　　　　　　　　　　　　　　环境绩效

	绩效分析	2018 年	2017 年	变动额（量）	变动率（%）
环境绩效	节能环保行业贷款（亿元）	56.27	49.98	6.29	12.59
	人均用电量（度/人）	3353.00	3330.00	23.00	0.69
	人均用纸量（千克/人）	5.19	5.29	-0.10	-1.89
	人均用水量（吨/人）	7.20	7.20	0.00	0.00

年报十　重庆农村商业银行 2018 年度报告分析[①]

一、基本情况及发展战略

（一）基本情况

重庆农村商业银行股份有限公司（以下简称重庆农商）的前身为重庆市农村信用社，成立于 1951 年，成立以来经历了两次主要的体制改革。2008 年 6 月 29 日，重庆农商正式挂牌成立，成为继上海和北京之后全国第三家、中西部首家省级农村商业银行。

2010 年 12 月 16 日，重庆农商成功在香港 H 股主板上市，成为全国首家上市农商行、首家境外上市地方银行、西部首家上市银行。同年，跨区域经营，发起设立江苏张家港华信、四川大竹隆源、云南大理海东 3 家村镇银行。目前，重庆农商下辖 1775 个分支机构。截至 2018 年 12 月末，重庆农商资产规模突破 9500 亿元。

2018 年末，重庆农商 A 股前三大股东分别是香港中央结算（代理人）有限公司，持有 25.13 亿股，持股比例 25.13%；重庆渝富资产经营管理集团有限公司，持有 9.9 亿股，持股比例 9.98%；重庆市城市建设投资（集团）有限公司，持有 7.87 亿股，持股比例 7.87%。

2018 年，重庆农商总资产 9506.2 亿元，营业收入 260.9 亿元，净利润 91.6 亿元，贷款总额 3811.6 亿元，不良贷款率 1.3%。

（二）发展战略

2018 年重庆农商坚持向精细管理要效益，围绕"强管理、控风险、稳发展"总体思路，持之以恒实施人才强行、科技兴行、从严治行，着力打造流程银行，合规文化深入人心，全面风险管理体系不断健全。

2019 年，重庆农商将坚持以习近平新时代中国特色社会主义思想为指导，夯实科技、人才、风控"三个基础"，加快推进金融创新、A 股上市、智慧银行"三项工作"，在乡村振兴、绿色金融、普惠民生上实现"三个作为"。

二、业务经营分析

（一）资产分析

2018 年末，重庆农商总资产 9506.2 亿元，增长 5.0%（见表 1）。资产增加主要是同业

[①] 本报告数据来源：2018 年重庆农村商业银行年度报告、Wind 资讯。

往来资产、贷款和垫款增加所致，同比分别增长 17.5% 和 12.3%。

表1   资产规模及构成

	2018 年 12 月 31 日		2017 年 12 月 31 日		变动额	变动率
	金额（亿元）	占比（%）	金额（亿元）	占比（%）	（亿元）	（%）
现金及存放中央银行款项	859.4	9.0	970.1	10.7	-110.8	-11.4
同业往来资产	1767.5	18.6	1504.7	16.6	262.9	17.5
贷款和垫款	3640.3	38.3	3241.1	35.8	399.2	12.3
证券投资	3123.7	32.9	3174.9	35.1	-51.1	-1.6
其他资产	115.3	1.2	167.0	1.8	-51.7	-31.0
资产总计	9506.2	100.0	9057.8	100.0	448.4	5.0

1. 贷款和垫款

2018 年末，贷款和垫款净额为 3640.3 亿元，同比增长 12.3%，占总资产的 38.3%，同比增加 2.5 个百分点。

（1）贷款和垫款客户结构

2018 年末，贷款和垫款总额 3811.4 亿元（见表2），其中公司贷款和垫款为 2276.9 亿元，同比增长 6.0%，占贷款和垫款总额的 59.7%；零售贷款和垫款为 1332.6 亿元，同比增长 17.4%，占贷款和垫款总额的 35.0%；票据贴现为 201.9 亿元，同比增长 101.1%，占贷款和垫款总额的 5.3%。

表2   公司及零售贷款和垫款

	2018 年 12 月 31 日		2017 年 12 月 31 日		变动额	变动率
	金额（亿元）	占比（%）	金额（亿元）	占比（%）	（亿元）	（%）
公司贷款	2276.9	59.7	2147.5	63.5	129.3	6.0
－短期贷款	840.0	22.0	873.0	25.8	-33.1	-3.8
－中长期贷款	1436.9	37.7	1274.5	37.7	162.4	12.7
零售贷款	1332.6	35.0	1135.5	33.6	197.1	17.4
－住房按揭及个人商用物业房地产贷款	603.7	15.8	501.9	14.8	101.9	20.3
－个人经营及再就业贷款	430.0	11.3	381.2	11.3	48.8	12.8
－其他	298.8	7.8	252.5	7.5	46.4	18.4
票据贴现	201.9	5.3	100.4	3.0	101.5	101.1
客户贷款及垫款总额	3811.4	100.0	3383.5	100.0	427.9	12.7
减：减值准备	171.1		142.4		28.7	20.2
贷款和垫款净额	3640.3		3241.1		399.2	12.3

（2）贷款和垫款期限结构

2018 年，重庆农商公司短期贷款为 840.0 亿元，同比减少 3.8%（见表 3）；公司中长期贷款为 1436.9 亿元，同比增长 12.7%。同 2017 年相比，公司短期贷款占比下降。

表3　　　　　　　　　　　公司贷款和垫款期限结构

类别	2018 年		2017 年		变动额	变动率
	金额（亿元）	占比（%）	金额（亿元）	占比（%）	（亿元）	（%）
公司短期贷款	840.0	36.9	873.0	40.7	-33.1	-3.8
公司中长期贷款	1436.9	63.1	1274.5	59.4	162.4	12.7
公司贷款总额	2276.9	100.0	2147.5	100.0	129.3	6.0

注：表中数据为年度贷款平均余额。

（3）不良贷款

截至 2018 年 12 月 31 日，重庆农商不良贷款率为 1.3%（见表 4）。2018 年末按照五级分类，正常贷款 3688.4 亿元，占各项贷款的 96.8%，比上年提高 0.2 个百分点。关注贷款 73.7 亿元，占比 1.9%，下降 0.7 个百分点。不良贷款余额 49.3 亿元，增加 16.3 亿元，不良贷款率 1.3%，上升 0.3 个百分点。2018 年，重庆农商不良贷款拨备覆盖率为 347.8%，较 2017 年减少 83.5 个百分点。

表4　　　　　　　　　　　贷款五级分类

	2018 年 12 月 31 日		2017 年 12 月 31 日		变动额	变动率
	金额（亿元）	占比（%）	金额（亿元）	占比（%）	（亿元）	（%）
正常类贷款	3688.4	96.8	3265.9	96.5	422.5	-11.5
关注类贷款	73.7	1.9	84.5	2.5	-10.9	14.8
不良类贷款	49.3	1.3	33.0	1.0	16.3	-33.0
次级类贷款	29.4	0.8	17.5	0.5	11.8	-40.3
可疑类贷款	18.4	0.5	15.2	0.5	3.3	-17.8
损失类贷款	1.5	0.0	0.3	0.0	1.1	-77.6
贷款合计	3811.4	100.0	3383.5	100.0	427.9	-11.2

（4）小微企业贷款

2018 年度，重庆农商小微企业贷款客户（包括国家四部委口径小型微型企业贷款、个体工商户和小微企业主经营贷款，下同）124107 户，较年初增加 15451 户；银保监全口径小微企业贷款总额 1165.9 亿元（不含应收利息），较年初增加 110.5 亿元，增幅为 10.5%。银保监全口径小微企业贷款不良率 1.9%，全行各项贷款不良率为 1.3%，未超过全行各项贷款不良率 2 个百分点。

2. 证券投资

2018 年末，重庆农商投资总额 3123.7 亿元，较上年减少 51.1 亿元，同比减少 1.6%。其中，以公允价值计量且其变动计入当期损益的金融资产为 151.0 亿元，占投资总额的 4.8%；以公允价值计量且其变动计入其他综合收益的金融资产为 77.1 亿元，占投资总额的 2.5%；以摊余成本计量的金融资产为 2895.7 亿元，占投资总额的 92.7%。

2018 年末，重庆农商分别持有政府债①、金融债②及其他债券③ 823.9 亿元、833.5 亿元和 390.9 亿元，同比分别增长 159.2%、690.2% 和减少 26.6%（见表 5）。

表 5　　　　　　　　　　　　　债券投资发行主体构成

	2018 年 12 月 31 日		2017 年 12 月 31 日		变动额	变动率
	金额（亿元）	占比（%）	金额（亿元）	占比（%）	（亿元）	（%）
政府债	823.9	31.4	317.9	21.8	506.0	159.2
金融债	833.5	31.8	105.5	7.2	728.0	690.2
企业债	576.1	22.0	501.2	34.4	74.9	14.9
其他	390.9	14.9	532.8	36.6	-141.9	-26.6
债券总额	2624.3	100.0	1457.4	100.0	1167.0	80.1

3. 同业往来资产

2018 年，重庆农商同业往来资产为 1767.5 亿元，同比增加 17.5%（见表 6）。其中，存放同业和其他金融机构款项金额为 322.1 亿元，同比减少 29.0%，占同业往来资产比重小幅降低至 18.2%。拆出资金 1385.4 亿元，同比增长 35.0%，占同业往来资产比重由 68.2% 提升至 78.4%。买入返售金融资产为 60.0 亿元，同比上升 145.5%，占同业往来资产比重由 1.6% 上升至 3.4%。

表 6　　　　　　　　　　　　　同业往来资产构成

	2018 年 12 月 31 日		2017 年 12 月 31 日		变动额	变动率
	金额（亿元）	占比（%）	金额（亿元）	占比（%）	（亿元）	（%）
存放同业	322.1	18.2	453.8	30.2	-131.7	-29.0
拆出资金	1385.4	78.4	1026.4	68.2	359.0	35.0
买入返售款项	60.0	3.4	24.4	1.6	35.6	145.5
合计	1767.5	100.0	1504.7	100.0	262.9	26.6

---

① 包括政府债券。
② 包括金融机构债券、同业存单。
③ 主要包含公共机关及准政府债券。

（二）负债分析

2018 年末，负债总额为 8784.7 亿元，同比增长 4.5%（见表 7），主要是应付债券快速增加所致，同比增长 53.6%。

表 7　　　　　　　　　　　　　　　负债规模及构成

	2018 年 12 月 31 日		2017 年 12 月 31 日		变动额（亿元）	变动率（%）
	金额（亿元）	占比（%）	金额（亿元）	占比（%）		
向中央银行借款	304.6	3.5	313.4	3.7	−8.8	−2.8
同业往来负债	583.0	6.6	1160.1	13.8	−577.2	−49.8
客户存款	6161.7	70.1	5721.8	68.1	439.8	7.7
应付债券	1596.1	18.2	1039.0	12.4	557.1	53.6
其他负债	139.4	1.6	171.0	2.0	−31.5	−18.4
负债总计	8784.7	100.0	8405.3	100.0	379.4	4.5

1. 同业往来负债

2018 年末，同业往来负债总额为 583.0 亿元，同比减少 49.8%（见表 8）。2018 年，同业和其他金融机构存放款项 235.0 亿元，占同业往来负债的 40.3%，比 2017 年降低 33.4 个百分点。拆入资金金额为 288.7 亿元，占比 49.5%，上升 29.7 个百分点。卖出回购金融资产 59.2 亿元，占比由 2017 年的 6.5% 上升至 10.2%。

表 8　　　　　　　　　　　　　　　同业往来负债构成

	2018 年 12 月 31 日		2017 年 12 月 31 日		变动额（亿元）	变动率（%）
	金额（亿元）	占比（%）	金额（亿元）	占比（%）		
同业存放	235.0	40.3	854.9	73.7	−619.9	−72.5
拆入资金	288.7	49.5	229.8	19.8	58.9	25.7
卖出回购	59.2	10.2	75.5	6.5	−16.2	−21.5
合计	583.0	100.0	1160.1	100.0	−577.2	−49.8

2. 吸收存款

2018 年末，客户存款余额为 6161.7 亿元，同比增长 7.7%，占总负债的 70.1%，比重较 2017 年提升 2.1 个百分点，主要是零售存款的快速增长所致。

公司客户存款余额为 1539.4 亿元，同比增长 4.1%（见表 9），占存款总额的比重为 25.0%，较 2017 年下降 0.9 个百分点；零售客户存款余额为 4546.8 亿元，占存款总额的比重为 73.8%，同比增长 9.6%。2018 年，重庆农商零售存款业务发展明显强于公司存款业务。

表9   存款客户结构

	2018 年 12 月 31 日		2017 年 12 月 31 日		变动额	变动率
	金额（亿元）	占比（%）	金额（亿元）	占比（%）	（亿元）	（%）
公司存款	1539.4	25.0	1478.6	25.8	60.8	4.1
零售存款	4546.8	73.8	4148.2	72.5	398.6	9.6
其他存款	75.5	1.2	95.1	1.7	-19.6	-20.6
客户存款总额	6161.7	100.0	5721.8	100.0	439.8	7.7

截至 2018 年 12 月 31 日，重庆农商活期存款占客户存款比重为 38.0%（见表 10），占比下降 2 个百分点。

表10   存款定活结构

	2018 年 12 月 31 日		2017 年 12 月 31 日		变动额	变动率
	金额（亿元）	占比（%）	金额（亿元）	占比（%）	（亿元）	（%）
活期存款	2338.6	38.0	2289.2	40.0	49.3	2.2
定期存款	3747.6	60.8	3337.5	58.3	410.1	12.3
其他存款	75.5	1.2	95.1	1.7	-19.6	-20.6
存款总额	6161.7	100.0	5721.8	100.0	439.8	7.7

2018 年，重庆农商贷存比为 61.9%，比 2017 年的 59.1% 和 2016 年的 58.0% 有所上升。

3. 应付债券

截至 2018 年 12 月 31 日，重庆农商应付债券余额为 1596.1 亿元，同比增加 53.6%（见表 11）。其中，已发行同业存单为 1443.5 亿元，占应付债券总额的 90.4%，同比增长 52.1%；已发行债券为 152.6 亿元，同比增长 69.6%。

表11   应付债券结构

	2018 年 12 月 31 日		2017 年 12 月 31 日		变动额	变动率
	金额（亿元）	占比（%）	金额（亿元）	占比（%）	（亿元）	（%）
已发行同业存单	1443.5	90.4	949.0	91.3	494.4	52.1
已发行债券	152.6	9.6	90.0	8.7	62.6	69.6
总计	1596.1	100.0	1039.0	100.0	557.1	53.6

（三）收入、支出及利润分析

1. 利润分析

（1）利润

2018 年，重庆农商营业利润为 117.7 亿元（见表 12），降低 1.5%，利润总额为 117.7 亿元，同比降低 1.6%，净利润 91.6 亿元，同比增长 1.7%。

表 12 公司利润

	2018 年（亿元）	2017 年（亿元）	变动额（亿元）	变动率（%）
营业收入	260.9	239.9	21.0	8.8
营业支出	143.2	120.4	22.8	18.9
营业利润	117.7	119.5	−1.8	−1.5
加：营业外收入	0.0	0.3	−0.3	−100.0
减：营业外支出	0.0	0.2	−0.2	−100.0
利润总额	117.7	119.6	−1.9	−1.6
减：所得税费用	26.1	29.5	−3.4	−11.6
净利润	91.6	90.1	1.6	1.7

（2）拨备前利润

2018 年，重庆农商拨备前利润为 95.5 亿元（见表 13），同比增长 1.2%，其中净利润同比增长 1.7%，但是资产减值损失同比减少 9.2%。

表 13 拨备前利润

	2018 年（亿元）	2017 年（亿元）	变动额（亿元）	变动率（%）
利润总额	91.6	90.1	1.6	1.7
资产减值损失	3.9	4.3	−0.4	−9.2
拨备前利润	95.5	94.3	1.2	1.2

2. 收入分析

2018 年，重庆农商实现营业收入 260.9 亿元，同比增长 8.8%（见表 14）。其中利息净收入占比为 76.7%，比 2017 年下降 12.9 个百分点；净手续费及佣金收入占比 7.9%，比上年下降 1.7 个百分点；而其他净收入占比从 2017 年的 0.7% 提升至 2018 年的 15.4%，主要是由于会计政策改变带来。

表 14 营业收入构成

	2018 年		2017 年		变动额（亿元）	变动率（%）
	金额（亿元）	占比（%）	金额（亿元）	占比（%）		
利息净收入	200.1	76.7	215.0	89.6	−14.9	−6.9
手续费及佣金净收入	20.7	7.9	23.0	9.6	−2.3	−10.0
投资净收益	0.0	0.0	0.3	0.1	−0.3	−100.0
其他	40.1	15.4	1.6	0.7	38.5	2346.3
合计	260.9	100.0	239.9	100.0	21.0	8.8

（1）利息净收入

2018 年，重庆农商实现利息净收入 200.1 亿元，同比下降 6.9%（见表 15），主要是利息支出增长大于收入所致。其中利息收入同比增长 1.1%，主要是其他利息收入和客户贷款和垫款利息收入迅速增长所致。2018 年，重庆农商利息支出 197.1 亿元，同比增长 10.8%。

表 15 利息净收入构成

	2018 年		2017 年		变动额	变动率
	金额（亿元）	占比（%）	金额（亿元）	占比（%）	（亿元）	（%）
利息收入						
存放中央银行款项	12.7	3.2	13.6	3.5	-0.9	-6.3
投资性利息收入	123.1	31.0	154.3	39.3	-31.2	-20.2
同业往来	74.8	18.8	66.9	17.0	7.8	11.7
客户贷款和垫款	193.2	48.6	167.8	42.7	25.4	15.1
其他	6.2	1.6	3.9	1.0	2.3	57.8
利息收入合计	397.2	100.0	392.9	100.0	4.3	1.1
利息支出						
向中央银行借款	10.1	5.1	9.3	5.2	0.8	8.6
同业往来	31.8	16.2	35.4	19.9	-3.6	-10.1
吸收存款	102.2	51.8	88.5	49.8	13.7	15.4
应付债券	48.7	24.7	39.9	22.4	8.8	22.2
其他	4.3		4.8		-0.5	-10.9
利息支出合计	197.1	100.0	177.9	100.0	19.2	10.8
利息净收入	200.1		215.0		-14.9	-6.9

（2）手续费及佣金净收入

2018 年，重庆农商净手续费及佣金净收入为 20.7 亿元，同比降低 10.0%（见表 16）。其中，资金理财手续费收入为 11.1 亿元，同比减少 3.0 亿元，降幅 21.2%；代理及受托业务佣金收入为 4.6 亿元，同比增加 0.1 亿元，增幅 2.6%；银行卡手续费收入为 2.6 亿元，同比减少 0.7 亿元，降幅 20.6%；结算和清算手续费收入为 1.4 亿元，同比增长 0.1 亿元，增幅 9.5%，主要是集团互联网等创新型支付结算方式的推广使用所致。

表 16 手续费及佣金净收入构成

	2018 年		2017 年		变动额	变动率
	金额（亿元）	占比（%）	金额（亿元）	占比（%）	（亿元）	（%）
结算类业务	1.4	6.5	1.3	5.3	0.1	9.5
银行卡业务	2.6	12.0	3.3	13.6	-0.7	-20.6
代理类业务	4.6	20.7	4.5	18.2	0.1	2.6
资金理财手续费	11.1	50.3	14.1	57.3	-3.0	-21.2
其他	2.3	10.4	1.4	5.6	0.9	66.7
手续费及佣金收入	22.0	100.0	24.5	100.0	-2.5	-10.2
减：手续费及佣金支出	1.4		1.6		-0.2	-13.8
手续费及佣金净收入	20.7		23.0		-2.3	-10.0

3. 支出分析

2018 年，重庆农商总支出 143.6 亿元，同比增长 19.3%（见表 17）。其中营业支出占全部营业支出比重下降至 56.9%；而资产减值损失占总支出比重上升至 43.1%。

表 17　　　　　　　　　　　　　　　　总支出构成

	2018 年		2017 年		变动额（亿元）	变动率（%）
	金额（亿元）	占比（%）	金额（亿元）	占比（%）		
营业支出	81.7	56.9	83.3	69.2	-1.7	-2.0
资产减值损失（和信用减值损失）	62.0	43.1	37.1	30.8	24.9	67.0
总支出合计	143.6	100.0	120.4	100.0	23.2	19.3

2018 年，集团营业支出 81.7 亿元，同比减少 1.6 亿元，降幅 2.0%（见表 18）。其中员工成本为 52.7 亿元，同比下滑 3.9%；税金及附加 2.5 亿元，同比上升 30.1%；折旧及摊销 7.5 亿元，同比下降 6.8%；其他支出 19.0 亿元，同比上升 2.5%。

表 18　　　　　　　　　　　　　　　　营业支出构成

	2018 年		2017 年		变动额（亿元）	变动率（%）
	金额（亿元）	占比（%）	金额（亿元）	占比（%）		
员工成本	52.7	64.5	54.8	65.8	-2.1	-3.9
税金及附加	2.5	3.0	1.9	2.3	0.6	30.1
折旧及摊销	7.5	9.2	8.1	9.7	-0.6	-6.8
其他	19.0	23.3	18.6	22.3	0.5	2.5
营业支出合计	81.7	100.0	83.3	100.0	-1.6	-2.0

2018 年，重庆农商人均薪酬为 33.6 万元，比 2017 年减少 2.6%（见表 19）；人均费用为 52.1 万元，同比减少 0.7%；点均业务及管理费为 460.0 万元，比 2017 年降低 1.9%。2018 年，人均薪酬费用和点均费用均有所下降，重庆农商的人工成本有所下降。2018 年末，重庆农商网点数为 1775 个，比 2017 年的 1777 个减少两个。

表 19　　　　　　　　　　　　　　人均薪酬及人均/点均费用

	2018 年	2017 年	变动额（万元）	变动率（%）
员工数（人）	15688	15892	-204.0	-1.3
网点数（个）	1775	1777	-2.0	-0.1
人均薪酬（万元）	33.6	34.5	-0.9	-2.6
人均费用（万元）	52.1	52.4	-0.4	-0.7
人均产值（万元）	166.3	151.0	15.4	10.2
人均产值/人均薪酬	5.0	4.4	0.6	13.0
点均费用（万元）	460.0	468.8	-8.8	-1.9

（四）金融科技及产品创新

1. 金融科技

（1）科技治理

重庆农商IT战略发展委员会共组织召开6次工作会议，审议并通过《关于2018年项目建设计划的议案》、《关于人脸识别项目的议案》、《关于鱼嘴数据中心系统设备选型方案的议案》等一系列报告和议案共计22项。

（2）信息系统建设

全力以赴"线上、线下"系统建设，加快大数据平台、人工智能、私有云平台及分布式系统等前沿技术的落地使用，整合电子渠道，促进业务智能化改革，2018年完成上线风险数据集市建设项目、印章管理系统、柜面无纸化项目、国债业务项目、信用卡回迁一期项目、渝快贷项目等一系列项目建设工作。

2. 业务创新

（1）手机银行

集团持续创新发展手机银行。实现手机银行卡加密短信认证、手势密码/指纹密码登录、无卡取款、话费充值、学校缴费、缴纳有线电视费、交通罚款及其他充值、代理保险在线支付和网点预约排队等便民服务功能，提升客户对银行移动支付的黏度和满意度。

截至2018年12月31日，手机银行客户达824.1万户，本年新增142.6万户，较上年末增长20.9%；本年度发生财务交易6204.9万笔，交易金额10060.1亿元。

（2）微信银行

集团成功推出企业微信银行和新版个人微信银行。实现了微信银企对账、账务查询、待办事项通知、业务办理指引等功能；新版个人微信银行打造"集金融服务和生活服务于一体的全方位综合性服务平台"，提升了客户操作体验和视觉体验。

截至2018年12月31日，微信银行关注人数达68.1万户，累计接受信息条数1468.3万条。

（3）网上银行

对于企业网上银行，截至2018年12月31日，银企客户接入数已达到140家，本年新增21家银企直联客户，较上年末增长17.7%。

建设小微版企业网银，实现小微版客户手机银行转账汇款、企业理财等功能，并于2018年12月正式上线。

截至2018年12月31日，企业网上银行客户达8.0万户，本年新增2.9万户，较上年末增长56.6%；本年度发生财务交易763.4万笔，交易金额7844.9亿元。

对于个人网上银行，集团牵头建立了新一代网络支付业务平台，通过一点接入模式实现了支付机构快速拓展。2018年3月，电子互联网金融业务获得农信银资金清算中心颁发的2017年一点对接网联项目先进单位。

截至2018年12月31日，个人网上银行客户达301.2万户，本年新增23.7万户，较上年末增长 8.6%；本年度发生财务交易 30388.8 万笔，交易金额 2473.7 亿元。

（4）本地生活服务平台

集团通过整合移动支付、支付宝和微信支付渠道，推出"渝快付"二维码支付业务。截至 2018 年 12 月 31 日，共拓展商户 4.5 万户，本年度发生交易笔数 270.5 万笔，交易金额 4.4 亿元。

（5）移动展业

集团移动展业平台已实现开立借记卡，电子渠道的签解约和维护、账户类管理、贷款申请、代扣申请、信用卡申请和广告宣传等功能，并完成了村镇银行贷款申请等功能建设。

截至 2018 年 12 月 31 日，移动展业累计签约 100.0 万户，其中借记卡 29.4 万户，手机银行 36.1 万户，个人网银 12.1 万户，签约短信通 22.4 万户。

三、社会责任分析

（一）经济绩效

重庆农商 2018 年总资产由 2017 年的 9057.8 亿元增长到 2018 年的 9506.2 亿元，增幅 5.0%（见表 20）；净利润由 90.1 亿元增长到 91.6 亿元，增幅 1.7%，总体来看资产和净利润较为稳定。重庆农商依法按时纳税，2017 年所得税为 11.3 亿元，2018 年所得税为 10.2 亿元，同比下降 9.7%，主要是由于税前利润变动。

表 20　　　　　　　　　　　　　　经济绩效指标（1）

	2018 年 12 月 31 日	2017 年 12 月 31 日	变动额	变动率
	金额（亿元）	金额（亿元）	（亿元）	（%）
资产	9506.2	9057.8	448.4	5.0
净利润	91.6	90.1	1.6	1.7
所得税	10.2	11.3	-1.1	-9.7

2018 年，重庆农商不良贷款率为 1.3%，同比增长 0.3%，资本充足率为 13.2%，同比减少 0.4%，说明重庆农商的不良贷款风险增加，资本风险增加（见表 21）。2018 年，平均 ROA 为 1.0%，同比下降 0.1%，加权平均 ROE 为 13.5%，同比下降 2.1%，资产和净资产回报率都有所下降。

表 21　　　　　　　　　　　　　　经济绩效指标（2）

	2018 年 12 月 31 日	2017 年 12 月 31 日	变动百分点
	占比（%）	占比（%）	
不良贷款率	1.3	1.0	0.3
资本充足率	13.2	13.6	-0.4
平均 ROA	1.0	1.1	-0.1
加权平均 ROE	13.5	15.6	-2.1

　　截至 2018 年末，重庆农商有分支机构 18 家，均分布在重庆市。在供应商管理问题上，重庆农商依据其制定的《重庆农村商业银行采购管理办法》《重庆农村商业银行大宗物品采购委员会工作细则》《重庆农村商业银行供应商管理办法》等管理办法，保证集中采购行为的公开、公平、公正。重庆农商坚持"统一领导、集体决策、严格准入、动态管理、相互监督、资源内部共享、供应商库优先使用"的供应商管理原则，从供应商入围评定、采购组织实施、供货服务验收、供应商考核评价等环节落实供应链的流程化管理，确保供应链的每个环节均有章可循，有据可依。2018 年，集中采购供应商审查覆盖率为 100%。

　　（二）公司治理

　　1. 公司治理情况

　　重庆农商是由股东大会、董事会、监事会及高级管理层构成"三会一层"组织架构，与董事会下设的八个专委会共同执行该行的治理和运行工作。其中 2018 年召开一次股东大会，一次临时股东大会，提出 40 项议案；召开 23 次董事会，审议议案 149 项。

　　2. 社会责任战略与管理

　　重庆农商积极落实国家和地区的重大战略，落实金融精准扶贫；推广绿色金融信贷；助贫助困普及金融知识；与利益相关方紧密联系，加强企业责任管理，实现企业长期可持续发展。在培养责任文化、建设责任体系、践行责任融入方面取得实质性进展。

　　2018 年共取得包括参与重庆市银行业协会 2017 年度社会责任工作评选活动、参与中国银行业协会 2017 年度社会责任工作评选活动、获评重庆银行业协会"2017 年度最具社会责任金融机构奖""2017 年度社会责任精准脱贫奖"及"2017 年度社会责任特殊贡献奖"、发布 2017 年度社会责任报告、获评中国银行业协会"2017 年度最佳绿色金融奖""2017 年度最佳社会责任管理者奖"及"2017 年度社会责任特殊贡献网点奖"、开展企业社会责任对外宣讲 20 余次等责任管理进展。

　　（三）社会绩效

　　1. 扶贫

　　重庆农商坚持"三位一体"扶贫理念，培养脱贫攻坚队伍，创新扶贫信贷产品，围绕深度贫困乡镇进行产业扶贫、定点帮扶，支持贫困区县快速发展，保证金融扶贫资源到位。截至 2018 年末，重庆农商精准扶贫贷款余额为 79.7 亿元。

　　组织分支行推荐 100 名以上深度贫困乡镇人员到重庆农商合作的三方公司或当地农业企业、专业合作社就业，实施集中采购，对接帮扶贫困乡镇当地品牌，将贫困户农产品选定为食堂定点采购物资，建立长效扶贫合作机制。

　　高级管理层下专设"三农及扶贫金融服务委员会"，成立精准扶贫领导小组，负责组织全行脱贫攻坚工作的政策支持、产品支持和流程支持。

　　2. 普惠

　　高度重视金融知识宣传工作，开展了以"权利·责任·风险"为主题的"3·15"专题宣传、"普及金融知识，守住'钱袋子'""防范非法集资""送金融知识进校园""金融知识进万家"等专项宣传教育活动，同时重庆农商123个金融法治宣传站充分利用站点优势，通过网点现场宣传、集中宣传活动、主题班会、"结对子"等方式，辅以微信、短信推送等多种形式，普及金融知识。截至2018年末，累计开展金融知识宣传5000余场，参与员工达3万余人次，受众对象80万余人次，发放宣传资料90万余份，发送短信累计超过40万余条，微信推送点击量达9万余次。

3. 员工

截至2018年末，重庆农商共有员工15688人，其中男性员工7940人，女性员工7748人。坚持"请进来+走出去""线上+线下""现场+视频""总行+条线+分支机构"等培训方式，累计开展各类线下培训2116期、参训15万人次，不断提升员工素质。

4. 客户

重庆农商全面开拓服务渠道，为客户创造更贴心的服务环境，在现有企业网上银行、企业手机银行、集团资金管理、个人网上银行、个人手机银行、"江渝惠"消费服务平台、微信银行等功能齐全、渠道丰富的电子互联网金融体系的基础上，打通中国人民银行大小额支付、超级网银、同城支付、网关支付、第三方支付等多种支付结算渠道，并整合电子渠道系统，持续优化产品，提升客户体验，实现电子渠道精细化运营，增加客户服务黏合度。2018年，重庆农商的电子渠道账务交易替代率为92.89%，较上年末提高2.77个百分点。

同时，重庆农商制定了《重庆农村商业银行客户服务中心投诉处理操作规程》《重庆农村商业银行客户服务中心工单处理规范》等一系列客户服务制度和操作流程，完善投诉处理机制，维护消费者权益。

（四）环境绩效

1. 绿色金融

重庆农商积极响应国家构建绿色金融体系的号召，大力支持绿色低碳经济项目，将绿色信贷纳入该行《2016—2020年发展战略规划》。2018年，该行成立绿色信贷专项小组，制定《重庆农村商业银行绿色信贷发展指引》，从实施绿色信贷政策及机制保障等方面明确未来绿色信贷发展的方向和措施，对绿色信贷项目设置绿色通道，优先匹配信贷资源，给予额外利率优惠，积极支持其拓展融资渠道。此外，按照国家供给侧结构性改革要求，重庆农商严控"两高一剩"行业贷款规模，实行环保标准"一票否决制"，对不符合环保要求的项目坚决不予准入。截至2018年末，重庆农商绿色信贷余额132.4亿元，较上年增加18.1亿元，增幅15.8%，主要投向领域为以水电、垃圾发电为代表的清洁能源行业，以及以污水处理为代表的环保行业。

在未来，重庆农商将继续以促进经济与环境和谐可持续发展作为目标，积极构建绿色金融体系，践行绿色经营理念，通过引导资源配置，激励绿色信贷、绿色投资、绿色消费、绿色服务等绿色金融业务发展。

2. 绿色办公

重庆农商重视绿色运营，关注节能环保，严格遵守《中华人民共和国环境保护法》《中华人民共和国节约能源法》等法律法规，制定节能减排措施，进行绿色办公环境改造，逐渐加大环保投入；加大员工环保培训力度，加强环境保护宣传，积极响应国家低碳发展政策，降低废气和废水排放，减少废弃物产生，保持低碳绿色运营，践行绿色环保社会责任。2018 年，重庆农商主要从节能减排、绿色改造和废弃物管理三方面加强绿色运营，在经营中未发现对环境造成重大污染和影响的事项（具体的环境绩效指标见表22、表23）。

表 22 排放物绩效指标①

指标	绩效表现
二氧化硫（吨）	0.002
氮氧化物（吨）	0.05
温室气体排放总量（吨）	21532.8
人均温室气体排放量（吨／人）	4.7
每平方米楼面面积的温室气体排放量	0.08
直接排放（吨）	566.6
公车耗油	353.48
设施用柴油	3.76
天然气	209.36
间接能源消耗（兆瓦时）	20966.2
外购电力	20966.2
有害废弃物总量（吨）	21.15
人均有害废弃物总量（吨／人）	0.005
每平方米楼面面积的有害废弃物总量（吨/平方米）	0.00007
无害废弃物总量（吨／人）	162.19
人均无害废弃物总量（吨／人）	0.04
每平方米楼面面积的无害废弃物总量（吨/平方米）	0.001

---

① 除另有说明外，本部分环境绩效统计范围包含重庆农村商业银行股份有限公司总行及重庆市主城区分支行，其余机构未来将适时加入统计范围。

表 23　　　　　　　　　　　　　　能源及资源消耗绩效指标

指标	绩效表现
能源消耗总量（兆瓦时）	34745.02
人均能源消耗总量（兆瓦时/人）	7.58
每平方米楼面面积的能源消耗量（兆瓦时/平方米）	0.12
直接能源消耗（兆瓦时）	2528.98
公车耗油	1443.97
设施用柴油	14.30
天然气	1070.71
间接能源消耗（兆瓦时）	32216.04
外购电力	32216.04
总行外购电力消耗量（兆瓦时）	13679.56
日常用水消耗量（吨）	203725.87
总行日常用水消耗量（吨）	61942.0
人均日常用水消耗量（吨）	44.42
每平方米楼面面积的日常用水消耗量（吨/平方米）	0.71
纸张消耗总量（吨）	164.78

年报十一　无锡银行 2018 年度报告分析[①]

一、基本情况及发展战略

（一）基本情况

无锡农村商业银行股份有限公司（以下简称无锡银行）成立于 2005 年。截至 2018 年 12 月 31 日，无锡银行共设有 1 家直属营业部，3 家分行，52 家支行，61 家分理处。

截至 2018 年末，无锡银行 A 股前三大股东分别是国联信托股份有限公司，持股数 166330635，持股比例为 9.00%；无锡万新机械有限公司，持股数为 116431443，持股比例为 6.30%；无锡市兴达尼龙有限公司，持股数 110984508，持股比例为 6.01%。

2018 年度，无锡银行总资产为 1543.95 亿元，营业收入为 31.92 亿元，净利润为 10.76 亿元，贷款总额为 731.44 亿元，不良贷款率为 1.24%。

（二）发展战略

2018 年，无锡银行围绕成为"深、新、强、全"区域性标杆银行的三年战略目标，坚持稳中求进工作总基调和新发展理念，以战略督办体系建设为抓手，确保战略的持续更新与落地；坚守服务"三农"、小微企业的市场定位和服务实体经济发展的本源，从更深层次围绕"三农"和小微企业经营和资金需求特点打造需要的金融产品；进一步强化零售战略管理，形成科技支撑下高效零售营销和拓展体系；持续强化信息科技、风控、内控与财务等中后台体系建设，加速推进大数据、建模与人工智能等重点项目，支撑业务发展和风险防控。

二、业务经营分析

（一）资产分析

2018 年末，无锡银行总资产为 1543.95 亿元，同比增长 12.6%（见表 1）。资产增加主要是同业往来资产、其他资产所致，同比分别增长 89.3% 和 18.4%。

---

① 本报告数据来源：2017 年和 2018 年无锡银行年度报告、Wind 资讯。

表1　　　　　　　　　　　　　　　　　资产规模及构成

	2018 年 12 月 31 日		2017 年 12 月 31 日		变动额	变动率
	金额（亿元）	占比（%）	金额（亿元）	占比（%）	（亿元）	（%）
现金及存放中央银行款项	148.29	9.6	164.26	12.0	-15.97	-9.7
同业往来资产	124.67	8.1	65.86	4.8	58.81	89.3
贷款和垫款	731.44	47.4	643.09	46.9	88.35	13.7
证券投资	504.18	32.7	468.16	34.1	36.02	7.7
其他资产	35.37	2.3	29.88	2.2	5.49	18.4
资产总计	1543.95	100.00	1371.25	100.00	172.7	12.6

注：贷款和垫款为净额。

1. 贷款和垫款

2018 年末，贷款和垫款净额为 3.75 万亿元，同比增长 9.8%，占总资产的 55.6%，同比增加 1.4 个百分点。

（1）贷款和垫款客户结构

2018 年末，贷款和垫款总额为 753.43 亿元（见表 2），其中企业贷款和垫款为 648.26 亿元，同比增长 14.1%，占贷款和垫款总额的 86.0%；个人贷款和垫款为 105.17 亿元，同比增长 13.7%，占贷款和垫款总额的 14.0%；票据贴现为 91.41 亿元，同比增长 15.0%，占贷款和垫款总额的 12.1%。

表2　　　　　　　　　　　　　　　　企业及个人贷款和垫款

	2018 年 12 月 31 日		2017 年 12 月 31 日		变动额	变动率
	金额（亿元）	占比（%）	金额（亿元）	占比（%）	（亿元）	（%）
个人贷款和垫款	105.17	14.0	92.47	14.0	12.70	13.7
－经营性贷款	8.93	1.2	6.82	1.0	2.11	31.0
－消费性贷款	96.24	12.8	85.65	13.0	10.59	12.4
企业贷款和垫款	648.26	86.0	568.27	86.0	79.99	14.1
－贷款	553.16	73.4	486.52	73.6	66.65	13.7
－贴现	91.41	12.1	79.47	12.0	11.94	15.0
－贸易融资	3.69	0.5	2.28	0.4	1.40	61.5
贷款和垫款总额	753.43	100.0	660.74	100.0	92.69	14.0
减：单项计提金额	6.64		6.44		0.20	3.2
组合计提金额	15.34		11.20		4.14	37.0
贷款损失准备	21.99		17.64		4.35	24.6
贷款和垫款净额	731.44		643.10		88.34	13.7

（2）不良贷款

截至 2018 年 12 月 31 日，无锡银行不良贷款率为 1.2%（见表 3）。2018 年末按照五级分类，正常贷款为 738.95 亿元，占各项贷款的 98.1%，比上年提高 0.9 个百分点。关注贷款为 5.11 亿元，占比 0.7%，下降 0.8 个百分点。不良贷款余额为 9.37 亿元，增加 0.27 亿元，不良贷款率为 1.2%，下降 0.1 个百分点。2018 年，无锡银行期内核销/处置不良贷款 3.72 亿元，同比增长 7.5%；不良贷款拨备覆盖率为 234.8%，较 2017 年增加 28.0 个百分点。

表 3　　　　　　　　　　　　　　　　贷款五级分类

| | 2018 年 12 月 31 日 | | 2017 年 12 月 31 日 | | 变动额 | 变动率 |
	金额（亿元）	占比（%）	金额（亿元）	占比（%）	（亿元）	（%）
正常类贷款	738.95	98.1	641.8	97.1	97.15	15.1
关注类贷款	5.11	0.7	9.84	1.5	-4.73	-48.1
不良类贷款	9.37	1.2	9.1	1.4	0.27	3.00
次级类贷款	4.68	0.6	4.48	0.7	0.2	4.5
可疑类贷款	3.4	0.5	3.78	0.6	-0.38	-10.1
损失类贷款	1.29	0.2	0.85	0.1	0.44	51.8
贷款合计	753.43	100.0	660.74	100.0	92.69	14.0

（3）中小微企业贷款

2018 年，无锡银行坚守服务"三农"、小微企业的市场定位和服务实体经济发展的本源，从更深层次围绕"三农"和小微企业经营和资金需求特点打造需要的金融产品，为中小微地方企业发展、金融服务改善和社会进步作出了积极贡献。无锡银行结合宏观经济金融形势，动态调整授信政策指引，引导全行信贷投向，创新和完善税易贷、微易贷、锡信贷、人才贷、锡银税贷等系列金融产品，解决小微企业融资难题。同时，不断加强金融服务对接，积极参加银企座谈会，深入开展"金融惠企大走访"活动，进一步提升金融服务小微和民营企业的主动性、针对性和有效性。截至 2018 年年末，全行 1000 万元（含）以下小微企业贷款余额为 70.02 亿元，比年初增加 11.55 亿元，增幅 19.8%。

2. 同业往来资产

2018 年，无锡银行同业往来资产为 124.67 亿元，同比增加 89.3%（见表 4）。其中，存放同业和其他金融机构款项金额为 84.45 亿元，同比增长 133.0%，占同业往来资产比重大幅提升至 67.7%。拆出资金 14.50 亿元，占同业往来资产比重由零提升至 11.6%。买入返售金融资产为 25.72 亿元，同比下降 13.1%，占同业往来资产比重由 45.0% 下降至 20.6%。

表4

同业往来资产构成

	2018 年 12 月 31 日		2017 年 12 月 31 日		变动额	变动率
	金额（亿元）	占比（%）	金额（亿元）	占比（%）	（亿元）	（%）
存放同业及其他金融机构款项	84.45	67.7	36.25	55.0	48.20	133.0
拆出资金	14.50	11.6	—	—	14.50	—
买入返售款项	25.72	20.6	29.61	45.0	-3.89	-13.1
合计	124.67	100.0	65.86	100.0	58.81	89.3

（二）负债分析

2018 年末，负债总额为 1434.66 亿元，同比增长 12.3%（见表5），主要是向中央银行借款和应付债券快速增加所致，同比分别增长 393.3% 和 136.2%。

表5

负债规模及构成

	2018 年 12 月 31 日		2017 年 12 月 31 日		变动额	变动率
	金额（亿元）	占比（%）	金额（亿元）	占比（%）	（亿元）	（%）
向中央银行借款	14.8	1.0	3	0.2	11.8	393.3
同业往来负债	42.64	3.0	89.83	7.0	-47.19	-52.5
客户存款	1158.08	80.7	1068.27	83.6	89.81	8.4
应付债券	164.31	11.5	69.57	5.4	94.74	136.2
其他负债	54.83	3.8	47.06	3.7	7.77	16.5
负债总计	1434.66	100.0	1277.73	100.0	156.93	12.3

1. 同业往来负债

2018 年末，同业往来负债总额为 42.64 万亿元，同比减少 52.5%（见表6）。2018 年，同业和其他金融机构存放款项为 21.72 亿元，占同业往来负债的 50.9%，比 2017 年提高 5.5 个百分点。拆入资金金额 0.89 亿元，占比由上年的零上升至 2.1%。卖出回购金融资产 20.03 亿元，占比由 2017 年的 77.1% 降至 47.0%。

表6

同业往来负债构成

	2018 年 12 月 31 日		2017 年 12 月 31 日		变动额	变动率
	金额（亿元）	占比（%）	金额（亿元）	占比（%）	（亿元）	（%）
同业及其他金融机构存放款项	21.72	50.9	20.58	22.9	1.14	5.5
拆入资金	0.89	2.1	—	—	0.89	—
卖出回购	20.03	47.0	69.25	77.1	-49.22	-71.1
合计	42.64	100.0	89.83	100.0	-47.19	-52.5

2. 吸收存款

2018 年末，客户存款余额为 1158.08 亿元，同比增长 8.4%，占总负债的 80.7%，比重较 2017 年下降 2.9 个百分点。

公司客户存款余额为 653.9 万亿元，同比增长 4.2%（见表 7），占存款总额的比重为 56.5%，较 2017 年下降 2.3 个百分点；个人客户存款余额为 452.9 亿元，占存款总额的比重为 39.1%，同比增长 9.9%。2018 年度，无锡银行公司存款业务发展强于个人存款业务。

表 7 存款客户结构

	2018 年 12 月 31 日		2017 年 12 月 31 日		变动额	变动率
	金额（亿元）	占比（%）	金额（亿元）	占比（%）	（亿元）	（%）
公司存款	653.9	56.5	627.38	58.7	26.52	4.2
个人存款	452.9	39.1	412.2	38.6	40.7	9.9
其他存款	51.28	4.4	28.69	2.7	22.59	78.7
客户存款总额	1158.08	100.0	1068.27	100.0	89.81	8.4

截至 2018 年 12 月 31 日，无锡银行活期存款占客户存款比重为 30.8%（见表 8），同比增长 4.1 个百分点。

表 8 存款定活结构

	2018 年 12 月 31 日		2017 年 12 月 31 日		变动额	变动率
	金额（亿元）	占比（%）	金额（亿元）	占比（%）	（亿元）	（%）
活期存款	356.71	30.8	342.7	32.1	14.01	4.1
定期存款	750.09	64.8	696.88	65.2	53.21	7.6
其他存款	51.29	4.4	28.69	2.7	22.6	78.8
存款总额	1158.09	100.0	1068.27	100.0	89.82	8.4

2018 年，无锡银行存贷比为 65.1%，比 2017 年的 61.9% 和 2016 年的 63.1% 有明显的回落，流动性风险升高。

3. 应付债券

2018 年末，应付债券余额为 164.31 亿元，同比增加 136.2%（见表 9）。其中，二级资本债为 34.9 亿元；可转换公司债券为 24.43 亿元，占比从 2017 年的零增长至 2018 年的 14.87%；同业存单为 104.98 亿元，同比增长 202.7%。

表 9 应付债券结构

	2018 年 12 月 31 日		2017 年 12 月 31 日		变动额	变动率
	金额（亿元）	占比（%）	金额（亿元）	占比（%）	（亿元）	（%）
二级资本债	34.9	21.2	34.89	50.2	0.01	0.0
可转换公司债券	24.43	14.9	—	0.0	24.43	—
同业存单	104.98	63.9	34.68	49.9	70.3	202.7
合计	164.31	100.0	69.57	100.0	94.74	136.2

（三）收入、支出及利润分析

1. 利润分析

2018年，无锡银行营业利润为13.15亿元（见表10），利润总额为12.98亿元，净利润为10.76亿元，同比分别增长5.1%、5.9%和8.4%，无锡银行利润保持稳步增长趋势。拨备前利润从2017年的12.26亿元上升至2018年的12.99亿元，增幅为6.0%。

表10　　　　　　　　　　　　　　　公司利润

	2018年（亿元）	2017年（亿元）	变动额（亿元）	变动率（%）
营业收入	31.92	28.51	3.41	12.0
营业支出	18.77	16	2.77	17.3
营业利润	13.15	12.51	0.64	5.1
加：营业外收入	0.03	0.07	−0.04	−57.1
减：营业外支出	0.2	0.32	−0.12	−37.5
利润总额	12.98	12.26	0.72	5.9
减：所得税费用	2.22	2.33	−0.11	−4.7
净利润	10.76	9.93	0.83	8.4
拨备前利润	12.99	12.26	0.73	6.0

2. 收入分析

2018年，无锡银行实现营业收入31.92亿元，同比增长12.0%（见表11）。其中利息净收入占比为93.6%，比2017年下降0.5个百分点；手续费及佣金净收入占比2.7%，比上年下降3.0个百分点；投资净收益占比1.6%，与上年基本持平；而其他净收入占比从2017年的−1.5%提升至2018年的2.1%。

表11　　　　　　　　　　　　　　　营业收入构成

	2018年		2017年		变动额	变动率
	金额（亿元）	占比（%）	金额（亿元）	占比（%）	（亿元）	（%）
利息净收入	29.89	93.6	26.85	94.2	3.04	11.3
手续费及佣金净收入	0.86	2.7	1.63	5.7	−0.77	−47.2
投资净收益	0.51	1.6	0.45	1.6	0.06	13.3
其他	0.66	2.1	−0.42	−1.5	1.08	−257.1
合计	31.92	100.0	28.51	100.0	3.41	12.0

（1）利息净收入

2018年，无锡银行实现利息收入60.80亿元，同比增长10.1%（见表12），主要是同业往来利息收入和投资性利息收入迅速增长所致。2018年，无锡银行存放央行利息收入为2.28亿元，同比减少2.6%；投资性利息收入为15.07亿元，同比增加35.4%；存拆放同业利息收入 1.23 亿元，同比增长 44.7%；贷款利息收入为 36.38 亿元，占利息收入的 59.8%，同比增长 14.1%。

表 12 利息收入构成

	2018 年		2017 年		变动额（亿元）	变动率（%）
	金额（亿元）	占比（%）	金额（亿元）	占比（%）		
存放中央银行款项	2.28	3.8	2.34	4.2	-0.06	-2.6
投资性利息收入	15.07	24.8	11.13	20.2	3.94	35.4
同业往来	1.23	2.0	0.85	1.5	0.38	44.7
客户贷款和垫款	36.38	59.8	31.88	57.7	4.50	14.1
其他	5.84	9.6	9.01	16.3	-3.17	-35.2
利息收入合计	60.80	100.0	55.21	100.0	5.59	10.1

注：同业往来包括存放同业利息收入及拆出资金利息收入；投资性利息收入包括债券投资利息收入及买入返售金融资产利息收入；其他包括转贴现利息收入及资管计划收益权利息收入。

2018 年，无锡银行利息支出为 30.90 亿元，同比增长 9.0%（见表 13），主要是央行借款利息支出和同业往来利息支出快速增长所致。2018 年，无锡银行央行借款支出为 0.16 亿元，同比增加 220.0%；同业利息支出为 0.50 亿元，同比增长 138.1%；存款利息支出为 24.71 亿元，同比增长 1.3%；应付债券利息支出为 4.76 亿元，同比增长 124.5%。

表 13 利息支出构成

	2018 年		2017 年		变动额（亿元）	变动率（%）
	金额（亿元）	占比（%）	金额（亿元）	占比（%）		
向中央银行借款	0.16	0.5	0.05	0.2	0.11	220.0
同业往来	0.50	1.6	0.21	0.7	0.29	138.1
吸收存款	24.71	80.0	24.39	86.0	0.32	1.3
应付债券	4.76	15.4	2.12	7.5	2.64	124.5
其他	0.77	2.5	1.58	5.6	-0.81	-51.3
合计	30.90	100.0	28.35	100.0	2.55	9.0

注：同业往来包括同业存放利息支出及拆入资金利息支出；其他包括卖出回购资产利息支出及转贴现利息支出。

（2）手续费及佣金净收入

2018 年，无锡银行净手续费及佣金收入为 1.21 亿元，同比下降 38.6%；手续费及佣金净收入为 0.86 亿元，同比下降 47.2%（见表 14）。其中，银行卡手续费收入基本与上年持平；结算业务手续费收入增长 0.04 亿元，增幅 28.6%，主要是电子支付收入增长；代理业务手续费收入下降 0.80 亿元，降幅 61.5%。

表 14　　　　　　　　　　　　　　手续费及佣金净收入构成

	2018 年		2017 年		变动额	变动率
	金额（亿元）	占比（%）	金额（亿元）	占比（%）	（亿元）	（%）
结算类业务	0.18	14.9	0.14	7.1	0.04	28.6
银行卡业务	0.53	43.8	0.53	26.9	0.00	0.0
代理类业务	0.50	41.3	1.30	66.0	-0.80	-61.5
手续费及佣金收入	1.21	100.0	1.97	100.0	-0.76	-38.6
减：手续费及佣金支出	0.35		0.33		0.02	6.1
手续费及佣金净收入	0.86		1.63		-0.77	-47.2

3. 支出分析

2018 年，营业支出为 18.77 亿元，同比增长 17.3%（见表 15）。其中业务及管理费占全部营业支出比重同比下降 8.8%；而资产减值损失和信用减值损失占全部营业支出比重上升至 49.0%。

表 15　　　　　　　　　　　　　　营业支出构成

	2018 年		2017 年		变动额	变动率
	金额（亿元）	占比（%）	金额（亿元）	占比（%）	（亿元）	（%）
营业税金及附加	0.27	1.4	0.29	1.8	-0.02	-6.9
业务及管理费	9.30	49.6	8.55	53.4	0.75	8.8
资产减值损失和信用减值损失	9.19	49.0	7.15	44.7	2.04	28.5
其他业务成本	0.01	0.1	0.01	0.1	0.00	0.0
营业支出合计	18.77	100.0	16.00	100.0	2.77	17.3

2018 年，无锡银行业务及管理费为 9.29 亿元，同比增长 8.8%（见表 16），其中员工费用和其他一般及行政费用占比分别为 51.0% 和 34.1%，比上年分别增长 10.2%、8.2%。

表 16　　　　　　　　　　　　　　业务及管理费构成

	2018 年		2017 年		变动额	变动率
	金额（亿元）	占比（%）	金额（亿元）	占比（%）	（亿元）	（%）
员工费用	4.74	51.0	4.30	50.4	0.44	10.2
固定资产折旧费	1.03	11.1	0.98	11.5	0.05	5.1
无形资产摊销费	0.25	2.7	0.26	3.0	-0.01	-3.9
租赁费	0.10	1.1	0.07	0.8	0.03	42.9
其他一般及行政费用	3.17	34.1	2.93	34.3	0.24	8.2
合计	9.29	100.0	8.54	100.0	0.75	8.8

2018 年，无锡银行人均薪酬为 32.58 万元，比 2017 年增长 10.0%（见表 17）；人均费用为 63.95 万元，同比增长 6.7%；点均业务及管理费为 794.79 万元，比 2017 年增长

6.9%。2018 年，人均薪酬费用和点均费用均有所上升，无锡银行的经营成本特别是人工成本有所增长。2018 年末，无锡银行网点数为 117 个，相较于 2017 年没有大幅增加，维持在 110 个的水平，主要是由于电子渠道的完善分流了营业网点的压力。

表 17　　　　　　　　　　　　　人均薪酬及人均/点均费用

	2018 年	2017 年	增加额（量）	变动率（%）
员工数（人）	1454	1426	28	2.0
网点数（个）	117	115	2	1.7
人均薪酬（万元）	32.58	29.62	2.96	10.0
人均费用（万元）	63.95	59.94	4.01	6.7
人均产值（万元）	73.99	69.63	4.36	6.3
人均产值/人均薪酬	2.27	2.35	−0.08	−3.4
点均业务及管理费（万元）	794.79	743.31	51.48	6.9

（四）金融科技及产品创新

1. 金融科技

通过大数据、物联网、人工智能等金融科技手段，无锡银行正在优化传统小微服务模式。比如，通过与税务部门合作推出税易货、联手外部信息平台推出基于企业开票信息的发票贷、基于物联网技术的物联动产贷等，在更准确把控企业风险、降低服务成本的同时，为小微企业提供更为高效的服务。以物联动产贷为例，无锡不锈钢市场是全国最大的不锈钢交易中心，市场交易量接近全国的三分之一。但却因为对钢贸企业信息流、现金流以及物流缺乏有效监管，曾经给无锡的银行业带来惨痛教训，也造成了众多有真实贸易融资需求的中小企业被"一刀切"地拒之门外。物联动产贷，就是基于这样的市场需求，由无锡银行科技团队开发出来的。物联动产贷针对传统仓单质押的盗抢、货权纠纷、货物真假、价格监控等问题，通过物联网硬件技术实时监控和控制风险，通过大宗电商交易平台＋远程指挥中心等软件技术解决货物权属和处置的难题，实现了物流、资金流、信息流"三流"合一。

科技手段正在不断丰富无锡银行的各个业务线。据悉，无锡银行目前还在与百度合作，联合研究人工智能在金融领域中的应用，进一步探索线上获客以及精准服务的模式。未来一段时间，无锡银行诸多科技改革举措也将不断落地。2018 年末，在公司董事长邵辉带领下，无锡银行正与无锡市政府联合打造综合金融服务平台，而这一平台将有利于无锡银行业为广大企业特别是小微企业提供更加精准的金融服务。

2. 产品创新

（1）服务"三农"发展

一是新推出"农易贷"新产品，有效解决无营业执照的种植业农户融资难题，切实增强农户融资可得性。二是继续与无锡市委农办联合，对"惠农贷"业务进行深入推广，向家庭农场及农民专业合作社以信用方式发放贷款，并给予执行基准利率的优惠。截至 2018

年末，累计发放"惠农贷"180笔，累放金额为4960.9万元。三是继续通过"确权贷"盘活农村土地资产，满足小微企业主临时性资金短缺问题，截至2018年末，无锡银行"确权贷"贷款余额为58764.5万元，比2017年末净增28199.5万元。

（2）服务小微企业

从产品来看，作为无锡市中小微企业信用保证基金首批4家合作银行之一，公司率先推出"锡信贷"产品，支持实体经济、服务中小微企业。锡信贷以企业信用为基础，建立政府财政风险资金池和引入融资担保机构，对企业进行增信，实现政、银、企、保四方联动为中小微企业提供金融支持。"锡信贷"首期资金规模为2亿元，目标是带动20亿元的中小微企业新增贷款。

三、社会责任分析

（一）经济绩效

无锡银行作为全国第二家上市农商行，至2018年末，全行总资产为1543.95亿元，比年初增加172.70亿元，增幅12.6%；各项存款总额为1158.08亿元，比年初增加89.82亿元，增幅8.4%，贷款总额为753.43亿元，比年初增加92.69亿元，增幅14.0%。2018年全年实现营业收入31.92亿元，同比增长12.0%。至2018年末，全行资本充足率为16.8%，不良贷款率为1.2%，比年初下降0.1个百分点。不良贷款拨备覆盖率为234.8%。平均资产回报率为0.8%，加权平均净资产收益率为10.7%。2018年度，无锡银行缴纳各类税款5.22亿元。

（二）公司治理

1. 公司治理情况

2018年，无锡银行进一步完善公司治理结构，优化公司治理机制，提高信息透明度，以先进股份制商业银行为标杆，加强战略管理、资本管理、风险管理和人才科技管理，确保决策机制、执行机制和监督机制的有效制衡与密切配合，促进公司保持可持续发展，维护存款人及全体股东的利益，为股东赢得回报，为社会创造价值。

2018年，无锡银行共召开3次股东大会，形成决议15项；共召开6次董事会，形成决议69项；董事会下设委员会共计召开会议18次，形成决议100项；监事会共召开6次会议，审议通过了35项议案，听取了39项报告。监事会专门委员会共召开9次会议，审议通过了66项议案。

在投资者关系管理方面：一是及时、准确开展信息披露。2018年共披露定期报告4份、临时公告55份。二是加强投资者关系管理，保障合法权益。主要通过e互动与投资者进行交流、接待机构与个人投资者来访、及时发布通知和详细会议资料等多种形式和渠道，增进与投资者之间的了解及交流。三是及时有效补充资本金。2018年1月，无锡银行圆满完成30亿元A股可转换公司债券发行工作，这是无锡银行继上市以来在资本市场完成的第二次再融资，有效地补充了资本，增强了抵御风险的能力。

2. 社会责任理念

无锡银行的企业愿景是成为市民首选的社区银行，中小企业信赖的金融伙伴，遵循诚信协作、守正笃实、创新稳健的核心价值观，恪守服务社会，助力企业，成就员工的企业使命，坚持团结、创造、争先、务实、敬业、高效的企业精神。其经营理念是诚信为本、顾客为先、运行稳健，服务理念是以客户为中心、以服务为重心，管理理念是内控决定成败、管理创造价值，合规理念是守则尽责、自警自律，人才理念是德才并重、尚德用贤。

（三）社会绩效

1. 扶贫

（1）开展金融精准扶贫

积极发挥金融机构资源汇聚、辐射面广的优势，以高度的政治责任感和使命感，持续加强金融扶贫产品与模式创新，不断提升金融服务水平。截至2018年12月末，无锡银行金融精准扶贫贷款余额为92638.89万元，其中个人精准扶贫贷款余额为1323.89万元；发放金融精准扶贫贷款171笔；金融精准扶贫贷款带动建档立卡贫困人口45人，产业精准扶贫贷款带动443人；已脱贫人口贷款2933.23万元。

（2）同步金融结对帮扶

无锡银行响应无锡市政府关于经济薄弱村结对帮扶活动的要求，与无锡市惠山区玉祁街道玉蓉村形成结对帮扶，2015—2018年累计支付扶贫款项95万元，其中，2018年支付25万元。主要用于该村环境整治、医疗卫生以及幼儿园等基础设施的建设，着力改善当地人居环境，提高农民素质。

2. 普惠

（1）助力服务"三农"发展

报告期末，全行涉农贷款余额为182.61亿元，比年初增加17.49亿元，同比增长10.59%。一是试点"三农"惠农担保模式，与洛社镇、羊尖镇携手推动成立惠农担保公司，打造"村委＋惠农担保公司＋银行"的创新合作模式。二是新推出"农易贷"新产品，有效解决无营业执照的种植业农户融资难题，切实增强农户融资可得性。三是扎实开展"阳光信贷"建档工作。通过和村委、农户的对接，不断扩容客户群体。截至年末，全行完成信息建档20余万户，6.8万人通过预授信。四是继续与无锡市委农办联合，对"惠农贷"业务进行深入推广，向家庭农场及农民专业合作社以信用方式发放贷款，并给予执行基准利率的优惠。截至2018年末，累计发放"惠农贷"180笔，累计发放金额4960.9万元。五是继续通过"确权贷"盘活农村土地资产，满足小微企业主临时性资金短缺问题，截至2018年末，无锡银行"确权贷"贷款余额为58764.5万元，比2017年末净增28199.5万元。

（2）倾力服务小微金融

充分发挥自身独立法人机制和地方经济优势，大力支持小微企业发展。结合宏观经济金融形势，动态调整授信政策指引，引导全行信贷投向，创新和完善税易贷、微易贷、锡信贷、人才贷、锡银税贷等系列金融产品，解决小微企业融资难题。同时，不断加强金融服务对接，积极参加银企座谈会，深入开展"金融惠企大走访"活动，进一步提升金融服务小微和民营企业的主动性、针对性和有效性。截至年末，全行 1000 万元（含）以下小微企业贷款余额 70.02 亿元，比年初增加 11.55 亿元，增幅 19.8%，确保了"两增两控"目标的顺利达成。

3. 员工

2018 年，无锡银行坚持"发展为了员工，发展成就员工，发展成果与员工共享"的理念，努力为员工营造一个有安全感、归宿感和文化认同感的良好环境，建设和谐企业。

（1）构建多层次培训机制

无锡银行以人才发展为目标，建立系统化、专业化的培训体系，提高员工业务素质和综合能力。一是构建人才多层次开发的培训体系。组织中高层管理人员培训班，邀请专家授课，提升干部队伍管理能力；组织数据建模培训，提高年轻干部大数据分析与挖掘应用能力；开办网格化精准营销培训班，提升支行行长、支行行长助理、客户经理营销队伍的实战能力。2018 年，无锡银行共组织开展各类培训 182 次。二是为各岗位员工提供外派培训机会，充分利用外部资源，提高员工专业知识和技能，更新观念，促进员工个人全面发展以及无锡银行可持续发展。三是创办锡银学院 APP，将传统线下课堂培训与线上移动学习平台优势相结合，提升培训效率。2018 年，开展了"共建共享携手成长"微课制作大赛、"学习地图"闯关等活动，为年轻干部搭建了展示自我的平台。

（2）突出队伍梯次化体系

在分析现有干部队伍结构基础上，结合无锡银行管理需要，合理配备各条线、各层级储备人才，突出干部队伍结构的"梯次化"。一方面，合理配置后备人才，建立了由中层正职后备、中层副职后备和各条线业务骨干组成的后备人才队伍；另一方面，为满足金融科技战略发展需要，在科技信息部试点建立"技术等级序列"职级体系，设置管理序列及专业序列双通道，进一步畅通员工晋升渠道，调动员工积极性。

（3）开展丰富多彩文娱生活

2018 年，组织开展了蛋糕裱花活动、《书香女人》读书活动和"感受幸福"女性知识讲座系列活动，不断提升女职工综合素养。参加了中国文联与无锡银监分局举办的"金融职工文化月"活动，并承办了国学主题讲座和乒乓球指导活动。组织职工参加了省联社首届职工运动会、无锡市市级机关第八届运动会，无锡银行运动员在无锡市市级机关第八届运动会上赢得了乒乓球男子单打、女子 100 米赛跑的冠军。

（4）落实权益保障和员工关怀

2018 年，无锡银行严格执行国家相关劳动法规，落实劳动合同签订、带薪休假等制度，通过召开职工代表大会、员工座谈会、行长邮箱等形式，保障职工与工会组织间的顺畅沟通，保障员工合法权益。同时，创新形式，在职工生日当天为其送上蛋糕、鲜花和祝福，加强员工健康管理，组织全体职工参加年度体检，并为全体职工办理家属意外险、家庭财产险、意外保险和住院保险，为退休职工办理医疗互助参保，探望生病职工、为职工申请大病困难补助，进一步提升了职工的幸福感和归属感。

4. 客户

（1）持续完善电子银行渠道

秉持"以客户为中心"的理念，无锡银行持续打造"线上＋线下"、"传统＋移动"综合平台，为客户提供智能化、个性化服务体验，满足客户多元化需求，增强客户获取能力。

上线"阿福宝"和"锡银宝"等具有无锡银行特色的基金产品，通过开展"约惠春天""邀注册送话费""注册送积分、积分兑好礼"活动，与鹿可厨房、新浪乐居、幸福蓝海、荟聚购物节等异业合作，增加直销银行的曝光度和有效户的转化。截至年末，无锡银行手机银行客户共有34.77万户，2018年新增手机银行用户16.45万户，直销银行注册用户数12.69万户，绑卡数7.2万户。

（2）丰富用卡环境和服务

大力丰富银行卡应用场景，重点围绕"交易＋生活"支付服务，提升客户用卡体验，提高客户黏性。布局场景化分期业务，落地家装分期、车位分期、POS分期、店面分期等。同时，在依托原有的"5折享美食、10元看电影、1元洗车"等活动体系的基础上，根据不同季节、场景、主题，开展了三八女王节分期赢好礼、四月家装分期品牌宣传推广等多档活动，有效促进信用卡的营销推广；通过淘票票平台将观影优惠活动覆盖至所有异地分支机构；开展了ETC业务，与银联合作了1分钱坐地铁活动，形成了一定的品牌影响力和品牌识别度。

（3）有效提升客户体验

无锡银行通过简化柜面业务办理流程，提高办理效率；加快升级线下物理渠道，促进柜面业务向自助设备转移，提高电子替代率；投入使用存折取款机，有效缓解了每月养老金代发高峰期的柜面压力；投入智能柜台，为客户提供"0纸质档案、0复印、0填单"的一站式体验服务。优化企业开户服务，减少核准类账户送审环节，缩短资料传递时间。

至年末，社保卡累计发卡420余万张，70多万市民通过市民卡领取各类养老金，无锡银行坚持在每月工资代发期间全部网点增设窗口，通过大堂引导、业务分流，提升服务效率和质量。

（4）对接智慧城市建设

结合无锡智慧城市建设总体规划和物联网产业发展步伐，无锡银行立足社区、服务市民，稳步推进"智慧医疗"、"智慧校园"、"智慧社区"建设。智慧医疗方面，通过推进"银医通"智慧医院项目，向合作医院提供线下自助挂号设备、线上微信公众号、手机APP、全院对账平台等服务，并为患者增加微信、支付宝等多种支付方式，缩短结算和等候时间。年末，"银医通"项目共实现交易130.3万笔，合计4.13亿元。智慧校园方面，为学校提供了一体化综合线上收缴平台，搭建了基于手机银行、微信银行、柜面等线上线下一体化的缴费平台，进一步提升了用户体验。

（5）落实消费者权益保护

2018年，我们切实把金融知识宣传和消费者教育相结合，着力构建宣传内容、宣传形式、宣传载体有机统一的金融知识宣传教育长效机制。全年扎实开展了守住钱袋子、"3·15"宣传、银发讲堂、"普及金融知识万里行"、"金融知识普及月金融知识进万家"暨"提升金融素养争做金融好网民"等活动，消费者权益保护工作获得一致好评。

（四）环境绩效

1. 发展绿色金融

推动绿色信贷工作，是落实中央、省、市各级党委、政府关于生态文明建设的重要举措，也是实现更高质量经济增长、促进可持续发展的重要抓手。无锡银行充分认识绿色信贷工作的重要性，将绿色理念贯穿于业务发展全过程，积极支持节能减排、循环经济等方面的企业和项目，大力支持节水农业，支持节肥、节药生产技术应用，助力化肥农药零增长行动。严把新增贷款环保标准关，坚决退出环保排放不达标、严重污染环境且整改无望的落后企业，将创造经济效益和社会效益并举。截至2018年末，无锡银行涉及绿色信贷余额为15.21亿元。

2. 建设绿色银行

无锡银行积极倡导低碳生活，努力拓展电子银行产品和互联网金融业务，不断推出新型电子银行产品和服务，投产运行非税POS合作、医保线上支付、"微信无感支付"智慧停车系统等一批互联网支付服务，全力打造包括网上银行、移动银行、微信银行、直销银行在内的电子银行服务体系，通过推动服务方式电子化，降低金融服务过程中的资源消耗，传播环保理念，倡导绿色生活。报告期末，无锡银行电子银行柜面替代率为90.57%，较年初提高5.57个百分点。

2018年，无锡银行积极践行绿色、低碳、环保办公的理念。持续优化办公流程，落实各类来文的电子建档机制，充分利用OA办公系统，实现了通知的无纸化传递；减少空调使用频率，降低各类电器待机能耗；推广视频会议，减少支行往来交通能耗；严格控制机动车辆管理，一方面合理调度，减少车辆出行频率和空驶里程，有效降低油耗，另一方面，定期对在用车辆检查保养，做到上路车辆尾气排放达标，实现绿色出行；推行绿色采购，优先选择低能耗、低碳排放和具有环保性能的电子设备、装修材料和办公用品。

年报十二　江阴银行 2018 年度报告分析

一、基本情况及发展战略

（一）基本情况

江苏江阴农村商业银行，简称"江阴农商银行"。截至 2018 年末，江阴银行 A 股前三大股东分别是长达钢铁与无锡嘉亿有限公司，合计持有股份 132181697 股，占总股本的 7.48%；江阴市振宏印染有限公司，持股数 60223110 股，占总股本的 3.41%；江苏双良科技有限公司，持股数 32310648 股，占总股本的 1.83%。

2018 年度，江阴银行总资产为 1148 亿元，营业收入为 31.859 亿元，净利润为 7.80 亿元，贷款总额为 603.52 亿元，不良贷款率为 2.15%。

（二）发展战略

江阴银行本着走出一条本地银行支持地方制造业产业转型升级探索的可持续发展之路，紧扣江阴"产业强市"的发展战略。面对铺天盖地的中小微企业，江阴银行呵护它们的"实业之心"，关注它们的"痛点"，通过持续创新金融产品和服务，为企业减负。秉承"离您最近，和您最亲"的服务理念，江阴银行积极履行社会责任、践行普惠金融，倾力打造与百姓衣食住行息息相关的"亲近"服务品牌。承接市民卡工程，做好养老金发放工作；在农村金融惠民工程上，建立农村金融服务站等一系列措施来履行社会责任、践行普惠金融。

二、业务经营分析

（一）资产分析

2018 年末，江阴银行总资产为 1148 亿元，同比增长 4.98%（见表 1）。资产增加主要是现金及存放中央银行款项、贷款和垫款两项增加所致，同比分别增长 11.74% 和 12.26%。

表 1　　　　　　　　　　　　　　　　　资产规模及构成

	2018 年 12 月 31 日		2017 年 12 月 31 日		变动额	变动率
	金额（亿元）	占比（%）	金额（亿元）	占比（%）	（亿元）	（%）
现金及存放中央银行款项	116.28	9.5	104.06	10.1	12.22	11.7
同业往来资产	13.79	1.7	18.28	1.2	−4.47	−24.5
贷款和垫款	598.18	48.7	532.85	52.1	65.33	12.3
证券投资	386.04	37.4	408.87	33.6	−22.83	−5.6
其他资产	34.24	2.7	29.99	3.0	4.25	14.2
资产总计	1148.53	100	1094.03	100	54.5	5.0

1. 贷款和垫款

2018 年末，贷款和垫款净额为 698.18 亿元，同比增长 12.3%，占总资产的 20.08%。

（1）个人客户结构

2018 年末，贷款和垫款总额为 629.86 亿元（见表 2），其中公司贷款和垫款为 456.69 亿元，同比增长 10.3%，占贷款和垫款总额的 72.5%；零售贷款和垫款为 75.2 亿元，同比增长 38.9%，占贷款和垫款总额的 11.9%；票据贴现为 97.97 亿元，同比增长 8.7%，占贷款和垫款总额的 15.6%。

表 2　　　　　　　　　　　　　　　公司及零售贷款和垫款

	2018 年 12 月 31 日		2017 年 12 月 31 日		变动额	变动率
	金额（亿元）	占比（%）	金额（亿元）	占比（%）	（亿元）	（%）
公司贷款和垫款	456.69	72.5	414.17	74.2	42.52	10.3
贴现	97.97	15.6	90.22	16.2	7.75	8.6
零售贷款	75.20	11.9	54.15	9.7	21.05	38.9
贷款和垫款总额	629.86	100	558.53	100	71.33	12.8
减：减值准备	31.69		25.69		6	23.4
贷款和垫款净额	598.18		532.85		65.33	12.3

（2）不良贷款

截至 2018 年 12 月 31 日，江阴银行不良贷款率为 1.36%，其中企业贷款不良率为 1.00%（见表 3）。2018 年末，按照五级分类，正常贷款为 3.82 万亿元，占各项贷款的 97.1%，比上年提高 0.3 个百分点。关注贷款为 593.29 亿元，占比 1.5%，下降 0.1 个百分点。不良贷款余额为 536.05 亿元，减少 37.88 亿元，不良贷款率为 1.36%，上升 0.25 个百分点。2018 年，江阴银行期内核销/处置不良贷款 261.97 亿元，同比增长 7.9%；不良贷款拨备覆盖率为 358.18%，较 2017 年增加 96.07 个百分点。

表3 贷款五级分类

	2018 年 12 月 31 日		2017 年 12 月 31 日		变动额	变动率
	金额（亿元）	占比（%）	金额（亿元）	占比（%）	（亿元）	（%）
正常类贷款	605.80	95.9	535.56	96.2	70.24	13.1
关注类贷款	10.50	1.7	9.61	1.7	0.89	9.3
不良类贷款	13.56	2.4	13.37	2.2	0.19	1.4
次级类贷款	4.44	0.3	1.58	0.7	2.86	180.4
可疑类贷款	7.96	1.9	10.47	1.3	-2.50	-23.9
损失类贷款	1.15	0.2	1.32	0.2	-0.17	-12.9
贷款合计	629.86	100	558.53	100	71.33	12.8

（3）中小微企业贷款

面对众多的中小微企业，江阴银行关注它们融资的"痛点"，通过持续创新金融产品和服务，为企业减负。通过设立专门服务小微企业的"快贷中心"，创新推出"企业公积金贷款"，创新开展"小银团"业务等一系列实实在在的金融服务。

2. 证券投资

2018 年末，江阴银行证券投资为 386.04 亿元，同比减少 5.6%。其中，交易性金融资产为 1.81 亿元，占证券投资的 0.47%；债权投资为 356.46 亿元，占证券投资的 92.3%。大部分的证券投资集中于可供出售金融投资和持有至到期投资，占比分别为 60.7% 和 38.8%（见表4）。

表4 证券投资构成

	2018 年 12 月 31 日		2017 年 12 月 31 日		变动额	变动率
	金额（亿元）	占比（%）	金额（亿元）	占比（%）	（亿元）	（%）
交易性金融资产	1.81	0.5	4.24	1.0	-2.43	-57.3
可供出售投资	234.39	60.7	236.21	57.7	-1.82	-0.8
持有至到期投资	149.84	38.8	168.42	41.2	-18.58	-11.0
证券投资合计	386.04	100	408.87	100	-22.83	-5.6

2018 年末，江阴银行持有政府债、金融债、企业债及其他债券分别为 247.1 亿元、104.25 亿元、4.61 亿元及 0.5 亿元，同比分别变动 31.8%、-42.5%、-49.7% 和 -90.5%（见表5）。

表5 债券投资发行主体构成

	2018 年 12 月 31 日		2017 年 12 月 31 日		变动额	变动率
	金额（亿元）	占比（%）	金额（亿元）	占比（%）	（亿元）	（%）
政府债	247.1	69.3	187.54	48.9	59.56	31.8
金融债	104.25	29.2	181.25	47.3	-77.00	-42.5
企业债	4.61	1.3	9.18	2.4	-4.56	-49.7
其他	0.5	0.1	5.28	1.4	-4.78	-90.5
债券总额	356.46	100	383.24	1	-26.78	-7.0

3. 同业往来资产

2018 年，江阴银行同业往来资产为 13.79 亿元，同比减少 24.5%（见表 6）。其中，存放同业和其他金融机构款项金额为 6.92 亿元，同比增长 0.55%，占同业往来资产比重提升至 50.18%。拆出资金 6.87 亿元，同比增长 15.1%，占同业往来资产比重由 22.6% 提升至 49.8%。买入返售金融资产为零，同比下降 40.1%，占同业往来资产比重由 40.1% 下降至零。

表 6　　　　　　　　　　　　　　同业往来资产构成

	2018 年 12 月 31 日		2017 年 12 月 31 日		变动额（亿元）	变动率（%）
	金额（亿元）	占比（%）	金额（亿元）	占比（%）		
存放同业	6.92	50.2	6.82	37.4	0.1	0.6
拆出资金	6.87	49.8	4.12	22.6	2.75	15.1
买入返售款项	0	0	7.32	40.1	−7.32	−40.1
合计	13.79	100	18.26	100	−4.47	−24.5

（二）负债分析

2018 年末，负债总额为 1042.14 亿元，同比增长 4.2%（见表 7），主要是应付债券和客户存款快速增加所致，同比分别增长 268.1% 和 6.9%。

表 7　　　　　　　　　　　　　　负债规模及构成

	2018 年 12 月 31 日		2017 年 12 月 31 日		变动额（亿元）	变动率（%）
	金额（亿元）	占比（%）	金额（亿元）	占比（%）		
向中央银行借款	12.31	1.2	14.38	1.4	−2.07	−14.4
同业往来负债	32.16	3.1	127.79	12.8	−95.63	−74.8
客户存款	847.58	87.3	793.08	79.3	54.50	6.9
应付债券	119.60	11.5	32.49	3.2	87.11	268.1
其他负债	30.49	2.9	32.75	3.3	−2.26	−6.9
负债总计	1042.14	100	1000.49	100	41.65	4.16

1. 同业往来负债

2018 年末，同业往来负债总额为 32.16 亿元，同比减少 74.8%（见表 8）。2018 年，同业和其他金融机构存放款项为 0.21 亿元，占同业往来负债的 0.7%。拆入资金金额 4.75 亿元，占比 14.8%，增加了 14.2 个百分点。卖出回购金融资产为 27.2 亿元，占比由 2017 年的 94.9% 降至 84.6%。

表 8   同业往来负债构成

	2018 年 12 月 31 日		2017 年 12 月 31 日		变动额	变动率
	金额（亿元）	占比（%）	金额（亿元）	占比（%）	（亿元）	（%）
同业存放	0.21	0.7	5.78	4.5	−5.57	−96.4
拆入资金	4.75	14.8	0.72	0.6	4.03	559.7
卖出回购	27.2	84.6	121.29	94.9	−94.09	−77.6
合计	32.16	1	127.79	1	−95.63	−74.8

2. 吸收存款

2018 年末，客户存款余额为 810.9 亿元，同比增长 7.2%，占总负债的 87.3%，比重较 2017 年提升 8 个百分点，主要是个人存款的快速增长所致。

公司客户存款余额为 394.1 亿元，同比增长 5.3%（见表 9），占存款总额的比重为 48.6%，较 2017 年下降 0.9 个百分点；个人客户存款余额为 385.3 元，占存款总额的比重为 47.5%，同比增长 6.1%。

表 9   存款客户结构

	2018 年 12 月 31 日		2017 年 12 月 31 日		变动额	变动率
	金额（亿元）	占比（%）	金额（亿元）	占比（%）	（亿元）	（%）
公司存款	394.07	48.6	374.19	49.5	19.9	5.3
个人存款	385.26	47.5	363.26	48.0	22.0	6.1
其他存款	31.61	3.9	19.25	2.5	12.4	64.2
客户存款总额	810.94	100	756.71	100	54.2	7.2

截至 2018 年 12 月 31 日，江阴银行活期存款占客户存款的比重为 40.5%（见表 10），同比增长 1 个百分点。

表 10   存款定活结构

	2018 年 12 月 31 日		2017 年 12 月 31 日		变动额	变动率
	金额（亿元）	占比（%）	金额（亿元）	占比（%）	（亿元）	（%）
活期存款	328.65	40.5	298.72	39.5	29.9	10.0
定期存款	450.69	55.6	438.73	58.0	12.0	2.7
其他存款	31.61	3.9	19.25	2.5	12.4	64.2
存款总额	810.94	100	756.71	100	54.2	7.2

3. 应付债券

2018 年末，应付债券余额为 119.6 亿元，同比增加 268.1%（见表 11）。其中同业存单为 103.24 亿元，同比增长 217.8%；可转换公司债为 16.36 亿元。

表 11　　　　　　　　　　　　　　　　应付债券结构

	2018 年 12 月 31 日		2017 年 12 月 31 日		变动额	变动率
	金额（亿元）	占比（%）	金额（亿元）	占比（%）	（亿元）	（%）
同业存单	103.24	86.3	32.49	100	70.75	217.8
可转换公司债	16.36	13.7	—	—	16.36	—
合计	119.60	100	32.49	100	87.11	268.1

（三）收入、支出及利润分析

1. 利润分析

（1）利润

2018 年，江阴银行营业利润为 6.91 亿元（见表 12），利润总额为 6.06 亿元，净利润为 7.8 亿元，分别减少 21.7%、21.5% 和增加 2.9%。

表 12　　　　　　　　　　　　　　　　公司利润

	2018 年（亿元）	2017 年（亿元）	变动额（亿元）	变动率（%）
营业收入	31.86	25.07	6.79	27.1
营业支出	24.9	16.24	8.66	53.3
营业利润	6.91	8.83	-1.92	-21.7
加：营业外收入	0.06	0.24	-0.18	-75
减：营业外支出	0.91	1.34	-0.43	-32.1
利润总额	6.06	7.72	-1.66	-21.5
减：所得税费用	-1.74	0.14	-1.88	-134.3
净利润	7.8	7.58	0.22	2.9

（2）拨备前利润

江阴银行 2018 年拨备前利润为 22.28 亿元，同比增长 8.25 亿元，增速为 58.8%（见表 13）。

表 13　　　　　　　　　　　　　　　　拨备前利润

	2018 年（亿元）	2017 年（亿元）	变动额（亿元）	变动率（%）
利润总额	6.06	7.72	-1.66	-21.5
本年计提资产减值	14.40	6.35	8.05	126.7
拨备前利润	22.28	14.03	8.25	58.8

2. 收入分析

2018 年，江阴银行实现营业收入 31.86 亿元，同比增长 27.1%（见表 14）。其中利息净收入占比为 73.5%，比 2017 年下降 10.3 个百分点；净手续费及佣金收入占比 2.0%，比上年下降 0.1 个百分点；投资净收益占比 22.5%，比上年提升 9.3 个百分点；而其他净收入

中国上市银行可持续发展分析（2019）

占比从 2017 年的 0.9% 提升至 2018 年的 1.9%。

表 14 营业收入构成

	2018 年		2017 年		变动额（亿元）	变动率（%）
	金额（亿元）	占比（%）	金额（亿元）	占比（%）		
利息净收入	23.42	73.5	21.00	83.8	2.42	9.7
手续费及佣金净收入	0.65	2.0	0.53	2.1	0.12	0.5
投资净收益	7.17	22.5	3.31	13.2	3.86	15.4
其他	0.62	1.9	0.23	0.9	0.39	1.6
合计	31.86	100	25.07	1	6.79	27.1

（1）利息净收入

2018 年，江阴银行实现利息收入 46.83 亿元，同比增长 7.6%（见表 15），主要是客户贷款和垫款迅速增长所致。2018 年，江阴银行存放央行利息收入为 1.58 亿元，同比增加 0.2%；投资性利息收入为 10.79 亿元，同比增加 1.1%；存拆放同业利息收入为 0.59 亿元，同比减少 0.4%；贷款利息收入为 33.87 亿元，占利息收入的 72.3%，同比增长 6.6%。

表 15 利息收入构成

	2018 年		2017 年		变动额（亿元）	变动率（%）
	金额（亿元）	占比（%）	金额（亿元）	占比（%）		
存放中央银行款项	1.58	3.4	1.49	3.4	0.086	0.2
投资性利息收入	10.79	23.0	10.30	23.7	0.48	1.1
同业往来	0.59	1.3	0.76	1.7	-0.17	-0.4
客户贷款和垫款	33.87	72.3	30.98	71.2	2.89	6.6
利息收入合计	46.83	1	43.53	1	3.30	7.6

2018 年，江阴银行利息支出为 23.41 亿元，同比增长 3.9%（见表 16），主要是应付债券增长所致。2018 年，江阴银行央行借款支出为 0.14 亿元，同比增加 0.2%；同业利息支出为 3.65 亿元，同比减少 5.7%；存款利息支出为 16.32 亿元，同比增长 0.6%；应付债券利息支出为 3.62 亿元，同比增长 8.9%。

表 16 利息支出构成

	2018 年		2017 年		变动额（亿元）	变动率（%）
	金额（亿元）	占比（%）	金额（亿元）	占比（%）		
向中央银行借款	0.14	0.6	0.10	0.4	0.043	0.2
同业往来	3.65	15.6	4.93	21.9	-1.27	-5.7
吸收存款	16.32	69.7	16.18	71.8	0.14	0.6
应付债券	3.26	13.9	1.26	5.6	2.00	8.9
合计	23.41	1	22.53	1	0.88	3.9

（2）手续费及佣金净收入

2018 年，江阴银行净手续费及佣金收入为 0.94 亿元，同比增长 22.1%；手续费及佣金净收入为 0.65 亿元，同比增长 22.6%（见表 17）。其中，结算业务手续费收入减少 0.03 亿元，减幅 12.5%；代理业务手续费收入增长 0.16 亿元，增幅 57.1%。

表 17　　　　　　　　　　手续费及佣金净收入构成

	2018 年		2017 年		变动额（亿元）	变动率（%）
	金额（亿元）	占比（%）	金额（亿元）	占比（%）		
结算类业务	0.21	32.3	0.24	45.3	−0.03	−12.5
代理类业务	0.44	67.7	0.28	52.8	0.16	57.1
其他	0.29	44.6	0.25	47.2	0.04	16
手续费及佣金收入	0.94	144.6	0.77	45.3	0.17	22.1
减：手续费及佣金支出	0.29		0.23		0.06	26.1
手续费及佣金净收入	0.65		0.53		0.12	22.6

3. 支出分析

2018 年，营业支出为 25.0 亿元，同比增长 53.9%（见表 18）。其中资产减值损失占营业支出的 57.6%。

表 18　　　　　　　　　　营业支出构成

	2018 年		2017 年		变动额（亿元）	变动率（%）
	金额（亿元）	占比（%）	金额（亿元）	占比（%）		
营业税金及附加	0.25	1	0.23	1.4	0.02	8.7
业务及管理费	10.2	40.8	9.6	59.1	0.6	6.3
资产减值损失	14.4	57.6	6.4	39.4	8	125
其他业务成本	0.10	0.4	0.06	3.7	0.04	66.7
营业支出合计	25.0	100	16.24	100	8.76	53.9

2018 年，江阴银行业务及管理费为 10.2 亿元，同比增长 6.3%（见表 19），其中员工费用为 5.84 亿元，占比 57.3%，同比增长 8.6%。

表 19　　　　　　　　　　业务及管理费构成

	2018 年		2017 年		变动额（亿元）	变动率（%）
	金额（亿元）	占比（%）	金额（亿元）	占比（%）		
员工费用	5.84	57.25	5.38	56.04	0.46	8.6
固定资产折旧费	0.87	8.53	0.74	7.71	0.13	17.6
无形资产摊销费	0.18	1.76	0.16	1.67	0.02	12.5
业务费用	3.32	32.5	3.32	34.6	0	0
合计	10.20	100	9.60	100	0.6	6.3

2018年，江阴银行人均薪酬为35.46万元，比2017年增长6.3%（见表20）；人均费用为61.88万元，同比增长12.1%。

表20 人均薪酬及人均/点均费用

	2018年	2017年	变动额	变动率（%）
员工数（人）	1649	1551	98	6.3
人均薪酬（万元）	35.46	34.74	0.72	2.1
人均费用（万元）	61.88	61.88	0	0
人均产值（万元）	5647.43	161.64	5485.79	3393.8
人均产值/人均薪酬	126.10	4.65	121.45	2611.8

（四）金融科技及产品创新

1. 金融科技

江阴银行年报中未披露有关金融科技的相关信息。

2. 产品创新

通过持续金融创新产品和服务，江阴银行对中小微企业减负；通过设立专门服务小微企业的"快贷中心"，成为江阴市中小微企业信贷风险补偿资金池主要合作银行，创新推出"企业公积金贷款"，创新开展"小银团"业务等一系列金融服务。

江阴银行不断加快业务产品体系研发，完善本外币一体综合授信服务，成立信友联盟，开办"信友贷"、"税信贷"、"拍卖贷"、"外贸融资宝"，推出包括专利权、商标权、股权等在内的新型权利质押贷款等业务。

江阴银行承接市民卡工程，构建集网上银行、手机银行、微信银行、客服中心、自助设备等于一体的智慧银行体系，推出手机医保缴费、手机校园缴费，推广智能购电、购气、缴费等业务。在农村金融惠民工程上，建立农村金融服务站，打造普惠金融流动银行车，构建覆盖全市自然行政村的农村"三资"系统平台，使农村集体资金、农村集体资产和农村集体资源在阳光下运行。针对老百姓就医难问题，打造智慧医疗"银医通"项目，为百姓就医提供网上预约、预约检查、线上支付等服务，构建普惠、智慧的医疗生态圈。

三、社会责任分析

（一）经济绩效

2018年，江阴银行总资产为1148.53亿元，同比增长54.5亿元，上升4.98个百分点；净利润为7.8亿元，同比增长0.22亿元，上升2.9个百分点；不良贷款率由2017年的2.39%下降为2.15%，同比下降10.0%；资本充足率由14.14%上升至15.21%，同比增长7.57个百分点；平均ROA由0.71%下降至0.70%，同比下降1.41个百分点；平均ROE为8.92%，同比下降1.98个百分点；公益捐赠为390000元，同比增加54.76%。

表 21　　　　　　　　　　　　　　　　　　经济绩效指标

	2018 年	2017 年	变动额	变动率（%）
资产（亿元）	1148.53	1094.03	54.5	5.0
净利润（亿元）	7.80	7.58	0.22	2.9
不良贷款率（%）	2.15	2.39	−0.24	—
资本充足率（%）	15.21	14.14	1.07	—
平均 ROA（%）	0.70	0.71	−0.01	—

（二）公司治理

江阴银行按照《公司法》、《证券法》、《上市公司治理准则》、《深圳证券交易所股票上市规则》、《商业银行股权管理暂行办法》等要求，完善公司治理结构，建立健全内部管理和控制制度，不断提高公司治理水平。截至 2018 年 12 月 31 日，公司治理与《公司法》和中国证监会相关规定的要求不存在重大差异，也未收到监管部门行政监管措施需限期整改的有关文件。

2018 年，江阴银行无实际控制人，无控股股东。独立董事对公司有关事项未提出异议，并对董事会审议的论题发表了独立意见，在会议及闭会期间提出多项意见和建议，全部得到江阴银行采纳或回应。

董事会下设七个专门委员会：战略发展委员会、风险管理委员会、审计委员会、关联交易控制委员会、提名及薪酬委员会、"三农"金融服务委员会和金融消费者权益保护委员会。董事会各专门委员会严格按照《章程》、《董事会议事规则》以及各专门委员会工作细则召开并履行职责，依法合规运作，分别对本行重大发展战略、财务报告及内部控制、合规管理、关联交易、风险管控、董事提名与考核事项等提出意见与建议，并存在内部控制评价报告和内部审计报告或鉴证报告。

（三）社会绩效

1. 扶贫

为落实好金融扶贫工作，切实履行金融业社会责任，促进贫困地区经济发展，江阴银行制定了相关金融扶贫规划。2018 年，江阴银行突出工作重点，全面落实精准扶贫政策：一是积极对接"阳光信贷"工作，持续加强信贷帮扶力度，开展金融知识下乡、金融业务进村活动，延伸金融服务范围；二是支持青年自主创业，发放青年创业贷款和妇女创业贷款；三是争取再贷款额度，有效下降企业融资成本；四是加强涉农经济扶持，培育优质"三农"客户群，逐步形成龙头带动产业的发展格局。后续的精准扶贫还有相应的计划指导。

2. 员工

截至 2018 年末，江阴银行在职员工总计 1649 名，其中母公司在职员工为 1479 名，江阴银行每年年末制订下一年的培训计划，按照计划培训，具体包括培训的项目、内容、时间、方式、对象等。主要培训内容包括员工素质、业务知识、管理能力提升、沟通管理、执行力提升等各个方面，培训形式有内部讲师授课、网络学习、外聘讲师授课、外部交流学习等。

专题一　经营战略对比分析

2019 年 2 月，中央政治局会议提出深化金融供给侧结构性改革，这是首次在如此高规格的会议上明确提出"深化金融供给侧结构性改革"，表明推动金融业深化改革进入了新的阶段，金融供给侧改革的根本目的是增强金融服务实体经济的效能。2018 年以来，宽信用政策密集出台，但从目前来看，政策显现的效能相对有限，从宽货币到宽信用的传导并不通畅，金融服务实体经济的能力仍有不足，具体表现在民营、小微企业金融服务不足、"三农"金融服务不足、金融科技创新服务不足。当前我国银行业规模庞大，但金融服务实体经济的效能仍然不足，这归因于供给存在结构性缺陷，金融资源配置的质量和效率还不适应经济高质量发展和建设现代化经济体系的要求。

另外，2018 年银行业掀起监管风暴，2018 年初，银保监会印发《进一步深化整治银行业市场乱象的意见》，以同业、理财、表外等业务以及影子银行作为 2018 年整治重点，继续推进金融体系内部去杠杆、去通道、去链条。2018 年，银保监会系统对银行业开出了近3800 张罚单，同比 2017 年增长 55%，罚没金额累计超过 20 亿元，从国有大行、股份制银行，再到城商行和农商行，都存在被处罚的情况。

在银行业面临着激烈的同业竞争、跨业竞争，回应金融供给侧结构性改革的大环境、应对持续深入的穿透式监管的大背景下，各行适时转变经营战略，从业务、产品发展方向到管理机制改革创新等多个角度大力推进转型升级。

从信息披露角度来看，各银行经营战略覆盖面均较全面，但由于经营战略本身不具有可量化的性质，因此战略的完成度不易衡量。

一、国有银行

2018 年，六大国有银行均聚焦普惠金融，绿色金融在战略中的地位逐渐凸显，持续加大金融科技投入，加快数字化建设。就细分战略上的差别而言，工商银行追求全面可持续发展，农业银行和邮储银行在重点方向上有一定的重合度（"三农"），中国银行继续巩固海外优势，建设银行则选择了深耕住房租赁市场，交通银行则聚焦财富管理。

中国上市银行可持续发展分析（2019）

表 1 　　　　　　　　　　　　　　　　　国有银行经营战略①

银行	2018 年	2017 年	主要变化
工商银行	大力发展普惠金融，精准支持民营小微企业，聚焦国家重要战略方向，深化零售、资管、投行等多方面综合化发展战略，加大金融科技投入	逐步开展普惠金融，支持小微、"三农"、双创、扶贫，发力大资管、大零售、大投行战略，加快金融科技创新，加强风险防控	—
农业银行	培育差异化竞争优势，以乡村振兴战略为中心，加大对"三农"和中西部地区的资源配置力度，力争成为推动绿色金融发展的排头兵，加大金融科技投入，加快数字化建设	坚持服务"三农"的战略定位，启动互联网金融服务"三农"，新增战略性新兴产业贷款，推进普惠金融，创新投行业务，建设境外机构网络，加强风险防控	渠道、运营、风控等全面数字化转型，线上线下一体化融合
中国银行	发展巩固海外业务优势地位，持续做好"一带一路"金融服务；大力发展普惠金融，稳步提高绿色信贷占比，加大金融科技投入，加快数字化建设，大力支持金融产品创新	服务国家重大战略实施，大力支持小微企业，践行普惠金融事业，持续为"一带一路"沿线国家提供金融支持，推进扶贫公益事业，加强防控信用风险	加快推动数字化银行建设，增强信息科技服务能力
建设银行	重点实施普惠金融战略，大力发展金融科技，科技助力深耕住房租赁市场，加大发展绿色金融，聚焦零售，继续推进数字化建设	开拓住房租赁市场，创新普惠金融模式，加快金融科技创新发展，推进零售业务优先战略，加强风险管理	—
交通银行	积极实施普惠金融战略，加大金融科技投入，转型专注财富管理领域，力争建最佳财富管理银行	坚定走国际化、综合化发展道路，建设以财富管理为特色的公众持股银行，加快金融科技战略布局	—
邮储银行	聚焦"三农"、小微企业和民营经济，持续推动绿色金融发展，加快数字化建设，发力普惠金融	响应国家政策，加大金融扶贫力度，推广"三农"金融、普惠金融、绿色金融	—

二、股份制银行

2018 年，我国上市股份制商业银行的经营战略主要有以下特点：绝大部分的上市股份制银行都在经营战略中作出了数字化转型的要求，都强调了金融科技的重要性，战略发力方向整体上仍然向零售和小微企业倾斜。同样也存在一些细分战略上的差别，上市股份制银行战略中：华夏银行首提绿色金融，光大银行将财富管理作为战略转型重点，浙商银行由于其地理位置的优势选择了将资源向省内适度倾斜。

---

① 主要变化一列中"—"表示该银行发展战略在近年来基本无变化，下同。

表 2　　　　　　　　　　　　　　　　　　股份制银行经营战略

银行	2018 年	2017 年	主要变化
中信银行	结合国家重点区域政策支持力度，着重强调了区域差异化发展战略，推动对公业务全面转型，积极发展普惠金融，加强金融科技创新	构建普惠金融发展模式，加大高端装备、消费升级等重点领域支持力度，提升金融供给的适应性和创新性，巩固对公业务优势，加强经营管理与风险防控	强调区域差异化发展，结合国家重点区域发展战略，加强分行分类管理与协同发展
光大银行	明确了"打造一流财富管理银行"的战略愿景，推动业务板块数字化转型，加强风险管理	优化资本结构，加强风险防控，加强顶层设计，发展普惠金融，加快零售和金融市场业务转型，推进综合化、特色化、轻型化、智能化发展	开启"打造一流财富管理银行"新版战略
招商银行	加大金融科技投入，明确了打造"零售领先的中国最佳商业银行"战略；推进全面数字化，打造数字化招行	推进"轻型银行"战略转型，发展金融科技，坚持"以客户为中心"的服务理念，为客户提供更优质、智能、便捷的金融服务	加大金融科技发展力度，2018 年将"金融科技创新项目基金"额度由税前利润的 1% 提升到营业收入的 1%
浦发银行	加强风险防控，加快数字化转型，明确了以科技为驱动力推行全行数字化经营管理转型的战略	加大对零售业务的资源配置，做大非息业务，加强风险内控	将控风险、降风险列为重中之重
民生银行	以金融科技为支持，坚定支持民营企业和小微企业不动摇	响应国家经济战略，发展普惠金融，支持"一带一路"建设，持续提升精细化管理能力	—
华夏银行	将推动金融科技创新作为战略之首，推进"京津冀金融服务主办行"建设，推进绿色金融特色业务发展，坚持特色化、数字化、综合化、轻型化的发展方向	推动金融科技创新、强化零售业务发展、完善综合化经营布局、建设"京津冀金融服务主办行"、深化"中小企业金融服务商"、打造绿色金融特色业务	加大金融科技创新投入，大力培养引进科技人才，强调运用金融科技打造差异化竞争优势，首提绿色金融
平安银行	持续深化"科技引领、零售突破、对公做精"，不断加大对民营企业、小微企业的支持力度，加大对金融科技的投入，坚定不移向零售方向转型	加大科技投入，全面推进零售转型，推动对公业务的"轻资产、轻资本"转型，提升数字化服务能力	—
兴业银行	加快了绿色金融和普惠金融的发展速度，资金支持向民营小微企业倾斜	实施"商业银行 + 投资银行"战略，坚持走差异化发展道路，继续发展绿色金融和普惠金融，巩固企业金融为主，同时推进零售业务	—
浙商银行	确立了"两最"总目标和全资产经营战略，依托地理位置优势，将重心向浙江省内适当倾斜，力争成为浙江省最重要金融平台	打造特色竞争优势，推进小微业务和普惠金融，加强风险管理，推动金融科技创新	明确了资源向省内倾斜

三、城商行

城商行是我国银行体系的重要组成部分。城商行机构多，分布广，定位明确，是我国银行体系中最具活力和成长性的机构之一。小微企业是带动社会就业的主渠道，也是城商行的主要目标客户群。

整体来看，城商行基本还是将战略重心聚焦于本地区域，主要发力方向为零售业务，数字化转型和绿色金融在整体战略中被多家城商行提及。其中，哈尔滨银行由于地理位置的特殊性，战略中也有一些特别的地方，其选择了大力开展对俄金融特色业务。

表3　　　　　　　　　　　　　　　　城商行经营战略

银行	2018 年	2017 年	主要变化
北京银行	持续深耕区域布局，率先成立总行级科技金融创新中心和首家银行系文化创客中心，以体制机制变革引领科技、文化金融发展潮流；设立金融科技子公司，加大对金融科技的投入	持续深化零售业务"一体两翼"战略，推进线上、线下渠道智能融合，打造"智慧金融"、"财富金融"、"惠民金融"特色品牌，区域化布局、资本化战略实现新突破	深化金融科技与业务的融合
天津银行	成为京津冀主流银行，聚焦京津冀；全面数字化布局，推进端到端客户旅程数字化改造，成为具有一流客户体验的数字化银行	"转型＋创新"双轨战略，努力打造"京津冀主流银行、双轨并进的银行、价值驱动的银行、合规经营的银行、卓越发展的银行、关爱员工的银行"	推动数字化布局
上海银行	深化交易银行、跨境银行、投资银行、托管银行特色，成为所在区域更具竞争力和品牌优势的企业综合金融服务提供商。零售业务加快拓展消费金融；金融市场业务力争成为领先的交易服务商。互联网金融服务打造特色和优势明显的在线综合金融服务平台	加快业务转型和特色业务培育，加大对实体经济支持力度，着力优化资产负债结构和收入结构，加强风险管控和资本约束，强化全面成本管理，增强差异化竞争能力和可持续发展能力	加大关注互联网金融服务
重庆银行	深度融入渝、川、黔、陕区域发展格局，发展普惠金融、支持民营企业	深挖地区特色，转型传统业务，推动创新业务，现有业务全面加速转型、混业经营协同多元布局	强化区域发展格局，深化普惠金融概念
宁波银行	探索和实施"大银行做不好，小银行做不了"的经营策略；提升永赢基金和永赢租赁的发展能力，多元化盈利布局；加大支持中小企业力度	积极探索中小银行差异化发展道路，持续积累比较优势，努力将公司打造成中国银行业中一家具备差异化核心竞争力，在细分市场客户服务上具备比较优势的优秀商业银行	强调了永赢基金和永赢租赁，多元化盈利布局
南京银行	增强大、中、小实体客户服务能力；践行普惠金融使命，支持小微客户；加大对民营企业的金融服务力度，出台服务民营企业的"22 条措施"	战略愿景为"成为中小商业银行中一流的综合金融服务商"，立足服务地方经济，服务实体企业，服务城市居民；坚持"做强做精做出特色"	服务实体企业战略精细化

续表

银行	2018 年	2017 年	主要变化
盛京银行	大力发展轻资产、轻资本业务；构建"一主体两中心"空间布局，以东北总部地区为主体，立足京津冀区域和长三角区域，形成优势互补、协同创新的三大战略增长；推动全行大零售战略转型发展；强化资本管理能力；强化信息科技对业务发展的支撑引领作用	围绕"服务实体、防控风险、深化改革"三大任务，深入实施战略转型和业务创新，大力推进"一主体两中心"战略布局，加快向"轻资产、轻资本"的经营模式转型	构建"一主体两中心"空间布局，以东北总部地区为主体，立足京津冀区域和长三角区域
徽商银行	加大重大基建项目支持力度，加快发展普惠金融，加大金融产品创新力度	关注主业、防控风险，不断增强服务实体经济的实力；"进"在强化管理、紧抓创新、调整结构	基建项目支持力度加大
哈尔滨银行	围绕小额信贷、普惠金融、对俄金融特色业务，优先实施大零售战略	围绕"治理提升"工作主题，推进治理创新，调整资产负债结构，强化风险防控	提升大零售战略优先级
郑州银行	发起成立全国首家商贸物流银行联盟，坚持科技驱动，聚焦三大特色业务定位，推进零售转型	重视监管、顺应监管，把工作重心放到调结构、强管理、控风险，聚焦能力提升，突出风险防控，做好特色业务	首创商贸物流银行联盟，科技驱动，转型零售
青岛银行	金融科技赋能，加强数字化转型，通过"内部创新＋第三方机构合作"的模式提升科技水平。围绕省市重大工程，围绕区域经济转型升级提供资金支持	加快发展金融科技，推进接口银行优化升级，通过加强互联网金融平台的对接合作，进行优势互补和资源整合，为客户提供全方位、综合化的金融服务	—
江苏银行	做强公司业务、做大零售业务、做优市场业务、加速科技创新、拓展区域布局、推进综合经营"六大发展战略"	以实现高质量发展为目标，加快转型发展，提高发展质量，努力建设"特色化、智慧化、综合化、国际化"上市好银行	—
杭州银行	围绕区域经济投放资金，推进绿色金融创新，大力支持科技文创类企业，加大金融科技投入	发展愿景是成为中国价值领先银行；发展目标是成为"轻、新、精、合"的品质银行	绿色金融创新，加大金融科技投入
贵阳银行	深耕本地、服务中小、服务地方。加大金融科技投入，加大普惠金融、绿色金融投入	明确了以"大数据特色银行"和"绿色生态特色银行"为新的"两翼"，成立绿色金融事业部，将绿色金融作为战略转型的重要方向	深化服务地方企业战略
中原银行	坚持数字化转型不动摇；进一步融入省内发展战略布局，提升普惠金融的覆盖面	坚持科技立行、改革创新、以人为本，将自身打造成特色鲜明、富有活力、以创新领跑中原的现代化股份制商业银行	数字化转型

中国上市银行可持续发展分析（2019）

续表

银行	2018 年	2017 年	主要变化
九江银行	深化企业金融战略，加大金融科技投入，进一步发展普惠金融、绿色金融、汽车金融	做大客户数量，抢抓优质客源；发展特色业务，服务实体经济；提升服务能力，提高服务效率；重视合规经营，强化风险管理；加大人才培养，优化绩效管理	普惠金融、绿色金融、汽车金融成为新的发展点
成都银行	根植成都，以区域经济快速发展为依托，依托川渝陕"一体两翼"的区域发展格局，深度融入区域发展战略和经济网络，促进异地分支机构做强做实，实现成都市场份额和异地分支机构贡献的"双提升"	巩固优势、注重合规，加快推进各项业务发展；注重实质、持续加压，不断提升信用风险管控水平；夯实基础、强化保障，持续提升发展支撑能力	将区域发展战略和经济网络深度融合
长沙银行	持续深耕本土产业，发挥"本土银行紧贴本土特色产业"优势；专业服务中小企业；深度服务群众美好生活，积极承担全省社保、医保、低保代发等民生业务；全面嵌入智慧城市建设，加大金融科技投入	充分发挥地缘人缘优势，深耕湖南，下沉机构，加快推进线上线下的联动发展和区域覆盖的分层推进；努力实现三最目标：最大客户基数，最高客户黏性，最强客户价值。战略路径：社区化、平台化、综合化、集约化、智能化	金融科技投入加大
西安银行	以数字化、特色化、综合化为核心，全面强化公司银行、零售银行、金融市场、小企业业务和支撑体系五大板块。持续推进业务升级、风险防范、数字化建设等方面协同发展	服务实体经济，以服务国家区域战略和大西安建设为使命，全力支持区域经济发展，严守风险底线；以IPO工作为统领，以创新驱动转型发展为主线，以强化风险约束为手段	数字化建设得到进一步的重视
泸州银行	全力支持地方经济，支持民营小微企业，大力发展金融科技	持续优化存款结构，壮大资本实力，加强风险防控，突出金融科技	以金融科技为依托，支持地方经济及小微企业
江西银行	秉承服务地方经济、服务中小企业、服务社区居民的经营理念，在网络金融、绿色金融、科技金融等多个领域走在同业前列	抓改革，促转型，树特色，带领全行朝着"打响三大攻坚战、提升两项水平、实现一个突破"的总体目标努力	将网络金融、绿色金融、科技金融提上议事日程
甘肃银行	构建大零售业务体系；积极申请各类牌照，加速综合化经营；强化金融科技应用和跨界合作；借助H股上市后国际平台探索新的发展模式	推动创新发展战略、乡村振兴战略的实施，进一步推进业务转型和综合化经营，完善资本管理，提高金融科技应用率，提升基础管理能力	积极发展大零售业务体系，金融科技和跨界合作成为新的发展重点

四、农商行

农村商业银行是我国县域地区重要的法人银行机构，已成为支持"三农"和小微企业名副其实的金融主力军，在助力县域经济发展方面也发挥着不可替代的作用。

总的来说，农商行的战略方向基本符合其支农支小、服务"三农"、服务中小企业、助推城乡一体化建设的定位，坚持本地银行服务本地企业的方针，农商行也同样逐渐开始重视金融科技和绿色金融。

表4　　　　　　　　　　　　　　农商行经营战略

银行	2018 年	2017 年	主要变化
无锡银行	围绕成为区域性标杆银行的三年战略目标，坚守服务实体经济发展的本源，支持"三农"和小微企业；强化零售战略管理，强化金融科技建设	公司业务创新发展，零售业务快速发展，金融市场业务持续发力	强化金融科技建设
重庆农商	加快金融科技创新，扎根重庆，深耕乡村与农村，支持"三农"，扶植全市超过 50% 的小微企业	围绕"服务实体经济、防控金融风险、深化金融改革"的大任务，向金融科技转型，推动"线上＋线下"双轮驱动，融合发展	—
江阴银行	紧扣江阴"产业强市"发展战略，走出一条本地银行支持地方制造业产业转型升级之路。全力支持中小微企业。创新推出"企业公积金贷款"，创新开展"小银团"业务等一系列金融服务	为江阴地区"三农"和中小企业服务，积累优质合理的客户资源，发展分销网络，准确市场定位，推动本行跨区域经营战略的成功实施	加大金融产品、服务的创新力度
常熟银行	大力发展普惠金融，支农支小，深耕常熟及周边地区，向现代零售业务转型，加大金融科技投入	服务实体经济，对接乡村振兴，更加凸显金融科技引领，更多措施防范各类风险，推动各项业务实现高质量发展	—
苏农银行	坚守支农支小，发展绿色金融、普惠金融、科技金融，向零售业务转型	强化公司、零售、金融市场、机构民生"四轮驱动"，坚持吴江、苏州、异地、线上"四板联动"，全面推动向客户创造价值的现代银行转型	深化绿色金融、普惠金融、科技金融与业务的融合，寻求零售业务的转型
广州农商	不断提升"机场＋航空公司"营销组织管理体系的落地实施效果；加快推进数字化转型工作，强化金融科技发展，大力支持民营小微企业	采取主动措施防风险、稳增长，进而稳健经营、创新经营和效率经营，坚持服务实体经济，持续优化管理，提升内涵发展水平，实现高质量增长，努力实现转型	数字化转型及跨界合作得到重视

续表

银行	2018 年	2017 年	主要变化
九台农商	全面实施"三农"金融、社区银行、合作平台、公益慈善的四位一体建设，在服务"三农"、小微、民营经济新发展中，增强金融供给能力，提升整体综合实力	围绕稳中求进的总基调服务实体经济，推进结构调整和经营转型，助力中小微企业、乡村振兴和脱贫攻坚战略，发展社区金融，建设一流现代化农商银行	—
张家港行	坚守"服务'三农'、服务小微、服务中小"的战略定位；扎实推进零售网格化和小企业部的专营化，加大对小微企业和民营企业的普惠金融支持，提高信贷资产占比，加大对中小企业创新支持力度，研究公司金融线上化运作，探索物联网金融和供应链金融，实施金融科技战略	树立"五个更加注重"的理念，即更加注重服务实体经济、更加注重深化改革创新、更加注重转型发展、更加注重守住金融风险底线、更加注重提升经营效益，努力实现质量效益的内涵发展，进一步提升核心竞争力，打造一流区域性商业银行	物联网金融、供应链金融及金融科技战略成为新的发展动力
紫金银行	立足南京省会城市优势，探索城区郊区农区差异化发展模式，加大金融科技投入，坚持服务"三农"、服务城乡、服务中小，支持地方经济	夯实管理基础，促进银行稳健经营；深化创新转型，提升金融服务能力；提升品牌形象，培育企业文化	加大金融科技投入，坚持"服务'三农'、服务城乡、服务中小"的定位
青农商行	以"大零售"为主体，以公司国际业务和金融市场投资理财业务为两翼，加大金融科技投入，坚持创新驱动，成为全国首家地方法人韩圆做市商，加快数字化转型	强化资本市场运作及风险管控能力，深化普惠金融、小微金融战略，打造"商行＋场景金融＋生产生活"金融服务模式，发力新兴产业、现代服务业、先进制造业的金融服务，加大金融科技的研发投入	做强金融市场业务，加快数字化转型

五、总结

在金融供给侧改革和金融监管不断加强的大背景下，上市银行的经营战略普遍都有一定的调整。从共性来看，普惠金融、绿色金融、金融科技、数字化转型是被提及最多和认可度最高的战略内容；由于银行类型的差异对应着不同的监管要求，不同类型的银行在战略方向上也有自身特别的地方，大行的战略可以覆盖更全面，中小银行和区域性银行则会结合自身相对更有限的资源向性价比最高的战略方向优化配置。从结果而言，不同的经营战略都是为了自身更靓丽的财报数据以回报股东和更好地服务社会。

专题二 资产业务对比分析

2018 年，上市银行资产呈现稳步增长态势，其中，城商行的资产增速最快，农商行其次，国有银行次之，而股份制银行最慢，但不同类型银行的资产增速相差不大。2018 年，银行加大了对信贷业务的资产投放力度，大部分银行的贷款和垫款增速高于其他项，上市银行的贷款和垫款占总资产比重上升。一些城商行、农商行受贷款区域约束和能力约束，通过购买证券增加资产收益，这些银行的证券投资占比较高。2018 年，因违约事件频发，而公司类贷款的违约率受经济周期影响强于个人类贷款，银行加大了个人类贷款的投放力度。受定向降准、金融严监管、金融去杠杆等政策影响，银行的同业往来资产、现金及存放中央银行款项有所减少。

一、上市银行资产总体发展情况

截至 2018 年底，47 家上市银行资产总额合计 178.67 万亿元，同比增长 6.5%。总体来看，各家银行都呈现稳步增长态势，且增速相差不大。其中，城商行的增速最快，农商行增速其次，国有银行增速次之，而股份制银行增速最慢。

6 家国有银行资产增速相当，国有银行的总资产增速为 6.6%。其中，工商银行的总资产达到 27.70 万亿元，资产规模最大；中国银行的增速最快，达到 9.2%；建设银行的增速最慢，仅为 5.0%（见表 1）。

表1 国有银行资产规模比较

	2018 年末（亿元）	2017 年末（亿元）	变动额（亿元）	变动率（%）
工商银行	276995.40	260870.43	16124.97	6.2
建设银行	232226.93	221243.83	10983.1	5.0
农业银行	226094.71	210533.82	15560.89	7.4
中国银行	212672.75	194674.24	17998.51	9.2
交通银行	95311.71	90382.54	4929.17	5.5
邮储银行	95162.11	90125.51	5036.6	5.6
平均值	189743.94	177971.73	11772.21	6.6

中国上市银行可持续发展分析（2019）

贷款和垫款为国有银行的主要资产，占资产比重普遍在一半及以上。2018年，大部分国有银行加强贷款的投放力度，贷款和垫款占总资产的比重有所提升。国有银行的证券投资也有所增长。定向降准使国有银行法定存款准备金减少，国有银行现金及存放中央银行款项有所下降。同业往来资产方面，中国银行、建设银行、交通银行稳步增长，而工商银行、农业银行和邮储银行有所下降（见表2）。

表2 国有银行资产结构比较

	现金及存放中央银行款项（%）			贷款和垫款（%）			同业往来资产（%）			证券投资（%）		
	2018年末占比	2017年末占比	变动百分点	2018年末占比	2017年末占比	变动百分点	2018年末占比	2017年末占比	变动百分点	2018年末占比	2017年末占比	变动百分点
工商银行	12.2	13.9	-1.7	54.3	53.3	1.1	6.1	7.0	-0.9	24.4	22.1	2.3
建设银行	11.3	13.5	-2.2	57.6	56.8	0.7	4.5	3.2	1.3	24.6	23.4	1.2
农业银行	12.4	13.8	-1.4	50.7	49	1.7	4.6	5.6	-1.0	30.5	29.2	1.2
中国银行	11.3	11.8	-0.5	54.1	54.7	-0.5	6.6	5.4	1.2	26.9	23.4	3.5
交通银行	8.8	10.4	-1.6	49.8	49.5	0.3	8.9	8.7	0.2	29.6	28.0	1.6
邮储银行	12.6	15.7	-3.0	43.6	39.3	4.3	7.0	8.4	-1.4	35.6	35.1	0.5

9家股份制银行资产增速相当，总资产增速为5.0%。其中，招商银行的资产总额最大，达到6.75万亿元；招商银行的资产总额增长额最大，达到4480.91亿元。浙商银行的资产增速最快，达到7.2%；仅民生银行和浦发银行的增长幅度低于3%，分别为1.6%和2.5%（见表3）。

表3 股份制银行资产规模比较

	2018年末（亿元）	2017年末（亿元）	变动额（亿元）	变动率（%）
招商银行	67457.29	62976.38	4480.91	7.1
兴业银行	67116.57	64168.42	2948.15	4.6
浦发银行	62896.06	61372.4	1523.66	2.5
中信银行	60667.14	56776.91	3890.23	6.9
民生银行	59948.22	59020.86	927.36	1.6
光大银行	43573.32	40882.43	2690.89	6.6
平安银行	34185.92	32484.74	1701.18	5.2
华夏银行	26805.8	25089.27	1716.53	6.8
浙商银行	16466.95	15367.52	1099.43	7.2
平均值	48790.81	46459.88	2330.93	5.0

从结构上看，股份制银行的贷款和垫款依然占有最大的比重，且比重明显增加。证券投资、现金及存放中央银行款项、同业往来资产所占比重均有所下降。股份制银行现金及存放中央银行款项占资产比重普遍低于国有银行（见表4）。

表4 　　　　　　　　　　　　　　股份制银行资产结构比较

	现金及存放中央银行款项（%）			贷款和垫款（%）			同业往来资产（%）			证券投资（%）		
	2018年末占比	2017年末占比	变动百分点	2018年末占比	2017年末占比	变动百分点	2018年末占比	2017年末占比	变动百分点	2018年末占比	2017年末占比	变动百分点
招商银行	7.3	9.8	-2.5	55.6	54.2	1.4	9.1	7.7	1.4	24.8	25.1	-0.3
兴业银行	7.1	7.3	-0.2	42.3	36.6	5.7	3.4	3.1	0.3	43.1	48.6	-5.5
浦发银行	7.1	7.9	-0.9	54.9	50.6	4.4	3.9	3.1	0.8	30.6	34.3	-3.7
中信银行	8.9	10	-1.1	57.9	54.7	3.2	4.7	6.2	-1.5	26.4	25.5	0.9
民生银行	6.5	7.5	-1.0	50.2	46.3	3.9	5.6	4.6	1	32.9	36.2	-3.3
光大银行	8.4	8.7	-0.2	54.2	48.5	5.7	4.0	7.0	-2.9	29.9	31.7	-1.9
平安银行	8.1	9.5	-1.4	57	51.1	5.9	5.7	7.1	-1.4	24.9	24.8	0.1
华夏银行	7.8	9	-1.2	58.4	54	4.4	2.4	4.5	-2.1	29.4	30.5	-1.1
浙商银行	7.7	10	-2.4	50.8	42.3	8.5	3.4	4.6	-1.3	34.3	39.6	-5.3

　　22家城商行总资产增速为9.1%，各家城商行的资产规模和资产增速差异较大。其中，北京银行的资产总额最大，达到2.57万亿元。资产规模增长最快的依次是中原银行、泸州银行、哈尔滨银行，增速分别为18.9%、16.5%、15.7%；天津银行、盛京银行2家银行资产规模负增长，增速分别为-6.1%和-4.4%（见表5）。

表5 　　　　　　　　　　　　　　城商行资产规模比较

	2018年末（亿元）	2017年末（亿元）	变动额（亿元）	变动率（%）
北京银行	25728.65	23298.05	2430.60	10.4
上海银行	20277.72	18077.67	2200.05	12.2
江苏银行	19258.23	17705.51	1552.72	8.8
南京银行	12432.69	11411.63	1021.06	8.9
宁波银行	11164.23	10320.42	843.81	8.2
徽商银行	10505.06	9081.00	1424.07	15.7
盛京银行	9854.33	10306.17	-451.84	-4.4
杭州银行	9210.56	8329.75	880.81	10.6
天津银行	6593.40	7019.14	-425.74	-6.1
中原银行	6204.44	5219.9	984.54	18.9
哈尔滨银行	6155.88	5642.55	513.33	9.1
长沙银行	5266.30	4705.44	560.86	11.9
贵阳银行	5033.26	4641.06	392.20	8.5
成都银行	4922.85	4345.39	577.46	13.3
郑州银行	4661.42	4358.29	303.13	7.0
重庆银行	4503.69	4227.63	276.06	6.5
江西银行	4190.64	3700.05	490.59	13.3
甘肃银行	3286.22	2711.48	574.75	21.2
青岛银行	3176.59	3062.76	113.82	3.7
九江银行	3116.23	2712.54	403.68	14.9
西安银行	2434.90	2341.21	93.69	4.0
泸州银行	825.50	708.79	116.70	16.5
平均值	8127.40	7451.20	676.20	9.1

从结构上看，城商行的贷款和垫款依然占有最大的比重，但普遍低于国有银行、股份制银行的比重。城商行的证券投资占比较高，部分城商行的证券投资占总资产比重甚至超过了贷款和垫款，主要原因是部分城商行贷款能力不足，因此通过投资证券来提升资产收益。但在2018年，受债券违约影响，城商行的证券投资普遍有所收紧，仅徽商银行、九江银行、甘肃银行和成都银行的比重有所提升（见表6）。受同业监管加强的影响，城商行同业往来资产缩减，占资产比重小幅下滑。

表6　　　　　　　　　　　　　城商行银行资产结构比较

	现金及存放中央银行款项（%）			贷款和垫款（%）			同业往来资产（%）			证券投资（%）		
	2018年末占比	2017年末占比	变动百分点	2018年末占比	2017年末占比	变动百分点	2018年末占比	2017年末占比	变动百分点	2018年末占比	2017年末占比	变动百分点
北京银行	8.4	7.9	0.4	47.4	44.6	2.8	6.0	9.2	−3.2	36.1	36.3	−0.1
上海银行	7.2	7.5	−0.4	40.4	35.6	4.8	8.2	8.9	−0.7	42.4	46.1	−3.7
江苏银行	7.5	7.6	−0.2	44.9	41.1	3.8	2.8	5.5	−2.6	41.4	42.5	−1.1
南京银行	7.5	9.3	−1.8	37.0	32.7	4.3	4.5	6.4	−1.9	47.8	48.6	−0.8
宁波银行	7.9	8.7	−0.8	36.9	32.2	4.7	1.4	3.2	−1.8	48.8	50.5	−1.7
徽商银行	8.4	10.2	−1.8	35.3	33.6	1.7	3.7	5.4	−1.7	48.0	46.1	1.9
盛京银行	9.9	8.2	1.7	37.4	26.4	11.0	3.4	8.7	−5.3	48.2	55	−6.8
杭州银行	9.1	8.9	0.2	36.6	32.9	3.7	8.1	5.2	2.8	44.4	51.5	−7.1
天津银行	9.5	8.2	1.3	42.0	34.4	7.6	2.7	4.2	−1.5	37.2	51.8	−14.5
中原银行	10.4	12.3	−1.9	39.7	36.7	3.0	6.8	4.5	2.3	40.7	43.5	−2.8
哈尔滨银行	12.3	12.3	0.0	40.4	40.9	−0.5	5.2	4.5	0.7	30.9	36.2	−5.4
长沙银行	8.2	13.7	−5.4	37.4	31.8	5.7	2.6	2.2	0.4	50.1	50.8	−0.7
贵阳银行	8.7	10.9	−2.2	32.6	26.1	6.5	1.7	3.6	−1.8	51.3	54.8	−3.5
成都银行	13.5	12.9	0.6	36.4	33	3.3	4.1	14.4	−10.2	44.4	38.1	6.3
郑州银行	9.9	10.5	−0.6	33	28.6	4.5	2.0	5.6	−3.6	50.6	51.1	−0.5
重庆银行	7.4	10.3	−3.0	45.7	40.7	5.0	12.9	8.8	4.1	32.1	37.7	−5.6
江西银行	9.0	10.8	−1.8	39.5	33.7	5.8	4.3	2.3	2.0	45.5	50.9	−5.4
甘肃银行	9.6	10.7	−1.1	47.1	46.2	0.9	9.9	15.0	−5.1	31.3	25.9	5.5
青岛银行	9.3	8.8	0.5	38.8	31.2	7.7	1.9	2.5	−0.6	45.8	53.7	−8.0
九江银行	9.1	10.6	−1.5	44.0	36.7	7.3	5.9	10.9	−5.0	38.5	38.2	0.4
西安银行	10.7	10.4	0.4	53.1	46.8	6.3	1.6	7.9	−6.3	33.2	33.7	−0.5
泸州银行	10.1	11.5	−1.3	36.9	26.6	10.4	9.2	18.8	−9.6	28.1	29.2	−1.1

10家农商行总资产增速为6.7%，各家农商行的资产规模和资产增速差异较大。其中，重庆农商的资产总额最大，达到9506.18亿元。资产规模增长最快的是苏农银行，增速为22.6%，主要由贷款和垫款、证券投资的增长所致；仅有九台农商资产出现负增长，增速为−12.2%。无锡银行、常熟银行、张家港行、紫金银行、青岛农商行资产稳步增长，增速均超过10%（见表7）。

表7   农商行资产规模比较

	2018年末（亿元）	2017年末（亿元）	变动额（亿元）	变动率（%）
重庆农商	9506.18	9057.78	448.40	5.0
广州农商	7632.90	7357.14	275.76	3.7
青农商行	2941.41	2510.54	430.87	17.2
紫金银行	1931.65	1709.49	222.16	13.0
常熟银行	1667.04	1458.25	208.79	14.3
九台农商	1642.53	1870.09	−227.55	−12.2
无锡银行	1543.95	1371.25	172.7	12.6
苏农银行	1167.82	952.71	215.11	22.6
江阴银行	1148.53	1094.03	54.50	5.0
张家港行	1134.46	1031.29	103.17	10.0
平均值	3031.65	2841.26	190.39	6.7

从结构上看，农商行的资产均集中于贷款和垫款（见表8），但其贷款与垫款占总资产比重普遍低于股份制银行和国有银行。证券投资也是农商行资产的重要组成部分，其占总资产比重普遍高于30%。不同农商行的同业往来资产差异较大，重庆农商、紫金银行同业往来资产占总资产比重较高，占比分别为18.6%、12.4%；江阴银行、常熟银行同业往来资产占总资产比重较低，占比分别为1.2%和1.5%。

表8   农商行资产结构比较

	现金及存放中央银行款项（%）			贷款和垫款（%）			同业往来资产（%）			证券投资（%）		
	2018年末占比	2017年末占比	变动百分点	2018年末占比	2017年末占比	变动百分点	2018年末占比	2017年末占比	变动百分点	2018年末占比	2017年末占比	变动百分点
重庆农商	9.0	10.7	−1.7	38.3	35.8	2.5	18.6	16.6	2.0	32.9	35.1	−2.2
广州农商	13.3	14.1	−0.8	47.8	38.8	9.0	7.3	13.2	−6.0	29.9	19.6	10.3
青农商行	9.1	10.7	−1.6	44.5	42.5	1.9	5.8	7.9	−2.2	38.1	36	2.1
紫金银行	10	10.2	−0.2	43.4	40.6	2.7	12.4	14.9	−2.5	31.7	31.6	0.2
常熟银行	10.1	10.7	−0.7	53.2	51.4	1.8	1.5	2.3	−0.8	32.6	33.1	−0.5
九台农商	13.7	12.9	0.8	45.9	40.9	5	7.1	8	−0.9	28.3	19.7	8.6
无锡银行	9.6	12	−2.4	47.4	46.9	0.5	8.1	4.8	3.3	32.7	34.1	−1.5
苏农银行	10.9	12.3	−1.4	49.2	49.8	−0.6	9.9	8.3	1.7	26.6	25.8	0.8
江阴银行	10.1	9.5	0.6	52.1	48.7	3.4	1.2	1.7	−0.5	33.6	37.4	−3.8
张家港行	9.9	9.9	0.0	51.3	46	5.3	1	4	−2.9	34.8	37.2	−2.4

二、贷款和垫款情况

2018年，47家上市商业银行的贷款和垫款净额总量为92.18万亿元，增速为11.2%，占资产总额的51.6%。其中，城商行贷款与垫款增速最快，农商行次之，股份制银行随后，国有银行最慢。总量上，银行加大了对信贷业务的资产投放力度，大部分银行的贷款和垫款增速高于其他项，贷款和垫款占总资产比重有所提升。

整体的结构基本是公司类贷款占绝对优势地位，而个人类贷款的比重较小。但在2018年，因违约事件频发，公司类贷款的违约率受经济周期影响强于个人类贷款，导致银行风险偏好降低，加大了个人类贷款的投放力度。2018年，银行个人类贷款增速普遍高于公司类贷款增速。

2018年，6家国有银行贷款与垫款净额总量为60.28万亿元，增速为8.7%。其中，工商银行的贷款和垫款净额最大，达到15.05万亿元，占资产总额的54.3%。建设银行贷款和垫款净额占总资产的比重最高，其比重为57.6%。邮储银行的贷款和垫款增速最快，达到17.2%（见表9）。

表9 国有银行贷款和垫款规模比较

	贷款和垫款净额（亿元）		贷款和垫款占总资产比重（%）		贷款和垫款净额增速（%）
	2018年末	2017年末	2018年末	2017年末	
工商银行	150461.32	138929.66	54.3	53.3	8.3
农业银行	114615.42	103163.11	50.7	49.0	11.1
中国银行	115157.64	106443.04	54.1	54.7	8.2
建设银行	133654.30	125744.73	57.6	56.8	6.3
交通银行	47423.72	44732.55	49.8	49.5	6.0
邮储银行	41495.38	35415.71	43.6	39.3	17.2
平均值	100467.96	92404.80	52.9	51.9	8.7

国有银行基本都是以公司类贷款为主，占比都超过50%。仅邮储银行因网点分布广，其以个人类贷款为主，个人类贷款占邮储银行贷款的54.2%。2018年，邮储银行的公司类贷款增速最快，达到17.8%；其个人贷款增速也最快，达到19.2%（见表10）。整体上来看，国有银行个人贷款的增速均超过了公司类贷款的增速。

表10 国有银行贷款和垫款结构比较①

	公司类贷款					个人类贷款				
	2018年末（亿元）	占比（%）	2017年末（亿元）	占比（%）	变动率（%）	2018年末（亿元）	占比（%）	2017年末（亿元）	占比（%）	变动率（%）
工商银行	97833.41	63.4	92879.90	65.3	5.3	56365.74	36.6	49454.58	34.7	14.0
农业银行②	68583.44	59.5	63350.86	61.3	8.3	46658.71	40.5	40002.73	38.7	16.6
中国银行	73455.97	62.3	69727.01	64.0	5.3	44400.85	37.7	39238.57	36.0	13.2
建设银行	77887.10	56.7	76235.47	59.1	2.2	59575.45	43.3	52798.94	40.9	12.8
交通银行	32186.01	66.3	31693.74	69.2	1.6	16356.27	33.7	14098.82	30.8	16.0
邮储银行	19570.25	45.8	16836.62	46.4	16.2	23198.40	54.2	19464.73	53.6	19.2

① 公司类贷款=企业贷款及垫款+贴现票据。
② 仅农业银行有其他和境外存款，因此农业银行的公司类贷款和个人类贷款加总不等于农业银行的贷款与垫款总额。

2018 年，股份制银行贷款及垫款净额总量为 23.28 万亿元，同比增长 14.4%。股份制银行中，招商银行的贷款与垫款净额最大，合计为 3.75 万亿元，但增速最慢，仅为 9.8%。华夏银行贷款与垫款占总资产比重最高，为 58.4%。浙商银行的贷款与垫款增速最快，达到 28.8%，主要由于其公司类贷款、个人类贷款的增速均远远超过其他 8 家股份制银行（见表 11）。

表 11   股份制银行贷款和垫款规模比较

	贷款和垫款净额（亿元）		贷款和垫款占总资产比重（%）		贷款和垫款变动率（%）
	2018 年末	2017 年末	2018 年末	2017 年末	
中信银行	35156.50	31059.84	57.9	54.7	13.2
光大银行	23612.78	19808.18	54.2	48.5	19.2
招商银行	37499.49	34146.12	55.6	54.2	9.8
浦发银行	34554.89	31038.53	54.9	50.6	11.3
民生银行	30082.72	27297.88	50.2	46.3	10.2
华夏银行	15662.41	13555.85	58.4	54.0	15.5
平安银行	19497.57	16604.20	57.0	51.1	17.4
兴业银行	28384.45	23488.31	42.3	36.6	20.8
浙商银行	8370.76	6498.17	50.8	42.3	28.8
平均值	25869.06	22610.79	53.0	48.7	14.4

大部分股份制银行仍以公司贷款为主，各家银行差异很大。浙商银行、华夏银行的公司类贷款占比较高，依次为 76.6%、73.2%；招商银行、平安银行比较注重个人贷款业务，个人贷款占比较高，依次为 51.1%、57.8%（见表 12）。从增速上来看，股份制银行个人贷款的增速均快于公司类贷款。

表 12   股份制银行贷款和垫款结构比较

	公司类贷款					个人类贷款				
	2018 年末（亿元）	占比（%）	2017 年末（亿元）	占比（%）	变动率（%）	2018 年末（亿元）	占比（%）	2017 年末（亿元）	占比（%）	变动率（%）
中信银行	21239.22	58.9	19653.03	61.5	8.1	14844.90	41.1	12315.84	38.5	20.5
光大银行	13681.26	56.5	12020.52	59.2	13.8	10532.03	43.5	8300.04	40.8	26.9
招商银行	19236.95	48.9	17797.49	49.9	8.1	20093.39	51.1	17852.95	50.1	12.5
浦发银行	20659.77	58.2	19524.69	61.1	5.8	14832.28	41.8	12421.31	38.9	19.4
民生银行	18262.01	59.7	16984.80	60.6	7.5	12305.45	40.3	11058.27	39.4	11.3
华夏银行	11816.56	73.2	10709.35	76.8	10.3	4318.60	26.8	3231.47	23.2	33.6
平安银行	8435.16	42.2	8551.95	50.2	-1.4	11540.13	57.8	8490.35	49.8	35.9
兴业银行	17676.78	60.2	15198.71	62.5	16.3	11664.04	39.8	9108.24	37.5	28.1
浙商银行	6609.65	76.6	5389.46	80.1	22.6	2014.08	23.4	1339.33	19.9	50.4

2018 年，城商行贷款及垫款净额总量为 7.26 万亿元，同比增长 22.8%。城商行中，北京银行贷款与垫款净额最大，合计为 1.22 万亿元。西安银行的贷款与垫款占总资产比重最高，达到 53.1%。泸州银行的贷款与垫款增速最快，达到 61.9%，主要是由于其公司类贷款猛增所致（见表 13）；哈尔滨银行贷款和垫款增速最慢，仅为 7.8%。整体来看，城商行的贷款和垫款整体增长速度较快，增速普遍高于 20%。

表 13 城商行贷款和垫款规模比较

	贷款和垫款净额（亿元）		贷款和垫款占总资产比重（%）		贷款和垫款变动率（%）
	2018 年末	2017 年末	2018 年末	2017 年末	
北京银行	12186.45	10390.23	47.4	44.6	17.3
天津银行	2769.43	2416.37	42.0	34.4	14.6
上海银行	8183.60	6431.91	40.4	35.6	27.2
重庆银行	2059.23	1721.62	45.7	40.7	19.6
宁波银行	4115.92	3321.99	36.9	32.2	23.9
南京银行	4605.75	3734.80	37.0	32.7	23.3
盛京银行	3680.78	2717.83	37.4	26.4	35.4
徽商银行	3706.61	3052.09	35.3	33.6	21.4
哈尔滨银行	2485.72	2306.47	40.4	40.9	7.8
郑州银行	1539.99	1244.56	33.0	28.6	23.7
青岛银行	1233.67	955.15	38.8	31.2	29.2
江苏银行	8639.78	7278.44	44.9	41.1	18.7
杭州银行	3374.60	2742.97	36.6	32.9	23.0
贵阳银行	1641.70	1209.79	32.6	26.1	35.7
中原银行	2465.52	1917.09	39.7	36.7	28.6
九江银行	1371.48	995.28	44.0	36.7	37.8
成都银行	1790.66	1435.89	36.4	33.0	24.7
长沙银行	1971.22	1495.25	37.4	31.8	31.8
西安银行	1292.49	1094.57	53.1	46.8	18.1
泸州银行	304.86	188.34	36.9	26.6	61.9
江西银行	1655.23	1247.69	39.5	33.7	32.7
甘肃银行	1546.34	1252.55	47.1	46.2	23.5
平均值	3300.96	2688.68	40.6	36.1	22.8

与股份制银行、国有银行不同，城商行的公司类贷款和个人贷款的比重差异较大，但城商行的公司类贷款普遍远高于个人贷款。最突出的是盛京银行，盛京银行的公司类贷款占比 93.2%，而个人贷款只有 6.8%（见表 14）。不同城商行的公司类贷款增速与个人

贷款增速有较大差异，整体上来说，大部分城商行的个人类贷款增速快于公司类贷款增速。

表 14　　　　　　　　　　　　　城商行贷款和垫款结构比较

	公司类贷款					个人类贷款				
	2018 年末 （亿元）	占比 （%）	2017 年末 （亿元）	占比 （%）	变动率 （%）	2018 年末 （亿元）	占比 （%）	2017 年末 （亿元）	占比 （%）	变动率 （%）
北京银行	8602.57	70.4	7417.98	70.7	16.0	3618.25	29.6	3072.40	29.3	17.8
天津银行	1808.51	63.0	2145.01	86.2	-15.7	1060.10	37.0	343.79	13.8	208.4
上海银行	5738.74	67.5	4899.71	73.8	17.1	2768.21	32.5	1740.51	26.2	59.0
重庆银行	1424.34	67.4	1145.82	64.7	24.3	687.75	32.6	626.24	35.3	9.8
宁波银行	2920.21	68.1	2405.37	69.5	21.4	1370.66	31.9	1056.64	30.5	29.7
南京银行	3509.66	73.1	2996.05	77.0	17.1	1293.73	26.9	893.47	23.0	44.8
盛京银行	3511.45	93.2	2645.05	94.6	32.8	254.52	6.8	150.08	5.4	69.6
徽商银行	2365.20	62.0	2023.21	64.3	16.9	1452.46	38.0	1123.74	35.7	29.3
哈尔滨银行	1383.75	54.5	1190.22	50.1	16.3	1153.88	45.5	1183.76	49.9	-2.5
郑州银行	1156.54	72.5	943.43	73.4	22.6	439.19	27.5	341.13	26.6	28.7
青岛银行	850.37	67.3	673.15	68.6	26.3	413.50	32.7	307.46	31.4	34.5
江苏银行	6186.80	69.6	5594.42	74.9	10.6	2705.29	30.4	1878.47	25.1	44.0
杭州银行	2227.31	63.6	1901.42	67.0	17.1	1277.46	36.4	936.93	33.0	36.3
贵阳银行	1306.33	76.7	955.42	76.1	36.7	396.71	23.3	299.73	23.9	32.4
中原银行	1492.00	58.7	1249.72	62.8	19.4	1051.70	41.3	739.31	37.2	42.3
九江银行	1006.06	70.9	655.70	63.8	53.4	412.23	29.1	371.55	36.2	10.9
成都银行	1369.84	73.7	1087.33	73.1	26.0	488.46	26.3	399.29	26.9	22.3
长沙银行	1331.93	65.2	1092.05	70.7	22.0	712.10	34.8	452.82	29.3	57.3
西安银行	977.67	73.7	924.96	82.4	5.7	349.36	26.3	197.82	17.6	76.6
泸州银行	254.29	81.6	144.32	74.5	76.2	57.36	18.4	49.69	25.6	15.4
江西银行	1035.70	60.7	853.16	66.0	21.4	669.30	39.3	440.26	34.0	52.0
甘肃银行	1328.60	82.6	1156.46	88.8	14.9	280.25	17.4	146.38	11.2	91.5

　　2018 年，农商行贷款与垫款净额总量为 1.36 万亿元，同比增长 17.9%。农商行中，广州农商的贷款和垫款净额最大，达到 3649.68 亿元；重庆农商次之，为 3640.26 亿元（见表15）。常熟银行贷款与垫款占总资产比重最高，达到 53.2%。增速上，广州农商、张家港行和青农商行增速最快，依次为 27.7%、22.5% 和 22.5%；仅九台农商 1 家的贷款和垫款为负增长。

表 15　　　　　　　　　　　　　农商行贷款和垫款规模比较

	贷款和垫款净额（亿元）		贷款和垫款占总资产比重（%）		贷款和垫款变动率（%）
	2018 年末	2017 年末	2018 年末	2017 年末	
无锡银行	731.44	643.09	47.4	46.9	13.7
重庆农商	3640.26	3241.10	38.3	35.8	12.3
江阴银行	598.18	532.85	52.1	48.7	12.3
常熟银行	887.27	749.19	53.2	51.4	18.4
苏农银行	574.54	474.63	49.2	49.8	21.1
广州农商	3649.68	2857.02	47.8	38.8	27.7
九台农商	753.55	764.92	45.9	40.9	-1.5
张家港行	581.80	474.48	51.3	46.0	22.6
紫金银行	837.59	694.49	43.4	40.6	20.6
青农商行	1307.56	1067.57	44.5	42.5	22.5
平均值	1356.19	1149.93	44.7	40.5	17.9

　　和城商行相似，农商行的公司类贷款和个人贷款的比重差异大。其中，无锡银行的公司类贷款占比 86.0%，而个人贷款占比只有 14.0%（见表 16）。除了九台农商的个人类贷款、公司类贷款均收缩外，其他银行的公司类贷款、个人类贷款正常增长，个人类贷款增速略快于公司类贷款。与国有银行和股份制银行相比，农商行公司类贷款保持较好增速，其个人类贷款、公司类贷款增长更为均衡。

表 16　　　　　　　　　　　　　农商行贷款和垫款结构比较

	公司类贷款					个人类贷款				
	2018 年末（亿元）	占比（%）	2017 年末（亿元）	占比（%）	变动率（%）	2018 年末（亿元）	占比（%）	2017 年末（亿元）	占比（%）	变动率（%）
无锡银行	648.26	86.0	568.27	86.0	14.1	105.17	14.0	92.47	14.0	13.7
重庆农商	2478.80	65.0	2247.95	66.4	10.3	1332.56	35.0	1135.51	33.6	17.4
江阴银行	554.66	88.1	504.39	90.3	10.0	75.20	11.9	54.15	9.7	38.9
常熟银行	454.51	49.0	406.47	52.2	11.8	473.45	51.0	371.64	47.8	27.4
苏农银行	486.01	81.8	424.47	86.5	14.5	107.90	18.2	66.39	13.5	62.5
广州农商	2696.35	71.3	1977.61	67.3	36.3	1083.54	28.7	962.52	32.7	12.6
九台农商	568.48	79.5	590.69	74.9	-3.8	146.55	20.5	197.45	25.1	-25.8
张家港行	425.24	70.7	375.16	76.5	13.3	176.36	29.3	115.51	23.5	52.7
紫金银行	653.54	75.0	545.01	74.9	19.9	217.88	25.0	182.37	25.1	19.5
青农商行	992.24	72.4	781.74	69.5	26.9	377.50	27.6	342.71	30.5	10.2

三、证券投资发展情况

（一）证券投资分析

2018 年，47 家上市商业银行的证券投资总额为 53.40 万亿元，同比增加 8.0%。总体来看，农商行增速最快，国有银行的增速其次，城商行增速次之，而股份制银行负增长。

国有银行证券投资额稳步增长，平均增速为 14.4%。其中，农业银行的证券投资总额最大，为 6.89 万亿元。邮储银行的证券投资占总资产比重最高，达到 35.6%（见表 17）。中国银行的证券投资增速最快，为 25.5%；邮储银行的证券投资增速最慢，为 7.0%。

表 17　　　　　　　　　　　　国有银行证券投资比较

| | 证券投资（亿元） | | 占总资产比重（%） | | 证券投资 |
	2018 年末	2017 年末	2018 年末	2017 年末	变动率（%）
工商银行	67546.92	57567.04	24.4	22.1	17.3
农业银行	68850.75	61527.43	30.5	29.2	11.9
中国银行	57149.09	45547.22	26.9	23.4	25.5
建设银行	57149.09	51816.48	24.6	23.4	10.3
交通银行	28219.09	25282.76	29.6	28.0	11.6
邮储银行	33874.87	31670.33	35.6	35.1	7.0
平均值	52131.64	45568.54	27.5	25.6	14.4

股份制银行证券投资额有所下滑，平均增速为 -2.2%。其中，兴业银行的证券投资总额最大，为 2.89 万亿元；兴业银行的证券投资占总资产比重也最高，达到 43.0%（见表 18）。但兴业银行 2018 年证券投资额有所下滑，同比下滑 7.3%。仅中信银行、招商银行和平安银行的证券投资保持较快增速，依次为 10.7%、5.9% 和 5.4%。

表 18　　　　　　　　　　　　股份制银行证券投资比较

| | 证券投资（亿元） | | 占总资产比重（%） | | 证券投资 |
	2018 年末	2017 年末	2018 年末	2017 年末	变动率（%）
中信银行	16001.63	14452.98	26.4	25.5	10.7
光大银行	13010.80	12979.36	29.9	31.7	0.2
招商银行	16713.99	15783.56	24.8	25.1	5.9
浦发银行	19228.15	21046.98	30.6	34.3	-8.6
民生银行	19700.17	21358.97	32.9	36.2	-7.8
华夏银行	7870.21	7653.26	29.4	30.5	2.8
平安银行	8503.17	8070.02	24.9	24.8	5.4
兴业银行	28889.92	31171.58	43.0	48.6	-7.3
浙商银行	5649.33	6090.30	34.3	39.6	-7.2
平均值	15063.04	15400.78	30.9	33.1	-2.2

城商行证券投资小幅增长，平均增速为2.7%。其中，北京银行的证券投资总额最大，为9289.36亿元。郑州银行的证券投资占总资产比重最高，达到50.6%（见表19）。成都银行的证券投资增速最快，为32.1%；天津银行的证券投资增速最慢，为-32.4%。

表19　　　　　　　　　　　　　　城商行证券投资比较

	证券投资（亿元）		占总资产比重（%）		证券投资
	2018年末	2017年末	2018年末	2017年末	变动率（%）
北京银行	9289.36	8446.60	36.1	36.3	10.0
天津银行	2455.14	3634.53	37.2	51.8	-32.4
上海银行	8590.62	8332.03	42.4	46.1	3.1
重庆银行	1446.32	1594.29	32.1	37.7	-9.3
宁波银行	5453.47	5213.87	48.8	50.5	4.6
南京银行	5942.06	5550.76	47.8	48.6	7.0
盛京银行	4747.66	5663.66	48.2	55.0	-16.2
徽商银行	5046.45	4187.77	48.0	46.1	20.5
哈尔滨银行	1899.10	2044.94	30.9	36.2	-7.1
郑州银行	2360.39	2226.74	50.6	51.1	6.0
青岛银行	1453.97	1645.89	45.8	53.7	-11.7
江苏银行	7978.14	7530.25	41.4	42.5	5.9
杭州银行	4086.35	4291.89	44.4	51.5	-4.8
贵阳银行	2579.78	2541.53	51.3	54.8	1.5
中原银行	2526.45	2269.24	40.7	43.5	11.3
九江银行	1200.56	1034.95	38.5	38.2	16.0
成都银行	2185.12	1654.08	44.4	38.1	32.1
长沙银行	2639.82	2389.88	50.1	50.8	10.5
西安银行	809.47	789.70	33.2	33.7	2.5
泸州银行	232.37	207.17	28.1	29.2	12.2
江西银行	1907.04	1884.30	45.5	50.9	1.2
甘肃银行	1028.76	701.05	31.3	25.9	46.7
平均值	3448.11	3356.14	42.4	45.0	2.7

2018年，农商行证券投资普遍大幅增长，平均增速为15.7%。其中，重庆农商的证券投资总额最大，为3123.73亿元。青农商行的证券投资占总资产比重最高，达到36.0%（见表20）。广州农商行的证券投资增速最快，为58.2%；仅有江阴银行、重庆农商两家银行的证券投资为负增长，依次为-5.6%和-1.6%。

表 20　　　　　　　　　　　　农商行证券投资比较

	证券投资（亿元）		占总资产比重（%）		证券投资
	2018 年末	2017 年末	2018 年末	2017 年末	变动率（%）
无锡银行	504.18	468.16	32.7	34.1	7.7
重庆农商	3123.73	3174.87	32.9	35.1	-1.6
江阴银行	386.04	408.87	33.6	37.4	-5.6
常熟银行	543.28	481.97	32.6	33.1	12.7
苏农银行	311.14	246.04	26.6	25.8	26.5
广州农商	2278.53	1440.50	29.9	19.6	58.2
九台农商	464.54	367.98	28.3	19.7	26.2
张家港行	394.86	383.41	34.8	37.4	3.0
紫金银行	613.04	539.71	31.7	31.6	13.6
青农商行	1120.25	904.42	38.1	36.0	23.9
平均值	973.96	841.59	32.1	29.6	15.7

（二）债券投资分析

银行的证券投资项目中一般涵盖债券投资、股权投资、衍生金融工具、非标投资等，因银行资产配置风格稳健，债券投资是银行证券投资中的主要部分。银行进行债券投资，不仅会考虑债券的风险和收益，也会考虑不同品种债券对资本金的消耗。

在债券投资中，银行普遍以政府债和金融债为主。其中，除了邮储银行，国有银行的政府债所占比例普遍在 50% 以上，其投资风格更加稳健；股份制银行、城商行、农商行金融债、企业债所占比例较高，且近年来企业债占比有所提高，这些银行的风险偏好较高。

国有银行中，邮储银行的金融债比例很高，其他 5 家银行的政府债比例较高；因为配置政府债占用资本金较少，大型国有银行会配置一些政府债；但是，邮储银行因贷款能力较差，会配置一些非政府债以提高资产收益，其政府债比例远低于其他国有银行。国有银行中，农业银行的债券投资规模最大，而邮储银行是增速最快的，达到 23.5%。交通银行的债券投资增速最慢，为 -4.2%（见表 21）。

表 21　　　　　　　　　　　国有银行债券投资结构比较

	政府债①			金融债②			企业债③			总额	
	2018 年末（亿元）	占比（%）	变动率（%）	2018 年末（亿元）	占比（%）	变动率（%）	2018 年末（亿元）	占比（%）	变动率（%）	2018 年末（亿元）	变动率（%）
工商银行	40737.02	67.3	23.2	14684.82	24.3	-3.1	5068.92	8.4	-8.3	60490.76	12.6
农业银行	36525.35	55.8	20.1	24431.70	37.3	1.1	4489.85	6.9	12.0	65446.90	11.7
中国银行	32138.34	66.0	9.4	13100.13	26.9	9.9	3447.46	7.1	13.4	48685.93	9.8
建设银行	37927.26	72.1	15.2	10193.73	19.4	3.4	4479.62	8.5	2.6	52600.61	11.6
交通银行	15464.90	65.3	15.2	6961.68	29.4	-4.6	1268.63	5.4	-68.4	23695.21	-4.2
邮储银行	9099.91	31.8	41.3	18465.43	64.5	14.9	1068.69	3.7	59.3	28634.03	23.5

---

①　包括政府及中央银行债券和公共实体债券。

②　包括政策性银行债、同业存单及其他金融机构债券。

③　主要包括企业发行的债券。其中，建设银行、光大银行、招商银行、浦发银行的企业债是指以企业发行的债券为主的其他债券。

　　股份制银行①中，民生银行的债券资产规模最大，为 1.41 万亿元。从结构上来看，股份制银行的债券投资也主要集中于政府债、金融债，但较之国有银行，股份制银行风险偏好更高，金融债的投资比例更高（见表 22）。

表 22　　　　　　　　　　　　　　股份制银行债券投资结构比较

	政府债			金融债			企业债			总额	
	2018 年末（亿元）	占比（%）	变动率（%）	2018 年末（亿元）	占比（%）	变动率（%）	2018 年末（亿元）	占比（%）	变动率（%）	2018 年末（亿元）	变动率（%）
中信银行	4752.46	42.3	50.4	5232.04	46.5	88.8	1261.44	11.2	-8.5	11245.94	53.8
光大银行	2932.55	44.5	-4.3	2281.73	34.6	143.3	1378.83	20.9	20.9	6593.11	28.2
招商银行	6411.02	53.2	36.3	4659.75	38.7	6.8	983.89	8.2	40.9	12054.66	23.5
浦发银行	4555.16	54.1	235.6	2399.50	28.5	146.1	1461.97	17.4	504.8	8416.63	227.0
民生银行	8219.09	58.4	1.8	3672.55	26.1	-6.4	2170.60	15.4	67.0	14062.24	5.7
华夏银行	3792.20	65.3	-0.3	1043.84	18.0	3.8	969.03	16.7	349.5	5805.07	15.5
兴业银行	9202.55	67.8	11.6	1154.17	8.5	-41.9	3208.28	23.7	15.5	13565.00	4.3

　　城商行中，北京银行的债券资产规模最大，为 4550.43 亿元。从结构上来看，城商行的各类债券的占比没有统一的特点，北京银行、宁波银行、贵阳银行以配置政府债为主，盛京银行、郑州银行、青岛银行、杭州银行、成都银行、江西银行、西安银行、中原银行以配置金融债为主。值得注意的是，城商行加大对企业债的配置力度，城商行的企业债投资增长较快（见表 23）。

表 23　　　　　　　　　　　　　　股份制银行债券投资结构比较

	政府债			金融债			企业债			总额	
	2018 年末（亿元）	占比（%）	变动率（%）	2018 年末（亿元）	占比（%）	变动率（%）	2018 年末（亿元）	占比（%）	变动率（%）	2018 年末（亿元）	变动率（%）
北京银行	2722.84	59.8	22.5	1590.77	35.0	-14.2	236.82	5.2	55.6	4550.43	7.6
天津银行	460.08	38.8	17.6	434.40	36.6	-6.5	292.58	24.6	47.4	1187.05	12.6
宁波银行	1544.60	75.9	-0.6	365.01	17.9	-32.3	125.12	6.1	279.3	2034.74	-4.3
南京银行	1648.33	57.7	-5.7	933.25	32.6	17.0	277.08	9.7	78.4	2858.66	5.8
盛京银行	692.62	28.7	-36.8	1353.62	56.2	-12.6	363.73	15.1	325.2	2409.97	-11.8
郑州银行	288.71	37.6	43.1	396.66	51.7	8.6	82.61	10.8	10.1	767.98	19.6
青岛银行	165.48	20.0	18.6	473.08	57.0	-1.0	190.88	23.0	156.6	829.44	19.9
杭州银行	826.15	38.1	-6.9	1221.58	56.3	114.7	121.33	5.6	36.6	2169.06	40.4
贵阳银行	1074.11	74.6	9.2	260.13	18.1	-2.8	104.93	7.3	70.5	1439.18	9.6
中原银行	286.20	31.4	34.3	484.29	53.1	2.3	142.27	15.6	91.9	912.75	20.0
九江银行	95.70	23.0	9.7	174.32	41.8	73.9	146.59	35.2	115.9	416.61	63.1
成都银行	639.79	43.7	29.0	779.37	53.2	93.6	45.09	3.1	132.3	1464.25	59.5
长沙银行	552.91	44.9	18.6	528.80	43.0	34.7	148.88	12.1	302.8	1230.59	37.4
西安银行	231.14	36.6	42.4	370.00	58.5	-10.4	30.99	4.9	4.8	632.13	4.5
江西银行	122.49	28.7	-4.6	279.46	65.5	20.1	24.45	5.7	126.8	426.40	14.7

---

　　① 部分银行信息披露不全，难以统计其债券投资情况。

农商行中，重庆农商的债券投资规模最大，达到 3117.56 亿元。从债券投资的结构上来看，江阴银行和广州农商以政府债为主要对象，占比均达到 60% 以上；重庆农商、广州农商、青农商行以政府债、金融债为主要对象（见表 24）。

表 24　　　　　　　　　　　　城商行债券投资结构比较

	政府债			金融债			企业债			总额	
	2018 年末（亿元）	占比（%）	变动率（%）	2018 年末（亿元）	占比（%）	变动率（%）	2018 年末（亿元）	占比（%）	变动率（%）	2018 年末（亿元）	变动率（%）
重庆农商	1214.79	39.0	114.4	1326.67	42.6	−36.8	576.10	18.5	14.9	3117.56	−1.6
江阴银行	247.10	69.4	31.8	104.25	29.3	−42.5	4.61	1.3	−49.7	355.96	−5.8
广州农商	409.83	34.9	46.5	682.61	58.1	−2.1	82.76	7.0	18.3	1175.19	12.2
九台农商	86.50	67.8	−12.1	34.27	26.9	−50.5	6.76	5.3	−37.9	127.53	−28.6
青农商行	258.94	46.2	421.4	212.41	37.9	−19.5	89.56	16.0	189.6	560.91	62.9

四、同业往来资产发展情况

截至 2018 年末，47 家上市商业银行的同业往来资产①为 10.09 万亿元，同比微增 1.3%。总体上来看，国有银行实现正增长，股份制银行几乎不变，城商行、农商行为负增长。整体来看，受金融严监管、金融去杠杆等政策影响，银行同业往来业务发展停滞。

国有银行同业往来资产总额小幅增长，增速为 5.9%。国有银行中，工商银行的同业往来资产最多，为 1.70 万亿元。建设银行的同业资产增长最快，增速达 46.6%（见表 25），主要是由于存放同业款项同比增加 178.2%。工商银行、农业银行和邮储银行的同业往来资产有所下滑，而中国银行、建设银行和交通银行的同业往来资产增长。

表 25　　　　　　　　　　　　国有银行同业往来资产比较

	存放同业及其他金融机构款项			拆出资金			买入返售金融资产			总额	
	2018 年末（亿元）	占比（%）	变动率（%）	2018 年末（亿元）	占比（%）	变动率（%）	2018 年末（亿元）	占比（%）	变动率（%）	2018 年末（亿元）	变动率（%）
工商银行	3846.46	22.7	3.9	5778.03	34.1	21.0	7340.49	43.3	−25.6	16964.98	−7.5
农业银行	1097.28	10.6	−15.8	5520.13	53.5	9.3	3710.01	35.9	−31.3	10327.42	−12.2
中国银行	3631.76	25.8	−25.1	7817.61	55.6	60.7	2605.97	18.5	193.3	14055.34	32.5
建设银行	4869.49	46.9	178.2	3497.27	33.7	7.5	2018.45	19.4	−3.1	10385.21	46.6
交通银行	1636.46	19.3	13.3	5647.78	66.6	−1.0	1196.43	14.1	77.8	8480.67	8.4
邮储银行	1403.51	21.1	−52.7	2856.22	42.9	−9.6	2396.87	36.0	68.8	6656.60	−11.8
平均值	2747.49	24.7	2.9	5186.17	46.5	16.0	3211.37	28.8	−5.2	11145.04	5.9

---

①　同业往来资产包含三个项目：存放同业及其他金融机构款项、拆出资金和买入返售金融资产。

股份制银行同业往来资产总额保持稳定，增速仅为 0.2%。股份制银行中，招商银行的同业往来资产总额最大，达到 6129.57 亿元。招商银行的同业往来资产增长额也最大，主要是由于存放同业及其他金融机构款项、拆出资金的飞速增长。浦发银行的同业资产增速最快，达到 29.8%，主要由于拆出资金的增长；华夏银行的同业资产萎缩最快，同比减少 42.8%，主要是由于存放同业及其他金融机构款项、买入返售金融资产迅速减少（见表 26）。

表 26 　　　　　　　　　　　　　股份制银行同业往来资产比较

	存放同业			拆出资金			买入返售金融资产			总额	
	2018 年末 （亿元）	占比 （%）	变动率 （%）	2018 年末 （亿元）	占比 （%）	变动率 （%）	2018 年末 （亿元）	占比 （%）	变动率 （%）	2018 年末 （亿元）	变动率 （%）
中信银行	991.53	34.7	−20.3	1761.60	61.6	2.4	107.90	3.8	−80.2	2861.03	−18.5
光大银行	410.05	23.4	−8.4	966.85	55.1	−35.0	377.73	21.5	−58.7	1754.63	−38.4
招商银行	1001.60	16.3	30.2	3134.11	51.1	102.7	1993.86	32.5	−21.1	6129.57	26.6
浦发银行	942.84	38.0	−2.1	1422.51	57.3	76.0	115.73	4.7	−17.2	2481.08	29.8
民生银行	521.54	15.4	−30.7	2465.25	73.0	72.1	391.90	11.6	−25.8	3378.69	24.5
华夏银行	218.71	34.0	−61.5	406.63	63.3	167.2	17.23	2.7	−95.7	642.57	−42.8
平安银行	850.98	43.6	−34.6	729.34	37.4	23.6	369.85	19.0	−11.8	1950.17	−15.6
兴业银行	533.03	23.3	−31.3	983.49	43.0	215.4	770.83	33.7	−17.2	2287.35	13.3
浙商银行	200.57	36.3	−19.1	167.96	30.4	304.5	184.19	33.3	−56.6	552.72	−22.6
平均值	630.09	25.7	−19.8	1337.53	54.6	48.8	481.02	19.6	−36.6	2448.65	0.2

城商行同业往来资产总额大幅减少，增速为 −20.4%。城商行中，上海银行的同业往来资产最大，为 1668.03 亿元。江西银行的同业往来资产增长速度最快，增速达到 114.1%；西安银行的同业往来资产收缩最快，同比减少 79.4%。21 家城商行中，仅有上海银行、重庆银行、哈尔滨银行等 7 家城商行的同业往来资产实现正增长（见表 27）。

表 27 　　　　　　　　　　　　　城商行同业往来资产比较

	存放同业			拆出资金			买入返售金融资产			总额	
	2018 年末 （亿元）	占比 （%）	变动率 （%）	2018 年末 （亿元）	占比 （%）	变动率 （%）	2018 年末 （亿元）	占比 （%）	变动率 （%）	2018 年末 （亿元）	变动率 （%）
北京银行	423.56	27.5	−51.4	687.87	44.6	8.5	430.01	27.9	−31.8	1541.44	−27.9
天津银行	40.63	22.8	−49.2	111.87	62.8	−9.0	25.56	14.4	−72.7	178.06	−40.0
上海银行	150.90	9.0	−61.1	1153.44	69.1	18.7	363.69	21.8	40.9	1668.03	3.1
重庆银行	74.32	12.9	−28.1	100.21	17.4	24.7	402.85	69.8	116.3	577.39	56.1
宁波银行	92.52	60.2	−68.7	24.18	15.7	18.2	37.03	24.1	237.6	153.73	−53.0
南京银行	368.47	66.0	−34.5	69.19	12.4	45.1	120.50	21.6	1.1	558.16	−23.4
盛京银行	290.99	86.5	−17.8	24.01	7.1	−93.0	21.47	6.4	−89.4	336.47	−62.6
徽商银行	79.64	20.3	−17.9	50.22	12.8	41.3	262.87	66.9	−27.0	392.74	−20.3
哈尔滨银行	131.44	40.8	−30.9	81.90	25.4	407.9	108.56	33.7	127.3	321.90	26.7

续表

	存放同业			拆出资金			买入返售金融资产			总额	
	2018年末(亿元)	占比(%)	变动率(%)	2018年末(亿元)	占比(%)	变动率(%)	2018年末(亿元)	占比(%)	变动率(%)	2018年末(亿元)	变动率(%)
郑州银行	21.57	23.0	−54.3	37.69	40.2	−75.4	34.52	36.8	−21.7	93.78	−61.6
青岛银行	15.42	25.9	39.2	41.10	69.0	42.6	3.00	5.0	−91.6	59.53	−21.4
江苏银行	241.01	44.0	−69.6	221.89	40.5	475.0	84.86	15.5	−39.4	547.76	−43.6
杭州银行	349.20	46.9	81.7	109.68	14.7	30.6	284.92	38.3	77.0	743.80	70.2
贵阳银行	35.10	40.5	44.4	0.00	0.0	−100.0	51.47	59.5	−60.4	86.57	−47.6
中原银行	158.64	37.6	77.8	100.32	23.7	636.0	163.45	38.7	25.6	422.41	81.5
九江银行	16.34	8.9	−2.0	28.18	15.3	90.3	139.54	75.8	−47.4	184.07	−37.9
成都银行	146.30	71.8	−26.7	31.50	15.5	−7.9	25.93	12.7	−93.4	203.73	−67.3
长沙银行	56.03	41.4	15.6	3.00	2.2	—	76.41	56.4	38.4	135.44	30.7
西安银行	20.12	52.8	9.4	10.06	26.4	−30.4	7.95	20.8	−94.8	38.13	−79.4
泸州银行	21.36	28.1	43.5	17.13	22.5	11627.1	37.63	49.4	−68.2	76.13	−43.0
江西银行	32.05	17.6	76.3	40.25	22.1	705.0	109.66	60.3	77.4	181.96	114.1
甘肃银行	129.28	39.8	−58.0	0.00	0.0	—	195.24	60.2	98.8	324.52	−20.1
平均值	131.59	32.8	−38.7	133.80	33.4	10.3	135.78	33.8	−19.1	401.17	−20.4

农商行同业往来资产减少，总额增速为−5.4%。农商行中，重庆农商的同业往来资产最大，为1767.53亿元，其同业往来资产增长幅度也最大，增速仅次于无锡银行。无锡银行的同业往来资产增速最快，增速为89.3%；张家港行同业往来资产萎缩最快，同比减少71.1%（见表28）。

表28　　　　　　　　　　　农商行同业往来资产比较

	存放同业			拆出资金			买入返售金融资产			总额	
	2018年末(亿元)	占比(%)	变动率(%)	2018年末(亿元)	占比(%)	变动率(%)	2018年末(亿元)	占比(%)	变动率(%)	2018年末(亿元)	变动率(%)
无锡银行	84.45	67.7	133.0	14.50	11.6	—	25.72	20.6	−13.1	124.67	89.3
重庆农商	322.08	18.2	−29.0	1385.44	78.4	35.0	60.01	3.4	145.5	1767.53	17.5
江阴银行	6.92	50.2	1.5	6.87	49.8	66.7	0.00	0.0	−100.0	13.79	−24.5
常熟银行	17.62	72.0	59.5	5.63	23.0	−52.4	1.23	5.0	−88.1	24.48	−26.3
苏农银行	32.57	28.1	157.7	21.60	18.6	118.2	61.81	53.3	10.0	115.98	47.3
广州农商	108.67	19.6	−24.8	152.99	27.6	131.6	293.39	52.9	−61.6	555.05	−43.0
九台农商	98.84	85.3	−25.2	16.99	14.7	41.5	0.00	0.0	−100.0	115.83	−22.3
张家港行	7.51	63.8	−19.6	4.26	36.2	−60.8	0.00	0.0	−100.0	11.77	−71.1
紫金银行	59.47	24.7	−54.9	109.30	45.5	156.0	71.54	29.8	−11.2	240.31	−5.8
青农商行	94.11	55.5	49.7	40.40	23.8	7.0	35.18	20.7	−64.3	169.69	−14.8
平均值	83.22	26.5	−16.9	175.80	56.0	43.9	54.89	17.5	−49.9	313.91	−5.4

专题三　负债业务对比分析

2018 年，金融市场出现了比较大幅的调整，各家银行积极开展负债业务，开拓资金来源。47 家上市银行中绝大多数银行在负债总额上都实现了稳定增长。客户存款依然是各家银行负债的主要部分，这一现象在国有大行中体现得更为明显，同时各家银行积极调整客户存款结构。同业往来负债项目下滑较为明显，主要源于政策端同业监管的趋严。可以看到，发债作为一项银行负债的来源，在 2018 年实现了小幅增长。各家商业银行通过不断探索新的方法和途径，积极开拓负债业务渠道，主动调整负债来源和结构，增加自身的竞争力。

一、上市银行负债总体变化情况

2018 年，所有上市银行的总负债规模为 164.94 万亿元，同比增加 9.48 万亿元，增长 6.1%。其中，国有商业银行平均增速为 6.3%，股份制商业银行平均增速为 0.3%，城商行平均增速为 11.8%，农商行平均增速为 6.2%。总体来看，城商行增长最快。2018 年，所有上市银行的总资产负债比为 92.3%。

在 6 家大型国有商业银行中，工商银行的负债总额最大，2018 年，负债总额达到 25.35 万亿元，比 2017 年增加 1.4 万亿元。负债增长最快的是中国银行，增速达到 9.2%（见表 1）。其余 5 家银行的增速保持在 4%~6%。

表 1　　　　　　　　　　　国有商业银行负债规模比较

	2018 年末（亿元）	2017 年末（亿元）	变动额（亿元）	变动率（%）
工商银行	253546.57	239459.87	14086.70	5.9
农业银行	209346.84	196239.85	13106.99	6.7
中国银行	195418.78	178997.45	16421.33	9.2
建设银行	212310.99	203285.56	9025.43	4.4
交通银行	88258.63	83619.83	4638.80	5.5
邮储银行	90408.98	85811.94	4597.04	5.4

从结构上来看，6 家国有商业银行均表现为客户存款所占比例最大，其中邮储银行该项占比已达 95.4%（见表 2），交通银行相对较低，占比为 59.0%。同业往来负债次之，最少的是应付债券。此外，各家国有商业银行的负债结构变化有差别，除中国银行外，5 家国有

银行客户占款均上升。应付债券方面，除了邮储银行，各家银行保持平稳增长。

表2 国有商业银行负债结构比较①

	同业往来负债			客户存款			应付债券		
	2018 年末占比（%）	2017 年末占比（%）	变动百分点	2018 年末占比（%）	2017 年末占比（%）	变动百分点	2018 年末占比（%）	2017 年末占比（%）	变动百分点
工商银行	9.2	11.5	-2.3	84.4	80.3	4.1	2.4	2.2	0.2
农业银行	7.7	8.0	-0.3	82.9	82.5	0.4	3.7	2.4	1.3
中国银行	12.0	10.8	1.2	76.2	76.3	-0.1	4.0	2.8	1.2
建设银行	8.8	8.8	0.0	80.6	80.5	0.1	3.7	2.9	0.8
交通银行	18.6	22.1	-3.5	65.6	59.0	6.6	3.6	3.4	0.2
邮储银行	2.8	2.8	0.0	95.4	94.0	1.5	0.8	0.9	-0.1

在股份制银行中，兴业银行 2018 年负债总额为 62391.07 亿元，是 9 家上市股份制商业银行中最大的，比 2017 年增加了 2449.83 亿元，增速为 4.1%（见表 3）。从增长的绝对量来看，招商银行的负债规模增加 3878.78 亿元，增长绝对量最高，增速达到 6.7%，成为 2018 年负债规模增长最多的股份制商业银行。其他银行，如中信银行、光大银行、华夏银行、平安银行也实现了 5% 以上的涨幅。

表3 股份制商业银行负债规模比较

	2018 年末（亿元）	2017 年末（亿元）	变动额（亿元）	变动率（%）
中信银行	56136.28	52652.58	3483.70	6.6
光大银行	40348.59	37828.07	2520.52	6.7
招商银行	62021.24	58142.46	3878.78	6.7
浦发银行	58112.26	57062.55	1049.71	1.8
民生银行	55638.21	55122.74	515.47	0.9
华夏银行	24618.65	23394.29	1224.36	5.2
平安银行	31785.50	30264.20	1521.30	5.0
兴业银行	62391.07	59941.09	2449.83	4.1
浙商银行	15442.46	14470.64	971.82	6.7

从结构上来看，无一例外，全部上市股份制商业银行的同业往来负债均有下降，相比于国有大行，股份制银行受政策趋紧影响更为明显（见表 4）。客户存款方面，只有华夏银行的规模及占比同比都略微有所下降，其他 8 家股份制商业银行的客户存款占比均有所上升。在应付债券端，华夏银行占比下降，光大银行占比不变，其余 7 家银行也都有所上升。

---

① 负债包含同业往来负债、客户存款、应付债券和其他，表中仅列示前三项占比（即总负债占比）及变动。

表4 　　　　　　　　　　　　　股份制商业银行负债结构比较

	同业往来负债			客户存款			应付债券		
	2018 年末占比（%）	2017 年末占比（%）	变动百分点	2018 年末占比（%）	2017 年末占比（%）	变动百分点	2018 年末占比（%）	2017 年末占比（%）	变动百分点
中信银行	18.1	19.2	−1.1	65.0	64.7	0.3	9.8	8.4	1.4
光大银行	16.9	19.3	−2.4	63.7	60.1	3.6	11.8	11.8	0.0
招商银行	12.1	14.4	−2.3	71.4	69.9	1.5	6.9	5.1	1.8
浦发银行	23.0	28.7	−5.7	56.0	53.2	2.8	14.5	12.0	2.5
民生银行	21.2	25.8	−4.6	57.4	53.8	3.6	12.1	9.1	3.0
华夏银行	15.6	15.7	−0.1	60.6	61.3	−0.7	14.6	15.8	−1.2
平安银行	13.4	15.4	−2.0	67.6	66.1	1.5	12.0	11.3	0.7
兴业银行	28.8	31.1	−2.3	53.0	51.5	1.5	11.5	11.1	0.4
浙商银行	18.1	24.7	−6.6	63.1	59.5	3.6	15.9	13.2	2.7

　　在城商行中，北京银行负债总额为 23787.31 亿元，在城商行中最大，同比增加 2256.40 亿元（见表5）。贵阳银行增长最快，达到 25.2%，比上市的城市商业银行负债总额增长率高出 16.2 个百分点（上市城市商业银行负债总额同比增长 9.0%），主要是客户存款和应付债券负债项目总额的增加所致。

表5 　　　　　　　　　　　　　城商行负债规模比较

	2018 年末（亿元）	2017 年末（亿元）	变动额（亿元）	变动率（%）
北京银行	23787.31	21530.91	2256.40	10.5
天津银行	6116.19	6571.58	−455.39	−6.9
上海银行	18660.04	16603.26	2056.78	12.4
重庆银行	4157.57	3903.03	254.54	6.5
宁波银行	10351.93	9748.36	603.57	6.2
南京银行	11645.03	10729.52	915.51	8.5
盛京银行	9284.03	9783.62	−499.58	−5.1
徽商银行	9802.29	8488.88	1313.41	15.5
哈尔滨银行	5680.97	5218.46	462.51	8.9
郑州银行	4282.79	4023.90	258.89	6.4
青岛银行	2901.62	2801.53	100.09	3.6
江苏银行	18013.18	16577.23	1435.95	8.7
杭州银行	8638.92	7815.08	823.84	10.5
贵阳银行	4384.76	3502.53	882.23	25.2
中原银行	5647.67	4758.99	888.68	18.7
九江银行	2880.23	2536.03	344.20	13.6
成都银行	4610.09	4095.15	514.94	12.6
长沙银行	4948.49	4465.48	483.01	10.8
西安银行	2234.96	2164.05	70.91	3.3
泸州银行	761.83	665.44	96.39	14.5
甘肃银行	3033.75	2545.35	488.40	19.2
江西银行	3862.53	3467.33	395.20	11.4

城商行的客户存款比重与股份制银行的近似，均远低于国有银行的客户存款比重。从结构上来看，各上市城市商业银行的负债结构有微小的变化。上市城市商业银行的同业往来负债占比普遍大幅减少，而应付债券占比普遍增加（见表6）。

表6　　　　　　　　　　　　　　城商行负债结构比较①

	同业往来负债			客户存款			应付债券		
	2018 年末占比（%）	2017 年末占比（%）	变动百分点	2018 年末占比（%）	2017 年末占比（%）	变动百分点	2018 年末占比（%）	2017 年末占比（%）	变动百分点
北京银行	19.0	17.6	1.3	58.3	58.9	−0.7	17.1	18.5	−1.4
天津银行	13.7	22.9	−9.2	56.1	54.5	1.6	26.1	18.1	8.1
上海银行	26.7	27.6	−0.9	55.9	55.6	0.2	10.1	10.1	0.0
重庆银行	12.9	13.8	−1.0	61.7	61.2	0.5	23.3	22.7	0.6
宁波银行	9.9	17.2	−7.4	62.5	58.0	4.5	20.1	17.6	2.5
南京银行	7.1	9.5	−2.5	66.2	67.3	−1.2	18.1	18.5	−0.4
盛京银行	16.8	28.7	−11.9	56.5	48.4	8.1	20.1	14.4	5.7
徽商银行	17.8	19.1	−1.3	58.5	60.4	−1.9	9.3	13.6	−4.2
哈尔滨银行	8.2	7.9	0.3	70.5	72.5	−2.0	19.8	17.5	2.3
郑州银行	14.0	16.2	−2.2	62.5	63.5	−1.0	21.9	18.2	3.7
青岛银行	11.6	15.2	−3.6	61.3	57.1	4.2	22.5	24.5	−2.0
江苏银行	12.3	18.9	−6.6	60.7	60.8	−0.1	18.5	14.0	4.5
杭州银行	12.3	17.1	−4.8	61.7	57.4	4.3	18.0	20.6	−2.6
贵阳银行	11.6	9.5	2.1	67.9	75.1	−7.2	18.3	13.7	4.6
中原银行	19.0	18.1	0.8	61.9	64.4	−2.6	16.5	15.6	0.9
九江银行	4.6	7.6	−3.1	75.7	70.8	4.8	14.2	15.9	−1.7
成都银行	4.3	11.4	−7.1	76.4	76.4	0.0	17.5	10.7	6.9
长沙银行	6.3	7.9	−1.6	69.0	75.4	−6.4	20.7	13.3	7.4
西安银行	1.7	6.5	−4.8	69.8	67.2	2.6	25.6	21.3	4.3
泸州银行	11.4	18.1	−6.7	68.8	63.3	5.4	18.1	16.2	1.9
甘肃银行	10.1	10.6	−0.5	69.5	75.5	−6.0	13.7	9.4	4.3
江西银行	15.3	13.4	2.0	67.4	70.3	−2.9	15.8	12.5	3.3

在农商行中，重庆农商2018年负债总额为8784.69亿元，是9家上市股份制商业银行中最大的，比2017年增加了379.37亿元，增速为4.5%（见表7）。从增长的绝对量来看，青农商行的负债规模增加396.62亿元，增长绝对量最高，增速达到17.0%。整体来看，除了九台农商的负债出现负增长外，其他银行的负债均有所增长。

---

①　负债包含同业往来负债、客户存款、应付债券和其他，表中仅列示前三项占比及变动。

表7 农商行负债规模比较

	2018 年末（亿元）	2017 年末（亿元）	变动额（亿元）	变动率（%）
无锡银行	1434.66	1277.73	156.93	12.3
重庆农商	8784.69	8405.32	379.37	4.5
江阴银行	1042.14	1000.49	41.65	4.2
常熟银行	1531.69	1347.16	184.53	13.7
苏农银行	1072.61	867.98	204.63	23.6
广州农商	7077.09	6872.36	204.73	3.0
九台农商	1491.46	1703.58	-212.12	-12.5
张家港行	1034.36	947.84	86.52	9.1
紫金银行	1808.72	1609.94	198.78	12.3
青农商行	2727.98	2331.36	396.62	17.0

　　从结构上来看，农商行客户存款是农商行的核心负债，其比重均值为 74.4%，普遍高于城商行（64.5%）、股份制银行（62.0%）。大部分农商行客户存款占负债的 70% 以上。除了广州农商行外，农商行的应付债券占比普遍提高（见表8）。

表8 农商行负债结构比较

	同业往来负债			客户存款			应付债券		
	2018 年末占比（%）	2017 年末占比（%）	变动百分点	2018 年末占比（%）	2017 年末占比（%）	变动百分点	2018 年末占比（%）	2017 年末占比（%）	变动百分点
无锡银行	3.0	7.0	-4.1	80.7	83.6	-2.9	11.5	5.4	6.0
重庆农商	6.6	13.8	-7.2	70.1	68.1	2.1	18.2	12.4	5.8
江阴银行	3.1	12.8	-9.7	81.3	79.3	2.1	11.5	3.2	8.2
常熟银行	5.8	6.4	-0.7	73.8	73.5	0.3	15.7	15.1	0.6
苏农银行	7.5	8.3	-0.8	77.1	82.3	-5.2	11.8	6.7	5.1
广州农商	10.8	10.2	0.6	76.6	71.1	5.5	9.3	14.8	-5.4
九台农商	9.5	9.4	0.1	73.4	76.2	-2.8	13.8	11.8	2.0
张家港行	13.4	16.4	-2.9	76.9	74.4	2.4	4.5	3.0	1.5
紫金银行	11.0	11.3	-0.3	63.4	63.3	0.2	23.5	23.4	0.1
青农商行	6.8	6.2	0.7	70.1	74.6	-4.0	19.1	15.9	3.2

二、客户存款变化情况

　　2018 年末，47 家上市银行客户存款总额为 122.49 万亿元，同比增长 8.6%。其中，国有银行 85.17 万亿元，同比增长 8.6%；股份制银行 25.02 万亿元，同比增长 8.2%；城商行 10.25 万亿元，同比增长 9.8%；农商行 2.05 万亿元，同比增长 8.3%。整体来看，四类银行存款增速相差不大，城商行存款增长稍快于其他银行。

6 家国有银行中，客户存款规模最大的是工商银行，达到 21.41 万亿元，其次是农业银行，为 17.35 万亿元。客户存款增速最快的是交通银行，为 17.5%，其次是工商银行，为 11.4%。从增长额看，工商银行增加 21825.85 亿元，排名第一，中国银行增加 12256.72 亿元，位居次席。不论从存款规模的绝对量还是变化量来看，国有商业银行对于客户存款的重视程度很高，且在积极促进客户存款业务（见表 9）。

表 9 　　　　　　　　　　　　　国有商业银行客户存款规模比较

| | 2018 年 | | 2017 年 | | 变动额 | 变动率 |
	余额（亿元）	占比（%）	余额（亿元）	占比（%）	（亿元）	（%）
工商银行	214089.34	84.4	192263.49	80.3	21825.85	11.4
农业银行	173462.90	82.9	161942.79	82.5	11520.11	7.1
中国银行	148835.96	76.2	136579.24	76.3	12256.72	9.0
建设银行	171086.78	80.6	163637.54	80.5	7449.24	4.6
交通银行	57933.24	65.6	49303.45	59.0	8629.79	17.5
邮储银行	86274.40	95.4	80626.59	94.0	5647.81	7.0

9 家上市股份制银行中，招商银行客户存款规模最大，达到 4.43 万亿元，占比 71.4%。光大银行的增长速率最快，达到 13.2%，其次是招商银行，达到 8.9%。从增加额看，招商银行增加 3632.21 亿元，排名第一，光大银行增加额为 2992.96 亿元，位居次席（见表 10），其余各家银行也维持了较快的增速，均在 7% 以上，可以看到客户存款对于银行的重要性。

表 10 　　　　　　　　　　　　　股份制银行客户存款规模比较

| | 2018 年 | | 2017 年 | | 变动额 | 变动率 |
	余额（亿元）	占比（%）	余额（亿元）	占比（%）	（亿元）	（%）
中信银行	36496.11	65.0	34076.36	64.7	2419.75	7.1
光大银行	25719.61	63.7	22726.65	60.1	2992.96	13.2
招商银行	44275.66	71.4	40643.45	69.9	3632.21	8.9
浦发银行	32533.15	56.0	30379.36	53.2	2153.79	7.1
民生银行	31944.41	57.4	29663.11	53.8	2281.3	7.7
华夏银行	14924.92	60.6	14339.07	61.3	585.85	4.1
平安银行	21491.42	67.6	20004.20	66.1	1487.22	7.4
兴业银行	33035.12	52.9	30868.93	51.5	2166.19	7.0
浙商银行	9747.70	63.1	8606.19	59.5	1141.51	13.3

城商行中，北京银行客户存款达到 13860.06 亿元，规模远超其他城商行。泸州银行的客户存款的增速是城市商业银行中最快的，达到 24.3%（见表 11）。

表 11 　　　　　　　　　　　城商行客户存款规模比较

	2018 年		2017 年		变动额	变动率
	余额（亿元）	占比（%）	余额（亿元）	占比（%）	（亿元）	（%）
北京银行	13860.06	58.3	12686.98	58.9	1173.08	9.2
天津银行	3428.77	56.1	3578.58	54.5	-149.80	-4.2
上海银行	10424.90	55.9	9235.85	55.6	1189.04	12.9
重庆银行	2563.94	61.7	2387.05	61.2	176.89	7.4
宁波银行	6467.21	62.5	5652.54	58.0	814.67	14.4
南京银行	7705.56	66.2	7226.23	67.3	479.33	6.6
盛京银行	5249.41	56.5	4735.81	48.4	513.60	10.8
徽商银行	5737.98	58.5	5128.08	60.4	609.90	11.9
哈尔滨银行	4002.80	70.5	3782.58	72.5	220.22	5.8
郑州银行	2677.58	62.5	2554.07	63.5	123.51	4.8
青岛银行	1779.11	61.3	1600.84	57.1	178.27	11.1
江苏银行	10933.28	60.7	10078.33	60.8	854.95	8.5
杭州银行	5327.83	61.7	4486.27	57.4	841.56	18.8
贵阳银行	2975.31	67.9	2629.98	75.1	345.33	13.1
中原银行	3493.87	61.9	3067.08	64.4	426.79	13.9
九江银行	2179.34	75.7	1796.37	70.8	382.97	21.3
成都银行	3522.92	76.4	3127.97	76.4	394.95	12.6
长沙银行	3412.02	69.0	3366.41	75.4	45.61	1.4
西安银行	1559.77	69.8	1455.09	67.2	104.68	7.2
泸州银行	523.86	68.8	421.45	63.3	102.41	24.3
甘肃银行	2107.23	69.5	1922.31	75.5	184.92	9.6
江西银行	2604.49	67.4	2438.37	70.3	166.12	6.8

　　10 家上市农商行中，重庆农商客户存款规模最大，达到 6161.66 亿元，占比 70.1%。从增加额看，广州农商增加 536.63 亿元，排名第一。从增长速率看，苏农银行的增长速率最快，达到 15.8%，其次是常熟银行，为 14.8%。除了九台农商外，其余各家银行存款均维持了较快的增速，增速均在 6.5% 以上（见表 12）。

表 12 　　　　　　　　　　　农商行客户存款规模比较

	2018 年		2017 年		变动额	变动率
	余额（亿元）	占比（%）	余额（亿元）	占比（%）	（亿元）	（%）
无锡银行	1158.08	80.7	1068.27	83.6	89.81	8.4
重庆农商	6161.66	70.1	5721.84	68.1	439.82	7.7
江阴银行	847.58	81.3	793.08	79.3	54.50	6.9
常熟银行	1131.01	73.8	990.05	73.5	140.96	14.2
苏农银行	827.48	77.1	714.65	82.3	112.83	15.8
广州农商	5423.35	76.6	4886.72	71.1	536.63	11.0

	2018 年		2017 年		变动额	变动率
	余额（亿元）	占比（%）	余额（亿元）	占比（%）	（亿元）	（%）
九台农商	1095.21	73.4	1298.82	76.2	-203.61	-15.7
张家港行	795.04	76.9	705.44	74.4	89.60	12.7
紫金银行	1147.10	63.4	1018.34	63.3	128.76	12.6
青农商行	1926.10	70.6	1739.35	74.6	186.75	10.7

（一）存款主体结构

在上市银行的全部存款中，大部分银行都是对公存款占比较高；增速方面，个人存款增速普遍快于对公存款。

在国有银行的存款结构中，除农业银行、邮储银行外，其他银行的公司存款占比均高于个人存款，其中交通银行的公司存款占比达到 69.0%，约为个人存款的 2 倍。邮储银行的个人存款占比为 86.6%，个人存款比重较为突出。从变动结构看，在所有公司存款和个人存款中，只有建设银行的公司存款呈现负增长，其余均为正增长，同时工农中建四家银行的个人存款增速均超过公司存款增速，交通银行公司存款增速快于个人存款增速（见表 13）。

表 13　　　　　　　　　　　国有商业银行存款主体结构比较[①]

	公司存款					个人存款					总变动率（%）
	2018 年末（亿元）	占比（%）	2017 年末（亿元）	占比（%）	变动率（%）	2018 年末（亿元）	占比（%）	2017 年末（亿元）	占比（%）	变动率（%）	
工商银行	114811.4	54.3	105576.9	54.9	8.7	94364.18	44.6	83801.06	43.6	12.6	10.0
农业银行	65590.82	38.3	63794.47	39.4	2.8	97919.74	57.1	92465.1	57.1	5.9	5.9
中国银行	79324.13	53.3	73837.74	54.1	7.4	64224.70	43.2	58312.28	42.7	10.1	9.0
建设银行	86673.22	51.2	87008.72	53.2	-0.4	77711.65	45.9	71058.13	43.4	9.4	3.5
交通银行	39441.00	69.0	33496.00	68.0	17.7	17764.88	31.1	15772.73	32.0	12.6	16.1
邮储银行	11577.80	13.4	11997.81	13.4	-3.5	74679.11	86.6	68614.04	85.1	8.8	7.0

在股份制银行的存款结构中，对公存款的重要性和占比明显更高。其中，浙商银行的对公存款占比为 88.7%，位居第一，招商银行占比最低，但也达到 64.5%。从增速上看，兴业银行和光大银行无论在对公存款还是在对私存款上，增速优势明显，公司存款和个人存款都保持较高的增长率，浙商银行个人存款增速最高，为 75.4%，这主要是由于基数较小。相较之下，华夏银行和平安银行的公司存款和个人存款增速略低（见表 14）。此外可以看到，各家银行的个人存款增速均快于公司存款增速，这表明个人存款客户成为股份制银行的一项主要扩张业务。

---

① 除了公司存款和个人存款外，有的银行还存在其他存款项目，故表中各存款占比加总不为 100%。占比为占客户存款比例。

表 14 股份制商业银行存款主体结构比较

	公司存款					个人存款					总变动率（%）
	2018 年末（亿元）	占比（%）	2017 年末（亿元）	占比（%）	变动率（%）	2018 年末（亿元）	占比（%）	2017 年末（亿元）	占比（%）	变动率（%）	
中信银行	28990.91	79.4	28680.20	84.2	1.1	7125.09	19.5	5334.38	15.7	33.6	7.1
光大银行	17226.66	67.9	15793.07	69.5	9.1	5119.04	20.2	3810.95	16.8	34.3	11.7
招商银行	28377.21	64.5	27258.23	67.1	4.1	15629.53	35.5	13385.22	32.9	16.8	8.3
浦发银行	25752.39	79.8	25451.31	83.8	1.2	6478.74	20.1	4884.33	16.1	32.6	6.2
民生银行	25786.13	81.4	24552.47	82.8	5.0	5752.89	18.2	4920.08	16.6	16.9	6.8
华夏银行	10242.14	68.6	10195.41	71.1	0.5	2208.44	14.8	2473.34	17.2	-10.7	4.1
平安银行	16669.66	78.3	16594.21	83.0	0.5	4615.91	21.7	3409.99	17.0	35.4	6.4
兴业银行	27194.09	85.0	25093.52	86.4	8.4	4816.65	15.0	3938.23	13.6	22.3	10.3
浙商银行	8641.86	88.7	8020.55	93.2	7.7	976.63	10.0	556.88	6.5	75.4	12.1

在城商行的存款结构中，对公存款占比普遍高于国有银行，但低于股份制银行。杭州银行的对公存款占比为77.3%，位居第一，甘肃银行占比最低，达到34.4%（见表15）。可以看到，城商行的个人存款增速普遍快于公司存款增速，表明个人存款成为城商行的一项主要扩张业务。

表 15 城商行存款主体结构比较

	公司存款					个人存款					总变动率（%）
	2018 年末（亿元）	占比（%）	2017 年末（亿元）	占比（%）	变动率（%）	2018 年末（亿元）	占比（%）	2017 年末（亿元）	占比（%）	变动率（%）	
北京银行	10172.45	73.4	9504.73	73.4	7.0	2900.97	20.9	2503.60	19.7	15.9	9.2
天津银行	2567.83	74.9	2753.28	74.9	-6.7	692.32	20.2	628.81	17.6	10.1	-4.2
上海银行	7298.95	70.0	6515.51	70.0	12.0	2303.07	22.1	2052.68	22.2	12.2	12.9
重庆银行	1527.89	59.6	1527.00	59.6	0.1	804.86	31.4	677.21	28.4	18.8	7.4
宁波银行	4928.04	76.2	4329.69	76.2	13.8	1228.67	19.0	1058.59	18.7	16.1	14.4
南京银行	5911.66	76.7	5757.44	76.7	2.7	1414.26	18.4	1062.45	14.7	33.1	6.6
盛京银行	3169.83	60.4	2869.90	60.4	10.5	1590.14	30.3	1420.80	30.0	11.9	10.8
徽商银行	3904.30	68.0	3689.10	68.0	5.8	1480.62	25.8	1232.92	24.0	20.1	11.9
哈尔滨银行	2532.08	63.3	2495.07	63.3	1.5	1423.08	35.6	1287.52	34.0	10.5	5.8
郑州银行	1660.81	62.4	1683.65	62.4	-1.4	797.17	30.0	675.63	26.5	18.0	4.6
青岛银行	1186.45	66.7	1072.74	66.7	10.6	568.99	32.0	522.26	32.6	8.9	11.1
江苏银行	7201.11	65.9	6419.99	65.9	12.2	2159.54	19.8	1876.93	18.6	15.1	8.5
杭州银行	4120.09	77.3	3526.37	77.3	16.8	988.50	18.6	737.44	16.4	34.0	18.8

	公司存款					个人存款					总变动率
	2018 年末（亿元）	占比（%）	2017 年末（亿元）	占比（%）	变动率（%）	2018 年末（亿元）	占比（%）	2017 年末（亿元）	占比（%）	变动率（%）	（%）
贵阳银行	2156.20	69.0	2211.14	69.0	-2.5	839.53	26.9	659.17	22.2	27.4	5.0
中原银行	1667.28	47.7	1566.24	47.7	6.5	1476.37	42.3	1246.43	40.6	18.4	13.9
九江银行	1237.82	56.8	1048.61	56.8	18.0	696.51	32.0	520.83	29.0	33.7	21.3
成都银行	2305.67	65.4	1991.81	65.4	15.8	1158.67	32.9	1007.32	32.2	15.0	12.6
长沙银行	2321.13	68.0	2403.19	68.0	-3.4	1028.48	30.1	843.95	25.1	21.9	1.4
西安银行	931.38	59.7	878.88	59.7	6.0	573.43	36.8	476.70	32.8	20.3	7.2
泸州银行	296.79	56.7	261.15	56.7	13.6	222.29	42.4	160.30	38.0	38.7	24.3
甘肃银行	724.40	34.4	824.29	42.9	12.1	1071.33	50.8	819.99	42.7	30.7	9.6
江西银行	1815.10	69.7	1762.03	69.7	3.0	649.06	24.9	580.97	23.8	11.7	6.8

在农商行的存款结构中，大部分农商行个人存款占比较高。重庆农商的个人存款占比为73.8%，位居第一，苏农银行占比最低，为39.1%（见表16）。

表 16　　　　　　　　　　　农商行存款主体结构比较

	公司存款					个人存款					总变动率
	2018 年末（亿元）	占比（%）	2017 年末（亿元）	占比（%）	变动率（%）	2018 年末（亿元）	占比（%）	2017 年末（亿元）	占比（%）	变动率（%）	（%）
无锡银行	653.90	56.5	627.38	56.5	4.2	452.90	39.1	412.20	38.6	9.9	8.4
重庆农商	1539.35	25.0	1478.56	25.0	4.1	4546.80	73.8	4148.16	72.5	9.6	7.7
江阴银行	394.07	46.5	374.19	46.5	5.3	385.26	45.5	363.26	45.8	6.1	6.9
常熟银行	443.11	39.2	410.43	39.2	8.0	622.07	55.0	522.44	52.8	19.1	14.2
苏农银行	445.82	53.9	379.37	53.9	17.5	323.60	39.1	288.24	40.3	12.3	15.8
广州农商	2517.48	46.4	2201.25	46.4	14.4	2400.61	44.3	2127.64	43.5	12.8	11.0
九台农商	404.67	36.9	467.04	36.9	13.4	657.67	60.0	788.70	60.7	16.6	-15.7
张家港行	318.07	40.0	309.72	40.0	2.7	348.40	43.8	324.86	46.1	7.2	12.7
紫金银行	636.77	55.5	580.69	55.5	9.7	483.75	42.2	422.86	41.5	14.4	12.6
青农商行	851.91	44.2	727.12	44.2	17.2	1073.52	55.7	1011.65	58.2	6.1	10.7

（二）存款期限结构

在国有商业银行存款期限结构中，除了邮储银行外，其他银行的活期存款和定期存款所占比重基本相当。其中，工商银行的活期存款和定期存款的总额最大，分别为 10.33 万亿元、10.58 万亿元。从增长结构上来看，各家银行的活期存款和定期存款都保持较快增长，只有交通银行的活期存款表现为负增长（见表 17）。农业银行、中国银行以活期存款增长为主（活期存款的增长速度超过了定期存款），而其他银行以定期存款为主（定期存款的增长率超过了活期存款的增长率）。

表 17 　　　　　　　　　　　**国有商业银行存款期限结构比较**①

	活期存款					定期存款					总变动率 (%)
	2018 年末 (亿元)	占比 (%)	2017 年末 (亿元)	占比 (%)	变动率 (%)	2018 年末 (亿元)	占比 (%)	2017 年末 (亿元)	占比 (%)	变动率 (%)	
工商银行	103363.2	48.9	98901.96	51.4	4.5	105812.4	50.1	90475.99	47.1	17.0	10.0
农业银行	99872.03	58.2	94383.05	58.3	5.8	63638.53	37.1	61876.52	38.2	2.8	5.9
中国银行	71146.23	47.8	65686.15	48.1	8.3	66553.36	44.7	62736.20	45.9	6.1	9.0
建设银行	91257.88	53.9	88933.34	54.3	2.6	73126.99	43.2	69133.51	42.2	5.8	3.5
交通银行	24363.00	42.6	24979.00	50.7	-2.5	32843.36	57.4	24290.14	49.3	35.2	16.1
邮储银行	33862.43	39.2	33290.47	39.2	1.7	52394.48	60.7	47321.38	58.7	10.7	7.0

　　在股份制银行的存款期限结构中，招商银行的活期存款总额最高，为 2.88 万亿元，民生银行的定期存款总额最高，为 1.85 万亿元。与国有大行不同，股份制银行的活期存款增长大多数为负增长，定期存款为正增长，说明股份制商业银行的存款定期化趋势明显（见表 18）。活期存款增长最快的是招商银行，达到 12.6%；定期存款增长最快的是光大银行，为 11.7%。

　　在上市银行的存款期限结构中，股份制商业银行的活期、定期结构差异比较明显，除了招商银行的活期存款占比高于定期存款占比之外，其余 8 家股份制银行的定期存款占比均高于活期存款，其中以平安银行和民生银行最为显著。活定期策略的选择间接反映了银行获取零售存款的成本和能力。

表 18 　　　　　　　　　　　**股份制商业银行存款期限结构比较**

	活期存款					定期存款					总变动率 (%)
	2018 年末 (亿元)	占比 (%)	2017 年末 (亿元)	占比 (%)	变动率 (%)	2018 年末 (亿元)	占比 (%)	2017 年末 (亿元)	占比 (%)	变动率 (%)	
中信银行	17798.21	48.8	18799.63	55.2	-5.3	18317.79	50.2	15214.95	44.6	20.4	7.1
光大银行	9242.20	36.4	8857.58	39.0	4.3	8278.92	32.6	7820.51	34.4	5.9	11.7
招商银行	28753.50	65.3	25540.93	62.8	12.6	15253.24	34.7	15102.52	37.2	1.0	8.3
浦发银行	14640.38	45.4	15379.37	50.6	-4.8	17590.75	54.5	14956.27	49.2	17.6	6.2
民生银行	13026.39	41.1	13700.19	46.2	-4.9	18512.63	58.4	15772.36	53.2	17.4	6.8
华夏银行	7215.32	48.3	1670.32	28.7	332.0	5235.26	35.1	2473.34	42.5	111.7	156.7
平安银行	7068.59	37.7	7575.99	44.7	-6.7	11667.44	62.3	9385.52	55.3	24.3	10.5
兴业银行	12548.58	38.0	13106.39	42.5	-4.3	18140.16	54.9	15676.74	50.8	15.7	7.0
浙商银行	3487.22	35.8	3119.2	36.2	11.8	6131.27	62.9	5458.23	63.4	12.3	13.3

---

　　① 　占比为占客户存款比例。

在城商行的存款期限结构中，天津银行的活期存款占比最高，为57.0%，哈尔滨银行的定期存款占比最高，为66.3%。部分城商行的活期存款大多数为负增长，大部分城商行定期存款为正增长，城商行的存款定期化趋势明显（见表19）。活期存款增长最快的是盛京银行，达到34.9%；定期存款增长最快的是贵阳银行，为51.8%。

表19　　　　　　　　　　　　城商行存款期限结构比较

	活期存款					定期存款					总变动率（%）
	2018年末（亿元）	占比（%）	2017年末（亿元）	占比（%）	变动率（%）	2018年末（亿元）	占比（%）	2017年末（亿元）	占比（%）	变动率（%）	
北京银行	7092.28	51.2	6726.24	51.2	5.4	5981.14	43.2	5282.09	41.6	13.2	9.2
天津银行	1952.97	57.0	1996.66	57.0	-2.2	1307.18	38.1	1385.43	38.7	-5.6	-4.2
上海银行	4001.42	38.4	3814.83	38.4	4.9	5600.61	53.7	4753.35	51.5	17.8	12.9
重庆银行	788.89	30.8	797.36	30.8	-1.1	1543.86	60.2	1406.85	58.9	9.7	7.4
宁波银行	2973.34	46.0	2940.44	46.0	1.1	3183.37	49.2	2447.83	43.3	30.0	14.4
南京银行	2398.86	31.1	2855.14	31.1	-16.0	4927.07	63.9	3964.75	54.9	24.3	6.6
盛京银行	1742.29	33.2	1291.77	33.2	34.9	3017.68	57.5	2998.93	63.3	0.6	10.8
徽商银行	3141.56	54.8	2732.83	54.8	15.0	2243.37	39.1	2189.19	42.7	2.5	11.9
哈尔滨银行	1300.06	32.5	1532.95	32.5	-15.2	2655.11	66.3	2249.63	59.5	18.0	5.8
郑州银行	1021.69	38.4	1083.20	38.4	-5.7	1436.28	54.0	1276.08	50.1	12.6	4.6
青岛银行	911.66	51.2	833.57	51.2	9.4	843.77	47.4	761.43	47.6	10.8	11.1
江苏银行	3976.88	36.4	4096.88	36.4	-2.9	5383.77	49.2	4200.04	41.7	28.2	8.5
杭州银行	2698.15	50.6	2654.03	50.6	1.7	2410.44	45.2	1609.78	35.9	49.7	18.8
贵阳银行	1681.81	53.8	2004.67	53.8	-16.1	1313.92	42.0	865.64	29.1	51.8	5.0
中原银行	1683.06	48.2	1729.81	48.2	-2.7	1460.58	41.8	1082.87	35.3	34.9	13.9
九江银行	997.95	45.8	854.50	45.8	16.8	936.38	43.0	714.94	39.8	31.0	21.3
成都银行	1976.88	56.1	1715.60	56.1	15.2	1487.46	42.2	1283.53	41.0	15.9	12.6
长沙银行	1853.39	54.3	2085.93	54.3	-11.1	1496.22	43.9	1161.22	34.5	28.8	1.4
西安银行	865.25	55.5	832.55	55.5	3.9	639.56	41.0	523.03	35.9	22.3	7.2
泸州银行	228.14	43.6	224.16	43.6	1.8	290.95	55.5	197.30	46.8	47.5	24.3
甘肃银行	784.96	37.3	897.13	46.7	-12.5	1010.77	48.0	747.15	38.9	35.3	9.6
江西银行	1370.27	52.6	1305.99	52.6	4.9	1093.89	42.0	1037.01	42.5	5.5	6.8

在农商行的存款期限结构中，苏农银行的活期存款占比最高，为49.7%，无锡银行的定期存款占比最高，为64.8%。除了九台农商外，农商行的活期存款、定期存款均稳步增长（见表20）。活期存款增长最快的是青农商行，达到21.5%；定期存款增长最快的是广州农商行，为22.0%。整体来看，较之其他银行，农商行更加依赖定期存款，大部分农商行

的定期存款均超过 50%。

表 20　　　　　　　　　　　　　　农商行存款期限结构比较

	活期存款					定期存款					总变动率（%）
	2018 年末（亿元）	占比（%）	2017 年末（亿元）	占比（%）	变动率（%）	2018 年末（亿元）	占比（%）	2017 年末（亿元）	占比（%）	变动率（%）	
无锡银行	356.71	30.8	342.70	30.8	4.1	750.09	64.8	696.88	65.2	7.6	8.4
重庆农商	2338.57	38.0	2289.24	38.0	2.2	3747.59	60.8	3337.47	58.3	12.3	7.7
江阴银行	328.65	38.8	298.72	38.8	10.0	450.69	53.2	438.73	55.3	2.7	6.9
常熟银行	446.48	39.5	418.23	39.5	6.8	618.70	54.7	514.63	52.0	20.2	14.2
苏农银行	411.42	49.7	362.57	49.7	13.5	358.00	43.3	305.04	42.7	17.4	15.8
广州农商	2232.36	41.2	2127.21	41.2	4.9	2685.74	49.5	2201.67	45.1	22.0	11.0
九台农商	458.24	41.8	471.64	41.8	-2.8	604.09	55.2	784.10	60.4	-23.0	-15.7
张家港行	270.97	34.1	256.30	34.1	5.7	395.50	49.7	378.27	53.6	4.6	12.7
紫金银行	516.69	45.0	458.76	45.0	12.6	603.83	52.6	544.79	53.5	10.8	12.6
青农商行	867.05	45.0	713.71	45.0	21.5	1058.38	54.9	1025.06	58.9	3.3	10.7

三、同业往来负债变化情况

2018 年，47 家上市银行的同业往来负债总额为 20.27 万亿元，同比减少 6.0%，占总负债比为 12.3%。其中，国有银行 9.80 万亿元，减少 1.0%，占总负债比为 9.3%；股份制银行 7.86 万亿元，减少 9.6%，占总负债比为 19.3%；城商行 2.38 万亿元，减少 11.3%，占总负债比为 14.4%；农商行 2259.72 亿元，减少 21.6%，占总负债比为 8.1%。农商行同业往来负债降速最快。股份制银行的同业往来负债占总负债比最大，而农商行的最小。

在国有上市银行中，中国银行是同业往来负债规模最大的，为 2.34 万亿元，占总负债比为 12.0%，增速为 21.7%，位居五家国有大行的第一名。此外农业银行和建设银行也有所增加，增速分别为 2.1% 和 4.7%，而其余两家银行工商银行和交通银行下降明显，降幅分别为 15.4% 和 11.2%。

从结构上来看，除了邮储银行外，其他 5 家国有商业银行在同业往来负债中的主要部分是同业及其他金融机构存放款项，中国银行、建设银行和交通银行该项占比已经超过 70%，占比最小的工商银行也达到 57%（见表 21）。拆入资金方面，除了中国银行占比 14% 外，其余 3 家银行该项占比均在 20% 附近。相对占比最小的为卖出回购款项，除了工商银行外，卖出回购款项均为 4 家银行占比最小的分项。而邮储银行的卖出回购款项占同业负债比重最高，达到 54.2%。

表 21　　　　　　　　　国有商业银行同业往来负债规模及结构比较①

	同业存放			拆入资金			卖出回购款项			同业往来负债	
	2018 年末（亿元）	占比（%）	变动率（%）	2018 年末（亿元）	占比（%）	变动率（%）	2018 年末（亿元）	占比（%）	变动率（%）	2018 年末占总负债比率（%）	变动率（%）
工商银行	13282.46	57	9.4	4862.49	20.9	−1.2	5148.01	22.1	−50.8	9.2	−15.4
农业银行	11243.22	70	15.3	3255.41	20.3	16.2	1571.01	9.8	−50.9	7.7	2.1
中国银行	17312.09	73.9	21.47	3272.49	14	35.4	2850.18	12.2	10.3	12.0	21.72
建设银行	14274.76	76	6.8	4202.21	22.4	9.5	307.65	1.6	−58.6	8.8	4.7
交通银行	11013.24	67.1	−15.8	4033.18	24.6	−9.2	1375.13	8.4	40.3	18.6	−11.2
邮储银行	741.65	29.8	53.1	398.45	16.0	−45.9	1349.19	54.2	17.2	2.8	4.9

　　股份制商业银行中，兴业银行是同业往来负债总额占总负债比值最大的，达到 28.8%。华夏银行的增速为 5.0%，在股份制商业银行中增长最快；浙商银行同业往来负债同比减少 21.5%，收缩最快。整体上，股份制银行同业往来负债普遍减少。从结构上来看，股份制银行的同业及其他金融机构存放款项的所占比重明显高于其他项目（见表 22）。

表 22　　　　　　　　　股份制商业银行同业往来负债规模及结构比较

	同业存放			拆入资金			卖出回购款项			同业往来负债	
	2018 年末（亿元）	占比（%）	变动率（%）	2018 年末（亿元）	占比（%）	变动率（%）	2018 年末（亿元）	占比（%）	变动率（%）	2018 年末占总负债比率（%）	变动率（%）
中信银行	7822.64	76.8	−2.0	1153.58	11.3	48.7	1203.15	11.8	−10.5	18.1	0.8
光大银行	4900.91	71.8	−15.1	1520.37	22.3	42.4	404.11	5.9	−11.3	16.9	−6.5
招商银行	4708.26	62.5	7.2	2039.5	27.1	−25.2	781.41	10.4	−37.8	12.1	−10.1
浦发银行	10677.69	79.9	−18.8	1486.22	11.1	7.1	1195.64	8.9	−35.2	23.0	−18.4
民生银行	9152.22	77.5	−19.6	1766.38	14.9	−0.5	896.87	7.6	−16.6	21.2	−17.0
华夏银行	2930.72	76.2	26.7	771.11	20.1	18.6	143.78	3.7	−79.5	15.6	5.0
平安银行	3927.38	92.3	−8.9	246.06	5.8	−12.2	79.88	1.9	25.6	13.4	−8.6
兴业银行	13448.83	74.9	−7.0	2208.31	12.3	17.5	2305.69	12.8	0.3	28.8	−3.6
浙商银行	1716.30	61.3	−42.3	379.32	13.5	29.7	704.37	25.2	133.7	18.1	−21.5

　　城商行中，上海银行的同业往来负债占总负债比值最大，为 26.7%，而西安银行的比值最小，为 1.7%。中原银行同业往来负债的增速达 24.2%，在城商行中增长最快。整体来

---

　　①　占比为占同业往来负债比例。

看，同业往来负债总额普遍减少。从结构上来看，大多数城商行的同业及其他金融机构存放款项的所占比重明显高于其他同业科目，但宁波银行、杭州银行拆入资金所占比重较高（见表23）。

表23　　　　　　　　　　　城商行同业往来负债规模及结构比较

	同业存放			拆入资金			卖出回购款项			同业往来负债	
	2018年末（亿元）	占比（%）	变动率（%）	2018年末（亿元）	占比（%）	变动率（%）	2018年末（亿元）	占比（%）	变动率（%）	2018年末占总负债比率（%）	变动率（%）
北京银行	3609.29	80.1	21.0	685.52	15.2	38.4	213.34	4.7	-31.6	19.0	18.9
天津银行	337.28	40.3	-56.2	215.56	25.8	-5.1	283.62	33.9	-44.1	13.7	-44.4
上海银行	3689.68	74.0	12.3	683.36	13.7	31.9	611.51	12.3	-22.2	26.7	8.6
重庆银行	288.41	54.0	-31.2	140.3	26.3	130.0	105.74	19.8	76.4	12.9	-1.1
宁波银行	212.15	20.8	-22.3	539.44	52.8	-43.0	269.30	26.4	-41.4	9.9	-39.2
南京银行	386.17	46.8	-10.6	237.17	28.7	66.4	201.80	24.5	-55.0	7.1	-19.4
盛京银行	809.94	51.9	-47.3	428.21	27.4	-16.6	323.09	20.7	-57.3	16.8	-44.4
徽商银行	1176.96	67.5	22.8	287.79	16.5	13.2	278.45	16.0	-31.8	17.8	7.5
哈尔滨银行	279.29	60.3	21.1	153.94	33.2	15.3	29.91	6.5	-34.8	8.2	12.9
郑州银行	273.99	45.7	-5.3	136.53	22.8	-38.9	189.56	31.6	34.6	14.0	-8.2
青岛银行	116.33	34.5	-53.3	72.07	21.4	24.8	148.50	44.1	24.8	11.6	-20.9
江苏银行	1509.11	68.4	-33.8	303.04	13.7	7.3	395.61	17.9	-30.3	12.3	-29.5
杭州银行	502.73	47.2	-44.5	451	42.4	38.5	110.51	10.4	8.6	12.3	-20.2
贵阳银行	242.44	56.1	-34.7	161.55	37.4	47.6	28.44	6.6	6.4	9.9	-14.7
中原银行	608.02	56.8	53.3	127.29	11.9	122.7	335.28	31.3	-17.8	19.0	24.2
九江银行	31.68	24.1	290.1	17.75	13.5	58.9	82.02	62.4	-52.9	4.6	-32.0
成都银行	77.1	38.6	80.4	10.78	5.4	88.5	111.69	56.0	-73.3	4.3	-57.3
长沙银行	184.13	59.3	31.3	20.34	6.5	-57.6	106.22	34.2	-35.4	6.3	-11.9
西安银行	38.14	98.5	-20.6	0.57	1.5	-78.5	0.00	0.0	-100.0	1.7	-72.5
泸州银行	52.75	60.8	10.2	17.2	19.8	97.7	16.81	19.4	-73.8	11.4	-28.1
甘肃银行	155.14	50.8	-23.1	33.00	10.8	214.3	117.17	38.4	101.4	10.1	12.9
江西银行	318.64	53.9	6.9	170.95	28.9	74.4	101.87	17.2	52.3	15.3	27.7

　　农商行中，张家港行的同业往来负债占总负债比值最大，达到13.4%。青岛农商行是同业往来负债总额增长最快的，增速高达29.8%。从结构上来看，与其他银行不同，大部分农商行的卖出回购款项的所占比重明显高于其他项目（见表24）。

表 24　　　　　　　　　　农商行同业往来负债规模及结构比较

	同业存放			拆入资金			卖出回购款项			同业往来负债	
	2018 年末（亿元）	占比（%）	变动率（%）	2018 年末（亿元）	占比（%）	变动率（%）	2018 年末（亿元）	占比（%）	变动率（%）	2018 年末占总负债比率（%）	变动率（%）
无锡银行	21.72	50.9	5.5	0.89	2.1	—	20.03	47.0	−71.1	3.0	−52.5
重庆农商	235.01	40.3	−72.5	288.74	49.5	25.6	59.21	10.2	−21.5	6.6	−49.8
江阴银行	0.21	0.7	−96.4	4.75	14.8	559.7	27.20	84.6	−77.6	3.1	−74.8
常熟银行	12.44	14.1	182.1	0.79	0.9	−39.2	75.26	85.0	−7.2	5.8	2.0
苏农银行	16.66	20.6	9700.0	1.29	1.6	396.2	62.98	77.8	−12.2	7.5	12.2
广州农商	632.16	82.5	45.4	15.54	2.0	−56.5	118.18	15.4	−49.2	10.8	8.9
九台农商	47.11	33.1	0.4	11.06	7.8	−33.1	84.07	59.1	−13.2	9.5	−11.2
张家港行	23.5	16.9	8.1	22.47	16.2	1023.5	93.12	66.9	−29.3	13.4	−10.5
紫金银行	67.85	34.2	−7.0	32.88	16.6	98.7	97.92	49.3	5.7	11.0	9.0
青农商行	9.06	4.9	−73.4	29.84	16.0	16.3	147.79	79.2	75.8	6.8	29.8

四、应付债券变化情况

2018 年，47 家上市银行应付债券总额为 11.28 万亿元。应付债券在总负债中的占比近年在逐步提升，所有上市银行的应付债券平均增速达到 23.1%。其中，国有银行 3.35 万亿元，增加 36.2%；股份制银行 4.64 万亿元，增长 17.9%；城商行 2.88 万亿元，增长 18.7%；农商行 4104.35 亿元，增长 21.0%。国有银行应付债券增速最快。

国有银行中，中国银行的应付债券余额最大，为 7757.85 亿元，增速也较快，为 56.7%，主要是由于二级资本债和美元债的发行量上升。增速最快的为农业银行，增速达到 64.3%。邮储银行债券余额最小，为 761.54 亿元，增速也是最小，为 1.6%（见表 25）。

表 25　　　　　　　　　　国有商业银行应付债券规模比较

	2018 年		2017 年		变动额（亿元）	变动率（%）
	余额（亿元）	占总负债比率（%）	余额（亿元）	占总负债比率（%）		
工商银行	6178.42	2.4	5269.40	2.2	909.02	17.3
农业银行	7806.73	3.7	4750.17	2.4	3056.56	64.3
中国银行	7821.27	4.0	4991.28	2.8	2829.99	56.7
建设银行	7757.85	3.7	5965.26	2.9	1792.59	30.1
交通银行	3176.88	3.6	2876.62	3.4	300.26	10.4
邮储银行	761.54	0.8	749.32	0.9	12.22	1.6

股份制银行中，浦发银行的应付债券总额为8414.40亿元，是9家股份制商业银行中最大的；华夏银行和平安银行规模较小，分别为3604.69亿元和3818.84亿元（见表26）。在规模变动方面，民生银行的增长数额最多，增加1725.96亿元，华夏银行和光大银行应付债券减少，减少额分别为92.20亿元和49.47亿元。在增速方面，招商银行增长43.3%，为9家银行中最高。整体来看，股份制银行的应付债券占总负债比重明显高于国有银行，对债券融资有一定依赖性。

表26   股份制商业银行应付债券规模比较

	2018 年		2017 年		变动额	变动率
	余额 （亿元）	占总负债比率 （%）	余额 （亿元）	占总负债比率 （%）	（亿元）	（%）
中信银行	5524.83	9.8	4412.44	8.4	1112.39	25.2
光大银行	4404.49	10.9	4453.96	11.8	−49.47	−1.1
招商银行	4249.26	6.9	2964.77	5.1	1284.49	43.3
浦发银行	8414.40	14.5	6862.96	12.0	1551.44	22.6
民生银行	6745.23	12.1	5019.27	9.1	1725.96	34.4
华夏银行	3604.69	14.6	3696.89	15.8	−92.20	−2.5
平安银行	3818.84	12.0	3424.92	11.3	393.92	11.5
兴业银行	7178.59	11.5	6629.58	11.1	548.96	8.3
浙商银行	2459.97	15.9	1905.52	13.2	554.45	29.1

城商行中，天津银行应付债券总额为1598.24亿元，占总负债的26.1%，是47家上市银行中占比最高的（见表27）。在规模变动方面，江苏银行的应付债券增长数额最多，增加1004.32亿元。增速方面，成都银行的应付债券增长率为85.0%，为22家银行中最高。整体来看，城商行的应付债券占负债比重远高于股份制银行和国有银行，其对债券融资依赖性更强。

表27   城商行应付债券规模比较

	2018 年		2017 年		变动额	变动率
	余额 （亿元）	占总负债比率 （%）	余额 （亿元）	占总负债比率 （%）	（亿元）	（%）
北京银行	4056.02	17.1	3983.40	18.5	72.62	1.8
天津银行	1598.24	26.1	1186.88	18.1	411.35	34.7
上海银行	1893.76	10.1	1681.48	10.1	212.27	12.6
重庆银行	969.83	23.3	887.27	22.7	82.56	9.3
宁波银行	2084.37	20.1	1714.99	17.6	369.38	21.5
南京银行	2109.96	18.1	1984.80	18.5	125.16	6.3
盛京银行	1865.67	20.1	1409.20	14.4	456.47	32.4
徽商银行	914.44	9.3	1151.80	13.6	−237.36	−20.6
哈尔滨银行	1127.66	19.8	913.34	17.5	214.32	23.5

	2018 年		2017 年		变动额	变动率
	余额 （亿元）	占总负债比率 （%）	余额 （亿元）	占总负债比率 （%）	（亿元）	（%）
郑州银行	936.49	21.9	731.70	18.2	204.79	28.0
青岛银行	652.41	22.5	686.33	24.5	−33.92	−4.9
江苏银行	3327.74	18.5	2323.42	14.0	1004.32	43.2
杭州银行	1555.29	18.0	1608.15	20.6	−52.86	−3.3
贵阳银行	802.29	18.3	481.08	13.7	321.21	66.8
中原银行	932.78	16.5	741.29	15.6	191.49	25.8
九江银行	409.00	14.2	402.48	15.9	6.52	1.6
成都银行	807.74	17.5	436.68	10.7	371.06	85.0
长沙银行	1024.12	20.7	595.29	13.3	428.83	72.0
西安银行	572.46	25.6	461.18	21.3	111.28	24.1
泸州银行	138.00	18.1	107.75	16.2	30.25	28.1
甘肃银行	415.77	13.7	239.61	9.4	176.16	73.5
江西银行	611.30	15.8	434.74	12.5	176.56	40.6

农商行中，紫金银行应付债券总额为 425.16 亿元，占总负债的 23.5%，是 10 家农商行中占比最高的，张家港行规模最小，为 46.95 亿元（见表 28）。在规模变动方面，重庆农商的增长数额最多，增加 557.08 亿元，只有广州农商应付债券减少，减少额为 355.09 亿元。增速方面，江阴银行增长 268.1%，为 47 家上市银行中最高。

表 28　　　　　　　　　　　　　农商行应付债券规模比较

	2018 年		2017 年		变动额	变动率
	余额 （亿元）	占总负债比率 （%）	余额 （亿元）	占总负债比率 （%）	（亿元）	（%）
无锡银行	164.31	11.5	69.57	5.4	94.74	136.2
重庆农商	1596.09	18.2	1039.01	12.4	557.08	53.6
江阴银行	119.60	11.5	32.49	3.2	87.11	268.1
常熟银行	240.69	15.7	203.57	15.1	37.12	18.2
苏农银行	126.40	11.8	58.34	6.7	68.06	116.7
广州农商	658.75	9.3	1013.84	14.8	−355.09	−35.0
九台农商	205.52	13.8	200.40	11.8	5.12	2.6
张家港行	46.95	4.5	28.77	3.0	18.18	63.2
紫金银行	425.16	23.5	376.84	23.4	48.32	12.8
青农商行	520.88	19.1	369.90	15.9	150.98	40.8

专题四 收入支出对比分析

收入支出分析主要集中于营业收入总量、营业收入结构、利息净收入和净息差、净利差和生息资产、计息负债分析。支出分析主要集中于业务管理费的总量分析、计息负债分析、人均分析和点均分析，通过收入和支出分析来明晰上市银行中收入和支出的来源和结构。

本报告的收入部分包括基本主要的上市银行，对其年报进行拆解，分析其变动情况。费用分析中，主要选取了有特点和代表性的上市银行，因港股年报中无法计算业务管理费，所以费用分析主要是针对 A 股的上市银行。

从上市银行年度报告的收入分析来看，2018 年各家银行的营业收入稳定增长，利息净收入在营业收入中仍旧占有很大的比重而且稳中有升。不同类别下的银行在营业收入的体量上差别较大，在相同类别下的城商行和农商行中也有较大的差异，但总体仍然是保持小幅上升的态势。

从上市银行年度报告的费用分析来看，业务及管理费主要集中在员工成本项目。随着银行资产规模的快速增长，以及新业务的开展，银行业务及管理费均呈高速增长的态势。由于各银行的网点数不同，在点均分析下各银行显示出较大的差异。

一、收入分析

2018 年，各家银行的营业收入增长速度稳中略有增长，各银行收入仍然以利息收入为主，且占比很高，大部分银行的利息收入占比在 70% 左右。中间业务在收入中所占比例相比 2017 年下降，城市商业银行下降尤为明显。整体上看，大多数银行的净息差和净利差继续上升，盈利能力增强，银行业盈利状况逐渐回暖。

（一）营业收入总量分析

2018 年，所有的 48 家上市银行，除去目前停牌的锦州银行，营业收入总额达到 4.7 万亿元，同比增长 9.1%。国有六大行的营业收入遥遥领先，都在 2000 亿元以上，股份制银行绝大部分超过 1000 亿元，城市商业银行基本维持百亿元量级。

1. 国有商业银行

2018 年，营业收入最多的是工商银行，高达 7737.89 亿元，六家国有银行中最少的是交通银行，为 2126.54 亿元。国有银行年营业收入总量均呈同比增长态势，增长率与 2017 年相比，整体稳中有升，部分银行快速上涨，交通银行的增长率变动最大，达到 7%。增长率同比下降幅度最大的是邮储银行，下降了 2.4 个百分点（见表 1）。营业收入占比最高的为建设银行，达到 2.8%，基本与 2017 年持平，资产收益能力保持较高；交通银行资产收益能力持续最低，为 2.2%。

表 1   **国有商业银行营业收入规模**

	2018 年（亿元）	2017 年（亿元）	同比变动率（%）	2018 年资产收益率（%）	2017 年资产收益率（%）	收益率同比变动率（%）	2018 年营业收入占总资产比重（%）
工商银行	7737.89	7265.02	6.5	1.11	1.14	−0.03	2.6
农业银行	5985.88	5370.41	11.5	0.93	0.95	−0.02	2.7
中国银行	5041.07	4832.78	4.3	0.94	0.98	−0.04	2.4
建设银行	6588.91	6216.59	6.0	1.13	1.13	0	2.8
交通银行	2126.54	1960.11	8.5	0.80	0.81	−0.01	2.2
邮储银行	2612.45	2248.64	16.2	0.57	0.55	0.02	2.7

2. 股份制银行

2018 年，招商银行营业收入总额在股份制商业银行中最大，达到 2485.55 亿元；浙商银行的营业收入最小，为 390.22 亿元（见表 2）。

变动率方面，除去光大银行营业收入总量同比下降了 2.3 个百分点以外，其余的 8 家银行同比均有上涨，尤其是浙商银行为最高，达到 14.0%。

营业收入占总资产比例最高的是招商银行，其次是平安银行，分别为 3.7%、3.4%，资产收益能力很高。兴业银行和浙商银行资产收益能力相比最低，仅为 2.4%。

表 2   **股份制银行营业收入规模**

	2018 年（亿元）	2017 年（亿元）	同比变动率（%）	2018 年资产收益率（%）	2017 年资产收益率（%）	同比变动率（%）	2018 年营业收入占总资产比重（%）
中信银行	1648.54	1567.08	1.9	0.77	0.74	0.03	2.7
光大银行	1102.44	918.50	−2.3	0.80	0.78	0.02	2.5
招商银行	2485.55	2208.97	5.7	1.24	1.15	0.09	3.7
浦发银行	1715.42	1686.19	1.7	0.91	0.92	−0.01	2.7
民生银行	1567.69	1442.81	8.7	0.85	0.86	−0.01	2.6
华夏银行	722.27	663.84	8.8	0.81	0.82	−0.01	2.7
平安银行	1167.16	1057.86	10.3	0.74	0.75	−0.01	3.4
兴业银行	1582.87	1399.75	13.8	0.93	0.92	0.01	2.4
浙商银行	390.22	342.22	14.0	—	—	—	2.4

3. 城市商业银行

在城市商业银行中，营业收入最多的是北京银行，达到 554.88 亿元，最少的是泸州银行，为 19.40 亿元。各家银行，除徽商银行外，其余所有城市商业银行在 2018 年营业收入均呈现增长，九江银行增长最快，为34.4%，而贵阳银行增长最慢，为1.3%，增长率差额方面，增长率最大的为青岛银行，为39.3%，最小的为贵阳银行，为 −21.5%（见表3）。

营业收入对总资产占比中，最高的为中原银行和江西银行，均为2.7%，资产收益能力最高，盛京银行最低，为1.6%。

表3　　　　　　　　　　　　　城市商业银行营业收入规模

	2018年（亿元）	2017年（亿元）	同比变动率（%）	2018年资产收益率（%）	2017年资产收益率（%）	同比变动率（%）	2018年营业收入占总资产比重（%）
北京银行	554.88	503.53	10.2	0.82	0.85	−0.03	2.2
天津银行	121.38	101.43	19.7	0.62	0.58	0.04	1.8
上海银行	438.88	331.25	32.5	0.94	0.86	0.08	2.6
重庆银行	106.30	101.45	4.8	0.88	0.95	−0.07	2.4
宁波银行	289.30	253.14	14.3	1.04	0.97	0.07	2.6
南京银行	274.06	248.39	10.3	0.94	0.89	0.05	2.2
盛京银行	158.85	132.50	19.9	0.51	0.78	−0.27	1.6
徽商银行	209.18	225.08	−7.1	0.89	0.92	−0.03	2.0
哈尔滨银行	143.00	113	26.5	—	0.96	—	2.3
郑州银行	111.57	101.94	9.4	—	—	—	2.3
青岛银行	73.72	55.83	32.0	0.66	0.65	0.01	2.3
江苏银行	352.24	338.39	4.1	—	—	—	1.8
杭州银行	170.54	141.22	20.8	0.62	0.59	0.03	1.9
贵阳银行	126.45	124.77	1.3	1.08	1.10	−0.02	2.5
中原银行	167.84	128.15	31.0	0.41	0.82	−0.41	2.7
九江银行	78.66	58.54	34.4	0.61	0.71	−0.10	2.5
成都银行	115.90	96.54	20.1	0.97	1.00	−0.03	2.4
长沙银行	139.41	121.28	14.9	0.92	0.93	−0.01	2.6
西安银行	59.76	49.26	21.3	0.99	0.93	0.06	2.5
泸州银行	19.40	16.80	15.5	0.86	1.00	−0.14	2.3
江西银行	113.51	94.52	20.1	0.70	0.85	−0.15	2.7
甘肃银行	887.22	805.25	10.2	1.15	1.30	−0.15	2.7

4. 农村商业银行

在农村商业银行中，营业收入最多的为重庆农商行，达到260.92亿元，最低的为张家港行，为29.99亿元。在变动率方面，2018年整体正向增长，其中同比变动率增长最大的为广州农商行，为64.9%（见表4）。

在营业收入与总资产的比重中，整体占比均在2%～3%，其中江阴银行占比最高，为2.8%，无锡银行占比最低，为2.1%。整体资产收益能力相当。

表 4　　　　　　　　　　　　　　农村商业银行营业收入规模

	2018 年 （亿元）	2017 年 （亿元）	同比 变动率（％）	2018 年资产 收益率（％）	2017 年资产 收益率（％）	同比 变动率（％）	2018 年营业收入 占总资产比重（％）
重庆农商	260.92	239.88	8.8	0.99	1.05	−0.06	2.7
江阴银行	31.86	25.07	27.1	—	—	—	2.8
常熟银行	58.24	49.97	16.5	—	—	—	2.5
苏农银行	31.50	27.26	15.6	0.76	0.85	−0.09	2.7
广州农商	206.67	134.79	53.3	0.91	0.84	0.07	2.7
九台农商	50	49	2.0		0.87		2.5
张家港行	29.99	24.14	24.2	—	—	—	2.6
紫金银行	42.30	36.22	16.8	—	—	—	2.3
青农商行	74.62	60.79	22.2	0.90	0.93	−0.03	2.5
无锡银行	31.92	28.51	12.0	—	—	—	2.1

（二）营业收入结构

从营业收入结构来看，基本所有的银行营业收入主要是依靠利息净收入，占比在70%左右，大型银行间的差别不大，规模越小的银行相比较来说，其利息净收入占比越高。

1. 国有商业银行

从收入结构看，国有银行营业收入主要集中于利息净收入，占比基本在70%～80%，其次是佣金及手续费收入，占比在17%～20%，投资收益占比都不大（见表5）。

从收入结构变动来看，国有五大行利息净收入变化各有不同，工商银行、中国银行和邮储银行占比有所增加，其余三家银行占比均下滑，同期手续费及佣金大部分小幅下滑，可以看出银行的经营正在转型。

表 5　　　　　　　　　　　　　　国有商业银行营业收入结构

	2018 年占比（％）				2017 年占比（％）			
	利息净收入	手续费及 佣金净收入	投资收益	其他	利息净收入	手续费及 佣金净收入	投资收益	其他
工商银行	74.0	18.8	2.4	4.8	71.9	19.2	1.6	7.3
农业银行	79.8	13.1	3.0	4.1	82.3	13.6	1.2	3.0
中国银行	71.4	17.3	3.9	7.6	70.0	18.4	2.5	9.1
建设银行	72.8	18.9	1.0	7.2	73.8	18.7	2.2	5.3
交通银行	61.6	19.4	5.1	13.9	65.0	20.7	2.2	12.2
邮储银行	89.6	5.5	1.4	3.4	83.7	5.7	9.9	0.8

2. 股份制商业银行

从收入结构看，股份制银行营业收入主要由利息净收入和手续费及佣金金收入构成，两者之和超过90%（见表6）。利息净收入所占比例较高，占据绝对主要地位。利息净收入略有下降，股份制商业银行对于利息净收入的依赖性有所下降，手续费及佣金略有下降，投资收益占比上升，股份制商业银行调整业务进程较为明显。

表6 股份制商业银行营业收入结构

	2018 年占比（%）				2017 年占比（%）			
	利息净收入	手续费及佣金净收入	投资收益	其他	利息净收入	手续费及佣金净收入	投资收益	其他
中信银行	63.6	27.4	9.6	−0.5	63.6	29.9	4.5	2.1
光大银行	55.4	33.5	9.9	1.3	66.4	33.5	−0.2	0.4
招商银行	64.5	26.7	5.1	3.6	65.6	29.0	2.8	2.6
浦发银行	65.2	22.7	8.6	3.5	63.4	27.0	8.1	1.5
民生银行	48.9	30.7	8.1	12.3	60.0	33.1	1.9	5.0
华夏银行	71.4	24.6	5.6	−1.6	71.3	27.7	−2.3	3.3
平安银行	64.0	26.8	7.9	1.3	70.0	29.0	0.6	0.4
兴业银行	69.2	27.7	3.2	5.9	60.4	27.2	16.7	−4.3
浙商银行	67.6	10.9	1.6	19.9	71.3	23.4	8.9	−3.6

3. 城市商业银行

城市商业银行从收入结构来看，营业收入比较集中于利息净收入上，整体差异较大，其中最高占比为泸州银行的91.6%，最低占比为天津银行的55.2%，说明城商行收入来源比较多元化。中间业务占比差异较大，大部分在10%～15%（见表7）。

表7 股份制商业银行营业收入结构

	2018 年占比（%）				2017 年占比（%）			
	利息净收入	手续费及佣金净收入	投资收益	其他	利息净收入	手续费及佣金净收入	投资收益	其他
北京银行	82.1	16.0	5.1	1.4	78.2	21.0	7.8	0
天津银行	55.2	12.7	31.3	0.8	82.8	20.0	0	−2.9
上海银行	68.2	13.6	18.0	0.1	57.7	18.9	29.1	−5.7
重庆银行	64.7	12.6	17.6	5.1	80.0	16.6	3.4	0
宁波银行	66.1	20.0	17.5	−3.7	64.7	23.3	13.2	−1.3
南京银行	78.7	13.1	7.5	0.7	80.9	14.0	6.1	−1.1
盛京银行	78.2	3.9	24.4	−6.5	91.1	12.2	1.1	−4.5
徽商银行	85.9	17.7	−0.3	−3.3	89.7	12.6	−0.3	−2.0
哈尔滨银行	70.6	16.8	11.2	1.4	100	21.2	−3.5	−17.7
郑州银行	59.5	16.8	23.6	0	79.5	18.3	4.5	−2.3
青岛银行	60.6	11.7	26.1	1.6	86.0	14.8	1.8	−2.7
江苏银行	72.2	14.8	10.9	2.0	82.2	17.1	0.7	0
杭州银行	82.0	6.9	15.0	−4.0	86.9	11.5	5.8	−4.2
贵阳银行	87.5	9.6	19.0	0.9	87.0	11.3	0.9	0.7

续表

	2018 年占比（%）				2017 年占比（%）			
	利息净收入	手续费及佣金净收入	投资收益	其他	利息净收入	手续费及佣金净收入	投资收益	其他
中原银行	81.9	7.6	7.8	2.7	95.2	6.0	0	-1.2
九江银行	70.8	3.5	0	25.7	96.3	6.0	0	-2.3
成都银行	83.5	2.7	13.4	0.4	77.3	4.1	17.5	1.1
长沙银行	82.8	11.3	2.9	2.9	91.7	9.0	-1.2	0.5
西安银行	85.4	13.1	0.9	0.5	84.4	15.4	0.8	-0.6
泸州银行	91.6	0.1	0	8.3	93.7	-0.1	0	6.4
江西银行	78.5	5.8	0	15.7	79.1	15.8	0	5.1
甘肃银行	80.3	18.7	-4.8	5.8	93.0	4.7	1.4	1.4

4. 农村商业银行

农村商业银行方面，营业收入占据主导的仍旧是利息净收入，占比最高的为无锡银行，为 93.6%，占比最低的为广州农商银行，为 64.2%。中间业务和投资收益差别较大，占比区间分别为 2%~8% 和 0%~22.5%（见表 8）。

表 8　　　　　　　　　　　　　　股份制商业银行营业收入结构

	2018 年占比（%）				2017 年占比（%）			
	利息净收入	手续费及佣金净收入	投资收益	其他	利息净收入	手续费及佣金净收入	投资收益	其他
重庆农商	76.7	7.9	0	15.4	89.6	9.6	0.1	0.7
江阴银行	73.5	2.0	22.5	1.9	83.8	2.1	13.2	0.9
常熟银行	87.6	6.3	4.0	2.2	86.5	8.5	2.2	2.8
苏农银行	85.2	2.3	11.9	0.6	92.6	2.5	4.4	0.4
广州农商	64.2	7.5	3.1	25.2	86.8	17.0	-12.2	8.4
九台农商	70	8	20	2	81.1	10.5	4.4	3.9
张家港行	90.7	1.1	6.9	1.2	88.0	4.7	6.3	1.0
紫金银行	89.0	6.1	1.0	4.0	92.2	4.9	0.5	2.5
青农商行	87.5	2.0	8.5	2.0	95.2	2.7	-0.2	2.3
无锡银行	93.6	2.7	1.6	2.1	94.2	5.7	1.6	1.5

（三）利息净收入

2018 年，所有上市银行利息净收入达 3.329 万亿元，同比增长 4.9%，利息净收入在营业总收入的占比为 70.8%。总的来说，城商行利息净收入在营业收入中占比最高，国有银行最低，体现各类银行对利息收入的依赖程度差别较大。

1. 国有商业银行

国有银行中，工商银行利息净收入最大，达到5725.18亿元，交通银行利息净收入最少，为1309.08亿元（见表9），主要是生息资产规模差异所致。

从变动的角度来看，国有银行利息净收入增长率同比2017年均有所上升，最高的邮储银行达24.5%，交通银行增幅最小，为2.8%。

表9　　　　　　　　　　　　国有商业银行利息净收入总额比较

	2018年（亿元）	2017年（亿元）	变动额（亿元）	变动率（%）	利息净收入占营业收入比重（%）
工商银行	5725.18	5220.78	504.4	9.7	74.0
农业银行	4777.60	4419.30	358.3	8.1	79.8
中国银行	3597.06	3383.89	213.17	6.3	71.4
建设银行	4862.78	4524.56	338.22	7.5	73.8
交通银行	1309.08	1273.66	35.42	2.8	61.6
邮储银行	1881.15	2341.22	460.07	24.5	89.6

2. 股份制商业银行

招商银行的利息净收入在股份制商业银行中最大，为1603.84亿元，招商银行在个人业务上发展较好，浙商银行利息净收入最少，仅为263.86亿元（见表10）。

从变动的角度来看，招商银行的利息净收入增加了155.32亿元，增长率达到了10.7%，是股份制商业银行中增长最快的，招商银行利息净收入增长率保持在行业较高水平；最低的为民生银行，利息净收入同比下降了98.7亿元，同比下降11.4%。

表10　　　　　　　　　　　股份制商业银行利息净收入总额比较

	2018年（亿元）	2017年（亿元）	变动额（亿元）	变动率（%）	利息净收入占营业收入比重（%）
中信银行	1047.72	996.45	51.27	5.1	63.6
光大银行	610.43	609.50	0.93	0.2	55.4
招商银行	1603.84	1448.52	155.32	10.7	64.5
浦发银行	1118.44	1069.12	49.32	4.6	65.2
民生银行	766.80	865.5	−98.7	−11.4	48.9
华夏银行	515.38	473.18	42.20	8.9	71.4
平安银行	747.45	740.09	7.36	1.0	64.0
兴业银行	956.57	884.51	72.06	8.1	69.2
浙商银行	263.86	243.91	20.0	8.2	67.6

3. 城市商业银行

上市城市商业银行中，北京银行利息净收入最大，达到455.53亿元，泸州银行利息净收入最小，为 17.72 亿元（见表 11）。

从变动的角度来看，各城商行利息净收入变动情况不一，有大规模增加的，如上海银行，增长率达 56.6%，也有大幅下降的，如郑州银行，变动率为 -18.5%。

表 11　　　　　　　　　　城市商业银行利息净收入总额比较

	2018 年（亿元）	2017 年（亿元）	变动额（亿元）	变动率（%）	利息净收入占营业收入比重（%）
北京银行	455.53	393.76	61.80	15.7	82.1
天津银行	67.06	84.01	-17.00	-20.2	55.2
上海银行	299.37	191.17	108.20	56.6	68.2
重庆银行	68.76	81.15	-12.39	-15.3	64.7
宁波银行	191.20	163.89	27.3	16.7	66.1
南京银行	215.67	200.91	14.76	7.3	78.7
盛京银行	124.18	120.76	3.40	2.8	78.2
徽商银行	179.67	201.97	-22.30	-11.0	85.9
哈尔滨银行	101.00	113.00	-13.00	-11.5	70.6
郑州银行	66.43	81.06	-14.63	-18.5	59.5
青岛银行	44.64	48.02	-3.38	-7.0	60.6
江苏银行	254.47	278.15	-23.68	-8.5	72.2
杭州银行	139.92	122.67	17.25	14.1	82.0
贵阳银行	110.66	108.61	2.05	1.9	87.5
中原银行	137.44	122.01	15.43	12.6	81.9
九江银行	55.68	56.39	-0.71	-1.3	70.8
成都银行	96.74	74.63	22.11	29.6	83.0
长沙银行	111.20	115.50	4.30	3.9	82.8
西安银行	51.04	41.56	9.48	22.8	85.4
泸州银行	17.72	15.74	1.98	12.6	91.6
江西银行	89.60	14.91	14.30	19.2	78.5
甘肃银行	712.78	748.50	-35.72	-4.8	80.3

4. 农村商业银行

上市农村商业银行中，重庆农商行利息净收入额最大，达到了 200.14 亿元，张家港行的利息净收入最小，为 27.20 亿元（见表 12）。

从变动的角度来看，各农村商业银行利息净收入有增有减，张家港行的增长率最大，为 28%，而九台农商银行却减少最快，为 -25.5%。

表12   农商行利息净收入总额比较

	2018 年（亿元）	2017 年（亿元）	变动额（亿元）	变动率（%）	利息净收入占营业收入比重（%）
重庆农商	200.14	215.01	−14.87	−6.9	76.7
江阴银行	23.42	21.00	2.42	11.5	73.5
常熟银行	50.99	43.24	7.75	17.9	87.6
苏农银行	26.84	25.25	1.59	6.3	85.2
广州农商	132.72	116.95	15.8	13.5	64.2
九台农商	35.00	47.00	−12	−25.5	70.0
张家港行	27.20	21.25	5.95	28.0	90.7
紫金银行	37.63	33.38	4.25	12.7	89.0
青农商行	65.30	57.88	7.42	12.8	87.5
无锡银行	29.89	26.85	3.04	11.3	93.6

（四）净利差与净息差，生息资产和计息负债[①]

截至 2018 年末，所有上市银行生息资产平均余额为 3.35 万亿元，同比增长 6.2%，计息负债平均余额为 3.16 万亿元，同比增长 4.9%，平均净利差为 1.94%，提高 0.08 个百分点，平均净息差为 2.03%，同比提高 0.06 个百分点。

1. 国有商业银行

上市国有商业银行中，邮储银行的净息差最大，达到 2.67%，交通银行最小，为 1.51%；在净息差变动方面，只有交通银行的净息差有所下降，降幅为 0.07 个百分点，其余银行全部提高，工商银行、农业银行、中国银行、建设银行分别上涨 0.08 个、0.05 个、0.06 个、0.1 个百分点。邮储银行的净利差最大，达到 2.64%，交通银行的净利差最小，为 1.39%，变动方面，除了交通银行有所下降以外，其余银行的净利差均略有提高（见表13）。交通银行的生息资产变动率最高，达到 12.0%，中国银行最低，为 2.9%；交通银行的计息负债率同比增长率最大，为 8.8%，建设银行的变动率最低，为 3.8%。

表13   国有商业银行净利差与净息差比较

	净息差（%）	净息差变动百分点	净利差（%）	净利差变动百分点	生息资产平均余额（亿元）	生息资产变动率（%）	计息负债平均余额（亿元）	计息负债变动率（%）
工商银行	2.30	0.08	2.16	0.06	248682.43	6.0	228308.45	5.6
农业银行	2.33	0.05	2.20	0.05	205415.85	6.1	189630.79	6.7
中国银行	1.90	0.06	2.25	0.40	188864.86	2.9	176960.78	5.0
建设银行	2.31	0.1	2.18	0.08	212450.27	3.5	197699.28	3.8
交通银行	1.51	−0.07	1.39	−0.05	86928.88	7.6	83104.08	8.8
邮储银行	2.67	0.27	2.64	0.18	87753.55	12.0	86284.81	5.9

---

① 生息资产主要包括客户贷款、存放在中央银行款项及存放和拆放同业款项；计息负债主要包括客户存款、卖出回购资产及拆入资金、发放债券、同业存放和向中央银行借款。

2. 股份制商业银行

股份制商业银行中，招商银行净息差保持最大，为 2.57%，民生银行最小，为 1.73%，两者相差 0.84 个百分点。九家股份制商业银行的净息差仅华夏银行、平安银行、浙商银行有所下降，其余的银行均有上升，而净利差仅有华夏银行下降。在净利差方面，招商银行仍旧最大，为 2.44%，民生银行最低为 1.64%（见表14）。股份制商业银行的生息资产方面，各家银行不同，变动比率相差较大，华夏银行增加了 12.3%，而浦发银行减少了 10.1%。计息负债方面，除了招商银行同比下降了 9.5% 以外，其他银行均有所提高，其中华夏银行上涨最大，上涨 12.3%。

表14　　　　　　　　　　　　　股份制商业银行净利差与净息差比较

	净息差（%）	净息差变动百分点	净利差（%）	净利差变动百分点	生息资产平均余额（亿元）	生息资产变动率（%）	计息负债平均余额（亿元）	计息负债变动率（%）
中信银行	1.94	0.15	1.85	0.21	53963.68	−2.9	51942.52	0.2
光大银行	1.74	0.22	1.50	0.18	39590.52	−1.3	38705.93	4.3
招商银行	2.57	0.14	2.44	0.15	62449.67	4.7	49722.77	−9.5
浦发银行	1.94	0.08	1.87	0.12	56866.25	−10.1	45389.20	2.0
民生银行	1.73	0.23	1.64	0.29	56605.86	−1.6	54829.61	1.1
华夏银行	1.95	−0.06	1.80	−0.08	26371.92	12.3	24840.49	12.3
平安银行	2.35	−0.02	2.26	0.06	31861.51	2.1	30968.60	6.8
兴业银行	1.83	0.1	1.54	0.1	60903.19	2.5	60297.52	3.2
浙商银行	1.81	−0.12	1.76	0.14	15173.44	6.4	15310.67	10.9

3. 城市商业银行

城市商业银行中，中原银行的净息差和净利差均最大，分别为 2.83% 和 2.81%。盛京银行的净息差最小，为 1.43%，而天津银行的净利差最小，为 1.23%（见表15）；各家银行净息差和净利差的同比变动各有不同，但是净利差和净息差大致处于一种同向变动的情况。

除天津银行、徽商银行和青岛银行以外，其余银行的生息资产普遍上升，其中成都银行的增长率最大，为 26.6%，徽商银行下降最多，同比下降 7.7%；计息负债普遍快速增长，其中成都银行增长最多，上涨 23.9%，而天津银行仅仅增长了 1.0%。

表15　　　　　　　　　　　　　国有商业银行净利差与净息差比较

	净息差（%）	净息差变动百分点	净利差（%）	净利差变动百分点	生息资产平均余额（亿元）	生息资产变动率（%）	计息负债平均余额（亿元）	计息负债变动率（%）
北京银行	2.28	0.16	2.57	0.24	20991.51	11.1	23065.35	9.9
天津银行	1.59	0.34	1.23	0.42	6582.33	−2.0	5999.49	1.0
上海银行	1.76	0.51	1.81	0.43	18588.41	13.6	18332.70	12.3
重庆银行	2.07	−0.04	1.79	−0.1	3244.77	3.9	4104.67	7.1
宁波银行	1.97	0.03	2.20	0.03	8784.35	12.3	9606.92	12.0
南京银行	1.89	0.04	1.85	0.1	9660.80	11.7	11261.79	7.9
盛京银行	1.43	−0.07	1.33	−0.03	8672.06	7.4	8426.87	8.2

	净息差（%）	净息差变动百分点	净利差（%）	净利差变动百分点	生息资产平均余额（亿元）	生息资产变动率（%）	计息负债平均余额（亿元）	计息负债变动率（%）
徽商银行	2.21	0.03	2.37	0.06	6034.49	-7.7	9678.81	17.2
哈尔滨银行	1.87	-0.28	1.67	-0.28	5425.96	3.2	5121.40	4.1
郑州银行	1.70	-0.38	1.77	-0.17	3904.68	0.2	4282.79	6.4
青岛银行	2.23	0.51	1.67	0.1	2745.08	-1.7	2791.41	6.0
江苏银行	1.59	0.01	1.37	-0.07	18182.39	2.1	17850.66	6.9
杭州银行	1.71	0.06	1.66	0.05	7940.15	10.2	8415.86	13.3
贵阳银行	2.33	-0.34	2.25	-0.31	4746.81	16.6	4592.91	18.8
中原银行	2.83	0.07	2.81	0.24	4862.09	10.1	4824.28	19.7
九江银行	2.65	0.33	2.49	0.33	2871.05	17.9	2688.84	17.0
成都银行	2.21	0.05	2.21	0	4373.43	26.6	4384.45	23.9
长沙银行	2.45	-0.22	2.43	-0.22	4719.68	—	4511.15	—
西安银行	2.23	0.22	2.20	0.21	2257.62	3.0	2194.14	3.1
泸州银行	2.53	-0.12	2.43	-0.12	700.40	18.0	678.23	18.3
江西银行	2.31	0.05	2.09	-0.1	4022.65	21.3	3678.39	14.2
甘肃银行	2.37	-0.54	2.07	-0.67	27150.74	12.5	30113.08	18.9

4. 农村商业银行

农村商业银行方面，常熟银行的净息差和净利差均为最大，分别为3.0%和2.89%，广州农商银行的净息差最小，为2.12%，无锡银行的净利差最小为1.93%。各家农村商业银行仅苏农商行和青农商行的净息差和净利差有所下降，其余的银行均有所上升。

除广州农商银行和九台农商银行以外，生息资产同比变动增长，青农商行同比增长了28.1%，九台农商行同比下降11.6%。生息负债变动方面，苏农银行增加最多，增加23.2%，而九台农商银行下降了10.6%（见表16）。

表16　　　　　　　　　　　农村商业银行净利差与净息差比较

	净息差（%）	净息差变动百分点	净利差（%）	净利差变动百分点	生息资产平均余额（亿元）	生息资产变动率（%）	计息负债平均余额（亿元）	计息负债变动率（%）
重庆农商	2.62	0.17	2.44	0.04	8205.61	0.1	8036.91	7.0
江阴银行	2.67	0.34	2.42	0.34	1127.87	19.5	1004.70	6.9
常熟银行	3.00	0.09	2.89	0.13	1398.90	11.8	1338.33	13.8
苏农银行	2.64	-0.33	2.51	-0.34	1121.36	23.2	1050.21	23.6
广州农商	2.12	0.42	2.12	0.63	6257.18	-9.1	6644.43	-1.8
九台农商	2.49	0.11	2.32	0.13	1760.78	-11.6	1659.62	-10.6
张家港行	2.56	0.23	2.37	0.25	1019.92	8.4	913.74	8.0
紫金银行	—	—	—	—	1263.15		1516.91	
青农商行	2.49	-0.11	2.29	-0.11	2608.04	28.1	2663.55	18.2
无锡银行	2.16	0.01	1.93	0	—		—	

二、费用比较

银行业务及管理费用主要包括职工工资、福利费、业务宣传费、工会经费、差旅费、会议费、印刷费、租赁费等。从上市银行年度报告来看，业务及管理费主要集中在员工成本项目。随着银行资产规模的快速增长，以及新业务的开展，银行业务及管理费均呈高速增长的态势。业务及管理费规模方面，国有银行平均费用最高，城市商业银行最低。

（一）费用规模分析

1. 国有商业银行

业务及管理费用支出方面，2018 年国有六大行中，农业银行费用最高，达 1872.41 亿元，交通银行业务管理费最少，仅 640.40 亿元。费用增长率方面，邮储银行增长率最高，提高 6.7 个百分点；中国银行增长率最低，上涨了 3.4 个百分点。资产费用率方面，交通银行最低，为 0.69%，资产成本控制效果最佳；邮储银行资产费用率最高，达 1.54%（见表17）。从变动上来说，仅仅是中国银行和邮储银行有小幅下跌，其余四家银行均有上升，整体来说，成本控制能力有所下滑。

表 17　　　　　　　　　　　　　国有银行费用

银行	业务及管理费			资产费用率①		
	2018 年（亿元）	2017 年（亿元）	变动率（%）	2018 年（%）	2017 年（%）	变动率（%）
工商银行	1850.41	1777.23	4.1	0.71	0.69	0.02
农业银行	1872.00	1770.10	5.8	0.86	0.7	0.16
中国银行	1416.10	1369.63	3.4	0.70	0.73	−0.03
建设银行	1672.08	1591.18	5.1	0.74	0.74	0
交通银行	640.40	604.05	6.0	0.69	0.69	0
邮储银行	1425.76	1336.60	6.7	1.54	1.55	−0.01
总计	8876.75	8448.79	31.1	5.24	5.10	0.14

2. 股份制商业银行

2018 年，股份制商业银行业务及管理费用支出方面，招商银行费用最高，达 771.42 亿元，浙商银行费用最低，为 121.42 亿元。费用增长率上，招商银行增幅最大，为 15.5%；民生银行费用增长率最低，为 3.0%。资产费用率上，兴业银行最低，为 0.64%，资产成本控制效果最佳。招商银行资产费用率最高，为 1.18%。从变动角度来看，除了浙商银行基本没有太大变动以外，其余银行均有上浮，其中招商银行上涨了 0.09 个百分点，为上浮最高，说明这几家股份制商业银行成本控制能力有所下降（见表18）。

---

① 资产费用率＝业务管理费/平均资产。

表 18   股份制商业银行费用

银行	业务及管理费			资产费用率		
	2018 年（亿元）	2017 年（亿元）	变动率（％）	2018 年（％）	2017 年（％）	变动率（％）
中信银行	503.95	468.92	7.5	0.86	0.81	0.05
光大银行	317.26	293.17	8.2	0.75	0.72	0.03
招商银行	771.42	667.72	15.5	1.18	1.09	0.09
浦发银行	430.94	410.47	5.0	0.69	0.68	0.01
民生银行	471.37	457.61	3.0	0.79	0.78	0.01
华夏银行	235.33	218.78	7.6	0.91	0.90	0.01
平安银行	353.91	316.61	11.8	1.06	1.02	0.04
兴业银行	420.64	381.30	10.3	0.64	0.61	0.03
浙商银行	121.42	109.19	11.2	0.76	0.76	0
总计	3626.24	3323.77	80.1	7.64	7.37	0.27

3. 城市商业银行

2018 年，城市商业银行业务及管理费用支出方面，北京银行费用最高，达 139.78 亿元，西安银行费用最低，为 16.63 亿元。费用增长率上，青岛银行增幅最大，为 37.8%；贵阳银行费用增长率最低，为 -3.6%。资产费用率上，上海银行最低，为 0.47%，资产成本控制效果最佳。长沙银行资产费用率最高，为 0.95%。从变动角度来看，青岛银行提高了 0.18 个百分点，为上浮最高，成都银行下降了 0.05 个百分点，为下降最多（见表 19）。

表 19   城市商业银行费用

银行	业务及管理费			资产费用率①		
	2018 年（亿元）	2017 年（亿元）	变动率（％）	2018 年（％）	2017 年（％）	变动率（％）
北京银行	139.78	135.22	3.4	0.57	0.61	-0.04
上海银行	90.06	81.05	11.1	0.47	0.45	0.02
重庆银行	25.71	21.82	17.8	0.59	0.55	0.04
宁波银行	99.64	87.67	13.7	0.93	0.91	0.02
南京银行	78.41	72.53	8.1	0.66	0.66	0
青岛银行	24.31	17.64	37.8	0.78	0.60	0.18
江苏银行	101.04	97.46	3.7	0.55	0.58	-0.03
杭州银行	51.01	44.82	13.8	0.58	0.58	0
贵阳银行	33.80	35.06	-3.6	0.70	0.84	0.14
成都银行	29.86	27.29	9.4	0.64	0.69	-0.05
长沙银行	47.57	40.83	16.5	0.95	0.96	-0.01
西安银行	16.63	14.76	12.7	0.70	0.65	0.05

4. 农村商业银行

2018 年，农商行业务及管理费用对比中，青岛农商行费用最高，达 24.06 亿元，无锡

---

① 资产费用率 = 业务管理费/平均资产。

银行最低，仅为 9.30 亿元。从变动的角度看，苏农银行同比增长 21.4%，增长率最高。

资产费用率上，无锡银行最低，仅为 0.64%，资产成本控制效果最佳；苏农银行资产费用率最高，达 1.0%（见表 20），成本控制能力相对较弱。

表 20　　　　　　　　　　　　　　农村商业银行费用

银行	业务及管理费			资产费用率		
	2018 年（亿元）	2017 年（亿元）	变动率（%）	2018 年（%）	2017 年（%）	变动率（%）
江阴银行	10.20	9.60	6.3	0.91	0.90	0.01
苏农银行	10.77	8.87	21.4	1.00	1.00	0.00
张家港行	10.60	8.77	20.9	0.98	0.91	0.07
青农商行	24.05	21.7	10.8	0.88	0.95	-0.07
无锡银行	9.30	8.55	8.8	0.64	0.65	-0.01

（二）人均分析

人均薪酬方面，六家国有商业银行的平均人均薪酬为 28.07 万元，股份制银行为 41.15 万元，城市商业银行为 37.91 万元，农村商业银行为 32.28 万元，增长率分别为 7.7%、6.5%、18.6%、13.9%。

人均产出和人均净利润中，股份制商业银行人均产出最高，达到 263.49 亿元，而国有银行的人均净利润最高，为 127.18 亿元。变动率方面，农村商业银行的人均产出变动率最高，为 15.7%，而国有银行的人均净利润变动率最高，为 11.2%。

1. 国有商业银行

人均薪酬水平上，2018 年各国有银行相差不大，其中农业银行人均薪酬最低，为 26.14 万元，同比增长 11.9%，增长率为最高。交通银行人均薪酬最多，为 31.85 万元，且增长率适中，为 7.3%。

人均产出和人均净利润上，农业银行仍旧垫底，分别为 126.37 万元和 100.86 万元。交通银行两项保持最高，分别为 229.29 万元和 141.15 万元，同比增长 10.1% 和 4.3%（见表 21）。

表 21　　　　　　　　　　　　国有银行人均薪酬及产出

银行	人均薪酬			人均产出①			人均净利润		
	2018 年（万元）	2017 年（万元）	变动率（%）	2018 年（万元）	2017 年（万元）	变动率（%）	2018 年（万元）	2017 年（万元）	变动率（%）
工商银行	26.95	25.37	6.2	172.22	160.36	7.4	127.43	115.24	10.6
农业银行	26.14	23.35	11.9	126.37	110.21	14.7	100.86	90.69	11.2
中国银行	27.58	26.40	4.5	162.55	155.33	4.6	115.99	108.76	6.6
建设银行	29.60	27.32	8.3	190.45	176.30	8.0	140.55	128.31	9.5
交通银行	31.85	29.67	7.3	229.29	208.26	10.1	141.15	135.33	4.3
邮储银行	26.30	24.37	7.9	152.95	131.08	16.7	137.07	109.66	25.0
平均值②	28.07	26.08	7.7	172.31	156.92	10.25	127.18	114.67	11.2

---

① 人均产出 = 营业收入/员工数。

② 人均项目平均值为算术平均值。

2. 股份制商业银行

人均薪酬上，2018 年，股份制银行的人均薪酬平均高于国有银行，其中华夏银行最高，为 51.17 万元，平安银行最低，为 24.72 万元。增长幅度最大的为招商银行，达到 17.8%，人均薪酬下降的仅有中信银行一家，同比下降 7.7%。

人均产出和人均净利润上，平安银行的人均产出最大，达到 337.08 万元，人均净利润为浙商银行最大，达到 192.49 万元。增幅方面，光大银行人均产出同比增幅最大，达到 17.6%，仅浦发银行一家下降，而人均净利润方面华夏银行最大，为 12.5%，仅有民生银行下降，同比下降了 1.9%（见表 22）。

表 22 股份制银行人均薪酬及产出

银行	人均薪酬			人均产出			人均净利润		
	2018 年（万元）	2017 年（万元）	变动率（%）	2018 年（万元）	2017 年（万元）	变动率（%）	2018 年（万元）	2017 年（万元）	变动率（%）
中信银行	44.79	48.51	-7.7	292.22	276.26	5.8	80.43	75.59	6.4
光大银行	39.19	34.93	12.2	245.08	208.44	17.6	74.97	71.74	4.5
招商银行	57.68	48.96	17.8	333.23	304.56	9.4	108.35	97.39	11.3
浦发银行	24.59	23.18	6.1	308.02	310.74	-0.9	101.48	101.36	0.1
民生银行	44.37	43.40	2.2	268.73	249.28	7.8	86.27	87.98	-1.9
华夏银行	51.17	48.52	5.5	174.96	155.67	3.6	124.84	110.96	12.5
平安银行	24.72	22.10	11.9	337.08	325.48	7.2	71.67	71.35	5.5
兴业银行	43.96	40.32	8.3	265.32	237.28	7.4	160.34	149.92	5.3
浙商银行	39.88	38.84	7.7	284.67	257.46	5.8	192.49	183.50	5.5
平均值	41.15	38.75	6.45	263.49	277.22	7.1	111.20	105.53	5.5

3. 城市商业银行

2018 年，城市商业银行人均薪酬对比，最高的是南京银行，达到 48.04 万元，最低的是天津银行，仅有 20.09 万元。从变动率来看，青岛银行的增幅最大，达到 54.1%，而北京银行同比下降了 4.0%。

人均产出和净利润上，北京银行的人均产出最高，为 375.93 万元，宁波银行的人均净利润最小，为 139.73 万元。中原银行的人均产出为 126.64 万元，净利润为 17.42 万元，两者均在城商行中垫底（见表 23）。

表 23 城市商业银行人均薪酬及产出

银行	人均薪酬			人均产出			人均净利润		
	2018 年（万元）	2017 年（万元）	变动率（%）	2018 年（万元）	2017 年（万元）	变动率（%）	2018 年（万元）	2017 年（万元）	变动率（%）
北京银行	44.11	45.94	-4.0	375.93	343.00	9.6	136.43	128.62	6.1
天津银行	20.09	18.06	11.3	184.42	152.49	20.9	64.27	59.28	8.4
宁波银行	46.99	44.77	5.0	211.41	207.75	1.8	139.73	134.50	3.9

银行	人均薪酬			人均产出			人均净利润		
	2018 年 （万元）	2017 年 （万元）	变动率 （%）	2018 年 （万元）	2017 年 （万元）	变动率 （%）	2018 年 （万元）	2017 年 （万元）	变动率 （%）
南京银行	48.04	46.79	2.8	255.63	252.07	1.4	104.36	99.06	5.4
青岛银行	34.60	22.45	54.1	192.28	157.49	22.1	53.30	53.70	-0.7
杭州银行	45.00	41.50	8.4	227.08	199.29	13.9	72.06	64.21	12.2
中原银行	28.30	23.86	18.6	123.64	94.65	30.6	17.42	28.84	-39.6
成都银行	36.11	32.04	12.7	209.62	173.45	20.9	84.17	70.30	19.7
平均值	37.91	34.43	13.26	222.50	197.52	11.7	83.97	79.81	5.9

4. 农村商业银行

在农村商业银行中，人均薪酬最高的为江阴银行，为35.46万元，最低的为青岛农商行，只有27.85万元，增长率方面，仅有重庆农商下降了2.6%，其余银行均有所上升，其中青岛农商行最高，上涨了33.2%。

人均产出和净利润方面，江阴银行的人均产出最高，为193.21万元，最低为常熟银行，人均净利润仅为133.59万元。增长率方面，青农商行人均产出同比增长了19.7%，常熟银行的人均净利润增长了12.6%（见表24）。

表24　　　　　　　　　　　农村商业银行人均薪酬及产出

银行	人均薪酬			人均产出			人均净利润		
	2018 年 （万元）	2017 年 （万元）	变动率 （%）	2018 年 （万元）	2017 年 （万元）	变动率 （%）	2018 年 （万元）	2017 年 （万元）	变动率 （%）
重庆农商	33.59	34.48	-2.6	166.32	150.94	10.2	58.4	56.68	3.1
江阴银行	35.46	34.74	2.1	193.21	161.64	19.5	47.30	48.87	-3.2
常熟银行	33.83	29.60	14.3	152.58	137.13	11.3	133.59	118.66	12.6
张家港行	30.69	25.08	22.4	142.20	120.76	17.8	38.79	37.72	2.8
青农商行	27.85	20.91	33.2	142.79	119.29	19.7	124.95	113.58	10.0
平均值	32.28	28.96	13.9	159.42	137.95	15.7	80.61	75.10	5.1

（三）点均费用

1. 国有商业银行

点均费用方面，邮储银行的357.09万元为最低，而交通银行的1975.93万元为最高，增长率方面，交通银行和农业银行以7.0%的同比增速拔得头筹，中国银行的2.9%为最低。

点均产出和点均净利润方面，交通银行分别以6561.37万元和2288.34万元获得头名，邮储银行的654.31万元和131.20万元均为最低。增长率方面，邮储银行分别以15.8%和9.4%的增速成为最高，而中国银行的人均产出增速为3.8%，工商银行的人均净利润增速4.3%排名垫底（见表25）。

表 25   国有银行点均费用及产出

银行	点均费用①			点均产出②			点均净利润③		
	2018 年（万元）	2017 年（万元）	变动率（%）	2018 年（万元）	2017 年（万元）	增长率（%）	2018 年（万元）	2017 年（万元）	增长率（%）
工商银行	1100.12	1052.36	4.5	4600.41	4301.88	6.9	1776.00	1702.10	4.3
农业银行	800.65	748.11	7.0	2560.18	2269.73	12.8	866.65	816.25	6.2
中国银行	1320.2	1283.15	2.9	4699.86	4527.62	3.8	3353.59	3170.22	5.8
建设银行	1116.43	1066.47	4.7	4399.35	4166.62	5.6	1706.79	1632.80	4.5
交通银行	1975.93	1847.25	7.0	6561.37	5994.22	9.5	2288.34	2161.80	5.9
邮储银行	357.09	335.85	6.3	654.31	565.01	15.8	131.20	119.88	9.4
平均值	1111.74	1055.53	5.4	3912.58	3637.51	9.1	1687.10	1600.51	6.0

2. 股份制商业银行

点均费用方面，浙商银行最高，为 5017.36 万元，华夏银行最低，为 2302.64 万元，增速方面，仅浙商银行出现了负增长，平安银行的增速最大，为 14.3%。

在点均产出和点均净利润方面，浙商银行的点均产出和点均净利润最高，分别为 16124.79 万元和 10903.31 万元。增速方面，兴业银行的点均产出增速最快，为 14.9%，招商银行的点均净利润增速最大，同样为 14.9%（见表 26）。

表 26   国有银行点均费用及产出

银行	点均费用			点均产出			点均净利润		
	2018 年（万元）	2017 年（万元）	变动率（%）	2018 年（万元）	2017 年（万元）	变动率（%）	2018 年（万元）	2017 年（万元）	变动率（%）
中信银行	3465.96	3176.96	9.1	11337.96	10617.07	6.8	3120.77	2905.01	7.4
光大银行	2534.82	2451.25	3.4	8805.4	7679.77	14.7	2693.4	2643.1	1.9
招商银行	4260.33	3672.83	16.0	13732.32	12150.55	13.0	4465.14	3885.48	14.9
浦发银行	2545.42	2281.66	11.6	10132.43	9372.93	8.1	3338.16	3057.37	9.2
民生银行	4120.37	3996.59	3.1	13703.58	12600.96	8.8	4399.48	4447.34	−1.1
华夏银行	2302.64	2260.12	1.9	7067.22	6857.85	3.1	2053.42	2059.19	−0.3
平安银行	3348.25	2930.12	14.3	11042.19	9804.08	12.6	2347.97	2149.12	9.3
兴业银行	2070.08	1847.38	12.1	7789.71	6781.73	14.9	4707.53	4285.42	9.8
浙商银行	5017.36	5126.29	−2.1	16124.79	16066.67	0.4	10903.31	11451.17	−4.8
平均值	3296.10	3082.6	7.7	11081.73	10214.62	9.2	4225.46	4098.13	5.15

---

① 点均费用 = 业务管理费/网点数。

② 点均产出 = 营业收入/网点数。

③ 点均净利润 = 净利润/网点数。

3. 城市商业银行

2018 年城商行点均费用上，最高的是南京银行，达 4105.24 万元，成都银行点均费用最低，仅为 1563.35 万元，增速最高为青岛银行，最低为北京银行。

点均产出和净利润上，南京银行最高，分别为 14348.69 万元和 5857.59 万元。中原银行点均产出最低和青岛银行净利润最低，分别为 3672.65 万元和 1524.92 万元（见表27）。

表27　　　　　　　　　　　　城市商业银行点均费用及产出

银行	点均费用			点均产出			点均净利润		
	2018 年（万元）	2017 年（万元）	变动率（%）	2018 年（万元）	2017 年（万元）	变动率（%）	2018 年（万元）	2017 年（万元）	变动率（%）
北京银行	2211.71	2410.34	-8.2	8779.75	8975.58	-2.2	3186.23	3365.78	-5.3
天津银行	—	—	—	5300.53	4261.90	24.4	2928.18	3529.92	-17.0
宁波银行	2947.93	2765.62	6.6	8559.17	7985.49	7.2	5656.80	5170.03	9.4
南京银行	4105.24	4007.18	2.4	14348.69	13723.20	4.6	5857.59	5392.82	8.6
青岛银行	1814.03	1378.14	31.6	5501.46	4361.67	26.1	1524.92	1487.19	2.5
杭州银行	2476.21	2229.85	11.1	8278.64	7025.87	17.8	2627.16	2263.68	16.1
中原银行	—	—	—	3672.65	2785.87	31.8	3007.44	2652.39	13.4
成都银行	1563.35	1491.26	4.8	6068.06	5275.41	15.0	2436.65	2138.25	14.0

4. 农村商业银行

农商行点均费用上，最高的是常熟银行，达 1426.17 万元，青岛农商行点均费用最低，仅为 643.05 万元。

点均产出和净利润上，常熟银行银行最高，分别为 3908.72 万元和 3446.21 万元。青岛农商行点均产出与净利润最低，分别为 653.48 万元和 592.80 万元（见表28）。

表28　　　　　　　　　　　　农村商业银行点均费用及产出

银行	点均费用			点均产出			点均净利润		
	2018 年（万元）	2017 年（万元）	变动率（%）	2018 年（万元）	2017 年（万元）	变动率（%）	2018 年（万元）	2017 年（万元）	变动率（%）
重庆农商	—	—	—	1469.97	1349.92	8.9	1127.55	1209.96	-6.8
江阴银行	1108.70	1054.95	5.1	3463.04	2754.95	25.7	2545.65	2307.69	10.3
常熟银行	1426.17	1279.31	11.5	3908.72	3446.21	13.4	3422.15	2982.07	14.8
张家港行	1029.13	894.90	15.0	2911.65	2463.27	18.2	2640.78	2168.37	21.8
青农商行	643.05	601.11	7.0	1995.19	1683.93	18.5	653.48	592.80	10.2

专题五 不良贷款对比分析

本章主要针对47家上市银行的不良贷款情况进行分析，将围绕上市银行的不良贷款率①、贷款质量分类以及不良贷款行业分布情况展开。整体来看，2018年上市银行的平均不良贷款率较2017年增长0.02个百分点，主要由城商行不良贷款率增长所致。从银行贷款质量来看，各银行在五类贷款中的比重基本保持稳定，城商行、农商行的波动幅度高于国有银行和股份制银行，国有银行损失贷款比重相对其他类别银行较高。上市银行的不良贷款行业主要集中在制造业、批发和零售业、采矿业等行业，不同类别银行的不良贷款行业有所差别。

一、不良贷款率分析

2018年度，47家上市银行的平均不良贷款率为1.52%，比2017年增长0.02个百分点，主要由于城商行的不良贷款率增长所致。国有银行的平均不良贷款率最低，股份制银行的平均不良贷款率最高。具体来看，国有银行、股份制银行、城商行、农商行的平均不良贷款率分别为1.39%、1.64%、1.53%、1.47%；分别同比下降了0.03个百分点、0.02个百分点、增长了0.13个百分点、下降了0.15个百分点。国有银行中，农业银行的不良贷款率最高，为1.59%，邮储银行的不良贷款率最低，仅为0.86%；变动率最大的银行为农业银行，较2017年减少0.22个百分点。股份制银行中，浦发银行的不良贷款率最高，为1.92%；浙商银行的不良贷款率最低，为1.21%；变动率最大的为招商银行，同比减少0.25个百分点。城商行中，郑州银行的不良贷款率最高，超过2%，为2.47%；宁波银行的不良贷款率最低，为0.78%；同时，郑州银行的不良贷款变动幅度最大，同比增加0.97%。农商行中，江阴银行的不良贷款率最高，为2.15%；常熟银行的不良贷款率最低，为0.99%；变动幅度最大的为苏农银行，同比减少0.33个百分点。

从不良贷款率的增减情况来看，股份制银行与城商行中不良贷款率增加的银行占比较高，农商行中不良贷款率增加的银行占比最低。具体来看，在47家银行中，21家银行的不良贷款率同比增长，占44.68%。国有银行中，仅邮储银行1家不良贷款率增长，占国有银行的16.67%；股份制银行中，包括中信、民生、华夏、平安、浙商五家银行不良贷款率上

---

① 不良贷款率＝期末不良贷款余额÷期末客户贷款总额×100%。计算不良贷款率时，客户贷款不含应计利息。

升，占股份制银行的 55.56%；城商行中，北京、天津、重庆银行等 13 家银行不良贷款率上升，占 59.09%，略高于股份制银行比例；农商行中，仅有重庆农商、九台农商两家不良贷款率上升，占 20%，为四类银行中不良贷款率增加银行占比最低的。

2018 年度，上市银行平均拨备覆盖率为 238.52%，同比增加 12.47 个百分点，各银行拨备覆盖率均存在一定程度的增长。国有银行、股份制银行、城商行、农商行的平均拨备覆盖率分别为 223.04%、197.14%、245.81%、269.00%；其中农商行拨备覆盖率增长幅度最大，为 28.37 个百分点，其次为国有银行，提高 27.67 个百分点；股份制银行与城商行分别增长 8.80 个百分点和 2.61 个百分点。具体来看，国有银行中，邮储银行的拨备覆盖率最高，为 346.80%；农业银行的拨备覆盖率变动最大，较 2017 年上升 43.81 个百分点。股份制银行中，中信银行、民生银行、兴业银行、浙商银行的拨备覆盖率较 2017 年有所减少。其中，招商银行的拨备覆盖率最高，也是 2018 年股份制银行中拨备覆盖率变动最大的银行，同比增长了 96.07 个百分点至 358.18%。城商行中，包括北京银行、盛京银行、郑州银行、贵阳银行、中原银行、九江银行以及江西银行的拨备覆盖率同比减少。其中，宁波银行的拨备覆盖率最高，为 521.83%；上海银行的拨备覆盖率变动最大，同比增长 60.43 个百分点。农村商业银行中，重庆农商、九台农商、紫金银行拨备覆盖率同比减少。其中，常熟银行的拨备覆盖率最高，同比变动幅度最大，由 2017 年的 325.93% 增长至 2018 年的 445.02%，增长了 119.09 个百分点。

表 1　　　　　　　　　　　　　银行不良贷款率、拨备覆盖率情况

银行类别	银行名称	2018 年		变动百分点	
		不良贷款率（%）	拨备覆盖率（%）	不良贷款率（%）	拨备覆盖率（%）
国有银行	工商银行	1.52	175.76	-0.03	21.69
	农业银行	1.59	252.18	-0.22	43.81
	中国银行	1.42	181.97	-0.04	22.79
	建设银行	1.46	208.37	-0.03	37.29
	交通银行	1.49	173.13	-0.01	18.40
	邮储银行	0.86	346.80	0.11	22.03
	平均值	1.39	223.04	-0.03	27.67
股份制银行	中信银行	1.77	157.98	0.10	-11.46
	光大银行	1.59	176.16	-0.01	17.98
	招商银行	1.36	358.18	-0.25	96.07
	浦发银行	1.92	156.38	-0.22	22.99
	民生银行	1.76	134.05	0.05	-21.56
	华夏银行	1.85	158.59	0.08	2.08
	平安银行	1.75	155.24	0.05	4.16
	兴业银行	1.57	207.28	-0.02	-4.50
	浙商银行	1.21	270.37	0.05	-26.57
	平均值	1.64	197.14	-0.02	8.80

续表

银行类别	银行名称	2018 年		变动百分点	
		不良贷款率（%）	拨备覆盖率（%）	不良贷款率（%）	拨备覆盖率（%）
城商行	北京银行	1.46	217.51	0.22	−48.06
	天津银行	1.64	250.37	0.14	56.56
	上海银行	1.14	332.95	−0.01	60.43
	重庆银行	1.36	225.87	0.01	15.71
	宁波银行	0.78	521.83	−0.04	28.57
	南京银行	0.89	462.68	0.03	0.14
	盛京银行	1.71	160.81	0.22	−25.21
	徽商银行	1.04	302.22	−0.01	14.77
	哈尔滨银行	1.73	169.88	0.03	2.64
	郑州银行	2.47	154.84	0.97	−52.91
	青岛银行	1.68	168.04	−0.02	14.52
	江苏银行	1.39	203.84	−0.02	19.59
	杭州银行	1.45	256.00	−0.14	44.97
	贵阳银行	1.35	266.05	0.01	−3.67
	中原银行	2.44	156.11	0.61	−41.39
	九江银行	1.99	169.69	0.37	−22.31
	成都银行	1.54	237.01	−0.16	35.60
	长沙银行	1.29	275.40	0.06	15.40
	西安银行	1.20	216.53	−0.03	13.45
	泸州银行	0.80	319.36	−0.20	24.87
	江西银行	1.91	171.42	0.26	−43.75
	甘肃银行	2.29	169.47	0.55	−52.53
	平均值	1.53	245.81	0.13	2.61
农商行	无锡银行	1.24	234.76	−0.14	40.99
	重庆农商	1.29	347.79	0.32	−83.45
	江阴银行	2.15	233.71	−0.24	41.58
	常熟银行	0.99	445.02	−0.15	119.09
	苏农银行	1.32	248.18	−0.33	46.68
	广州农商	1.27	276.64	−0.24	89.89
	九台农商	1.75	160.41	0.02	−11.07
	张家港行	1.47	223.85	−0.31	38.25
	紫金银行	1.69	229.58	−0.15	−16.15
	青农商行	1.57	290.05	−0.29	17.89
	平均值	1.47	269.00	−0.15	28.37

二、贷款质量分析

商业银行的贷款质量按照从高到低分为正常类、关注类、次级类、可疑类以及损失类五类；其中，次级类、可疑类与损失类合计为不良资产。从贷款五级分类角度看，四类商业银行正常类贷款平均占比最高，占比达到94%～96%；关注类贷款及不良贷款占比较低，分别达到2%～4%、1%～2%[1]。不良贷款中，次级类平均占比在0.7%左右，可疑类平均占比在0.5%～0.6%，损失类平均占比约为0.25%。

表2　　　　　　　　　　　　五级贷款平均占比时间序列

贷款质量	时间（年）	平均占比（%）				
		国有银行	股份制银行	城商行	农商行	上市银行
正常类	2016	95.42	95.08	95.49	92.28	94.75
	2017	95.81	95.42	95.74	94.65	95.46
	2018	96.20	95.75	95.70	95.60	95.75
关注类	2016	3.02	3.24	3.03	6.13	3.69
	2017	2.76	2.92	2.86	3.72	3.04
	2018	2.41	2.61	2.77	2.92	2.73
不良类	2016	1.56	1.68	1.48	1.59	1.56
	2017	1.43	1.66	1.40	1.62	1.50
	2018	1.39	1.64	1.53	1.47	1.52
次级类	2016	0.56	0.72	0.66	0.88	0.70
	2017	0.43	0.64	0.64	0.66	0.62
	2018	0.43	0.70	0.84	0.72	0.74
可疑类	2016	0.69	0.62	0.53	0.61	0.60
	2017	0.65	0.60	0.52	0.81	0.62
	2018	0.61	0.56	0.41	0.65	0.53
损失类	2016	0.31	0.35	0.28	0.10	0.26
	2017	0.36	0.42	0.22	0.15	0.27
	2018	0.35	0.38	0.24	0.10	0.25

从2018年度各上市银行贷款五级分类情况，国有银行中，邮储银行、中国银行不良类贷款占比最低，贷款质量较高，高质量贷款[2]占比分别为99.14%、98.58%；农业银行、工商银行不良贷款率相对较高，高质量贷款占比分别为98.41%、98.48%。股份制银行中，浙商银行、招商银行不良贷款占比最低，高质量贷款占比分别为98.79%、98.64%；浦发银行、华夏银行贷款质量相对较差，高质量贷款占比分别为98.08%、98.15%。城商行中，

---

① 此处统计银行数据中，郑州银行、长沙银行、西安银行、泸州银行、江西银行、江阴银行、紫金银行由于上市时间较晚等因素，其2016年五类贷款数据未纳入统计范围内。

② 此处包括除不良贷款以外的正常类贷款以及关注类贷款合计占比。

宁波银行、泸州银行贷款质量较高，占比分别为99.22%、99.20%；郑州银行、中原银行高质量贷款在城商行中占比最低，分别为97.53%、97.56%。农商行中，常熟银行与无锡银行高质量贷款排前二，分别为99.01%、98.76%；江阴银行、九台农商不良贷款占比在农商行中最高，高质量贷款占比分别为97.85%、98.25%。

表3　　　　　　　　　　　**各银行2018年贷款五级分类**

银行类别	银行	2018年				
		正常（%）	关注（%）	次级（%）	可疑（%）	损失（%）
国有银行	工商银行	95.55	2.92	0.71	0.59	0.23
	农业银行	95.67	2.74	0.38	1.06	0.15
	中国银行	95.68	2.90	0.42	0.42	0.58
	建设银行	95.72	2.82	0.59	0.68	0.19
	交通银行	96.05	2.45	0.28	0.79	0.42
	邮储银行	98.51	0.63	0.22	0.14	0.50
股份制银行	中信银行	95.87	2.36	0.72	0.85	0.20
	光大银行	96.00	2.41	0.72	0.60	0.27
	招商银行	97.13	1.51	0.34	0.64	0.38
	浦发银行	95.13	2.95	0.78	0.54	0.60
	民生银行	94.86	3.38	0.94	0.46	0.36
	华夏银行	93.72	4.44	0.70	0.60	0.55
	平安银行	95.52	2.73	0.90	0.23	0.62
	兴业银行	96.38	2.05	0.66	0.63	0.28
	浙商银行	97.16	1.63	0.57	0.50	0.13
城商行	北京银行	97.66	0.88	1.15	0.11	0.20
	天津银行	93.76	4.61	0.87	0.50	0.27
	上海银行	97.00	1.86	0.47	0.57	0.10
	重庆银行	95.30	3.33	0.65	0.42	0.29
	宁波银行	98.67	0.55	0.33	0.30	0.15
	南京银行	97.69	1.42	0.74	0.08	0.06
	盛京银行	93.66	4.63	1.64	0.06	0.01
	徽商银行	97.43	1.53	0.42	0.39	0.23
	哈尔滨银行	95.52	2.75	0.63	0.58	0.52
	郑州银行	94.59	2.95	1.79	0.67	0.00
	青岛银行	92.69	5.63	0.92	0.64	0.12
	江苏银行	96.36	2.25	0.81	0.41	0.17
	杭州银行	97.29	1.26	0.67	0.30	0.48
	贵阳银行	96.06	2.59	0.42	0.31	0.62
	中原银行	93.64	3.92	1.09	0.89	0.45

银行类别	银行	2018 年				
		正常（%）	关注（%）	次级（%）	可疑（%）	损失（%）
城商行	九江银行	96.64	1.37	1.32	0.44	0.24
	成都银行	96.58	1.88	0.83	0.27	0.43
	长沙银行	95.81	2.90	0.37	0.49	0.44
	西安银行	96.53	2.27	0.56	0.48	0.16
	泸州银行	97.52	1.69	0.79	0.01	0.00
	江西银行	93.10	4.99	1.18	0.61	0.12
	甘肃银行	91.90	5.80	0.80	1.10	0.40
农商行	无锡银行	98.08	0.68	0.62	0.45	0.17
	重庆农商	96.77	1.93	0.77	0.48	0.04
	江阴银行	96.18	1.67	0.71	1.26	0.18
	常熟银行	96.94	2.08	0.89	0.08	0.02
	苏农银行	94.02	4.67	1.20	0.09	0.03
	广州农商	96.15	2.58	0.50	0.62	0.15
	九台农商	96.77	1.49	0.47	1.24	0.03
	张家港行	93.29	5.24	0.88	0.44	0.15
	紫金银行	96.54	1.76	0.71	0.90	0.08
	青农商行	91.29	7.15	0.47	0.91	0.19

从各家银行具体情况来看，各银行在三类贷款中的比重基本保持稳定，总体来看，城商行、农商行的波动幅度高于国有银行和股份制银行。从近三年情况来看，三类贷款中变化较大的为苏农银行和青农商行。苏农银行 2016 年的正常类贷款占比为 82.33%，远低于农商行的正常类贷款均值 92.28%；而其关注类贷款平均占比为 15.89%，远高于农商行的关注类贷款平均占比 6.13%；青农商行情况与苏农银行相似，2016 年正常贷款占比为 86.62%，关注类贷款占比为 11.37%；各家银行在 2017 年、2018 年各类贷款的占比趋于稳定。

各类银行不良贷款中的三类贷款的情况①，除国有银行可疑贷款占比高于次级贷款占比外，其他各类银行在三类贷款的占比顺序均为次级贷款、可疑贷款、损失贷款。从贷款类型来看，农商行的次级贷款占比最高，为 0.75%，国有银行的次级贷款占比最低，为 0.47%；农商行的可疑贷款占比最高，为 0.69%，城商行的可疑贷款占比最低，为 0.48%。各类银行在次级与可疑类贷款占比排序方面差别不大，但损失贷款占比排序与上述两种贷款差别较大。股份制银行的损失类贷款占比最高，为 0.38%，其次是国有银行，为 0.34%；城商行、农商行占比相对较低，分别为 0.25%、0.12%。

---

① 此处计算根据各类银行中包含的各家银行在各类不良贷款中占比取算术平均，得出当年各类银行在各类不良贷款的平均占比；后将近三年的各类银行在某类不良贷款中占比取算术平均，得到该类银行在该类不良贷款中的平均占比。

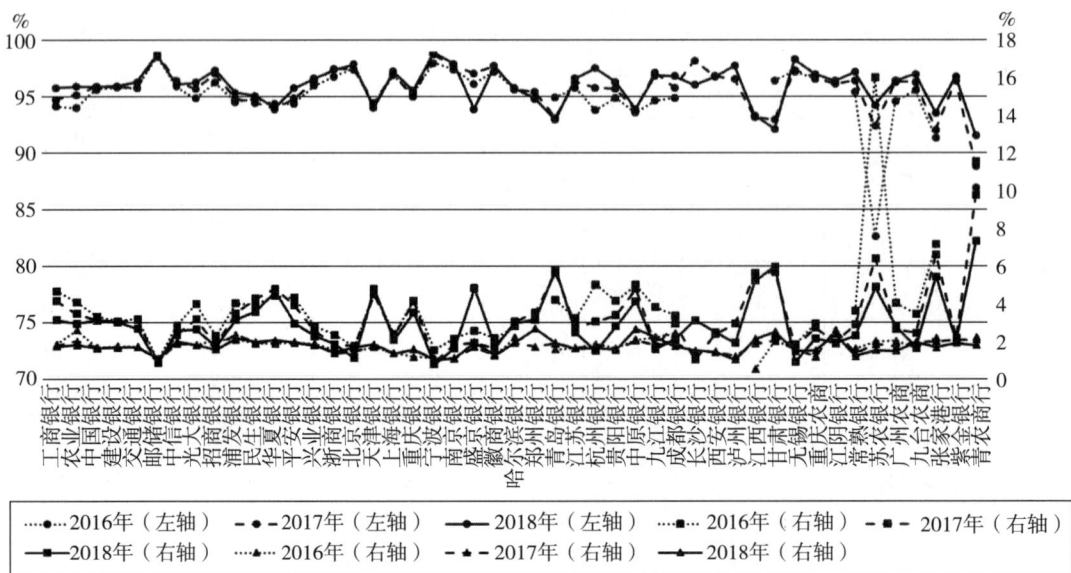

图例：
- ·····● 2016年（左轴）　– ● – 2017年（左轴）　——● 2018年（左轴）　·····■ 2016年（右轴）　– ■ – 2017年（右轴）
- ——■ 2018年（右轴）　·····▲ 2016年（右轴）　– ▲ – 2017年（右轴）　——▲ 2018年（右轴）

注：圆点表示五级分类中的正常类贷款占比，正方形表示贷款五级分类中的关注类贷款占比，三角形表示贷款五级分类中的不良贷款（包括次级、可疑、损失）占比。

图1　各银行三类贷款（正常类、关注类、不良类）占比情况

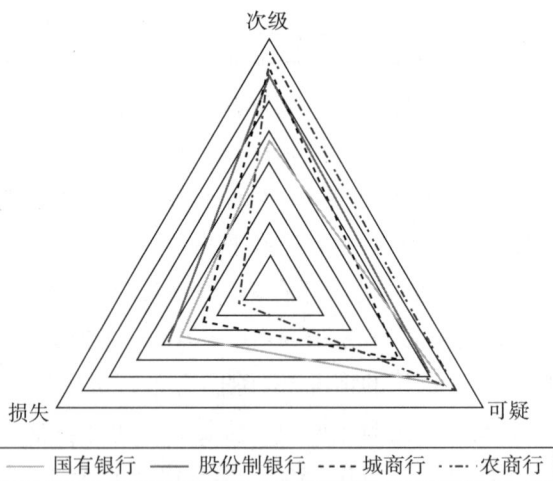

图例：—— 国有银行　—— 股份制银行　---- 城商行　·-·- 农商行

图2　各类银行不良贷款占比

表4　　　　　　　　　　　　各类银行不良贷款占比

贷款类别	国有银行（%）	股份制银行（%）	城商行（%）	农商行（%）
次级	0.47	0.69	0.71	0.75
可疑	0.65	0.59	0.48	0.69
损失	0.34	0.38	0.25	0.12

具体来看上市银行不良贷款的占比与该类别银行不良贷款占比均值情况。国有银行中，工商银行、中国银行、建设银行三家银行次级贷款占比高于国有银行平均次级贷款占比，其中，工商银行高出 0.23 个百分点；股份制银行中，中信银行、浦发银行、民生银行等六家银行次级贷款占比高于股份制银行次级贷款平均占比，平安银行超出幅度最大，为 0.17 个百分点；城商行中，北京银行、天津银行等八家银行的次级贷款占比高于城商行次级贷款平均占比，其中，盛京银行、郑州银行分别高出平均占比 0.85 个、0.71 个百分点；农商行中，常熟银行、苏农银行、张家港行次级贷款占比高于农商行次级贷款平均占比，张家港行高于农商行平均 0.56 个百分点。

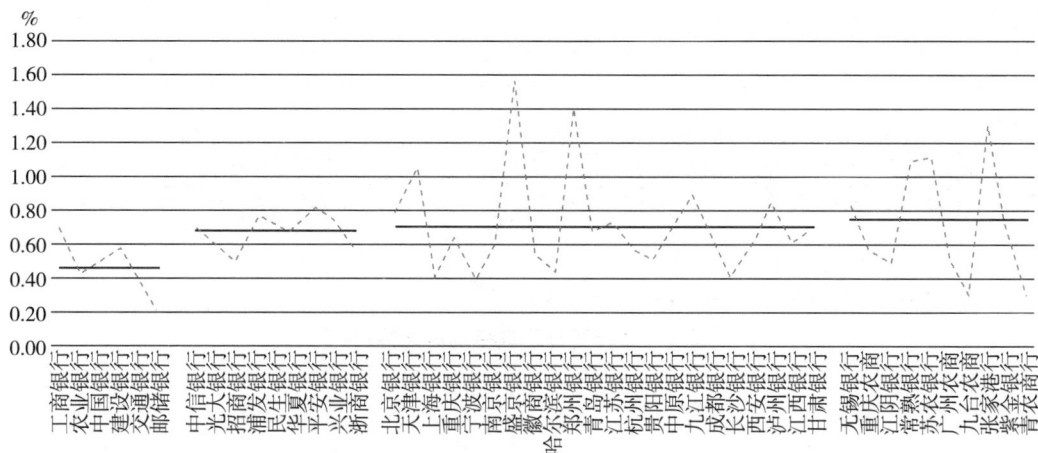

注：此处实线为基准①，虚线表示各上市银行占比情况②。

图 3　银行次级贷款平均占比情况

可疑贷款方面，国有银行中，工商银行、农业银行、建设银行、交通银行四家银行可疑贷款占比高于国有银行平均可疑贷款占比，其中，农业银行高出 0.63 个百分点；股份制银行中，中信银行、光大银行等六家银行可疑贷款占比高于股份制银行平均占比，中信银行高出幅度最大，为 0.16 个百分点；城商行中，上海银行、哈尔滨银行等十家银行可疑贷款占比高于城商行平均占比，其中，江西银行高出平均占比 0.44 个百分点；农商行中，江阴银行、广州农商等五家银行可疑贷款占比高于农商行平均占比，江阴银行高于农商行平均占比 0.88 个百分点。

损失贷款方面，国有银行中，中国银行、交通银行、邮储银行三家银行损失贷款占比高于国有银行平均损失贷款占比，其中，中国银行高出 0.18 个百分点；股份制银行中，招商银行、浦发银行等四家银行损失贷款占比高于股份制银行平均占比，平安银行高出幅度最大，为 0.25 个百分点；城商行中，北京银行、哈尔滨银行等八家银行的损失贷款

---

① 基准参照表 4 中该类银行在次级贷款的平均占比情况。
② 为上市银行 2016—2018 年三年在次级贷款占比的算术平均。

占比高于城商行平均占比，其中，杭州银行高出平均占比 0.40 个百分点；农商行中，江阴银行、苏农银行等四家银行损失贷款占比高于农商行平均占比，青农商行高于农商行平均占比 0.15 个百分点。

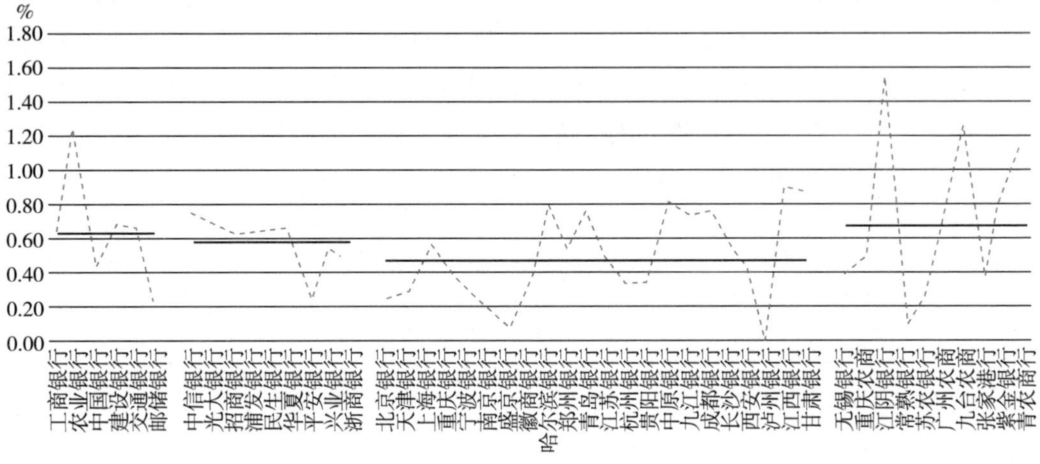

注：此处实线为基准①，虚线表示各上市银行占比情况②。

图 4　银行可疑贷款平均占比情况

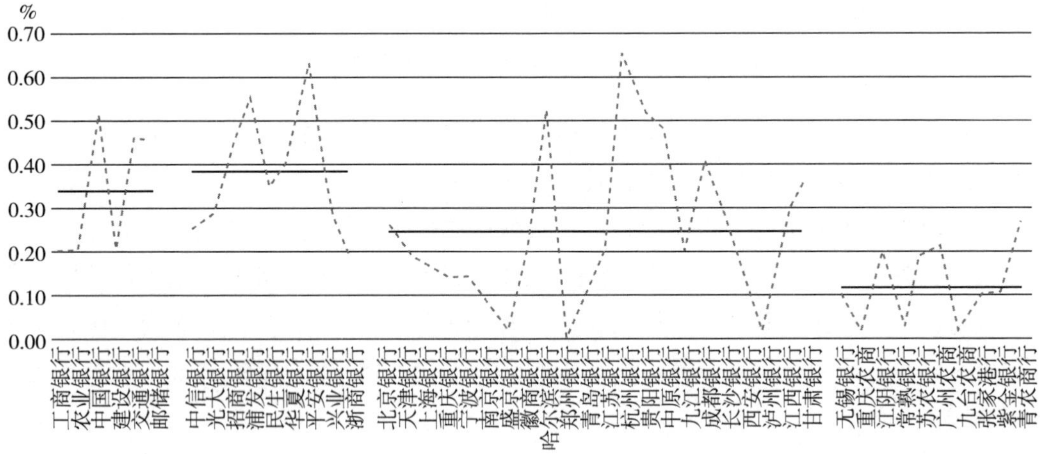

注：此处实线为基准，虚线表示各上市银行占比情况。

图 5　银行损失贷款平均占比情况

---

① 基准参照表 4 中该类银行在损失贷款的平均占比情况。

② 为上市银行 2016—2018 年三年在损失贷款占比的算术平均。

表5　　　　　　　　　　　　　　　银行不良贷款情况

银行类别	银行	次级		可疑		损失	
		各银行值（%）	各类银行均值（%）	各银行值（%）	各类银行均值（%）	各银行值（%）	各类银行均值（%）
国有银行	工商银行	0.70	0.47	0.66	0.65	0.20	0.34
	农业银行	0.45		1.28		0.20	
	中国银行	0.53		0.40		0.52	
	建设银行	0.59		0.71		0.19	
	交通银行	0.37		0.66		0.47	
	邮储银行	0.20		0.18		0.45	
股份制银行	中信银行	0.70	0.69	0.76	0.59	0.25	0.38
	光大银行	0.62		0.69		0.29	
	招商银行	0.52		0.64		0.45	
	浦发银行	0.78		0.65		0.55	
	民生银行	0.70		0.67		0.35	
	华夏银行	0.69		0.66		0.41	
	平安银行	0.86		0.24		0.63	
	兴业银行	0.74		0.57		0.30	
	浙商银行	0.57		0.48		0.18	
城商行	北京银行	0.80	0.71	0.26	0.48	0.26	0.25
	天津银行	1.06		0.28		0.20	
	上海银行	0.40		0.58		0.17	
	重庆银行	0.66		0.42		0.14	
	宁波银行	0.38		0.32		0.14	
	南京银行	0.61		0.19		0.07	
	盛京银行	1.57		0.07		0.01	
	徽商银行	0.54		0.31		0.20	
	哈尔滨银行	0.46		0.81		0.53	
	郑州银行	1.43		0.55		0.00	
	青岛银行	0.69		0.78		0.10	
	江苏银行	0.73		0.48		0.20	
	杭州银行	0.57		0.34		0.65	
	贵阳银行	0.51		0.34		0.53	
	中原银行	0.70		0.86		0.48	
	九江银行	0.91		0.75		0.21	
	成都银行	0.62		0.78		0.41	
	长沙银行	0.40		0.57		0.30	
	西安银行	0.61		0.48		0.13	
	泸州银行	0.88		0.01		0.00	
	江西银行	0.63		0.92		0.22	
	甘肃银行	0.70		0.90		0.37	

银行类别	银行	次级		可疑		损失	
		各银行值（%）	各类银行均值（%）	各银行值（%）	各类银行均值（%）	各银行值（%）	各类银行均值（%）
农商行	无锡银行	0.84		0.39		0.10	
	重庆农商	0.59		0.47		0.02	
	江阴银行	0.49		1.57		0.21	
	常熟银行	1.11		0.06		0.01	
	苏农银行	1.13	0.75	0.26	0.69	0.19	0.12
	广州农商	0.53		0.79		0.21	
	九台农商	0.32		1.29		0.02	
	张家港行	1.32		0.31		0.10	
	紫金银行	0.71		0.95		0.10	
	青农商行	0.31		1.23		0.27	

从各家银行的五级贷款同比变动情况来看，上市银行的关注贷款、可疑贷款存在不同程度的降低，而正常类贷款以及次级贷款存在不同程度的增加。具体来看，35家上市银行正常类贷款同比增加，30家银行次级贷款同比增加；37家银行关注类贷款同比减少，29家银行可疑类贷款同比减少；损失类贷款，同比减少和增加的银行数量几乎相同，同比减少的上市银行为24家，同比增加的上市银行为23家。其中，盛京银行、长沙银行的正常类贷款同比显著降低，而关注类贷款同比显著增加。盛京银行正常类贷款同比减少3.16%，关注类

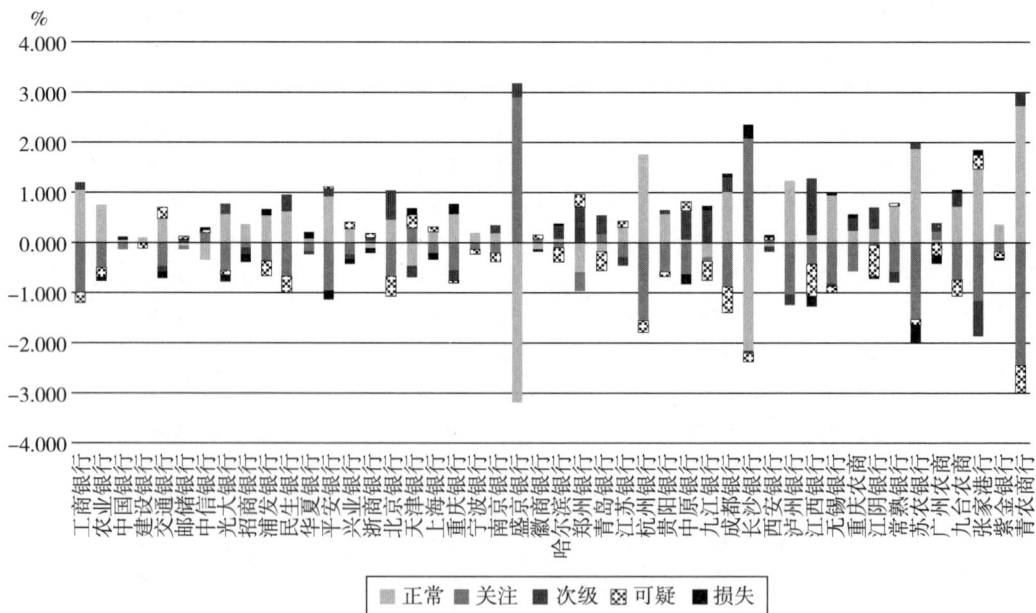

图6 五级贷款同比①变动

① 2018年各贷款类别占比相对于2017年各贷款类别占比。

贷款同比增加 2.93%；长沙银行正常类贷款同比减少 2.15%，关注类贷款同比增加 2.09%。另外，杭州银行、苏农银行以及青农商行正常类贷款、关注类贷款等同比变动幅度高于其他银行。杭州银行、苏农银行、青农商行正常类贷款分别同比增加 1.73 个、1.87 个、2.76 个百分点，关注类贷款分别同比减少 1.59 个、1.54 个、2.46 个百分点。

三、不良贷款行业分析①

涉及上市银行不良贷款行业情况，共有 35 家银行②披露了行业不良贷款率情况，以下统计了披露银行的不良贷款行业中排名前五的行业及其不良贷款率情况。不良贷款排名前五的行业，主要来自制造业、批发和零售业、采矿业等 13 个行业③；其中，制造业、批发和零售业、采矿业、住宿和餐饮业、建筑业为不良贷款排名前五的行业。在披露的 35 家银行中，有 33 家银行不良贷款率前五行业中包含制造业；其次是批发和零售业，有 31 家银行不良贷款率前五行业中包含批发和零售业。

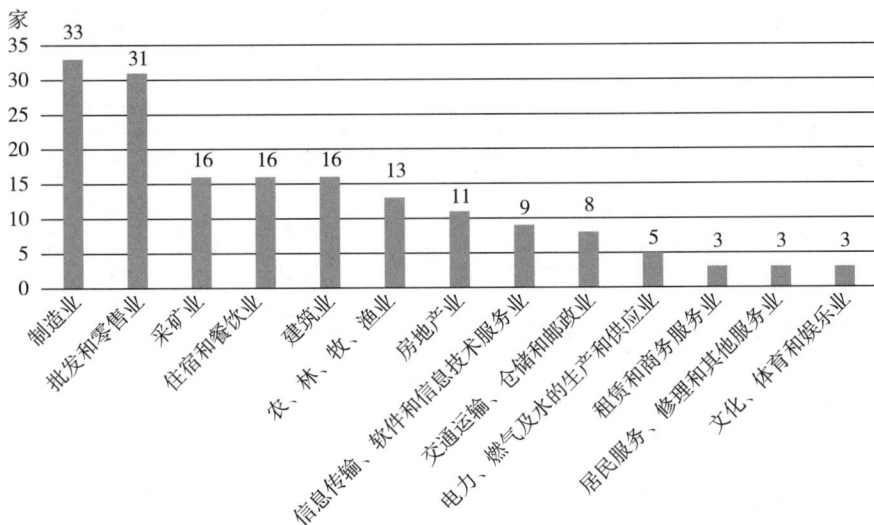

图 7　35 家行业不良贷款信息披露银行不良贷款行业前五位统计

① 第一，此处统计的行业依据国家统计局公布的国民经济行业分类（GB/T 4754—2017），由于部分银行公布海外子公司情况，部分银行只公布境内情况，此处统计时不包括海外子公司情况。第二，部分银行公布的分类情况与国家标准存在差别，在处理时将其划入某一相似类别中进行统计。第三，部分银行披露的分类中将多个项目合为其他类，由于不同银行间其他类项目含有的具体项目不同，不具有可比性，因此未纳入统计，可能会造成部分行业存在贷款而显示为零的情况。第四，部分银行存在（A）未公布不良贷款的行业分布结构；（B）只公布各行业不良贷款额，未公布对应行业的发放贷款及垫款项目的准确值，无法计算不良贷款率；（C）只公布前十位或主要行业的不良贷款情况。

② 未披露行业不良贷款率的银行包括中国银行、交通银行、北京银行、江苏银行、成都银行、西安银行、无锡银行、江阴银行、常熟银行、苏农银行、张家港行、紫金银行等 12 家银行。表中信息来自银行直接披露不良贷款率情况、通过行业不良贷款额以及贷款计算不良贷款率以及华夏银行文字描述不良贷款率前三位行业。

③ 此处行业统计为主要不良贷款行业，如个别银行不良贷款行业中含有的商业、能源化工业等，由于来自该行业的银行不良贷款较低，未呈现在图表中。另外，在统计行业时，为了统计一致可比，对于部分银行披露的行业做了分类，例如，将采掘业划分到采矿业中；将房地产开发划分到房地产业中。

表6　　　　　　　　　　　　　**银行行业不良贷款前五位行业排名**

银行类别	银行	不良贷款行业及其不良贷款率（%）				
国有银行	工商银行	批发和零售业	制造业	住宿和餐饮业	采矿业	房地产业
		10.78	5.76	5.18	2.14	1.66
	农业银行	批发和零售业	制造业	采矿业	建筑业	房地产业
		10.73	6.02	3.06	2.06	1.38
	建设银行	制造业	批发和零售业	采矿业	建筑业	房地产业
		7.27	6.98	5.06	2.10	1.67
	邮储银行	批发和零售业	制造业	建筑业	租赁和商务服务业	采矿业
		4.86	2.40	0.39	0.17	0.14
股份制银行	中信银行	批发和零售业	制造业	电力、燃气及水的生产和供应业	建筑业	交通运输、仓储和邮政业
		8.50	7.34	1.80	1.46	1.38
	光大银行	批发和零售业	制造业	建筑业	电力、燃气及水的生产和供应业	农、林、牧、渔业
		6.18	6.06	0.97	0.64	0.41
	招商银行	采矿业	制造业	批发和零售业	建筑业	房地产业
		8.04	6.64	4.03	1.20	1.03
	浦发银行	批发和零售业	制造业	农、林、牧、渔业	采矿业	信息传输、软件和信息技术服务业
		8.57	6.27	5.70	5.15	3.84
	民生银行	农、林、牧、渔业	制造业	批发和零售业	住宿和餐饮业	采矿业
		5.24	4.04	3.21	2.33	2.17
	华夏银行	批发和零售业	制造业	采矿业	—	—
		5.64	4.56	4.51	—	—
	平安银行	商业	制造业	农、林、牧、渔业	建筑业	采掘业
		7.94	6.75	4.90	2.24	2.19
	兴业银行	批发和零售业	制造业	采矿业	信息传输、软件和信息技术服务业	居民服务、修理和其他服务业
		6.98	3.79	3.39	1.96	1.93
	浙商银行	制造业	交通运输、仓储和邮政业	批发和零售业	电力、热力、燃气及水生产和供应业	住宿和餐饮业
		3.69	3.28	2.97	2.61	1.75
城商行	天津银行	采矿业	住宿和餐饮业	制造业	批发和零售业	信息传输、软件和信息技术服务业
		49.92	6.41	5.41	4.74	4.46
	上海银行	批发和零售业	制造业	建筑业	信息传输、软件和信息技术服务业	公用事业
		8.73	4.17	1.32	1.14	0.12

银行类别	银行	不良贷款行业及其不良贷款率（%）				
城商行	重庆银行	采矿业	批发和零售业	电力、热力、燃气及水生产和供应业	制造业	农、林、牧、渔业
		16.44	4.99	3.97	2.00	1.86
	宁波银行	住宿和餐饮业	文化、体育和娱乐业	制造业	房地产开发	信息传输、计算机服务和软件业
		7.45	2.27	1.71	1.25	0.97
	南京银行	住宿和餐饮业	科学研究和技术服务业	交通运输、仓储和邮政业	制造业	批发和零售业
		11.67	2.84	2.73	2.66	1.34
	盛京银行	制造业	文化、体育和娱乐业	建筑业	批发和零售业	交通运输、仓储和邮政业
		5.37	2.53	2.14	1.70	1.63
	徽商银行	餐饮及旅游业	能源及化工业	制造业	建筑业	商业及服务业
		12.31	3.97	3.50	1.41	1.32
	哈尔滨银行	制造业	电力、热力、燃气及水生产和供应业	采矿业	农、林、牧、渔业	居民服务、修理和其他服务业
		7.28	2.91	1.90	1.82	1.63
	郑州银行	制造业	农、林、牧、渔业	住宿和餐饮业	批发和零售业	采矿业
		13.27	5.24	3.39	2.49	1.11
	青岛银行	制造业	批发和零售业	房地产业	交通运输、仓储和邮政业	建筑业
		6.61	2.06	1.16	0.96	0.86
	杭州银行	制造业	批发和零售业	建筑业	信息传输、软件和信息技术服务业	住宿和餐饮业
		6.06	6.05	4.43	1.92	1.51
	贵阳银行	批发和零售业	制造业	信息传输、软件和信息技术服务业	房地产业	采矿业
		5.95	2.53	1.03	0.63	0.45
	中原银行	制造业	批发和零售业	农、林、牧、渔业	交通运输、仓储和邮政业	住宿和餐饮业
		7.53	6.11	5.87	5.48	3.37
	九江银行	农、林、牧、渔业	住宿和餐饮业	批发和零售业	房地产业	交通运输、仓储和邮政业
		27.37	5.99	5.75	4.17	4.02
	长沙银行	批发和零售业	农、林、牧、渔业	制造业	住宿和餐饮业	房地产业
		4.18	4.14	3.91	2.01	1.84

续表

银行类别	银行	不良贷款行业及其不良贷款率（%）				
城商行	泸州银行	交通运输、仓储和邮政业	住宿和餐饮业	批发和零售业	制造业	建筑业
		14.26	2.65	1.93	0.45	0.10
	江西银行	居民服务、修理和其他服务业	信息传输、计算机服务和软件业	批发和零售业	住宿和餐饮业	文化、体育和娱乐业
		19.70	9.09	8.06	5.93	4.40
	甘肃银行	信息传输、软件和信息技术服务业	农、林、牧、渔业	批发和零售业	建筑业	制造业
		17.61	6.39	6.08	4.05	2.89
农商行	重庆农商	批发和零售业	制造业	建筑业	房地产业	租赁和商务服务业
		4.27	3.44	2.14	0.71	0.02
	广州农商	租赁和商务服务业	住宿和餐饮业	农、林、牧、渔业	批发和零售业	制造业
		1.97	1.38	1.17	0.87	0.84
	九台农商	采矿业	房地产业	住宿和餐饮业	制造业	批发和零售业
		27.36	3.74	3.69	2.46	1.87
	青农商行	制造业	农、林、牧、渔业	批发和零售业	住宿和餐饮业	建筑业
		4.12	3.30	2.04	1.90	0.87

从行业角度看，上市银行不良贷款率最高的行业为批发和零售业，其次为制造业、农、林、牧、渔业、住宿和餐饮业以及采矿业；不良贷款率分别为4.93%、4.12%、3.30%、2.17%、2.16%。国有银行不良贷款率最高的五个行业为批发和零售业、制造业、住宿和餐饮业、采矿业以及建筑业，不良贷款率分别为8.86%、5.89%、5.18%、2.60%、1.84%；与全部上市银行不同的是，农、林、牧、渔业未进入前五位，建筑业不良贷款率进入前五行列。股份制银行不良贷款率前列的行业与上市银行情况基本一致，住宿和餐饮业不良贷款率相对较低，未进入前五位，居民服务、修理和其他服务业进入前五位行列之中，制造业、批发和零售业、农、林、牧、渔业、采矿业以及居民服务、修理和其他服务业的不良贷款率分别为6.06%、5.91%、4.90%、3.39%、2.76%。与上市银行总体情况相比，城商行不良贷款率前五位行业未有采矿业，多出科学研究和技术服务业，前五位行业分别为批发和零售业，制造业，农、林、牧、渔业，住宿和餐饮业，科学研究和技术服务业，不良贷款率分别为4.87%、3.71%、3.53%、3.01%、1.79%。农商行与上市银行不良贷款率前五位行业总体情况一致，但在顺序上有所差别，采矿业在农商行的不良贷款率行业中排名第一位。农商行不良贷款率行业排名分别为采矿业，制造业，批发和零售业，住宿和餐饮业，农、林、牧、渔业，不良贷款率分别为27.36%、2.95%、1.96%、1.90%、1.71%。

表7　　　　　　　　　　　　　**各类银行不良贷款率前五大行业排名**

所有上市银行	国有银行	股份制银行	城商行	农商行
批发和零售业	批发和零售业	制造业	批发和零售业	采矿业
制造业	制造业	批发和零售业	制造业	制造业
农、林、牧、渔业	住宿和餐饮业	农、林、牧、渔业	农、林、牧、渔业	批发和零售业
住宿和餐饮业	采矿业	采矿业	住宿和餐饮业	住宿和餐饮业
采矿业	建筑业	居民服务、修理和其他服务业	科学研究和技术服务业	农、林、牧、渔业

　　从各类银行不良贷款率行业分布看，股份制银行和城商行行业分布范围大，国有银行与农商行范围相对较小，国有银行在农、林、牧、渔业，科学研究和技术服务业，卫生和社会工作以及文化、体育和娱乐业等行业无不良贷款；农商行在金融业、科学研究和技术服务业等行业无不良贷款。城农商行在大部分行业的不良贷款率低于国有银行与股份制银行，但农商行在租赁和商务服务业不良贷款率高于其他银行，城农商行在电力、热力、燃气及水生产和供应业的不良贷款率高于国有银行和股份制银行，城商行在文化、体育和娱乐业不良贷款率较高。

表8　　　　　　　　　　　　　　　**行业不良贷款率**

行业	不良贷款率（%）				
	上市银行	国有银行	股份制银行	城商行	农商行
制造业	4.12	5.89	6.06	3.71	2.95
房地产业	0.63	1.52	0.49	0.63	0.54
租赁和商务服务业	0.35	0.54	0.39	0.23	0.73
批发和零售业	4.93	8.86	5.91	4.87	1.96
水利、环境和公共设施管理业	0.09	0.24	0.13	0.04	0.14
建筑业	1.21	1.84	1.25	0.91	1.21
交通运输、仓储和邮政业	0.86	0.65	1.19	0.96	0.77
采矿业	2.16	2.60	3.39	0.88	27.36①
电力、热力、燃气及水生产和供应业	0.62	0.39	0.71	0.38	0.73
金融业	0.14	0.09	0.18	0.14	—
农、林、牧、渔业	3.30	—	4.90	3.53	1.71
信息传输、软件和信息技术服务业	1.09	0.57	1.96	1.53	0.28
科学研究和技术服务业	1.52	—	1.52	1.79	—
卫生和社会工作	0.13	—	0.57	0.13	0.00
文化、体育和娱乐业	0.59		0.35	1.47	—
教育	0.34	0.62	0.39	0.34	0.03
住宿和餐饮业	2.17	5.18	1.61	3.01	1.90
居民服务、修理和其他服务业	1.53	—	2.76	1.43	0.80
公共管理、社会保障和社会组织	0.01		0.00	0.07	

---

　　① 农商行不良贷款行业披露的包括青农商行、重庆农商、广州农商以及九台农商四家银行。其中只有九台农商在采矿业存在不良贷款率，另外三家银行在不良贷款率披露中不含有采矿业。

专题六　风险管理分析

风险管理水平是银行能够稳健经营的重要保障，在我国以银行为主导的金融体系下，银行风险管理水平的高低也关乎我国金融体系的稳定。银行在合理管控风险的前提下才能为实体经济提供稳定的融资渠道，促进经济的持续健康发展。

本专题对共计 47 家上市商业银行的风险管理进行分析。总的来说，从风险管理信息披露上看，已经披露年报的 47 家上市银行均披露了各自的风险管理情况，但各银行在披露信息的口径和详细程度方面存在差异；从风险管理组织架构上看，虽各行制度建设略有差异，但都在董事会及高管层下设立了风险管理机构；从风险管理制度建设上看，各行都涵盖了信用风险、市场风险、流动性风险、操作风险、声誉风险等方面，并针对经济新常态的背景进行了制度的建设。

一、风险管理信息披露

2018 年，随着中央调控加强、银行业形势变化，国内各家银行的风险管理机制愈加完备，风险管理信息披露愈加清晰，都在以往的风险管理机制上取得了新的发展。自 2018 年 7 月 1 日起施行的新版《商业银行流动性风险管理办法》中提出了新的要求，国有银行、股份制银行、城商行根据自身业务特点不断探索建设新的风险披露管理机制，优化自身业务水平，增加自身竞争力。

银行应对信用风险、市场风险、流动性风险、操作风险等风险信息进行披露。已经披露年报的 47 家上市银行均披露了各自的风险管理情况，但各银行在披露信息的口径和详细程度方面存在差异（见表 1）。

表 1　　　　　　　　　　2018 年已经披露的各家银行风险情况披露总表

	信用风险	市场风险	流动性风险	操作风险	国别风险	声誉风险	资本管理
工商银行	●	●	●	●	●	●	●
农业银行	●	●	●	●	●	●	●
中国银行	●	●	●	●	●	●	●
建设银行	●	●	●	●	●		●
交通银行	●	●	●	●	●	●	●

	信用风险	市场风险	流动性风险	操作风险	国别风险	声誉风险	资本管理
邮储银行	●	●	●	●	●	●	●
中信银行	●	●	●	●	×	●	●
光大银行	●	●	●	●	×	●	●
华夏银行	●	●	●	●	●	●	●
平安银行	●	●	●	●	×	●	●
招商银行	●	●	●	●	●	●	●
浦发银行	●	●	●	●	●	●	●
兴业银行	●	●	●	●	●	●	●
民生银行	●	●	●	●	●	●	●
浙商银行	●	●	●	●	●	●	●
北京银行	●	●	●	●	×	●	●
南京银行	●	●	●	●	×	●	●
宁波银行	●	●	●	●	×	●	●
徽商银行	●	●	●	●	×	●	●
重庆银行	●	●	●	●	×	●	●
天津银行	●	●	●	△	×	●	●
上海银行	●	●	●	×	×	●	●
盛京银行	●	●	●	△	×	●	×
青岛银行	●	●	●	△	×	●	●
江苏银行	●	●	●	×	×	●	●
杭州银行	●	●	●	×	×	△	●
贵阳银行	●	●	●	△	×	×	●
哈尔滨银行	●	●	●	●	×	△	●
郑州银行	●	●	●	●	×	●	●
江西银行	●	●	●	●	×	●	△
中原银行	●	●	●	●	×	●	●
广州农商	●	●	●	△	×		●
重庆农商	●	●	●	●	×	●	●
九台农商	●	●	●	△	×	●	●
无锡银行	●	●	●	●	×	●	●
紫金银行	●	●	●	●	×	●	●
张家港行	●	●	●	△	×	●	●

注：表中●代表已披露，△代表2018年新披露，×代表未披露。

信用风险共同披露项目包括信用风险敞口、贷款及垫款风险集中度、借款人集中度、贷款五级分类、贷款减值准备、逾期贷款、重组贷款、债券投资信用风险等项目。

市场风险信息披露方面，划分为银行账户和交易账户的市场风险披露。银行账户风险披露包括利率风险敞口及敏感度和汇率风险敞口及敏感度，交易账户风险管理信息一般通过风险价值分析进行披露。

流动性风险管理信息披露包括流动性比例、流动性缺口、存贷比等指标披露。

操作风险管理信息披露一般含法律风险、反洗钱管理、合规风险、技术风险等。

资本管理项目信息披露含资本充足率（核心资本充足率）和杠杆率等指标披露。

（一）国有银行

信用风险披露项目中：信用风险敞口、贷款及垫款风险集中度、借款人集中度、贷款五级分类、贷款减值准备、逾期贷款、重组贷款、债券投资信用风险等为六家国有银行共同披露项目。而中国银行和交通银行未披露不良贷款结构；只有工商银行披露展期贷款信息。

市场风险管理方面，各大国有银行均披露了利率风险敞口和利率敏感性信息。各银行均披露了汇率风险敞口信息，建设银行未披露汇率敏感性信息。

流动性风险管理方面中国银行额外披露了超额备付率和拆借资金比例指标。

操作风险管理一般含法律风险和反洗钱管理，各国有银行均对此进行了披露。

各大国有银行均将声誉风险、国别风险纳入风险管理体系。

资本管理项目含资本充足率（核心资本充足率）和杠杆率等指标。国有银行风险管理信息披露差异见表2。

表2   **国有银行风险管理信息披露差异**

	风险披露项目	工商银行	农业银行	中国银行	建设银行	交通银行	邮储银行
信用风险	不良贷款结构	●	●		●		●
	同业款项信用风险	●		●	●	●	●
	衍生金融工具信用风险			●	●		
	抵债资产信用风险			●			●
	展期贷款	●					
市场风险	汇率敏感性	●	●	●		●	●
流动性风险	拆借资金比例			●			●
	超额备付率			●			
资本管理	杠杆率	●	●	●	●	●	●

（二）股份制银行

信用风险披露项目中，已经披露年报的各家银行均披露了不良贷款结构。

市场风险披露项目中，已披露年报的各家银行都披露汇率和利率风险指标。光大银行、华夏银行、平安银行、兴业银行未披露风险价值分析。

八家股份制银行均披露了流动性比例、流动性缺口、存贷比等流动性指标，此外，民生银行披露了拆借资金比例和存款准备金比率，浦发银行披露了拆借资金比例，兴业银行披露了人民币超额备付率。

操作风险中各银行均披露了合规风险；除华夏银行、浦发银行外，其他六家股份制银行均披露了反洗钱管理。大部分银行都披露了信息科技风险。

所有股份制银行均将声誉风险管理纳入风险管理体系。中信银行、光大银行、平安银行、民生银行未将国别风险纳入风险管理体系。

资本管理项目中，各股份制银行均披露了资本充足率（核心资本充足率）指标。股份制银行风险管理信息披露差异见表3。

表3　　　　　　　　　　　股份制银行风险管理信息披露差异

	风险披露项目	中信银行	光大银行	华夏银行	平安银行	招商银行	浦发银行	兴业银行	民生银行	浙商银行
信用风险	不良贷款结构	●	●	●	●	●	●	●	●	●
	存拆放同业款项信用风险	●	●					●	●	●
	应收同业款项信用风险				●			●	●	
市场风险	风险价值	●						●	●	●
流动性风险	拆借资金比例						●		●	
	存款准备金比率							●	●	
	人民币超额备付率							●		●
操作风险	反洗钱	●	●		●	●		●	●	
	法律风险				●		●			
	结算风险						●			●
	信息技术风险	●	●	●	●	●		●	●	●
	系统风险						●			

（三）城商行

信用风险方面，宁波银行、徽商银行和重庆农商行披露了不良贷款结构。南京银行、宁波银行均披露利率风险敞口、利率敏感度、外汇敞口、汇率敏感度、风险价值等市场风险指标，北京银行未披露汇率敏感度，重庆农商行未披露风险价值。

6家城商行均披露了流动性比例、流动性缺口、存贷比等流动性指标，此外，北京银行、南京银行、徽商银行披露了拆借资金比例，宁波银行披露了拆借资金比例和超额备付率。除北京银行和重庆银行外，各银行均披露了反洗钱管理；南京银行、宁波银行披露了合规风险；南京银行、宁波银行、徽商银行、重庆银行披露了法律风险。

所有城商行均将声誉风险管理纳入风险管理体系。资本管理项目中，各城商行均披露了资本充足率（核心资本充足率）指标。除徽商银行外均披露了信息科技风险指标。城商行风险管理信息披露差异见表4。

表4　　　　　　　　　　　　　　城商行风险管理信息披露差异

风险披露项目	信用风险				市场风险		流动性风险		操作风险			
	不良贷款结构	重组贷款	债券投资信用风险	存拆放同业信用风险	汇率敏感性	风险价值	超额备付率	拆借资金比例	合规风险	反洗钱	法律风险	信息科技风险
北京银行		●	●			●		●				●
南京银行	●	●	●	●	●	●		●	●	●	●	●
宁波银行		●	●		●	●		●	●	●		●
徽商银行				●	●	●	●		●	●		●
重庆银行	●							●	●			●
重庆农商	●	●							●	●		●
天津银行		●			●					●		
上海银行		●								●		
盛京银行	●							●	●			●
哈尔滨银行	●				●	●		●	●	●		●
锦州银行	●								●	●		●
郑州银行	●					●			●			●
青岛银行	●					●						●
江苏银行	●	●				●			●			●
杭州银行		●							●			●
贵阳银行					●	●	●		●		●	
中原银行		●					●		●			
九江银行					●		●					
成都银行	●				●				●		●	
长沙银行	●	●		●					●	●		●
西安银行	●	●		●	●	●	●		●	●		●
泸州银行		●							●			
江西银行	●			●	●	●						

二、风险管理组织架构

本报告的风险管理组织架构依照国有银行、股份制银行和城商行的顺序分别列示各银行年报中风险管理组织架构信息披露。

（一）国有银行

国有银行的风险管理组织架构见表5。

表5　　　　　　　　　　　　　　　　　　国有银行风险管理组织架构

银行	组织架构
工商银行	董事会及其下设的风险管理委员会，高级管理层及其下设的风险管理委员会和资产负债管理委员会，风险管理部门和内部审计部门等
农业银行	董事会及其下设的风险管理委员会和审计委员会，高级管理层及其下设的风险管理委员会（下设信用风险、市场风险、操作风险和流动性风险管理委员会）、贷款审查委员会、资产负债管理委员会，资产处置委员会风险管理部和信贷管理部等
中国银行	董事会及其下设的风险政策委员会，高级管理层及其下设的风险管理与内部控制委员会（下设反洗钱工作委员会、证券投资管理委员会、资产处置委员会）、风险管理与内部控制委员会等
建设银行	董事会及其下设的风险管理委员会，监事会，高级管理层下设的风险管理部，信贷管理部，内控合规部，授信审批部及其他各类风险相对应的专业管理部门
交通银行	董事会及其下设的风险管理委员会，高级管理层设立（1+3+2）风险管理委员会，及信用风险、市场与流动性风险、操作风险与反洗钱三个专业风险管理委员会，贷款审查与风险资产审查两个业务审查委员会等

（二）股份制银行

股份制银行的风险管理组织架构见表6。

表6　　　　　　　　　　　　　　　　　股份制银行风险管理组织架构

银行	组织架构
中信银行	董事会及其下设的风险管理委员会，高级管理层及其下设的风险内控委员会等，总行设首席风险官，及其负责的授信审批部、信贷管理部、法律保全部、风险管理部等，分行设立风险总监，向首席风险官负责
光大银行	董事会及其下设的风险管理委员会，高级管理层，风险管理部、信贷审批部、资产保全部、法律合规部等
华夏银行	董事会及其下设风险管理委员会和关联交易控制委员会，总行信贷政策委员会、总分行风险管理与内部控制委员会、风险管理部门等
平安银行	董事会及其下设的风险管理委员会，高级管理层及其下设的资产负债管理委员会、信贷政策委员会，风险管理部、公司授信审批部、资产监控部等
招行银行	董事会及其下设的风险与资本管理委员会，高级管理层及其下设的风险控制委员会、资产负债管理委员会、总分行风险控制委员会、总分行专业审贷会、合规管理委员会等
浦发银行	董事会及其下设风险管理与关联交易控制委员会，高级管理层及其下设的资产负债管理委员会、风险管理委员会，风险管理部，合规部门等
兴业银行	董事会及其下设的风险管理委员会、审计与关联交易控制委员会，高级管理层及其下设的资产负债管理委员会、风险管理委员会、信用审批委员会、信用责任追究委员会、内部控制委员会等
民生银行	董事会及其下设的风险管理委员会、关联交易控制委员会，高级管理层及其下设的风险管理委员会和资产负债管理委员会，风险管理部、授信评审部、资产监控部、法律合规部、资产保全部等

（三）城农商行

城农商行的风险管理组织架构见表7。

表7 城农商行风险管理组织架构

银行	组织架构
北京银行	董事会及其下设的风险管理委员会、关联交易委员会，高级管理层及其下设的资产负债委员会、信用风险委员会、信用风险政策委员会、投资审批委员会、操作风险委员会，风险管理总部及其下设的风险管理部（含市场风险室、信用风险室）、信用审批部、贷后管理部、资产管理部和法律合规部（含操作风险室）等
南京银行	董事会及其下设的风险管理委员会、关联交易控制委员会，高级管理层及其下设的资产负债管理部，风险管理部等
宁波银行	董事会及其下设的风险管理委员会、关联交易控制委员会，高级管理层及下设风险管理部、合规部等
徽商银行	董事会及其下设的风险管理委员会、关联交易控制委员会，高级管理层及下设资产负责管理委员会、风险及内控管理委员会、信贷委员会、风险管理部等
重庆银行	董事会及其下设的风险管理委员会、关联交易控制委员会，高级管理层及下设资产管理负债委员会等
重庆农商	董事会及其下设的风险管理委员会、关联交易控制委员会，高级管理层及下设风险管理部、计划财务部等

三、风险管理制度建设

2018 年，各银行风险管理制度均有所完善，本报告依照国有银行、股份制银行和城商行的顺序分别列示银行年报中所披露的制度建设信息。

2018 年，随着国家"三去一降一补"的宏观调控政策持续推进，短期阵痛凸显，大量企业经营难以为继，"关停并转"屡屡发生，债务违约风险持续增大内外部复杂因素相互交织，中国经济结构调整及供给侧结构性改革将在经济下行压力下持续推进，不良贷款集中爆发的风险将会是银行业面临的主要风险，不良贷款率在未来也存在上升的可能。此外，地方政府债务风险也是需要重点关注的问题，政绩考核导致短期内地方政府重项目建设、轻债务管理；地方政府债务多用于基础设施项目，还款周期长，投资回报率低，项目本身的盈利能力不强，单纯依靠项目自身的回报可能较难满足还款要求，从而对地方政府的还款能力产生了新的压力，进而容易产生风险。为积极应对当前经济新常态，各类银行围绕不良贷款控降目标，着力管理机制建设，不断夯实风险管理基础，提升风险管理质效，为全面实现风险管理目标奠定基础。

（一）国有银行

各国有银行的风险管理制度信息一般涵盖信用风险、市场风险、流动性风险、操作风险、声誉风险和国别风险等方面，在以往制度建设基础上，各国有银行的风险管理制度建设进一步完善。其中，2018 年工商银行的风险管理制度建设信息披露最为充分（见表8）。

表 8 国有银行风险管理制度建设

银行	2018 年	2017 年
工商银行	实施标准化信贷管理流程，完善行业信贷政策；持续完善集团产品控制管理体系；实行"综合管理、分类控制"的操作风险管控模式；修订操作风险管理委员会工作规则等制度，制订操作风险限额管理方案、操作风险损失事件认定和分类标准等；优化操作风险监测指标体系。	制定实施区域信贷政策；制订年度境外机构人民币资金业务管理方案；制定操作风险管理规定、重大操作风险事件报告管理办法、操作风险与控制自我评估管理方法等；制定客户身份识别和客户身份资料及交易记录保存管理办法等多项反洗钱内控制度；制定声誉风险管理办法等。
农业银行	制定 2018 年风险管理规划，修订了风险考核评价办法和风险管理委员会工作规则。印发《关于做好综合化经营子公司内控合规管理的建议函》，印发《关于做好综合化经营子公司操作风险管理的建议函》，制定《法律顾问工作管理办法》。	制定未来三年资本规划和过渡期资本充足率达标规划。本行持续推进全面风险管理体系建设。在"全面防范风险，向风险宣战"的总体要求下，继续以"控新降旧"为主线，制定或修订了操作风险评估管理、操作风险监管资本计量、业务连续性管理等制度办法。管理层风险管理委员会工作规则、信息科技风险评估检查报告等多项议案和报告。
中国银行	持续调整优化信贷结构；建立授信审批、评级分类、授信执行人员能力素质模型；制定严格的流动性风险管理政策和流程，完善流动性风险管理政策和流动性风险应急预案。	推进《企业内部控制基本规范》及其配套指引的实施工作，制定并发布《2017 年度内控规范实施工作方案》。制定中国银行行业授信指引；制定欧债危机风险预案。
建设银行	实施风险管理体制改革，强化信用风险管理，新设信贷管理部，统一牵头全行信贷政策、信贷制度、押品管理和贷后管理等工作；制定 2018 年全行市场风险政策与限额方案，明确风险政策导向和风险边界；初步建立了与本行战略目标一致的声誉风险管理体系。	制定出台《中国建设银行全球授信业务管理办法》；制定全面风险管理办法；制定表外业务风险管理政策；制定理财业务风险管理政策；制定金融市场业务风险政策及交易性市场风险限额方案；制定利率风险应急预案；制定声誉风险事件应急预案；制定法律类重大风险和突发事件应急处理预案。
交通银行	推进统一授信管理体制建设，着力完善零售信贷管理体制；升级 SUMMIT、KRM 和 ALGO 三大系统的功能；建立操作风险管理政策体系，明确操作风险管理依据，关键风险指标监控及操作风险事件管理的工作流程；首创"1+N"模式。	研究制定《交通银行资本管理办法（试行）》；发布《交通银行 2017 年风险管理规划》；制定《2017 年交易账户市场风险压力测试方案》；制定风险资本与风险价值限额分配方案。

（二）股份制银行

相比于大型国有银行，股份制银行的风险制度建设披露较为简单，各个银行风险制度建设程度规模参差不齐。但是相较于上个年度，大部分股份制银行 2018 年度的风险管理制度建设都更加完备，信息披露更加公开。其中，招商银行和民生银行信息披露最为充分（见表 9）。

表9		股份制银行风险管理制度建设
银行	2018 年	2017 年
中信银行	制定了《中信银行 2018 年度内控体系完善及内控评价方案》；修订《信息披露管理制度》；建立健全操作风险管理制度；开发操作风险管理系统；启用操作风险三大管理工具。	修订《声誉风险管理办法》、《流动性风险管理办法》、《合规政策》等规章制度。
光大银行	发布流动性风险管理政策指引；制定《合规经理管理办法》。	制定小微企业呆账贷款的核销办法。制定《分行法律合规管理评价办法》。
华夏银行	完善覆盖业务弹性限额和限额的分级预警机制；建立内控合规风险联席会议机制。	制定市场风险管理策略；制定声誉事件应急预案。
平安银行	建立"派驻制风险管理、矩阵式双线汇报"的风险管理模式；顺利实施新资本协议操作风险项目，初步建立较为完整的操作风险管理工具体系。	建立信贷月度检视例会制度；制定 2017 年度信贷政策指引。
招商银行	建设职能独立、风险制衡、三道防线各负其责的信用风险管理框架。完善市场风险管理政策体系。建立系统化的声誉风险管理体系，加强声誉风险评估与前置管理，优化舆情处理流程，完善声誉风险防范和预警机制。	制定一系列风险与资本规范性制度；优化和修订风险偏好；制定国别风险限额。 2018 年印发了《招商银行股份有限公司内部控制评价办法》等 224 项制度。
浦发银行	制定发布年度业务经营风险偏好策略、年度信贷投向政策和非信贷业务政策；建立市场风险"限额监测指标"体系；制定操作风险管理政策。	实行信贷分类制度；建立大额头寸提前申报制度。通过对利率变动场景的模拟计算出未来 1 年净利息收入（NII）以及经济价值（EVE）指标的变动。
兴业银行	建立了以风险资产管理为核心的事前、事中、事后风险控制系统，健全了各项业务的风险管理制度和操作规程，完善了风险责任追究与处罚机制，将各类业务、各种客户承担的信用风险、市场风险、流动性风险、操作风险及其他风险纳入全面风险管理范畴，进一步明确了董事会、监事会、高级管理层、操作执行层在风险管理上的具体职责，形成了明确、清晰、有效的全面风险管理体系。在日常风险管理工作中，由业务部门、风险管理职能部门和内部审计部门组成职责明确的风险管理"三道防线"。	修订并发布建立完善信息科技风险管理系统，加强声誉、国别风险管理。公司银行账户利率风险主要采用重定价缺口分析、久期分析、情景模拟等方法按月计量和分析银行账户利率风险。重定价缺口分析主要监测资产负债的重定价期限分布及错配情况；久期分析监测主要产品类型的久期及公司资产负债的久期缺口变动；情景模拟是公司进行利率风险分析和计量的主要手段，涵盖了多个常规场景和压力场景，包括利率标准冲击、收益率曲线平移和形状变化、过去 10 年极端利率变动，以及经专家判断的未来最可能利率变动等场景。
民生银行	继续实施《内控三年规划》；制定了《信息披露管理制度》、《经营信息内部报告制度》、《年报信息披露重大责任追究制度》；建立事业部"准法人"模式下的全面风险管理体系、小微 2.0 版流程优化风险管理体系；市场风险管理信息系统完成一期上线；操作风险管理体系建设项目圆满完成。	制定《内控三年规划》；操作风险管理方面，制定《中国民生银行操作风险管理制度》、《中国民生银行外包风险管理办法》、《中国民生银行操作风险监管资本计量管理办法（试行）》等制度办法；制定《流动性风险管理办法》、《流动性应急计划》。

（三）城农商行

六家城农商行基本从信用风险管理、市场风险管理、流动性风险管理、操作风险管理、信息科技风险管理等方面分别披露风险管理制度建设。以南京银行的披露最为充分和详细，重庆农商行披露的风险管理制度建设信息较少（见表10）。

表10　　　　　　　　　　　　城农商行风险管理制度建设

银行	2018 年	2017 年
北京银行	信用风险管理方面，制定了《同业机构授信管理规定（试行）》、《同业机构授信额度管理规定》。 流动性风险管理方面，修订完善包括流动性管理政策、流动性压力测试、流动性预警及应急预案、流动性计量等在内的多项流动性管理制度。设定并监控内外部流动性预警指标和应急预案触发指标，并设立由预警指标启动流动性风险应急预案的触发机制；建立流动性风险报告机制。 声誉风险管理方面，制定《北京银行附属机构声誉风险管理规定》。	信用风险管理方面，制定了《债券投资与交易业务信用风险管理程序（试行）》、《同业机构授信管理规定（试行）》、《同业机构授信额度管理规定》、《地方政府融资平台授信管理规定》等制度。 市场风险管理方面，制订了《北京银行人民币客户存贷款利率定价指导意见（试行）》、《人民币公司存贷款业务利率定价实施细则（试行）》、《人民币中小企业存贷款业务利率定价实施细则（试行）》、《人民币零售存贷款业务利率定价实施细则（试行）》等利率管理规章制度。
南京银行	修订了《流动性风险管理政策》和相应的管理制度、流程和程序，制定《〈商业银行资本管理办法〉落地实施规划》。操作风险管理方面，组织签订《案件防控目标责任书》和《案件防控与廉洁从业承诺书》。 流动性风险管理方面，修订《流动性风险管理政策》，成立资产负债管理部。 信用科技风险管理方面，制定《数据安全管理办法》。	信用风险管理方面，制定《2017 年度信贷政策》、《2017 年度经济资本管理方案》、《异地授信业务管理办法》。 市场风险管理方面，建立债券交易前后台核对机制，制定金融市场业务年度授权方案，制定年度市场风险限额体系。 操作风险管理方面，制定《2017 年度长效机制建设规划实施方案》、完善《信息科技非现场监管报表管理办法》等制度。
宁波银行	完成了两大风险管理系统的建设，实现了资金交易管理系统（SUMMIT）的二期上线和恒生资产池管理系统。 2018 年完善了《宁波银行操作风险管理工具实施规定》、《宁波银行案件防控工作管理办法》、《宁波银行案件防控五项工作机制实施方案》等制度。制定《宁波银行社交媒体管理规定》。	信用风险管理方面，修订《授信后管理尽职办法》和《授信后检查操作规程》。 市场风险管理方面，制定及修订《Summit 系统管理办法》、《资金业务内部控制管理规定》等制度。 声誉风险管理方面，制定《宁波银行声誉风险管理办法》和《宁波银行企业形象危机（新闻宣传）应急预案》。 新资本协议实施方面，制定《新资本协议实施规划》。
徽商银行	信用风险管理方面，设立了业务、风险、监控"三道防线"体系，制定并采用标准化的借贷政策和程式，以及客户信用评级系统。 操作风险管理方面，落实操作风险分层管理；完善操作风险管理体系，加强操作风险资本计量研究。完成了零售信用风险内部评级法项目建设。	制定了《徽商银行 2017 年风险限额管理方案》、《徽商银行外包风险管理暂行办法》。

银行	2018 年	2017 年
重庆银行	信用风险管理方面，制定年度授信政策指引。操作风险管理方面，建设操作风险管理系统。市场风险管理方面，建立了前、中、后台分离的市场风险管理架构。	修订年度《风险管理政策》、《风险资本限额管理办法》、《资产负债管理策略》。信用风险方面，制定了《重庆银行信用风险管理政策》。发布了指导全行信息科技风险管理和业务连续性管理的总体政策，制定了覆盖信息科技运作各个方面的多个风险控制策略和流程管理办法。
重庆农商	信用风险管理方面，调整信贷政策；加强重点领域的风险管控。操作风险管理方面，健全和完善操作风险管理各项制度的操作细则，加强全流程管理。修订客户风险等级划分管理办法。	信息科技风险管理方面，制定和修订了 21 个信息科技内控管理办法和操作规程。修订外币业务管理制度。

　　银行业在我国受到严格的监管，主要监管机构包括银保监会和人民银行。2018 年 7 月实行的《流动性办法》，在借鉴国际改革成果的同时结合我国商业银行实践进行了修订。《流动性办法（试行）》只包括流动性比例和流动性覆盖率两项监管指标。其中，流动性覆盖率仅适用于资产规模在 2000 亿元（含）以上的银行，资产规模小于 2000 亿元的中小银行缺乏有效的监管指标。修订后的《流动性办法》新引入三个量化指标，其中，净稳定资金比例衡量银行长期稳定资金支持业务发展的程度，适用于资产规模在 2000 亿元（含）以上的商业银行。优质流动性资产充足率是对流动性覆盖率的简化，衡量银行持有的优质流动性资产能否覆盖压力情况下的短期流动性缺口，适用于资产规模小于 2000 亿元的商业银行。流动性匹配率衡量银行主要资产与负债的期限配置结构，适用于全部商业银行。

　　2018 年，上市银行纷纷顺应监管趋势改良监管制度，实行资本集约化经营管理、市场风险管理系统建设、加强各类投资活动的统一授信管理。在新的《流动性办法》全面推广之后，各家银行也会相应地对新增的量化指标做出相应的调整。

专题七　监管指标对比分析

　　上市银行年报中披露的信息涉及以下 11 个监管指标，包括：收益类指标中的平均总资产收益率，平均净资产收益率，成本收入比；资本类指标中的资本充足率，核心一级资本充足率；信用风险类指标中的不良贷款率，拨备覆盖率，单一客户贷款集中度，最大十家客户贷款集中度；流动性类指标中的流动性比率，存贷比。

　　总的来说，从收益类指标来看，国有银行平均总资产收益率最高；股份制银行平均净资产收益率最高；城商行成本收入比最低，农商行成本收入比最高。从资本类指标来看，所有上市银行均符合监管要求，资本充足率总体有所提升。从信用风险类指标来看，上市银行不良贷款率有所提升，同时银行业不良贷款核销提速。从流动性类指标来看，47 家上市银行全部满足监管要求，城商行存贷比最低，股份制银行最高。

一、收益类指标

（一）平均总资产收益率与平均净资产收益率

　　2018 年，47 家上市银行平均总资产收益率为 0.85%，同比下降 0.04 个百分点；平均净资产收益率为 12.45%，同比下降 1.28 个百分点。受资产质量下降和互联网冲击的影响，如现在兴起的大数据和金融科技，很多新兴的金融科技公司和互联网银行通过产品创新和优化支付环境也在分食金融市场份额，对传统商业银行业务造成冲击，因此上市银行盈利能力整体有所下降。

　　2018 年，招商银行总资产收益率以 1.24% 位居榜首，中原银行处于末位，总资产收益率为 0.41%；而净资产收益率前三名均被城商行斩获，其中，贵阳银行以 18.88% 居第一位，第二名、第三名分别是宁波银行和长沙银行。中原银行净资产收益率最低，为 5.43%（见表 1）。

表1　　　　　　　　　　　**银行总资产收益率①与净资产收益率②**

	平均总资产收益率（%）			平均净资产收益率③（%）		
	2018年	2017年	变动	2018年	2017年	变动
工商银行	1.11	1.14	-0.03	13.79	14.35	-0.56
农业银行	0.93	0.95	-0.02	13.66	14.57	-0.91
中国银行	0.94	0.98	-0.04	12.06	12.24	-0.18
建设银行	1.13	1.13	0.00	14.04	14.80	-0.76
交通银行	0.80	0.81	-0.01	11.17	11.40	-0.23
邮储银行	0.57	0.55	0.02	12.31	13.07	-0.76
国有银行	0.91	0.93	-0.02	12.84	13.41	-0.57
中信银行	0.77	0.74	0.03	11.39	11.67	-0.28
光大银行	0.80	0.78	0.02	11.55	12.75	-1.20
华夏银行	0.81	0.82	-0.01	12.67	13.54	-0.87
平安银行	0.74	0.75	-0.01	11.49	11.62	-0.13
招商银行	1.24	1.15	0.09	16.57	16.54	0.03
浦发银行	0.91	0.92	-0.01	13.14	14.45	-1.31
兴业银行	0.93	0.92	0.01	14.27	15.35	-1.08
民生银行	0.85	0.86	-0.01	12.94	14.03	-1.09
浙商银行	0.73	0.76	-0.03	14.17	14.64	-0.47
股份制银行	0.86	0.86	0.00	13.13	13.84	-0.71
北京银行	0.82	0.85	-0.03	11.65	13.77	-2.12
南京银行	0.93	0.88	0.05	16.96	16.94	0.02
宁波银行	1.04	0.97	0.07	18.72	19.02	-0.30
徽商银行	0.90	0.94	-0.04	15.08	15.56	-0.48
重庆银行	0.88	0.95	-0.07	12.80	14.90	-2.10
天津银行	0.62	0.58	0.04	9.15	9.12	0.03
上海银行	0.94	0.86	0.08	12.67	12.63	0.04
盛京银行	0.51	0.78	-0.27	9.38	15.36	-5.98
哈尔滨银行	0.94	0.96	-0.02	12.68	13.50	-0.82
郑州银行	0.69	1.08	-0.39	10.03	18.82	-8.79
青岛银行	0.66	0.65	0.01	8.36	10.80	-2.44

①　总资产收益率的计算公式是净利润总额除以平均总资产总额。

②　净资产收益率的计算公式是归属于母公司股东的净利润总额除以平均净资产总额。

③　国有银行、股份制银行、城商行和上市商业银行的平均总资产收益率的平均值和平均净资产收益率的平均值均为算术平均值。

	平均总资产收益率（%）			平均净资产收益率（%）		
	2018 年	2017 年	变动	2018 年	2017 年	变动
江苏银行	—	—	—	12.43	13.72	−1.29
杭州银行	0.62	0.59	0.03	11.01	11.34	−0.33
贵阳银行	1.08	1.10	−0.02	18.88	19.76	−0.88
中原银行	0.41	0.82	−0.41	5.43	9.57	−4.14
九江银行	0.61	0.71	−0.10	8.66	11.31	−2.65
成都银行	1.00	0.98	0.02	16.04	16.83	−0.79
长沙银行	0.92	0.93	−0.01	16.91	18.25	−1.34
西安银行	0.99	0.93	0.06	12.61	12.66	−0.05
泸州银行	0.86	1.00	−0.14	14.66	14.83	−0.17
江西银行	0.70	0.85	−0.15	9.95	13.12	−3.17
甘肃银行	1.15	1.30	−0.15	16.43	22.46	−6.03
城商行	0.82	0.89	−0.07	12.75	14.74	−1.99
重庆农商	0.99	1.05	−0.06	13.47	15.61	−2.14
江阴银行	0.70	0.71	−0.01	8.92	9.10	−0.18
常熟银行	1.01	0.96	0.05	12.62	12.52	0.10
苏农银行	—	—	—	9.08	9.06	0.02
广州农商	0.91	0.84	0.07	13.13	13.65	−0.52
九台农商	0.67	0.87	−0.20	7.45	10.79	−3.34
张家港行	0.76	0.78	−0.02	9.39	9.43	−0.04
紫金银行	—	—	—	11.93	11.88	0.05
青农商行	0.90	0.93	−0.03	12.77	12.77	0.00
无锡银行	0.75	0.76	−0.01	10.68	11.04	−0.36
农商行	0.84	0.86	−0.03	10.94	11.59	−0.64
上市商业银行	0.84	0.87	−0.03	12.36	13.54	−1.17

根据银保监会《商业银行风险监管核心指标》，对总资产收益的要求是不低于0.6%，对净资产收益的要求是不低于11%。数据表明，2018年总资产收益率有3家上市银行没有达标，分别为邮储银行、盛京银行与中原银行；净资产收益率有12家上市银行没有达标，均为城商行和农商行。对比来看，国有银行平均总资产收益率最高；股份制银行平均净资产收益率最高。

具体来看，国有银行平均总资产收益率为0.91%，比2017年下降0.02个百分点；平均净资产收益率为12.84%，较2012年下降0.57个百分点。建设银行在平均总资产收益率和平均净资产收益率中均表现最好，分别为1.13%和14.04%。邮储银行在平均总资产收益率中居于末尾，为 0.57% ；交通银行在平均净资产收益率中居于末位，为 11.17% 。

股份制银行平均总资产收益率为 0.86% ，与 2017 年大致持平；平均净资产收益率为 13.13% ，较 2017 年下降 0.71 个百分点。招商银行在平均总资产收益率和平均净资产收益率中均居于首位，分别为 1.24% 和 16.57% 。浙商银行在总资产收益率中表现欠佳，为 0.73% ；中信银行在净资产收益率中居于末位，为 11.39% 。2018 年，招商银行实现平均总资产收益率和平均净资产收益率的最大增幅，提升分别为 0.09% 和 0.03% ；浙商银行在总资产收益率中达到最大降幅，为 -0.03% ；浦发银行在净资产收益率中达到最大降幅，为 -1.31% 。

城商行平均总资产收益率为 0.82% ，较 2017 年降低 0.07 个百分点；平均净资产收益率为 12.75% ，较 2017 年降低 1.99 个百分点。甘肃银行在平均总资产收益率中表现最好，为 1.15% ，贵阳银行在平均净资产收益率中表现最好，为 18.88% 。中原银行在平均总资产收益率和平均净资产收益率中均表现欠佳，分别为 0.41% 和 5.43% ，均未达标。大部分城商行在总资产收益率和净资产收益率上均有不同程度的降低。

农商行平均总资产收益率为 0.84% ，较 2017 年降低 0.03 个百分点；平均净资产收益率为 10.94% ，较 2017 年降低 0.64 个百分点。常熟银行在平均总资产收益率中居于首位，为 1.01% ，重庆农商行在平均净资产收益率中表现最好，为 13.47% 。九台农商行在平均总资产收益率中表现欠佳，为 0.67% ，江阴银行在平均净资产收益率中居于末位，为 8.92% 。大部分农商行在总资产收益率和净资产收益率上均有不同程度的降低。

（二）成本收入比

2018 年，47 家上市银行的平均成本收入比为 30.62% ，较 2017 年下降 1.35 个百分点。上海银行成本收入比最低，为 20.52% ，邮储银行最高，为 57.60% （见表 2）。

银保监会对成本收入比的要求是不高于 45% ，数据显示有 2 家上市银行未达标，分别是邮储银行和九台农商行，分别为 57.60% 和 54.72% 。对比来看，城商行成本收入比最低，农商行成本收入比最高。

具体来看，国有银行平均成本收入比为 33.13% ，较 2017 年下降 1.74 个百分点。2018 年，工商银行成本收入比最低，为 23.91% ，邮储银行最高，为 57.60% 。所有国有银行的成本收入比均较上年有不同程度的下降。

股份制银行平均成本收入比为 29.47% ，较 2017 年下降 0.59 个百分点。浦发银行成本收入比最低，为 25.12% ；华夏银行最高，为 32.58% 。

城商行平均成本收入比为 28.60% ，较 2017 年下降 1.23 个百分点。上海银行成本收入比最低，为 20.52% ；泸州银行最高，为 34.54% 。2018 年，泸州银行同比增幅最大，达 2.65 个百分点，九江银行同比降幅最大，达 4.64 个百分点。

农商行平均成本收入比为 34.61% ，较 2017 年下降 2.08 个百分点。广州农商行成本收入比最低，为 28.05% ；九台农商行最高，为 54.72% 。2018 年，九台农商行同比增幅最大，达 3.95 个百分点，广州农商行同比降幅最大，达 9.06 个百分点。

表 2 　　　　　　　　　　　　　银行成本收入比 ①　　　　　　　　　　　　 单位：%

	2018 年	2017 年	变动百分比
工商银行	23.91	24.46	-0.55
农业银行	31.27	32.96	-1.69
中国银行	28.09	28.34	-0.25
建设银行	26.42	26.95	-0.53
交通银行	31.50	31.85	-0.35
邮储银行	57.60	64.64	-7.04
国有银行	33.13	34.87	-1.74
中信银行	30.57	29.92	0.65
光大银行	28.79	31.92	-3.13
华夏银行	32.58	32.96	-0.38
平安银行	30.22	29.89	0.33
招商银行	31.02	30.23	0.79
浦发银行	25.12	24.34	0.78
兴业银行	26.89	27.63	-0.74
民生银行	30.07	31.72	-1.65
浙商银行	29.99	31.96	-1.97
股份制银行	29.47	30.06	-0.59
北京银行	25.10	26.85	-1.75
南京银行	28.61	29.20	-0.59
宁波银行	34.44	34.63	-0.19
徽商银行	23.02	25.90	-2.88
重庆银行	22.93	22.00	0.93
天津银行	27.18	29.42	-2.24
上海银行	20.52	24.47	-3.95
盛京银行	24.13	26.22	-2.09
哈尔滨银行	30.88	29.71	1.17
郑州银行	27.96	26.15	1.81
青岛银行	32.97	31.60	1.37

　　① 成本收入比＝业务及管理费/营业收入。部分银行的统计口径略有不同。其中，建设银行、交通银行和哈尔滨银行"成本收入比＝业务及管理费/扣除其他业务成本的营业收入"；兴业银行、郑州银行、常熟银行和无锡银行"成本收入比＝业务及管理费加上其他业务成本/营业收入"；在香港上市的邮储银行、浙商银行、江西银行、九江银行、泸州银行、盛京银行、天津银行、中原银行、重庆银行、广州农商行和九台农商行"成本收入比＝营业费用（不含税金及附加）/营业收入"；徽商银行"成本收入比＝营业费用/营业收入。国有银行、股份制银行、城商行和上市商业银行成本收入比的平均值均为算术平均值。

	2018 年	2017 年	变动百分比
江苏银行	28.68	28.80	-0.12
杭州银行	29.91	31.74	-1.83
贵阳银行	26.73	28.10	-1.37
中原银行	40.59	44.00	-3.41
九江银行	27.86	32.5	-4.64
成都银行	25.77	28.27	-2.50
长沙银行	34.12	33.67	0.45
西安银行	27.97	30.09	-2.12
泸州银行	34.54	31.89	2.65
江西银行	30.48	32.18	-1.70
甘肃银行	24.72	28.81	-4.09
城商行	28.60	29.83	-1.23
重庆农商行	30.35	33.96	-3.61
江阴银行	32.03	38.29	-6.26
常熟银行	36.53	37.14	-0.61
苏农银行	34.18	32.63	1.55
广州农商行	28.05	37.11	-9.06
九台农商行	54.72	50.77	3.95
张家港行	35.43	36.33	-0.90
紫金银行	33.42	35.01	-1.59
青农商行	32.23	35.69	-3.46
无锡银行	29.18	30.03	-0.85
农商行	34.61	36.70	-2.08
上市商业银行	30.62	31.98	-1.35

二、资本类指标

2012 年 6 月 8 日，中国银保监会发布《商业银行资本管理办法（试行）》，并规定于 2013 年 1 月 1 日起实施。纳入操作风险等政策使得风险加权资产的规模显著提升，同时加上不合格二级资本债券到期扣减等因素影响，上市银行资本充足率有所回落。银保监会规定商业银行应在 2018 年底前全面达到《商业银行资本管理办法（试行）》规定的监管要求。

《商业银行资本管理办法（试行）》将资本监管要求分为四个层次：第一层次为最低资本要求，核心一级资本充足率、一级资本充足率和资本充足率分别为 5%、6% 和 8%；第二层次为储备资本要求和逆周期资本要求，储备资本要求为 2.5%，逆周期资本要求为 0～

2.5%；第三层次为系统重要性银行附加资本要求，为1%；第四层次为第二支柱资本要求。《商业银行资本管理办法（试行）》实施后，正常时期系统重要性银行[①]和非系统重要性银行的资本充足率要求分别为11.5%和10.5%[②]。

2018年，所有上市银行均符合监管要求（见表3）。

总体来看，上市银行资本充足率压力不大。2018年，建设银行资本充足率最高，为17.19%，平安银行最低，为11.50%；江阴银行核心一级资本充足率最高，为14.02%，杭州银行最低，为8.17%。

2018年，上市银行平均资本充足率为13.65%，同比增加0.60%；核心一级资本充足率为10.04%，同比增加0.22%；核心资本充足率为10.74%，同比增加0.26%。整体来看，2018年上市商业银行资本充足率有所上升。

具体来看，国有银行的平均资本充足率为15.13%，同比增加0.95个百分点；平均核心资本充足率为12.56%，同比增加0.59个百分点。2018年，邮储银行资本充足率和核心资本充足率都为最低，分别为13.76%和10.88%。

股份制银行的平均资本充足率为12.98%，同比增加了0.49个百分点；平均核心资本充足率为10.18%，同比增加0.15个百分点。2018年，平安银行资本充足率最低，为11.50%；民生银行核心资本充足率最低，为9.16%。

城商行的平均资本充足率为13.21%，同比增长0.28个百分点；平均核心资本充足率为10.38%，同比增加0.26个百分点，资本充足率同股份制银行一样也呈上升趋势。2018年，九江银行资本充足率最低，为11.55%；盛京银行核心资本充足率最低，为8.52%。

农商行的平均资本充足率为14.31%，同比增长1.19个百分点；平均核心资本充足率为10.92%，同比增加0.14个百分点。资本充足率呈现上升趋势。2018年，九台农商行资本充足率和核心资本充足率均最低，分别为11.83%和9.50%。

表3　　　　　　　　　　　　　　银行资本充足率与核心资本充足率

	资本充足率（%）			核心一级资本充足率（%）			核心资本充足率（%）		
	2018年	2017年	变动	2018年	2017年	变动	2018年	2017年	变动
工商银行	15.39	15.14	0.25	12.98	12.77	0.21	13.45	13.27	0.18
农业银行	15.12	13.74	1.38	11.55	10.63	0.92	12.13	11.26	0.87
中国银行	14.97	14.19	0.78	11.41	11.15	0.26	12.27	12.02	0.25
建设银行	17.19	15.50	1.69	13.83	13.09	0.74	14.42	13.71	0.71
交通银行	14.37	14.00	0.37	11.16	10.79	0.37	12.21	11.86	0.35
邮储银行	13.76	12.51	1.25	9.77	8.60	1.17	10.88	9.67	1.21

---

① 系统重要性银行是业务规模较小，业务复杂程度较高，发生重要风险事件或经营失利会对整个银行体系带来系统性风险的银行。

② 资本充足率 = 资本净额/表内、表外风险加权资产期末总额。

	资本充足率（%）			核心一级资本充足率（%）			核心资本充足率（%）		
	2018 年	2017 年	变动	2018 年	2017 年	变动	2018 年	2017 年	变动
国有银行	15.13	14.18	0.95	11.78	11.17	0.61	12.56	11.97	0.59
中信银行	12.47	11.65	0.82	8.62	8.49	0.13	9.43	9.34	0.09
光大银行	13.01	13.49	-0.48	9.15	9.56	-0.41	10.09	10.61	-0.52
华夏银行	13.19	12.37	0.82	9.47	8.26	1.21	10.43	9.37	1.06
平安银行	11.50	11.20	0.30	8.54	8.28	0.26	9.39	9.18	0.21
招商银行	15.68	15.48	0.20	11.78	12.06	-0.28	12.62	13.02	-0.40
浦发银行	13.67	12.02	1.65	10.09	9.50	0.59	10.79	10.24	0.55
兴业银行	12.20	12.19	0.01	9.30	9.07	0.23	9.85	9.67	0.18
民生银行	11.75	11.85	-0.10	8.93	8.63	0.30	9.16	8.88	0.28
浙商银行	13.38	12.21	1.17	8.38	8.29	0.09	9.83	9.96	-0.13
股份制银行	12.98	12.50	0.49	9.36	9.13	0.24	10.18	10.03	0.15
北京银行	12.07	12.03	0.04	8.93	8.89	0.04	9.85	9.81	0.04
南京银行	12.99	12.93	0.06	8.51	7.99	0.52	9.74	9.37	0.37
宁波银行	14.86	13.58	1.28	9.16	8.61	0.55	11.22	9.41	1.81
徽商银行	11.65	12.19	-0.54	8.37	8.48	-0.11	9.18	9.46	-0.28
重庆银行	13.21	13.60	-0.39	8.47	8.62	-0.15	9.94	10.24	-0.30
天津银行	14.53	10.74	3.79	9.83	8.64	1.19	9.84	8.65	1.19
上海银行	13.00	14.33	-1.33	9.83	10.69	-0.86	11.22	12.37	-1.15
盛京银行	11.86	12.85	-0.99	8.52	9.04	-0.52	8.52	9.04	-0.52
哈尔滨银行	12.15	12.25	-0.10	9.74	9.72	0.02	9.75	9.74	0.01
郑州银行	13.15	13.53	-0.38	8.22	7.93	0.29	10.48	10.49	-0.01
青岛银行	15.68	16.60	-0.92	8.39	8.71	-0.32	11.82	12.57	-0.75
江苏银行	12.55	12.62	-0.07	8.61	8.54	0.07	10.28	10.40	-0.12
杭州银行	13.15	14.30	-1.15	8.17	8.69	-0.52	9.91	10.76	-0.85
贵阳银行	12.97	11.56	1.41	9.61	9.51	0.10	11.22	9.54	1.68
中原银行	14.37	13.15	1.22	9.44	12.15	-2.71	11.49	12.16	-0.67
九江银行	11.55	10.51	1.04	8.90	8.75	0.15	8.90	8.75	0.15
成都银行	14.08	14.00	0.08	11.14	11.05	0.09	11.15	11.05	0.10
长沙银行	12.24	11.74	0.50	9.53	8.70	0.83	9.55	8.72	0.83
西安银行	14.17	13.83	0.34	11.87	11.59	0.28	11.87	11.59	0.28
泸州银行	13.29	13.69	-0.40	10.69	10.40	0.29	10.69	10.40	0.29
江西银行	13.60	12.90	0.70	10.78	9.38	1.40	10.79	9.40	1.39
甘肃银行	13.55	11.54	2.01	11.01	8.71	2.30	11.01	8.71	2.30
城商行	13.21	12.93	0.28	9.44	9.31	0.13	10.38	10.12	0.26
重庆农商	13.52	13.03	0.49	10.95	10.39	0.56	10.96	10.40	0.56

	资本充足率（%）			核心一级资本充足率（%）			核心资本充足率（%）		
	2018 年	2017 年	变动	2018 年	2017 年	变动	2018 年	2017 年	变动
江阴银行	15.21	14.14	1.07	14.02	12.94	1.08	14.04	12.95	1.09
常熟银行	15.12	12.97	2.15	10.49	9.98	0.51	10.53	9.92	0.61
苏农银行	14.89	13.42	1.47	10.99	12.27	−1.28	10.99	12.27	−1.28
广州农商	14.28	12.00	2.28	10.50	10.69	−0.19	10.53	10.72	−0.19
九台农商	11.83	12.20	−0.37	9.40	9.47	−0.07	9.50	9.66	−0.16
张家港行	15.65	12.93	2.72	11.94	11.82	0.12	11.94	11.82	0.12
紫金银行	13.35	13.94	−0.59	9.70	9.69	0.01	9.70	9.69	0.01
青农商行	12.55	12.59	−0.04	10.60	10.50	0.10	10.61	10.51	0.10
无锡银行	16.81	14.12	2.69	10.44	9.93	0.51	10.44	9.93	0.51
农商行	14.32	13.13	1.19	10.90	10.77	0.14	10.92	10.79	0.14
上市商业银行	13.65	13.05	0.60	10.04	9.82	0.22	10.74	10.48	0.26

三、信用风险类指标

（一）不良贷款率与拨备覆盖率

2018 年，47 家上市银行平均不良贷款率为 1.52%，同比提高 0.02 个百分点；平均拨备覆盖率为 238.49%，同比提高 12.46 个百分点；2018 年，银行业不良贷款核销提速，上市银行的核销总额达到 7279.97 亿元，平均每家银行核销额为 158.26 亿元，平均值同比增长 28.21%。

2018 年，郑州银行不良贷款率最高，为 2.47%；宁波银行最低，为 0.78%。拨备覆盖率最高的为宁波银行，为 521.83%，民生银行最低，为 134.05%。

在所有上市银行中，宁波银行核销增速最大，由 2017 年的 722.01 亿元同比增长 50.66% 至 1087.78 亿元；苏农银行增速最低，同比增长率为 1.2%。增加不良贷款的核销主要从三个方面考虑：首先可以控制不良率的过快上升，其次为未来几年新增不良核销减压，最后可以释放部分拨备从而回归利润。

银保监会对不良贷款率的要求是不高于 5%，对拨备覆盖率的要求是不低于 150%，数据显示所有上市银行不良贷款率均达标，除民生银行拨备覆盖率为 134.05% 外，其余上市银行拨备覆盖率均达标。对比来看，股份制银行不良贷款率最高，国有银行最低；农商行拨备覆盖率最高，股份制银行最低（见表 4）。

具体来看，国有银行平均不良贷款率为 1.39%，较 2017 年下降 0.04 个百分点；平均拨备覆盖率为 223.04%，较 2017 年提高 27.67 个百分点。除邮储银行不良贷款率有所上升外，其他银行均有不同程度的下降，资产质量有所提高。2018 年，国有银行平均核销不良贷款 613.68 亿元，同比增长 22.79%，其中交通银行核销增速最大，同比增长 156.56%。国有银行的核销金额远远高于股份制银行和城商行。

中国上市银行可持续发展分析（2019）

股份制银行平均不良贷款率为 1.64%，较 2017 年减少 0.02 个百分点；平均拨备覆盖率为 196.97%，较 2017 年增加 8.74 个百分点。其中，浦发银行不良贷款率最高，为 1.92%，浙商银行最低，为 1.20%。2018 年，股份制银行平均核销不良贷款 335.50 亿元，同比增长 40.32%，其中光大银行核销增速最大，同比增长 169.05%。

城商行平均不良贷款率为 1.53%，较 2017 年提高 0.13 个百分点；平均拨备覆盖率为 245.81%，较 2017 年增加 2.61 个百分点。2018 年，城商行平均核销不良贷款 21.89 亿元，同比增长 41.65%。其中盛京银行核销增速最大，同比增长 2233.49%，但总核销数额相对较小，仅为 209 亿元。

农商行平均不良贷款率为 1.47%，较 2017 年减少 0.15 个百分点；平均拨备覆盖率为 269.00%，较 2017 年增加 28.37 个百分点。其中，江阴银行不良贷款率最高，为 2.15%，常熟银行最低，为 0.99%。2018 年，农商行平均核销不良贷款 10.75 亿元，同比增长 45.83%。农商行的核销金额远远低于其他类型的银行。

表4 银行不良贷款率与拨备覆盖率

	不良贷款率（%）			拨备覆盖率（%）			核销（百万元）		
	2018 年	2017 年	变动	2018 年	2017 年	变动	2018 年	2017 年	变动率（%）
工商银行	1.52	1.55	−0.03	175.76	154.07	21.69	108778.00	72201.00	50.7
农业银行	1.59	1.81	−0.22	252.18	208.37	43.81	66563.00	94293.00	−29.4
中国银行	1.42	1.45	−0.03	181.97	159.18	22.79	91658.00	70344.00	30.3
建设银行	1.46	1.49	−0.03	208.37	171.08	37.29	43879.00	36991.00	18.6
交通银行	1.49	1.50	−0.01	173.13	154.73	18.40	50168.00	19554.00	156.7
邮储银行	0.86	0.75	0.11	346.80	324.77	22.03	7164.00	6495.00	10.3
国有银行	1.39	1.43	−0.04	223.04	195.37	27.67	61368.00	49980.00	22.8
中信银行	1.77	1.68	0.09	157.98	169.44	−11.46	52415.00	40032.00	30.9
光大银行	1.59	1.59	0.00	176.16	158.18	17.98	16162.00	6007.00	169.1
华夏银行	1.85	1.76	0.09	158.59	156.51	2.08	11019.00	9672.00	13.9
平安银行	1.75	1.70	0.05	155.24	151.08	4.16	46409.00	39610.00	17.2
招商银行	1.36	1.61	−0.25	358.18	262.11	96.07	26197.00	24283.00	7.9
浦发银行	1.92	2.14	−0.22	154.88	132.44	22.44	61290.00	51254.00	19.6
兴业银行	1.57	1.59	−0.02	207.28	211.78	−4.50	28098.00	21529.00	30.5
民生银行	1.76	1.71	0.05	134.05	155.61	−21.56	58421.00	22798.00	156.3
浙商银行	1.20	1.15	0.05	270.37	296.94	−26.57	1937.00	1319.00	46.9
股份制银行	1.64	1.66	−0.02	196.97	188.23	8.74	33550.00	23909.00	40.3
北京银行	1.46	1.24	0.22	217.51	265.57	−48.06	11157.00	5359.00	108.2
南京银行	0.89	0.86	0.03	462.68	462.54	0.14	3032.00	1876.00	61.6
宁波银行	0.78	0.82	−0.04	521.83	493.26	28.57	1142.00	1943.00	−41.2
徽商银行	1.04	1.05	−0.01	302.22	287.45	14.77	2173.00	2971.00	−26.9

	不良贷款率（％）			拨备覆盖率（％）			核销（百万元）		
	2018 年	2017 年	变动	2018 年	2017 年	变动	2018 年	2017 年	变动率（％）
重庆银行	1.36	1.35	0.01	225.87	210.16	15.71	3413.00	1441.00	136.8
天津银行	1.65	1.50	0.15	250.37	193.81	56.56	14.00	299.00	-95.3
上海银行	1.14	1.15	-0.01	332.95	272.52	60.43	4237.00	2445.00	73.3
盛京银行	1.71	1.49	0.22	160.81	186.02	-25.21	207.00	9.00	2233.5
哈尔滨银行	1.73	1.70	0.03	169.88	167.24	2.64	1374.00	424.00	223.8
郑州银行	2.47	1.50	0.97	154.84	207.75	-52.91	1780.00	1273.00	39.8
青岛银行	1.68	1.69	-0.01	168.04	153.52	14.52	1783.00	1041.00	71.3
江苏银行	1.39	1.41	-0.02	203.84	184.25	19.59	3502.00	5449.00	-35.7
杭州银行	1.45	1.59	-0.14	256.00	211.03	44.97	2855.00	2727.00	4.7
贵阳银行	1.35	1.34	0.01	266.05	269.72	-3.67	2136.00	1184.00	80.5
中原银行	2.44	1.83	0.61	156.11	197.50	-41.39	4298.00	423.00	917.4
九江银行	1.99	1.62	0.37	169.69	192.00	-22.31	1113.00	647.00	72.1
成都银行	1.54	1.69	-0.15	237.01	201.41	35.60	1602.00	1738.00	-7.9
长沙银行	1.29	1.24	0.05	275.40	260.00	15.40	177.00	114.00	54.4
西安银行	1.20	1.24	-0.04	216.53	203.08	13.45	27.00	119.00	-77.1
泸州银行	0.80	0.99	-0.19	319.36	294.49	24.87	13.00	30.00	-56.4
江西银行	1.91	1.64	0.27	171.42	215.17	-43.75	1308.00	947.00	38.0
甘肃银行	2.29	1.74	0.55	169.47	222.00	-52.53	825.00	—	—
城商行	1.53	1.39	0.13	249.81	243.20	2.61	2189.00	1546.00	41.7
重庆农商	1.29	0.98	0.31	347.79	431.24	-83.45	2986.00	1597.00	87.1
江阴银行	2.15	2.39	-0.24	233.71	192.13	41.58	944.00	249.00	279.8
常熟银行	0.99	1.14	-0.15	445.02	325.93	119.09	538.00	715.00	-24.8
苏农银行	1.31	1.64	-0.33	248.18	201.50	46.68	819.00	810.00	1.2
广州农商	1.27	1.51	-0.24	276.64	186.75	89.89	1870.00	1290.00	45.0
九台农商	1.75	1.73	0.02	160.41	171.48	-11.07	—	—	—
张家港行	1.47	1.78	-0.31	223.85	185.60	38.25	518.00	605.00	-14.4
紫金银行	1.69	1.84	-0.15	229.58	245.73	-16.15	312.00	380.00	-18.0
青农商行	1.57	1.86	-0.29	290.05	272.16	17.89	1311.00	640.00	104.9
无锡银行	1.24	1.38	-0.14	234.76	193.77	40.99	373.00	347.00	7.5
农商行	1.47	1.63	-0.15	269.00	240.63	28.37	1075.00	737.00	45.8
上市商业银行	1.52	1.50	0.02	238.49	226.02	12.46	15826.00	12344.00	28.2

（二）单一客户贷款集中度与最大十家客户贷款集中度

2018 年，除南京银行和广州农商未披露相关数据外，其余 45 家上市银行平均单一客户贷款集中度为 4.18％，同比下降 0.41 个百分点；平均最大十家客户贷款集中度为 21.05％，同比增加 0.16 个百分点。

2018 年，单一客户贷款集中度最高的为邮储银行，为 29.78%；常熟银行最低，为 0.95%；青农商行最大十家客户贷款集中度最高，为 53.00%；浙商银行最低，为 3.43%。

银保监会对单一客户贷款集中度要求是不高于 10%，数据显示除邮储银行外，所有上市银行均达标，2018 年邮储银行也是唯一超标的上市银行。银保监会对最大十家客户贷款集中度的要求是不高于 50%，除青农商行外，所有银行均达标，2018 年仅有青农商行一家数据超标（见表 5）。

对比来看，国有银行单一客户贷款集中度最高，农商行最大十家客户贷款集中度最高，而股份制银行在两项指标中均最低。

表 5 银行客户贷款集中度①

	单一客户贷款集中度（%）			最大十家客户贷款集中度（%）		
	2018 年	2017 年	变动	2018 年	2017 年	变动
工商银行	3.80	4.90	-1.10	12.90	14.20	-1.30
农业银行	5.53	7.26	-1.73	15.25	18.27	-3.02
中国银行	3.60	3.80	-0.20	15.30	17.40	-2.10
建设银行	2.95	4.27	-1.32	13.05	13.90	-0.85
交通银行	3.60	2.63	0.97	16.64	12.90	3.74
邮储银行	29.78	35.04	-5.26	41.39	47.80	-6.41
国有银行	8.21	9.65	-1.44	19.09	20.75	-1.66
中信银行	2.44	2.25	0.19	14.49	16.88	-2.39
光大银行	2.12	1.29	0.83	11.88	10.00	1.88
华夏银行	2.35	2.92	-0.57	16.00	16.96	-0.96
平安银行	5.13	5.20	-0.07	21.45	22.79	-1.34
招商银行	4.21	3.58	0.63	17.20	13.95	3.25
浦发银行	1.75	2.13	-0.38	10.18	12.43	-2.25
兴业银行	1.59	2.84	-1.25	10.99	14.66	-3.67
民生银行	1.78	2.69	-0.91	12.53	12.04	0.49
浙商银行	2.78	7.83	-5.05	3.43	4.44	-1.01
股份制银行	2.68	3.41	-0.73	13.13	13.79	-0.67
北京银行	3.16	3.29	-0.13	18.48	17.79	0.69
宁波银行	1.02	1.56	-0.54	8.18	10.89	-2.71
徽商银行	1.80	2.64	-0.84	14.71	15.94	-1.23
重庆银行	2.15	2.28	-0.13	18.79	17.19	1.60
天津银行	5.02	6.36	-1.34	29.47	41.55	-12.08

① 南京银行和广州农商未披露相关数据，在表中未予统计。

	单一客户贷款集中度（%）			最大十家客户贷款集中度（%）		
	2018 年	2017 年	变动	2018 年	2017 年	变动
上海银行	7.84	4.93	2.91	31.76	27.99	3.77
盛京银行	1.84	1.91	-0.07	12.75	12.68	0.07
哈尔滨银行	3.44	3.06	0.38	24.88	20.41	4.47
郑州银行	4.13	3.12	1.01	21.46	22.01	-0.55
青岛银行	1.19	1.49	-0.30	8.28	10.07	-1.79
江苏银行	1.61	1.67	-0.06	11.88	11.95	-0.07
杭州银行	7.03	6.18	0.85	29.09	23.51	5.58
贵阳银行	3.65	3.26	0.39	27.81	26.90	0.91
中原银行	2.10	2.50	-0.40	15.70	16.50	-0.80
九江银行	3.63	0.97	2.66	28.26	6.73	21.53
成都银行	3.28	3.07	0.21	27.35	28.80	-1.45
长沙银行	3.35	4.42	-1.07	26.23	31.48	-5.25
西安银行	4.61	5.52	-0.91	36.03	45.37	-9.34
泸州银行	1.93	10.33	-8.40	15.76	—	—
江西银行	5.10	1.55	3.55	32.42	7.04	25.38
甘肃银行	4.22	4.56	-0.34	31.00	35.35	-4.35
城商行	3.43	3.56	-0.12	22.39	21.51	0.89
重庆农商	5.95	6.47	-0.52	7.75	7.88	-0.13
江阴银行	3.46	3.95	-0.49	29.96	32.44	-2.48
常熟银行	0.95	1.09	-0.14	8.04	10.37	-2.33
苏农银行	5.81	6.93	-1.12	32.59	41.74	-9.15
九台农商	9.48	4.73	4.75	42.79	33.55	9.24
张家港行	2.14	2.30	-0.16	17.22	21.88	-4.66
紫金银行	4.80	5.62	-0.82	30.88	34.45	-3.57
青农商行	6.79	7.51	-0.72	53.00	50.31	2.69
无锡银行	3.33	4.61	-1.28	22.16	28.61	-6.45
农商行	4.75	4.80	-0.06	27.15	29.03	-1.87
上市商业银行	4.18	4.59	-0.41	21.05	20.89	0.16

　　具体来看，国有银行平均单一客户贷款集中度为 8.21%，较 2017 年降低 1.44 个百分点；平均最大十家客户贷款集中度为 19.09%，较 2017 年下降 1.66 个百分点。2018 年，邮储银行单一客户贷款集中度和最大十家客户贷款集中度均最高，分别为 29.78% 和 47.80%。建设银行单一客户贷款集中度最低，为 2.95%；工商银行最大十家客户贷款集中度最低，为 12.90%。

　　股份制银行平均单一客户贷款集中度为 2.68%，较 2017 年下降 0.73 个百分点。其中平安银行单一客户贷款集中度最高，为5.13%；兴业银行最低，为1.59%。股份制银行平均最大十家客户贷款集中度为13.13%，较2017年下降0.67个百分点。股份制银行在集中度指标上相对其他类银行偏低，集中度风险控制较好。

城商行平均单一客户贷款集中度为3.39%，较2017年下降0.11个百分点。其中上海银行单一客户贷款集中度最高，为7.84%；平均最大十家客户贷款集中度为21.96%，较2017年提高1.19个百分点。虽然同比下降9.34个百分点，但西安银行最大十家客户贷款集中度依旧最高，为36.03%。宁波银行两项集中度指标均为最低，分别为1.02%和8.18%。

农商行平均单一客户贷款集中度为4.75%，较2017年下降0.06个百分点。其中九台农商单一客户贷款集中度最高，为9.48%。平均最大十家客户贷款集中度为27.15%，较2017年提高1.87个百分点。青农商行最大十家客户贷款集中度最高，为53.00%。常熟银行平均单一客户贷款集中度最低，为0.95%，重庆农商行平均最大十家客户贷款集中度最低，为7.75%。

四、流动性类指标

（一）流动性比例

流动性风险是指商业银行虽然有清偿能力，但无法及时获得充足资金或无法以合理成本及时获得充足资金以应对资产增长或支付到期债务的风险。流动性比率则是衡量商业银行流动性风险的指标。

银保监会对流动性比例的监管要求是本外币流动性比例均大于或等于25%，47家上市银行全部满足监管要求（除未披露数据的盛京银行、中原银行、九江银行和广州农商银行）。2018年，哈尔滨银行外币流动性比例大幅下降292.56个百分点，降至288.96%，但仍远远高于监管要求（见表6）。

表6　　　　　　　　　　　　　银行流动性比率①　　　　　　　　　单位：%

银行	币种	2018年	2017年	变动
工商银行	人民币	43.80	41.70	2.10
	外币	83.00	86.20	-3.20
农业银行	人民币	55.17	50.95	4.22
	外币	101.77	106.74	-4.97
中国银行	人民币	58.70	47.10	11.60
	外币	54.80	56.90	-2.10
建设银行	人民币	47.69	43.53	4.16
	外币	84.88	74.52	10.36

---

① 盛京银行、中原银行、九江银行、甘肃银行、广州农商行在2018年和2017年未披露相关数据，表中不予统计。对于币种，年报中未明确说明的，在表中均归为"本外币"。

银行	币种	2018 年	2017 年	变动
交通银行	本外币	67.28	58.66	8.62
邮储银行	本外币	61.17	42.10	19.07
中信银行	人民币	50.80	45.29	5.51
	外币	59.85	84.11	-24.26
光大银行	人民币	64.26	59.93	4.33
	外币	62.15	62.45	-0.30
华夏银行	人民币	51.23	45.08	6.15
	外币	98.72	60.66	38.06
平安银行	人民币	59.23	52.57	6.66
	外币	96.40	55.41	40.99
招商银行	人民币	44.94	40.68	4.26
	外币	51.95	54.78	-2.83
浦发银行	本外币	55.43	57.16	-1.73
兴业银行	人民币	66.52	60.83	5.69
民生银行	人民币	51.64	39.80	11.84
浙商银行	本外币	52.60	50.90	1.70
北京银行	本外币	55.93	41.28	14.65
南京银行	人民币	51.62	46.82	4.80
	外币	60.68	83.15	-22.47
宁波银行	本外币	57.43	51.54	5.89
徽商银行	人民币	37.19	44.29	-7.10
	外币	92.06	71.93	20.13
重庆银行	本外币	92.53	79.55	12.98
天津银行	本外币	50.29	35.41	14.88
上海银行	本外币	44.17	41.71	2.46
哈尔滨银行	人民币	86.10	50.97	35.13
	外币	288.96	581.52	-292.56
郑州银行	本外币	56.39	61.72	-5.33
青岛银行	本外币	60.55	56.36	4.19
江苏银行	本外币	52.23	52.75	-0.52
杭州银行	本外币	55.43	52.08	3.35
贵阳银行	本外币	85.84	67.59	18.25
成都银行	本外币	79.22	63.91	15.31
长沙银行	本外币	57.73	34.36	23.37
西安银行	本外币	47.71	39.71	8.00
泸州银行	本外币	73.40	48.42	24.98

银行	币种	2018 年	2017 年	变动
江西银行	本外币	57.93	47.94	9.99
重庆农商	人民币	51.71	44.14	7.57
	外币	33.00	57.43	−24.43
江阴银行	本外币	86.49	56.56	29.93
常熟银行	本外币	54.21	43.09	11.12
苏农银行	本外币	67.53	49.10	18.43
九台农商	本外币	64.96	73.27	−8.31
张家港行	本外币	51.38	37.60	13.78
紫金银行	本外币	61.22	60.44	0.78
青农商行	本外币	59.65	50.90	8.75
无锡银行	本外币	88.06	47.29	40.77

其中流动性比率（人民币或本外币）最高的是重庆银行，为 92.53%；工商银行最低，为 43.80%。流动性比率（外币）最高的是哈尔滨银行，为 288.96%，重庆农商行最低，为 33.00%。

（二）存贷比

2018 年，47 家上市银行平均存贷比为 75.03%，同比增加 6.93 个百分点。其中，浦发银行存贷比最高，为 106.21%，大于 100%，存在一定的流动性风险；邮储银行最低，为 49.57%（见表7）。对比来看，城商行存贷比最低，股份制银行最高。

表 7 　　　　　　　　　　　商业银行存贷比①

	2018 年（%）	2017 年（%）	变动百分比（%）
工商银行	72.03	72.76	−0.73
农业银行	66.07	63.70	2.37
中国银行	79.41	79.78	−0.37
建设银行	73.71	70.73	2.98
交通银行	84.80	82.58	2.22
邮储银行	49.57	45.02	4.55
国有银行	70.93	69.10	1.84
中信银行	99.78	93.82	5.96
光大银行	94.14	89.41	4.73
华夏银行	95.29	94.54	0.75

① 存贷比＝贷款总额/存款总额，其中工商银行、农业银行、中国银行、交通银行、邮储银行、中信银行、光大银行、华夏银行、平安银行、招商银行、浦发银行、民生银行、浙商银行、北京银行、南京银行、徽商银行、重庆银行、青岛银行、江苏银行、泸州银行和青农商行未直接披露数据，使用该公式进行计算。

	2018 年（%）	2017 年（%）	变动百分比（%）
平安银行	90.72	83.00	7.72
招商银行	84.70	84.01	0.68
浦发银行	106.21	102.17	4.04
兴业银行	83.90	74.80	9.10
民生银行	96.51	94.54	1.97
浙商银行	88.76	78.19	10.58
股份制银行	93.34	88.28	5.06
北京银行	91.04	84.90	6.14
南京银行	62.34	53.83	8.51
宁波银行	65.88	58.06	7.82
徽商银行	66.53	61.37	5.17
重庆银行	80.32	72.12	8.19
天津银行	85.59	69.56	16.03
上海银行	81.61	71.90	9.71
盛京银行	73.24	59.02	14.22
哈尔滨银行	64.16	62.76	1.40
郑州银行	66.06	50.29	15.77
青岛银行	69.34	59.67	9.68
江苏银行	81.33	74.15	7.18
杭州银行	64.16	59.18	4.98
贵阳银行	54.50	42.19	12.31
中原银行	73.48	64.85	8.63
九江银行	65.08	57.19	7.89
成都银行	53.72	48.06	5.66
长沙银行	59.26	34.36	24.90
西安银行	84.58	77.18	7.40
泸州银行	58.20	44.69	13.51
江西银行	65.46	53.04	12.42
甘肃银行	76.35	67.77	8.58
城商行	70.10	60.28	9.82
重庆农商	61.86	59.13	2.73
江阴银行	74.31	70.43	3.88
常熟银行	82.05	78.59	3.46
苏农银行	71.92	68.68	3.24

	2018 年（%）	2017 年（%）	变动百分比（%）
广州农商	69.70	60.17	9.53
九台农商	70.79	60.69	10.10
张家港行	75.67	69.62	6.05
紫金银行	75.97	71.43	4.54
青农商行	71.11	64.65	6.47
无锡银行	65.06	61.85	3.21
农商行	71.84	66.52	5.32
上市商业银行	75.03	68.09	6.93

　　具体来看，国有银行平均存贷比为 70.93%，较 2017 年提高 1.84 个百分点。2018 年，交通银行存贷比最高，为 84.80%，邮储银行最低，为 49.57%。邮储银行同比增幅最大，增长 4.55 个百分点。

　　股份制银行平均存贷比为 93.34%，较 2017 年提高 5.06 个百分点。其中，浦发银行存贷比最高，为 106.21%；兴业银行最低，为 83.90%。浙商银行同比增长最大，达到 10.58 个百分点，其余银行均有不同程度的上升。

　　城商行平均存贷比为 70.10%，较 2017 年增加 9.82 个百分点。其中，北京银行存贷比最高，为 91.04%；成都银行最低，为 53.72%。长沙银行提升了 24.90 个百分点，实现行业最大涨幅，其他银行均有不同程度的上升。

　　农商行平均存贷比为 71.84%，较 2017 年增加 5.32 个百分点。其中，常熟银行存贷比最高，为 82.05%；重庆农商行最低，为 61.86%。九台农商行同比增幅最大，为 10.10 个百分点，其余银行均有不同程度的上升。

专题八　金融科技对比分析

金融科技是数字化时代金融业与时俱进的产物，其外延包括金融机构移动客户端、大数据风险控制、人工智能客户服务、区块链应用等。总体上来说，各金融机构依托于移动互联网、大数据、人工智能、区块链等技术，在精准营销、提高用户体验、便捷支付、有效风险管控等方面取得了巨大进展。可以预见，未来同业间甚至是行业间金融机构的竞争一定是聚焦于金融科技这一主题的。特别是银行业在面对同业激烈竞争的同时，也面临着互联网金融、直接融资服务机构等的竞争压力，在此背景下把发展金融科技提到战略高度是各家银行不约而同的选择。

2018年47家中国上市银行披露的年报中，均在公司发展战略层面加入了金融科技发展部署。但是由于缺乏统一的披露口径、披露方法，各家银行关于金融科技发展情况的披露多为全局性概括、战略性指导等描述，具体实践和数据的披露在各家银行年报中体现不一。但是总结下来，多数银行对于金融科技的积极运用集中在电子销售渠道研发、大数据风险控制、智能化网点设备改造以及智能化服务创新等方面。

一、电子分销渠道

移动互联网时代，各行各业均兴起一股"互联网＋"革命热潮，银行业也积极从自主APP研发、与其他网络平台合作、打造网络场景等方面切入，打开互联网分销渠道。共有24家上市银行在2018年年报中披露了自己各大销售渠道中电子银行的发展情况，其中主要包括手机银行或网络银行的用户数量、电子渠道对网点业务替代率等数据。

表1　　　　　2018年手机银行数据汇总（增长数据均为上年同期比较）

		用户数量（万户）	交易额（万亿元）	交易笔数（亿笔）
国有银行	中国银行	14531.18	20.03	—
	建设银行	31106.00	58.24	219.15
	交通银行	7414.00	11.00	3.70
	邮储银行	21800.00	5.81	56.45
股份制银行	光大银行	4937.33	—	—
	浦发银行	3466.30	7.29	13.1
	兴业银行	2551.17	—	—
	浙商银行	248.69		

续表

		用户数量（万户）	交易额（万亿元）	交易笔数（亿笔）
城商行	北京银行	460.00	—	—
	徽商银行	319.57	0.38	0.95
	重庆银行	71.85	0.15	0.04
	上海银行	450.45	—	—
	盛京银行	99.22	0.02	0.27
	哈尔滨银行	117.22	0.21	—
	郑州银行	45.91	0.14	0.04
	青岛银行	156.42	0.33	0.61
	杭州银行	164.62	—	—
	贵阳银行	279.95	—	—
	九江银行	50.85	—	—
	江西银行	72.54	0.13	0.10
	中原银行	147.36	0.42	21.91
农商行	重庆农商	824.14	1.01	0.62
	常熟银行	—	0.14	0.04
	九台农商	61.87	—	—

在年报中披露手机银行交易数据的上市银行中，建设银行的手机银行用户数量、交易笔数、交易金额最多，分别为31106万户、219.15亿笔、58.24万亿元。从各类银行来看，国有银行手机银行体量最大，其次是股份制银行，城商行和农商行手机银行体量在各方面均明显不如国有银行和股份制银行。从手机银行数据披露情况来看，农商行和股份制银行披露情况不充分，披露的银行家数较少。

表2   **2018年网上银行客户数**

		个人网上银行客户（亿户）	企业网上银行客户（万户）
国有银行	农业银行	2.57	93.00
	中国银行	1.66	389.05
	建设银行	3.05	757.00
股份制银行	招商银行	1.48	—
	兴业银行	0.13	34.31
	浦发银行	0.30	—
	民生银行	—	116.18
	浙商银行	0.01	11.26
城商行	宁波银行	—	22.33
	徽商银行	0.04	—
	重庆银行	0.007	2.20

		个人网上银行客户（亿户）	企业网上银行客户（万户）
城商行	盛京银行	0.004	2.32
	郑州银行	—	2.85
	青岛银行	0.007	8.90
	中原银行	—	11.26
	九江银行	0.005	3.15
	江西银行	—	4.17
农商行	广州农商	0.02	2.44

共有 18 家银行披露了网上银行客户数，在年报中披露网上银行交易数据的上市银行中，建设银行网上银行个人用户和公司用户数量分别为 3.05 亿户和 757 万户。从各类银行来看，国有银行网上银行体量最大，其次是股份制银行，城商行和农商行体量明显不如国有银行和股份制银行。从手机银行相关数据披露情况来看，农商行披露的家数较少。

二、科研投入、IT 产能、人才储备

各家上市银行虽然都将金融科技归入年报战略层面进行了总结概述，但是少有银行将具体数据进行详细披露。其中，披露情况比较完整的银行为工商银行、平安银行、中国银行、中信银行、招商银行，披露数据包括科研投入情况、专利申请数、IT 产能、科技人才队伍等。

从披露的情况来看，工商银行 2018 年共申请专利 43 项，目前累计获得专利 549 项，科研人才占人力储备比例达 93.99%；平安银行 2018 年在 IT 上的资本支出为 25.75 亿元，同比增长 82%，申请专利累计超过 12000 项，其拥有约 6000 名复合型金融科技人才的科技队伍；中国银行专利的申请量在全球金融业排名第 2，IT 产能同比增长 16.6%，科研人才占人力储备比例达 96.80%；中信银行 2018 年信息科技投入约 35.8 亿元，科研人才占人力储备比例达 90.44%。

由于披露口径和方式不一致，尚不能准确比较各家银行科研发展之间的具体水平高低，但是从年报描述内容来看，平安银行在科研发展方面属于上市银行中比较靠前的银行。其从科研投入、人才储备、科研管理制度确立、产品创新实践等各方面均有比较大的作为。

三、"科技大行"总览

1. 工商银行

工商银行秉持金融科技发展观，启动实施智慧银行信息系统（ECOS）工程，全面发展 e - ICBC3.0 互联网金融发展战略。推出融 e 行 4.0 版本；融 e 购，聚焦"名商、名品、名店"定位，着力推进工银 e 采购、工银 e 差旅、工银 e 资产、工银 e 跨境和工银 e 公益特色品牌建设。推出 AI 指数并实现对基金产品的"一键投资""一键调仓"等智能化、专业化

服务，完善私人银行"君子智投"系统。

2. 农业银行

农业银行应用金融科技，加快产品体系建设，推进公司业务产品"线上化、链条化、场景化"。农业银行以建设"互联网智能银行"为目标，以"做强 B 端商户"和"做活 C 端客户"为两条工作主线，在产品创新，完善网络服务平台，布局服务场景等方面不断努力，推进互联网金融服务"三农""一号工程"。推出新一代智能掌银，上线快农贷等普惠融资产品，推出农业银行首个全线上运作的小微企业融资产品"微捷贷"。

3. 中国银行

中国银行以手机银行、交易银行、智能柜台为载体，加快推动全行数字化转型。建成私有云、大数据、人工智能三大平台，投产智能投顾、智能客服、智能风控、量化交易等重点项目。海外信息系统整合转型项目顺利收官，实现全球系统版本统一、集中部署和一体化运营。扎实推进"多地多中心"机房基础设施建设，西安云中心投入运行。中行先后推出线上秒贷产品"中银 E 贷"、智能投顾产品"中银慧投"。依托大数据及人工智能技术搭建"网御"反欺诈平台并提高精准营销水平。

4. 建设银行

建设银行启动新一轮金融科技"TOP＋"战略，成立建信金融科技公司，整合形成七大核心事业群。运用大数据、区块链、人工智能等为产品创新、客户服务和风险管理赋能，将新一代核心系统延伸覆盖到海外机构和子公司，实现集团信息科技能力整体跃升。手机银行引入语音和图像识别技术，推出智能化个人财富管理平台"龙财富"，打造"龙支付"企业级数字支付品牌，推出"智慧城市政务服务平台"，建立区块链贸易金融平台。运用物联网、人工智能及大数据，推进金库智能化、门店数字化进程。

5. 交通银行

交通银行着眼人工智能、区块链、大数据、知识图谱、物联网、家居银行等领域，加强新兴技术在银行业务相关场景应用研究。交通银行重点打造手机银行 APP、买单吧 APP，启动新一代集团信息系统智慧化转型工程（"新531"工程），以打造数字化、智慧型交通银行为核心，推动大数据、移动互联、人工智能、区块链等金融科技技术与银行业务应用深度融合。创建沃德财商指数和产品推荐体系，为客户提供资产流动性、保障性、安全性和盈利性的智能诊断及个性化配置建议。持续开展信息安全运行平台（SOC）建设，搭建 IT 大数据平台，为安全监测提供数据基础。

6. 邮储银行

邮储银行以数字化转型为主线，提出实施"IT 规划＋技术创新"双轮驱动，打造"个人业务＋互金平台"双核心，采用"传统＋敏捷"双模 IT，构建"分布式＋可信安全"双线风控架构的发展策略，打造体验和智慧并重的智慧型银行。"1＋N＋36"大数据应用体系不断完善，智能客服系统占客服中心业务量超过 30%。积极运用大数据、云计算、移动互联等技术手段开展"三农"金融服务流程优化、产品创新和风险控制，稳步推进"无纸化、智能化"作业模式。推行移动展业，信贷员通过移动智能终端即可完成现场调查拍照和信息上传核查。积极开展零售信贷工厂建设，嵌入评分模型，利用大数据有效识别风险，通过标准化批量化自动化作业拓宽服务范围，降低服务成本，不断提升广大客户尤其是农村客户的贷款获得率。持续推进互联网贷款模式，开发 E 捷贷、极速贷等线上产品。

7. 招商银行

招商银行深入推进创新驱动发展战略，2018 年，董事会决定将增设的"金融科技创新项目基金"额度由"上年税前利润的 1%"提升至"上年营业收入的 1%"，加大力度推进实施"创新驱动、零售领先、特色鲜明的中国最佳商业银行"战略。招商银行继续以 MAU 作为北极星指标，践行"移动优先"发展策略。

8. 平安银行

平安集团秉承"科技是第一生产力，创新是引领发展第一动力"的理念。近十年来，累计科研投入超过 500 亿元，创立了 10 多家新科技公司、25 个科技研发实验室和 6 大科技创新研究院，累计申请科技专利超过 12000 项，培养了一支拥有约 6000 名复合型金融科技人才的科技队伍，并从硅谷、国内外领先互联网企业引入大量复合型高端技术人才，实现"科技人才引领"。平安银行打造小企业数字金融（KYB），推出无抵押、无担保、线上申请、快速审批的服务模式；搭建智能风控平台，把业务流程数据化、标签化、模块化；深度融入集团金融服务、医疗健康、汽车服务、房产服务、智慧城市"五大生态圈"，通过智能主账户为广大客户及用户提供场景化、无感化服务；线上通过不断优化升级口袋银行、口袋财务、SAS、KYB、跨境 e 金融、"AI＋"等服务模式和平台，实现"模式和平台引领"；以"金融＋科技"双轮驱动。深度运用 AI 技术，一方面打造了自有知识产权的客服机器人"小安"，建立起 7×24 小时的"AI 客服"体系；另一方面推出"AI＋投顾"系列——财富诊断与平安智投功能，同时在强化风控方面，启动了"AI＋风控"项目。平安银行 2018 年推出了供应链应收账款服务平台（SAS 平台），提供线上应收账款的转让、融资、管理、结算等综合金融服务。

9. 中信银行

中信银行以机制创新和技术创新双轮驱动引领金融科技发展，以数字化、智能化转型为经营发展赋能，2018 年各类信息科技投入约 35.8 亿元，加速布局人工智能、区块链、云计算、大数据等领域，取得了显著成效。推出 AI 金融服务平台——"中信大脑"，开始为客户提供"千人千面"精准营销服务；推出动卡空间 APP5.0 版本；发布了首个"区块链＋供应链"试点创新项目；推出自助式票据贴现产品"信秒贴"。与百度公司联合创立的中信百信银行，成为首家获得国家高新技术企业认定的国有控股银行。与科大讯飞建立全面合作关系，构建 AI 信用卡的智能科技服务时代。

专题九　中间业务对比分析

2018 年，已披露年报的 47 家上市银行中间业务总收入达到 9999.83 亿元，同比增长 2.61%，在营业收入中占比 21.28%，比 2017 年降低 1.21 个百分点。大多数商业银行中间业务占比出现下降走势。大型国有商业银行和股份制银行中间业务收入比 2017 年有所增长，但增速明显放缓，而城商行和农商行中间业务收入总体上减少，内部出现了明显的分化。

股份制银行中间业务收入占营业收入比重最高，股份制银行除了浙商银行占比较低以外，占比集中于 26% ~ 36%。国有银行和城商行的中间业务收入占营业收入比重大致相当，处于 10% ~ 20% 的范围内。农商行中间业务占比最低，处于 3% ~ 9% 的范围内。

各家银行的中间业务收入结构存在一定差异，而同类银行的中间业务构成有一定的相似性。国有银行和股份制银行的中间业务披露结构最为复杂，涉及投行类业务手续费、电子银行业务收入、资金理财手续费、外汇买卖价差收入等业务。城商行的中间业务收入主要来源于银行卡、结算类、代理类、托管类、承诺及担保类五类业务。农商行的中间收入最为简单，通常以银行卡、结算类、代理类三大业务为主。

一、国有银行

2018 年，国有银行中间业务收入 5657.0 亿元，同比增长 4.0%。中间业务占营业收入占比为 18.8%。2018 年，国有银行中间业务收入最高的是工商银行，达到 1623.47 亿元，最低的是邮储银行，为 291.41 亿元（见表 1）。国有银行的中间业务收入规模排序与 2017 年相比没有变化。中国银行中间业务收入相比 2017 年下降 8.03 亿元，下降幅度为 0.8%。其余五家国有银行都实现了正增长，其中工商银行和交通银行增速相对较慢，增速分别为 2.3% 和 1.4%，农业银行和建设银行增速高于工商银行和交通银行，增速达到 7.4% 和 5.1%。增速最高的银行是邮储银行，2018 年中间收入增加 55.5 亿元，同比增长率为 23.5%，远高于其他大型国有银行。

表1 国有银行中间业务收入比较

	2018 年 （亿元）	2017 年 （亿元）	变动额 （亿元）	变动率 （%）	中间业务收入占 营业收入比重（%）
工商银行	1623.47	1586.66	36.81	2.3	21.0
农业银行	915.25	852.57	62.68	7.4	15.3
中国银行	999.97	1008	−8.03	−0.8	19.8
建设银行	1380.17	1313.22	66.95	5.1	20.9
交通银行	446.73	440.6	6.13	1.4	21.0
邮储银行	291.41	235.91	55.5	23.5	11.2

此外，除了邮储银行的中间业务收入增速高于营业收入增速以外，其余五家大型国有银行中间业务增速均低于营业收入增速。同时，除了邮储银行中间业务占比相比2017年上升0.7%以外，其余五大国有银行中间业务占比均出现了不同幅度的下滑，其中交通银行下滑最多，下滑1.5%，建设银行占比下滑最少，下滑0.2%。

表2 国有银行中间业务收入变动比较

	中间业务收入变动率（%）	营业收入变动率（%）	中间业务占比变动百分点
工商银行	2.3	6.5	−0.9
农业银行	7.4	11.5	−0.6
中国银行	−0.8	4.3	−1.0
建设银行	5.1	6	−0.2
交通银行	1.4	8.5	−1.5
邮储银行	23.5	16.2	0.7

六家国有银行的中间业务收入披露口径略有差异，但基本都包含银行卡手续费、结算类业务手续费、代理业务手续费、担保及承诺手续费、投行和顾问咨询手续费收入、资金理财手续费、托管业务佣金。此外，农行和建行额外包含电子银行业务收入，中行则额外包含外汇买卖价差收入。可以说，各国有银行的中间业务收入来源相对集中却又独具个性。

工行有87.3%的中间业务收入来源于银行卡业务、结算业务、投行及咨询业务以及理财业务，这四项业务收入的占比分别为26.9%、19.6%、14.8%、26.0%。农行主要的中间业务是银行卡业务、结算业务、代理业务、投行及咨询业务，收入占比分别为28.0%、11.7%、22.9%、9.7%。中行的银行卡手续费收入、结算业务收入、代理业务收入及承诺及担保类收入占比相对较高，分别达23.4%、10.7%、15.8%及10.3%。建行中间业务集中于银行卡业务，收入占比为33.5%，同时其他中间业务发展均衡，结算类、代理业务、投行及顾问咨询业务、资金理财业务及托管业务占比均超过7%。交行的中间业务收入都集中于银行卡业务和资金理财手续费收入，两者占比之和为73.0%，其余中间业务收入远小于这两类业务，中间业务集中化特点明显。邮储银行的中间业务主要集中于银行卡类业务、结算类业务、代理业务、资金理财收入四大类，占比分别为44.4%、20.5%、14.9%、

15.7%，合计95.5%（见表2）。

从结构变动来看，国有银行中间业务收入结构略有变化，主要特征体现在银行卡收入占比增加以及代理业务、资金理财手续费收入的减少。2018年，六大国有银行的银行卡业务占比均出现了不同幅度的上涨，工、农、中、建、交、邮储等银行的银行卡业务占比分别上升2.5%、1.4%、4.1%、1.3%、8.1%、1.0%。代理业务占比普遍出现了小幅度的下降，六大行分别下降0.6%、4.2%、3.1%、0.8%、1.1%、1.4%。2018年，受资管新规及股市震荡下行的影响，国有银行资金理财手续费收入占比出现了较大幅度的减少，工行、建行、交行及邮储银行占比分别下降6.7%、7.2%、5.9%、4.8%（见表3）。

表3 国有银行中间业务收入结构比较

	年份	工商银行（%）	农业银行（%）	中国银行（%）	建设银行（%）	交通银行（%）	邮储银行（%）
结算类业务手续费占比	2018	19.6	11.7	10.7	8.8	4.9	20.5
	2017	16.9	13.0	12.3	10.1	4.3	15.0
银行卡业务手续费占比	2018	26.9	28.0	23.4	33.5	45.0	44.4
	2017	24.4	26.6	25.8	32.2	36.9	43.0
代理业务手续费占比	2018	1.7	22.9	15.8	11.6	6.2	14.9
	2017	1.1	26.7	23.3	12.4	7.3	16.3
担保及承诺类手续费占比	2018	5.5	1.9	10.3	3.6	5.5	0.0
	2017	4.3	2.5	15.1	3.7	5.8	0.0
投行及顾问咨询佣金占比	2018	14.8	9.7	2.8	7.6	9.9	0.0
	2017	14.6	9.8	5.6	7.5	10.3	0.0
资金理财手续费占比	2018	26.0	0.0	0.0	8.1	28.0	15.7
	2017	32.7	0.0	0.0	15.3	33.9	20.5
托管类手续费占比	2018	4.3	3.9	2.8	9.2	0.0	2.8
	2017	4.2	4.0	3.5	9.0	0.0	4.1
其他业务手续费占比	2018	1.2	21.9	12.4	17.7	0.5	1.6
	2017	1.8	17.4	15.1	9.9	1.5	1.1

二、股份制银行

2018年，股份制银行中间业务收入3736.09亿元，同比增长2.1%。中间业务占营业收入比例为30.2%。股份制银行中，中间业务收入最高的是招商银行，达到730.46亿元，最低的是浙商银行，仅为48.3亿元（见表4）。

从中间业务收入增加额来看，光大银行和兴业银行分别增加65.27亿元、50.35亿元，远高于其他股份制银行增加额。中间业务收入减少最多的是浦发银行和浙商银行，中间业务分别减少45.68亿元、35.86亿元。

2018年股份制银行中，中间业务增速最快的是光大银行，增速为19.8%，主要是银行卡类业务收入大幅增长82.72亿元、增速40.5%所致；降幅最大的是浙商银行，同比降低42.6%（见表5）。

表4　　　　　　　　　　股份制银行中间业务收入比较

	2018 年（亿元）	2017 年（亿元）	变动额（亿元）	变动率（%）	中间业务收入占营业收入比重（%）
中信银行	507.39	516.87	-9.48	-1.8	30.8
光大银行	395.52	330.25	65.27	19.8	35.9
招商银行	730.46	699.08	31.38	4.5	29.4
浦发银行	462.05	507.73	-45.68	-9.0	26.9
民生银行	526.84	540.68	-13.84	-2.6	33.6
华夏银行	201.29	204.47	-3.18	-1.6	27.9
平安银行	393.62	357.25	36.37	10.2	33.7
兴业银行	470.62	420.27	50.35	12.0	29.7
浙商银行	48.3	84.16	-35.86	-42.6	12.4

表5　　　　　　　　　　股份制银行中间业务收入变化情况

	中间业务收入变动率（%）		中间业务收入占营业收入比重（%）	
	2018 年	2017 年	2018 年	较 2017 年占比变动百分点
中信银行	-1.8	13.9	30.8	-2.2
光大银行	19.8	10.3	35.9	-0.1
招商银行	4.5	5.9	29.4	-2.2
浦发银行	-9.0	17.4	26.9	-3.2
民生银行	-2.6	-3.9	33.6	-3.9
华夏银行	-1.6	26.8	27.9	-2.9
平安银行	10.2	14.1	33.7	-0.1
兴业银行	12.0	8.6	29.7	-0.3
浙商银行	-42.6	9.8	12.4	-12.2

从披露的情况看，各股份制银行均披露了银行卡业务、结算业务和代理业务的收入，大都披露了投行及咨询业务、理财业务、资产托管业务、担保承诺业务等其他中间业务的收入。平安银行未披露资产托管业务和担保承诺业务，招商银行未披露理财业务和投行及咨询业务，民生银行未披露理财业务。

从收入结构看，中信银行占比前三位的中间业务是银行卡业务、投行及咨询业务和理财业务，占比分别为30.7%、25.2%和13.6%；光大银行占比前三位的中间业务是银行卡业务、其他业务和代理业务，占比分别为72.4%、14%和6.9%；招商银行占比前三位的中间业务是托管业务、银行卡业务和代理业务，分别占32%、22.9%和17.4%；浦发银行占比前三位的中间业务是银行卡业务、托管业务和其他业务，分别占50.6%、27.8%和10.4%；民生银行占比前三位的中间业务是银行卡业务、代理类业务和托管业务，占比分别为

54.9%、16.8%和13.5%；华夏银行占比前三位的中间业务是银行卡业务、其他业务和承诺及担保类业务，分别占55.8%、22.1%和10%；平安银行占比前三位的中间业务是银行卡业务、其他业务和代理业务，分别占64.2%、11.8%和10.5%；兴业银行占比前三位的中间业务是银行卡业务、其他业务和托管类业务，占比分别为45.5%、34.8%和7.2%（见表6）。

从结构变动来看，各股份制银行的中间业务的变化既有共性也各有特点。九家股份制银行中间业务结构均出现银行卡业务占比增加的现象，其中光大银行、浦发银行、民生银行、华夏银行、平安银行以及兴业银行银行卡业务占比分别增加10.7%、15.7%、14.2%、15.6%、12.4%、14.0%。此外，中信银行在2018年更改了中间业务披露的口径，不再单独披露咨询类业务、资金理财手续费收入情况，这使得中信银行托管类业务收入占比增加5.7%；招商银行各项中间业务维持稳定，出现小幅度增长，各项中间业务呈现良好态势；浦发银行在银行卡业务大幅增长15.7%的同时，托管类业务占比下降13.7%；民生银行与浦发银行较为类似，都是在银行卡业务大幅增长的同时托管类业务出现大幅下降，2018年民生银行托管类业务下降10.7%。华夏银行、平安银行、光大银行都受资管新规等政策影响，理财手续费分别减少了38.03亿元、20.46亿元、25.24亿元，理财手续费收入占比减少16.9%、11.8%、7.9%。兴业银行受到咨询类业务费用减少32.92亿元的影响，使得其他业务收入减少10.0%。

表6 　　　　　　　　　　　股份制银行中间业务收入结构比较[①]

	年份	中信银行（%）	光大银行（%）	招商银行（%）	浦发银行（%）	民生银行（%）	华夏银行（%）	平安银行（%）	兴业银行（%）
结算类业务占比	2018	2.5	3.2	14.1	2.2	6.5	0.0	6.3	3.6
	2017	2.4	3.2	13.2	2.4	5.6	0.0	6.7	2.8
银行卡业务占比	2018	64.4	72.4	22.9	50.6	54.9	55.8	64.2	45.5
	2017	58.9	61.7	20.0	34.9	40.7	40.2	51.8	31.5
代理业务占比	2018	9.5	6.9	17.4	4.1	16.8	7.3	10.5	5.7
	2017	8.8	8.1	17.6	3.3	21.5	7.6	9.4	7.3
托管类业务占比	2018	11.9	3.4	32.0	27.8	13.5	4.8	7.3	7.2
	2017	6.2	5.1	36.1	41.5	24.2	4.7	8.5	9.7
承诺及担保类占比	2018	11.1	0.0	9.3	4.9	5.0	10.0	0.0	3.2
	2017	4.1	0.0	9.1	4.6	4.6	8.5	0.0	4.0
其他业务[②]占比	2018	0.6	14.0	4.3	10.4	3.2	22.1	11.8	34.8
	2017	19.7	21.9	4.0	13.4	3.3	39.0	23.6	44.8

三、城商行

2018年，22家城商行中间业务收入551.67亿元，同比减少5.20%。中间业务占营业收

---

① 共8家银行，未包含浙商银行。

② 主要包含投行及顾问咨询佣金、资金理财手续费等。

入占比为 12.12%（见表 7）。

城商行中，中间业务收入最高的是北京银行，达到 94.94 亿元，最低的是泸州银行，为 0.09 亿元，城商行的中间业务方面分化明显。城商行中间业务规模和所在地区经济发展情况有较强的相关性，中间业务收入超过 50 亿元的 4 家城商行分别是北京银行、上海银行、宁波银行和江苏银行，这四家城商行 2 家位于一线城市，2 家分别位于浙江、江苏。

各城商行的中间业务收入出现了较为明显的分化。中间业务收入增速前三名分别是中原银行、长沙银行、徽商银行，增速分别为 63.61%、47.14%、26.20%；同时，有 6 家城商行实现了正增长，13 家城商行出现了负增长。12 家出现负增长的城商行中有 6 家出现了 20% 以上的负增长，盛京银行减幅最大为 55.83%。

2018 年，上市城商行的中间业务收入占营业收入比重比 2017 年下降 1.94%。且占比相比六大国有银行和股份制银行仍然较低。城商行中，宁波银行的中间业务占比最大，为 21.9%；泸州银行的占比最小，仅为 0.5%。

表 7　城商行中间业务收入比较

	2018 年（亿元）	2017 年（亿元）	变动额（亿元）	变动率（%）	中间业务收入占营业收入比重（%）
北京银行	94.94	111.55	-16.61	-14.89	17.1
天津银行	18.82	21.13	-2.31	-10.93	15.5
上海银行	67.44	67.86	-0.41	-0.61	15.4
重庆银行	14.54	19.41	-4.87	-25.09	13.7
宁波银行	63.30	63.76	-0.46	-0.72	21.9
南京银行	41.31	39.57	1.74	4.40	15.1
盛京银行	8.29	18.78	-10.48	-55.83	5.2
徽商银行	38.41	30.44	7.97	26.20	18.4
哈尔滨银行	25.86	26.12	-0.26	-0.99	18.1
郑州银行	19.88	19.35	0.53	2.74	17.8
青岛银行	9.44	8.89	0.54	6.10	12.8
江苏银行	54.63	60.77	-6.14	-10.10	15.5
杭州银行	13.63	17.63	-4.00	-22.69	8.0
贵阳银行	15.34	16.04	-0.70	-4.36	12.1
中原银行	14.79	9.04	5.75	63.61	8.8
九江银行	4.67	4.28	0.39	9.11	5.9
成都银行	4.06	5.37	-1.31	-24.39	3.5
长沙银行	19.01	12.92	6.09	47.14	13.6
西安银行	8.19	7.89	0.30	3.80	13.7
泸州银行	0.09	0.08	0.01	14.06	0.5
江西银行	11.40	16.44	-5.03	-30.62	10.0
甘肃银行	3.63	4.63	-1.00	-21.60	4.1
总计	551.67	562.60	-10.93	-1.94	14.1

中国上市银行可持续发展分析（2019）

城商行的中间业务各有侧重。以结算类业务为例，22 家城商行中结算业务占比最大的城商行是盛京银行，占比为 23.4%，占比最小的是长沙银行，占比仅为 0.2%。不同城商行根据自身经营战略及禀赋进行了差异化的中间业务布局，形成了各不相同的中间业务结构。

城商行的中间业务结构根据集中度可以大致分为三类。第一类是中间业务结构相对全面、协调。这类银行以北京银行为典型代表，2018 年北京银行结算类、银行卡业务、代理业务、托管类业务、承诺及担保业务、其他业务占比分别为 17.3%、14.5%、38%、6.4%、8.7%、15.1%。类似的银行还有中原银行、泸州银行、江西银行等。第二类是中间业务高度集中，2 项最大中间业务占比通常超过 50%，其余业务开展较少。这类银行以郑州银行为典型代表，2018 年郑州银行代理业务、其他业务占比为 63.5%、22.0%，两项业务占比超过 80%，与此同时，郑州银行结算类业务、托管类业务收入占比为零。类似的银行还有哈尔滨银行、贵阳银行、甘肃银行（其他业务中包含部分担保业务，但无详细数据）等。第三类是介于两者之间，即业务虽然集中于几项业务，但是其他业务也在同步开展。典型的银行是宁波银行，2018 年宁波银行银行卡业务、代理业务占比为 28.9%、52.8%，占比较大。但是宁波银行同步开展了结算类业务、托管类业务、承诺及担保类业务，占比分别为 3.5%、6.4%、7.9%。类似的银行还有重庆银行、西安银行、江苏银行等。

从结构变动来看，城商行的变化主要体现在银行卡业务占比增加以及代理业务占比减少。22 家披露数据的城商行中，只有徽商银行、江苏银行、杭州银行以及泸州银行出现了银行卡业务占比的减少，青岛银行和甘肃银行未披露此类业务，其余 16 家城商行的银行卡业务占比均上升。在代理业务方面，披露数据的 22 家城商行中仅有杭州银行、成都银行、长沙银行、泸州银行和甘肃银行占比上升，其余城商行的代理业务占比都出现了不同幅度的下降（见表 8）。

表8　　　　　　　　　　　　　城商行中间业务收入结构比较

	年份	结算类占比（%）	银行卡业务占比（%）	代理业务占比（%）	托管类业务占比（%）	承诺及担保类业务占比（%）	其他业务手续费占比（%）
北京银行	2018	17.3	14.5	38.0	6.4	8.7	15.1
	2017	21.1	13.9	39.9	5.7	6.4	12.9
天津银行	2018	11.5	2.2	—	20.2	4.8	61.3
	2017	7.4	1.7	—	11.2	9.2	70.4
上海银行	2018	2.9	26.7	22.7	13.4	—	34.2
	2017	2.5	19.9	28.3	18.3	—	31.0
重庆银行	2018	6.5	22.2	37.3	17.4	6.7	10.0
	2017	5.9	14.4	45.7	18.5	7.2	8.2
宁波银行	2018	3.5	28.9	52.8	6.4	7.9	0.4
	2017	2.9	24.8	59.5	7.7	4.4	0.7

	年份	结算类占比（%）	银行卡业务占比（%）	代理业务占比（%）	托管类业务占比（%）	承诺及担保类业务占比（%）	其他业务手续费占比（%）
南京银行	2018	1.8	3.3	—	7.7	9.3	78.0
	2017	2.0	2.1	—	7.3	9.4	79.1
盛京银行	2018	23.4	5.8	70.8	—	—	—
	2017	8.3	2.3	89.4	—	—	—
徽商银行	2018	1.4	16.4	—	12.1	5.5	64.6
	2017	1.5	16.5	—	12.3	4.8	64.9
哈尔滨银行	2018	3.0	31.2	—	—	34.2	31.6
	2017	4.3	15.3	—	—	41.6	38.8
郑州银行	2018	—	4.9	63.5	—	9.7	22.0
	2017	—	4.0	66.3	—	8.1	21.7
青岛银行	2018	3.3	—	25.4	3.7	—	67.6
	2017	9.0	—	29.0	5.2	—	56.8
江苏银行	2018	1.4	16.6	53.3	13.3	7.6	7.8
	2017	1.6	19.7	55.4	9.9	7.8	5.8
杭州银行	2018	5.3	1.5	7.4	25.6	10.2	50.0
	2017	3.3	2.0	4.6	40.3	5.7	44.0
贵阳银行	2018	6.3	19.9	5.5	—	—	68.3
	2017	4.8	12.0	6.8	—	—	76.4
中原银行	2018	13.9	7.1	7.0	28.5	6.7	36.8
	2017	9.9	4.0	10.3	25.5	6.7	43.5
九江银行	2018	5.4	14.1	37.1	—	10.9	32.5
	2017	6.4	3.6	44.8	—	7.6	37.7
成都银行	2018	3.7	27.3	12.3	—	6.2	50.5
	2017	2.4	26.3	11.9	—	5.2	54.2
长沙银行	2018	0.2	42.2	3.7	29.9	1.2	22.8
	2017	0.3	25.3	1.1	42.6	2.7	28.0
西安银行	2018	4.3	5.6	37.6	2.1	24.3	26.1
	2017	2.2	3.5	39.1	1.2	16.9	37.2
泸州银行	2018	18.4	24.5	22.0	—	27.2	7.9
	2017	28.7	29.4	14.5	—	16.3	11.1
江西银行	2018	19.7	18.6	34.4	—	4.1	23.1
	2017	10.8	8.3	49.0	—	2.0	29.8
甘肃银行	2018	18.9	—	57.2	—	6.6	17.3
	2017	11.5	—	31.2	—	5.0	52.3

四、农商行

2018 年，十家农商行中间业务收入 58.69 亿元，同比减少 17.0%。中间业务占营业收入占比为 8.57%。农商行中间业务收入最高的是重庆农商行，达到 22.03 亿元，最低的是江阴银行，为 0.94 亿元（见表 9）。

十家农商行中间业务收入增速开始出现显著分化。其中紫金银行、江阴银行、苏农银行以及青农商行中间业务保持正增长，增速分别为 41.2%、22.1%、19.8%、9.4%，其余 6 家农商行出现了负增长，其中无锡银行中间业务负增长率最大为 −38.6%。

此外，除了苏农银行、紫金银行的中间业务收入增速高于营业收入增速以外，其余 8 家农商行中间业务增速均低于营业收入增速。同时，除了苏农银行、紫金银行中间业务占比相比 2017 年上升 0.13%、1.15%，其余 8 家农商行中间业务占比均出现了不同幅度的下滑，其中广州农商银行下滑最多，下滑 10.28%，江阴银行占比下滑最少，下滑 0.12%。

表 9 农商行中间业务收入比较

	2018 年 （亿元）	2017 年 （亿元）	变动额 （亿元）	变动率 （%）	中间业务收入占营业收入比重（%）
无锡银行	1.21	1.97	−0.76	−38.6	3.8
重庆农商	22.03	24.54	−2.51	−10.2	8.4
江阴银行	0.94	0.77	0.17	22.1	3.0
常熟银行	4.41	4.75	−0.35	−7.3	7.6
苏农银行	1.15	0.96	0.19	19.8	3.7
广州农商	18.13	25.69	−7.55	−29.4	8.8
九台农商	4.72	6.52	−1.81	−27.7	9.4
张家港行	0.96	1.41	−0.45	−31.9	3.2
紫金银行	2.81	1.99	0.82	41.2	6.6
青农商行	2.33	2.13	0.20	9.4	3.1

农商行中间业务相对简单，披露的口径也相对一致，主要集中于结算类、银行卡业务、代理业务三类业务。此外，重庆农商银行、苏农银行、广州农商银行、九台农商银行披露了资金理财收入，苏农银行、张家港行披露了电子银行业务，广州农商银行、九台农商银行披露了咨询类费用。

无锡银行中间业务波动性比较大，2018 年银行卡业务大幅增长 16.9%，结算类业务占比增长 7.8%，代理业务减少 24.7%。重庆农商行中间业务相对稳定，以资金理财手续费、代理业务为主，其中前者占比 60.8%。江阴银行的中间业务较为平均地分布在结算类、代理业务、其他业务收入三个方面，占比分别为 22.2%、46.7%、31.0%。常熟银行的中间业务主要为结算类业务、代理业务，占比分别为 36.4% 和 63.6%。苏农银行的业务主要集中于结算类业务、电子银行业务收入、资金理财手续费，占比分别为 33.0%、18.23%、

33.87%。广州农商银行业务以银行卡业务、咨询类业务为主，占比分别为33.6%、19.88%。九台农商银行的主要中间业务是咨询类业务与资金理财业务，2018年两项业务分别减少1.00亿元、1.54亿元，使得其中间业务减少29.4%。张家港行2018年结算类、代理业务、其他业务收入占比分别为29.5%、39.5%、31.0%。紫金银行中间业务以代理业务为主，占比达78.4%，其次是结算类业务占比为16.5%，较少开展其他中间业务。青农商行以代理业务、结算业务为主，占比分别为45.9%、35.8%（见表10）。

表10　　　　　　　　　　　　　农商行银行中间业务收入结构比较

	结算类占比（%）		银行卡业务占比（%）		代理业务占比（%）		其他业务手续费①占比（%）	
	2018	2017	2018	2017	2018	2017	2018	2017
无锡银行	14.9	7.1	43.8	26.9	41.3	66.0	0.0	0.0
重庆农商	6.5	5.3	12.0	13.6	20.7	18.1	60.8	62.9
江阴银行	22.2	31.6	0.0	0.0	46.7	36.6	31.0	31.9
常熟银行	36.4	28.0	0.0	0.0	63.6	72.0	0.0	0.0
苏农银行	33.0	36.5	3.5	3.1	11.3	4.2	52.2	56.3
广州农商	8.0	4.9	33.6	24.2	15.7	15.3	42.7	55.6
九台农商	10.9	8.9	12.1	9.4	4.2	5.1	72.8	76.6
张家港行	29.5	15.6	0.0	0.0	39.5	68.6	31.0	15.7
紫金银行	16.5	9.1	5.0	6.9	78.4	83.9	0.0	0.1
青农商行	35.8	32.3	12.4	9.8	45.9	54.9	5.9	3.0

---

①　主要包含担保及承诺类手续费、投行及顾问咨询佣金、资金理财手续费和托管类手续费等。

专题十　个人业务发展情况

随着同业竞争加剧，利差收窄，个人业务因其成长性好、客户分散、系统性风险小，日益成为各上市银行业务拓展的重点。2018 年，已披露数据的 47 家上市银行的个人业务保持全面发展。从总量来看，上市银行的个人存贷款业务总量呈上升趋势。其中，国有银行和农商行的个人存款占全部存款比重相对较高，城商行的相对较低。从增速来看，个人贷款业务增速高于个人存款业务。从结构来看，国有银行个人贷款业务投向侧重于个人住房贷款，股份制银行个人消费贷款比重逐渐上升，城商行和农商行个人贷款业务区域性和战略性差异较大。股份制银行个人贷款利息收入比国有银行、城商行和农商行高。

一、上市银行个人存款和贷款业务总量分析

（一）国有银行个人存款和贷款业务总量分析

2018 年，国有银行个人存款总计 41.11 万亿元，同比增长 6.2%，个人存款占全部存款的比例为 49.8%。其中，邮储银行和农业银行个人存款占全部存款的比例超过 50%，分别达到 86.6% 和 56.4%。个人存款总量最高的是农业银行，达到 9.79 万亿元，最低的是交通银行，为 1.76 万亿元。个人存款业务规模方面，除邮储银行反超建设银行外，排序与 2017 年的保持一致（见表 1）。

表 1　　　　　　　　　　　　国有银行个人存款业务总量

	2018 年 （亿元）	2017 年 （亿元）	变动额 （亿元）	变动率 （%）	存款总量 （亿元）	个人存款占全部 存款比重（%）
工商银行	82074.06	80688.94	1385.12	1.7	193172.69	42.5
农业银行	97919.74	92465.10	5454.64	5.9	173462.90	56.4
中国银行	64224.70	58312.28	5912.42	10.1	148835.96	43.2
建设银行	74597.76	70784.89	3812.87	5.4	167114.41	44.6
交通银行	17625.63	16393.30	1232.33	7.5	56681.98	31.1
邮储银行	74679.11	68614.04	6065.07	8.8	86274.40	86.6

六大国有银行个人存款均有所增加，其中，中国银行增长率最高，达到 10.1%，最低的是工商银行，为 1.7%。

六大国有银行中，个人贷款总量最高的是建设银行，为 5.84 万亿元，最低的是交通银行，为 1.76 万亿元。个人贷款的增长率均高于个人存款的增长率，其中邮储银行的个人贷款增长率最高，达到 19.2%。总体来看，六大国有银行的个人贷款业务占全部贷款的比重均有所增加，这说明大型国有银行越来越重视个人零售业务的发展（见表2）。

表 2　　　　　　　　　　　国有银行个人贷款业务总量

	2018 年（亿元）	2017 年（亿元）	变动额（亿元）	变动率（%）	贷款总量（亿元）	个人贷款占全部贷款比重（%）
工商银行	56365.74	49454.58	6911.16	14.0	154199.05	36.6
农业银行	46658.71	40002.73	6655.98	16.6	119406.85	39.1
中国银行	44400.85	39238.57	5162.28	13.2	108965.58	40.7
建设银行	58398.03	51938.53	6459.50	12.4	137830.53	42.4
交通银行	15076.95	12665.75	2411.20	19.0	46254.09	32.6
邮储银行	23198.40	19464.73	3733.67	19.2	42768.65	54.2

六家国有银行的个人贷款业务披露口径略有差异，但都包含个人住房贷款、信用卡透支两项，此外，工商银行、农业银行和建设银行还包含个人消费贷款以及个人经营性贷款。与 2017 年类似，各大国有银行的个人贷款投放相对集中却又各具个性。

工商银行有 92.6% 的个人贷款来源于个人住房贷款以及信用卡透支两项业务，它们的占比分别为 81.5% 和 11.1%。农业银行 86.6% 的个人贷款来源于个人住房贷款以及信用卡透支两项业务，它们的占比分别为 78.4% 和 8.2%。中国银行 78.9% 的个人贷款来源于个人住房贷款，9.6% 的个人贷款来源于信用卡透支。建设银行 81.4% 的个人贷款来源于个人住房贷款，11.2% 的个人贷款来源于信用卡透支业务。特别地，邮储银行和交通银行个人住房贷款占比分别为 61.1% 和 61.6%，远低于其他四大国有银行 80% 左右的占比。此外，交通银行 30.9% 的个人贷款来源于信用卡透支业务，远高于另外四家国有银行 10% 左右的占比。交通银行 2018 年个人贷款增额对总贷款增额的贡献率高达 82.1%，这与其积极推动业务转型，大力发展个人金融业务有关。

从结构变动来看，六家国有银行个人贷款业务结构变动不大。各家国有银行的信用卡透支和个人消费占比（除工商银行、邮储银行外）都呈现出上涨的趋势。其中，工商银行和中国银行的个人住房贷款占比增加，个人消费贷款或者其他贷款业务占比减少；建设银行和交通银行则正好相反。个人住房贷款占比绝对值变化最大的是交通银行，同比减少了 2.0%；其次是工商银行减少了 1.9%。农业银行的个人住房贷款占比基本和 2017 年持平。邮储银行个人消费贷款占比明显高于其他五大行，体现出其以个人业务为主的经营模式（见表3）。

表3　　　　　　　　　　　　　国有银行个人贷款结构分析

	个人住房贷款占比（%）		个人消费贷款占比（%）		个人经营贷款占比（%）		信用卡透支占比（%）		其他占比（%）		合计（%）	
	2018	2017	2018	2017	2018	2017	2018	2017	2018	2017	2018	2017
工商银行	81.5	79.6	3.6	5.2	3.8	4.4	11.1	10.8	0.0	0.0	100.0	100.0
农业银行	78.4	78.4	3.4	3.4	4.6	5.1	8.2	7.9	5.4	5.2	100.0	100.0
中国银行	78.9	78.0	0.0	0.0	0.0	0.0	9.6	9.5	11.5	12.4	100.0	100.0
建设银行	81.4	82.7	3.6	1.7	0.6	1.1	11.2	10.2	3.2	4.4	100.0	100.0
交通银行	61.6	63.6	0.0	0.0	0.0	0.0	30.9	28.3	7.5	8.1	100.0	100.0
邮储银行	61.1	59.4	11.9	13.2	15.1	0.0	4.3	4.0	7.7	23.5	100.0	100.0

（二）股份制银行个人存款和贷款业务总量分析

2018年，股份制银行个人存款总计5.34万亿元，同比增长21.2%。个人存款占全部存款比重为21.7%。其中，招商银行是股份制银行里唯一一家个人存款占全部存款的比例超过30%的银行，达到35.5%。股份制银行相比于大型国有银行，个人存款占比较低，因此股份制银行的个人存款增速很快。

股份制银行个人存款总量最高的是招商银行，达到1.56万亿元，最低的是浙商银行，为976.63亿元。个人存款业务总量排序和2017年相比没有变化。值得注意的是，2018年民生银行的个人存款总量与兴业银行接近，仅比兴业银行多了26.51亿元，而兴业银行的个人存款同比增加额为1017.29亿元，几乎是民生银行增加额的10倍，可见民生银行的个人存款总量排名有被兴业银行反超的趋势。

股份制银行个人存款均有所增加，其中浙商银行增长率最高，达到75.4%，最低的是民生银行，仅为2.0%（见表4）。

表4　　　　　　　　　　　　　股份制银行个人存款业务总量

	2018年（亿元）	2017年（亿元）	变动额（亿元）	存款总量（亿元）	变动率（%）	个人存款占存款总量比重（%）
中信银行	7125.09	5334.38	1790.02	36164.23	33.6	19.7
光大银行	5194.40	4441.79	1306.11	23757.49	16.9	21.9
华夏银行	2740.43	2545.13	195.30	15017.13	7.7	18.2
平安银行	4615.91	3409.99	1205.92	21285.57	35.4	21.7
招商银行	15629.53	13385.22	2244.31	44006.74	16.8	35.5
浦发银行	6478.74	4884.33	1594.41	32270.18	32.6	20.1
兴业银行	5311.60	4294.31	1017.29	33035.12	23.7	16.1
民生银行	5338.11	5234.54	103.57	30659.52	2.0	17.4
浙商银行	976.63	556.88	674.75	9747.70	75.4	10.0

股份制银行个人贷款的总量为 10.10 万亿元，同比增长 21.2%，个人贷款占全部贷款的比重为 42.5%。其中，个人贷款最多的是招商银行，为 2.01 万亿元，相比于 2017 年，个人贷款最低的仍是浙商银行。个人贷款的增长率整体高于个人存款的增长率。其中，浙商银行的个人贷款增长率最高，达到 50.4%。总体来看，个人贷款业务占全部贷款的比重均有所增加（见表5）。

表5 股份制银行个人贷款业务总量

	2018 年（亿元）	2017 年（亿元）	变动额（亿元）	贷款总量（亿元）	变动率（%）	个人贷款占贷款总量比重（%）
中信银行	14844.90	12315.84	2529.06	36084.12	20.5	41.1
光大银行	9392.08	7504.82	1887.26	22404.76	25.2	41.9
华夏银行	4318.60	3231.47	1087.13	16135.16	33.6	26.8
平安银行	11540.13	8490.35	3049.78	19975.29	35.9	57.8
招商银行	20093.39	17852.95	2240.44	39330.34	12.6	51.1
浦发银行	14832.28	12421.31	2410.97	35492.05	19.4	41.8
兴业银行	11664.04	9108.24	2555.80	29340.82	28.1	39.8
民生银行	12305.45	11058.27	1247.18	30567.46	11.3	40.3
浙商银行	2014.08	1339.33	674.75	8623.73	50.4	23.4

股份制银行的个人贷款业务披露口径略有差异，但都包含个人住房贷款、信用卡透支两项，此外，中信银行和光大银行还包括个人消费贷款以及个人经营性贷款，招商银行、浦发银行和浙商银行披露了个人经营性贷款，民生银行和平安银行则是披露了个人消费贷款的情况。与 2017 年类似，各大股份制银行的个人贷款投放总体稳定，但是各有业务侧重点。

其中，兴业银行有 64.3% 的个人贷款来源于个人住房贷款，是股份制银行中个人住房贷款占比最高的。平安银行是股份制银行里信用卡透支占比最高的，达到了个人贷款总量的 41.0%，这是由于平安银行正在全力推动零售业务深入转型。从趋势来看，9 家股份制银行中的 5 家信用卡透支占比均有较大增长。浙商银行是股份制银行中经营性贷款占比最高的，达到 53.1%。

从结构变动来看，各股份制银行的个人贷款业务结构变动差异较大。中信银行的主要个人业务占比同比变化不大；光大银行的个人住房贷款的占比降低了 8.1%，而个人消费和信用卡透支占比则增长了 9.4%。华夏银行和平安银行的个人贷款业务占比均同比下降，其中华夏银行的个人住房贷款占比同比减少了 5.4%，平安银行的个人住房贷款占比减少了 2.2%；招商银行、浦发银行和兴业银行的个人贷款业务结构变动不大，但是个人住房贷款占比均有小幅收缩，信用卡消费金融业务有小幅度上升。民生银行的个人住房贷款业务占比同比下降了 4.5%，而信用卡透支业务占比同比上升了 5.4%。总体来看，各大股份制银行受到楼市强调控、限购等政策影响，个人贷款业务中个人住房贷款业务比重下降，而个人消费金融方面却是一片欣欣向荣（见表6）。

表6   股份制银行个人贷款结构分析

	个人住房贷款占比（%）		个人消费贷款占比（%）		个人经营性贷款占比（%）		信用卡透支占比（%）		其他占比（%）		合计（%）	
	2018	2017	2018	2017	2018	2017	2018	2017	2018	2017	2018	2017
中信银行	41.0	40.7	18.4	18.1	13.5	13.6	27.1	27.5	0.0	0.0	100.0	100.0
光大银行	36.3	44.3	11.9	4.4	13.8	15.1	38.0	36.2	0.0	0.0	100.0	100.0
华夏银行	41.1	46.5	0.0	0.0	0.0	0.0	38.2	36.5	20.7	17.0	100.0	100.0
平安银行	15.8	18.0	28.2	31.9	0.0	0.0	41.0	35.8	15.0	14.3	100.0	100.0
招商银行	46.2	46.7	0.0	0.0	17.5	17.5	28.6	27.5	7.7	8.3	100.0	100.0
浦发银行	39.7	40.7	0.0	0.0	16.2	15.1	29.2	33.7	14.9	10.6	100.0	100.0
兴业银行	64.3	65.4	0.0	0.0	0.0	0.0	23.3	23.7	12.4	10.9	100.0	100.0
民生银行	27.3	31.7	33.8	33.8	0.0	0.0	32.0	26.6	7.0	7.9	100.0	100.0
浙商银行	22.1	21.2	0.0	0.0	53.1	65.9	4.0	0.0	24.9	13.0	100.0	100.0

（三）上市城商行个人存款和贷款业务总量分析

2018年，22家城商行个人存款总计2.63万亿元，同比增长19.6%。个人存款占全部存款比例为26.3%，总体水平低于国有银行。其中，甘肃银行的个人存款占全部存款的比例为50.8%。从规模上看，北京银行规模最大，为2900.97亿元，泸州银行最小，为222.29亿元。从增速上看，杭州银行增长最快，达到48.7%，最低的是青岛银行，为9.0%（见表7）。

表7   城商行个人存款业务总量

	2018年（亿元）	2017年（亿元）	变动额（亿元）	存款总量（亿元）	变动率（%）	个人存款占存款总量比重（%）
北京银行	2900.97	2503.6	397.37	13860.06	15.87	20.93
天津银行	692.32	628.81	63.51	3428.77	10.10	20.19
上海银行	2303.07	2052.68	250.39	10424.90	12.20	22.09
重庆银行	804.86	677.21	127.65	2563.94	18.85	31.39
宁波银行	1228.66	1058.59	170.07	6467.21	16.07	19.00
南京银行	1414.26	1062.45	351.81	7331.39	33.11	19.29
盛京银行	1590.14	1420.80	169.34	5141.67	11.92	30.93
徽商银行	1417.41	1218.16	199.25	3681.36	16.36	38.50
哈尔滨银行	1423.08	1111.66	311.42	3955.17	28.01	35.98
郑州银行	797.17	675.63	121.54	2641.31	17.99	30.18
青岛银行	568.99	522.26	46.73	1779.11	8.95	31.98
江苏银行	2559.55	2120.54	439.01	10933.28	20.70	23.41
杭州银行	988.50	664.88	323.62	5327.83	48.67	18.55
贵阳银行	839.53	659.17	180.36	3124.79	27.36	26.87
中原银行	1477.08	1247.51	229.57	3461.89	18.40	42.67
九江银行	696.52	520.84	175.68	2179.34	33.73	31.96
成都银行	1158.67	1007.32	151.35	3522.92	15.03	32.89
长沙银行	1028.48	843.95	184.53	3412.02	21.86	30.14
西安银行	583.26	507.33	75.93	1559.77	14.97	37.39
泸州银行	222.29	160.30	61.99	523.86	38.67	42.43
江西银行	649.06	580.97	68.09	2604.02	11.72	24.93
甘肃银行	1071.33	819.99	251.34	2107.23	30.65	50.84

2018 年，城商行个人贷款的总量为 2.29 万亿元，同比增长 36.8%，个人贷款占全部贷款的比重为 30.5%。其中，个人贷款总量最大的是北京银行，为 3635.19 亿元，个人贷款最小的是泸州银行，为 57.36 亿元。个人贷款的增长率大体上高于个人存款的增长率。其中天津银行的个人贷款增长率最高，达到 208.4%。总体来看，个人贷款业务占全部贷款的比重均有所增加（见表 8）。

表 8　　　　　　　　　　　　　　　　城商行个人贷款业务总量

	2018 年 （亿元）	2017 年 （亿元）	变动额 （亿元）	贷款总量 （亿元）	变动率 （%）	个人贷款占贷款 总量比重（%）
北京银行	3635.19	3085.94	549.25	12618.11	17.80	28.81
天津银行	1060.10	343.79	716.31	2887.89	208.36	36.71
上海银行	2768.21	1740.51	1027.70	8506.96	59.05	32.54
重庆银行	687.75	626.24	61.51	2112.09	9.82	32.56
宁波银行	1370.66	1056.64	314.02	4290.87	29.72	31.94
南京银行	1293.73	893.47	400.26	4803.40	44.80	26.93
盛京银行	254.42	150.08	104.34	3765.97	69.52	6.76
徽商银行	1452.46	1123.74	328.72	3817.66	29.25	38.05
哈尔滨银行	1153.88	1183.76	-29.88	2537.63	-2.52	45.47
郑州银行	439.19	341.13	98.06	1595.73	28.75	27.52
青岛银行	413.50	307.46	106.04	1263.87	34.49	32.72
江苏银行	2705.29	1878.47	826.82	8892.09	44.02	30.42
杭州银行	1277.46	936.93	340.53	3504.78	36.35	36.45
贵阳银行	396.71	299.73	96.98	1703.05	32.36	23.29
中原银行	1051.70	739.31	312.39	2543.70	42.25	41.35
九江银行	412.23	371.55	40.68	1418.30	10.95	29.07
成都银行	488.46	399.29	89.17	1858.30	22.33	26.29
长沙银行	712.10	452.82	259.28	2044.03	57.26	34.84
西安银行	349.36	197.82	151.54	1327.03	76.60	26.33
泸州银行	57.36	49.69	7.67	311.66	15.44	18.40
江西银行	669.30	440.26	229.04	1705.01	52.02	39.25
甘肃银行	280.25	146.38	133.87	1608.85	91.45	17.42

城商行个人贷款业务披露口径略有差异，但都包含个人住房贷款、消费贷款以及经营性贷款三项。由于服务地区的差异性，各大城商行个人贷款业务的主要业务差距显著，各具特色。

横向对比来看，大部分上市城商行个人贷款业务中个人住房贷款占比较高，占比在 50% 以上的有北京银行、盛京银行、徽商银行、青岛银行、成都银行和江西银行，除了北京银行受地区房价因素影响外，其余的银行大多是地处中小企业并不发达的中西部地区。其中，宁波银行较为特殊，个人住房贷款占比仅为0.9%，而消费贷款占全部个人贷款业务的比重为83.9%，体现出宁波银行根植于地方经济，以发展消费信贷为主的战略模式。

从结构变动来看，主要城商行个人贷款业务结构变动不大。个人住房贷款的占比上升的城商行为12家，下降的城商行为10家。已披露个人消费贷款占比的城商行中，上升的为11家，下降的为9家。其中，各城商行中个人消费贷款占比的同比变动百分点，最大的是天津银行，下降了47.9个百分点，这主要是由于其在2018年调整了资产结构。从地区差异上看，东部沿海地区的城商行，如上海银行、江苏银行、宁波银行和南京银行，个人消费贷款占比均在39%以上；其中，上海银行、江苏银行、宁波银行是仅有的三家个人消费贷款余额均在千亿元以上的银行，分别为1574.76亿元、1056.46亿元、1149.75亿元，可见地区经济水平与经济发展模式的差异也一定程度上影响了区域性银行的业务模式（见表9）。

表9 城商行个人贷款结构分析

	个人住房贷款占比（%）		个人消费贷款占比（%）		个人经营性贷款占比（%）		信用卡透支占比（%）		其他占比（%）		合计（%）	
	2018	2017	2018	2017	2018	2017	2018	2017	2018	2017	2018	2017
北京银行	67.2	68.4	5.5	5.7	27.3	25.9	0.0	0.0	0.0	0.0	100.0	100.0
天津银行	21.6	61.9	73.5	25.6	4.2	11.1	0.7	1.4	0.00	0.0	100.0	100.0
上海银行	26.3	37.1	56.9	39.8	5.6	8.9	11.2	14.3	0.00	0.0	100.0	100.0
重庆银行	30.0	27.5	45.4	47.9	17.8	17.8	6.9	6.7	0.0	0.0	100.0	100.0
宁波银行	0.9	1.1	83.9	82.6	15.2	16.3	0.0	0.0	0.0	0.0	100.0	100.0
南京银行	43.9	58.2	44.3	33.6	8.6	4.9	2.8	2.8	0.36	0.6	100.0	100.0
盛京银行	81.8	61.5	12.1	26.6	2.9	7.1	3.1	4.5	0.08	0.4	100.0	100.0
徽商银行	58.5	75.4	0.0	0.0	4.4	5.8	0.0	0.0	37.11	18.8	100.0	100.0
哈尔滨银行	15.7	0.0	44.6	63.7	28.5	27.7	0.0	0.0	0.00	8.5	100.0	100.0
郑州银行	37.0	30.0	16.2	25.9	37.9	37.7	4.3	3.3	0.0	0.0	100.0	100.0
青岛银行	73.1	78.5	9.3	5.7	14.1	10.6	0.0	0.0	3.52	5.2	100.0	100.0
江苏银行	47.2	52.8	39.1	31.1	7.9	9.9	5.9	6.2	0.0	0.0	100.0	100.0
杭州银行	42.0	41.5	25.3	27.2	32.7	31.4	0.0	0.0	0.0	0.0	100.0	100.0
贵阳银行	31.2	30.6	0.0	0.0	45.9	46.3	13.4	14.4	9.47	8.6	100.0	100.0
中原银行	48.4	54.1	27.6	18.3	19.9	27.3	0.0	0.0	4.15	0.3	100.0	100.0
九江银行	49.2	51.6	24.5	23.5	22.5	24.9	3.8	0.0	0.0	0.0	100.0	100.0
成都银行	93.5	91.6	1.3	2.6	2.6	3.0	2.7	2.9	0.0	0.0	100.0	100.0
长沙银行	38.5	35.4	12.8	0.0	16.4	2.2	21.4	15.7	10.90	46.8	100.0	100.0
西安银行	40.2	64.2	45.0	31.0	12.8	2.6	2.1	2.1	0.0	0.0	100.0	100.0
泸州银行	36.7	45.4	13.2	14.0	50.1	40.6	0.0	0.0	0.0	0.0	100.0	100.0
江西银行	65.5	58.1	19.7	20.9	9.6	13.7	5.2	7.4	0.0	0.0	100.0	100.0
甘肃银行	45.7	27.2	27.3	27.1	27.1	45.7	0.0	0.0	0.0	0.0	100.0	100.0

（四）上市农商行个人存款和贷款业务总量分析

2018年，主要农商行个人存款总计9531.10亿元，同比增长9.9%，个人存款占全部存款占比为 56.0%，明显高于其他各类银行的占比水平。其中，重庆农商行个人存款占存款总量比重达到 73.8%。已披露数据的 7 家农商行中，个人存款规模最大的是重庆农商行，为 4546.80 亿元，苏农银行最小，为 323.60 亿元（见表 10）。

表 10　　　　　　　　　　　　　农商行个人存款业务总量①

	2018 年（亿元）	2017 年（亿元）	变动额（亿元）	存款总量（亿元）	变动率（%）	个人存款占存款总量比重（%）
重庆农商	4546.80	4148.16	398.64	6161.67	9.6	73.8
江阴银行	385.26	363.26	22.00	810.94	6.1	47.5
苏农银行	323.60	288.24	35.36	827.48	12.3	39.1
广州农商	2400.61	2127.64	272.97	5423.35	12.8	44.3
张家港行	348.40	324.86	23.54	699.32	7.3	49.8
青农商行	1073.52	1011.65	61.87	1926.10	6.1	55.7
无锡银行	452.90	412.20	40.70	1158.08	9.9	39.1

从个人贷款业务来看，2018 年，主要农商行个人贷款总计 3476.11 亿元，同比增长 15.1%，个人贷款占全部贷款的比重为 28.01%。其中，重庆农商行个人贷款占比最高，为 35.0%。主要农商行的个人贷款占比相较于国有银行、股份制银行和城商行呈现较低的水平，体现出农商行个人业务存款与贷款的错配问题（见表 11）。

表 11　　　　　　　　　　　　　农商行个人贷款业务总量

	2018 年（亿元）	2017 年（亿元）	变动额（亿元）	贷款总量（亿元）	变动率（%）	个人贷款占贷款总量比重（%）
重庆农商	1332.56	1135.51	197.05	3811.36	17.4	35.0
江阴银行	75.20	54.15	21.05	629.86	38.9	11.9
苏农银行	107.90	66.39	41.51	593.91	62.5	18.2
广州农商	1083.54	962.52	121.02	3779.89	12.6	28.7
张家港行	176.36	115.51	60.85	601.6	52.7	29.3
紫金银行	217.88	182.37	35.51	871.42	19.5	25.0
青农商行	377.5	342.71	34.79	1369.74	10.2	27.6
无锡银行	105.17	92.47	12.70	753.43	13.7	14.0

农商行个人贷款业务披露口径略有差异，但都包含个人住房贷款、消费贷款以及经营性贷款三项，各大农商行主要是区域经营，个人贷款投向也存在较大的差别。

横向对比来看，部分农商行侧重于个人住房贷款，部分农商行则侧重于经营性贷款，个人消费贷款的占比普遍较低。其中，2018 年，张家港农商行、青岛农商行、常熟农商行和九台农商行的个人住房贷款占比偏低，分别为 24.9%、39.8%、12.1% 和 11.5%，相应地，

---

① 紫金农商行、常熟农商行、九台农商行未披露个人存款余额。

这四家农商行的经营性贷款占比分别为 63.5%、53.1%、64.3% 及 70.9%。

从结构变动来看，主要城商行个人贷款业务结构变动不大。其中，个人住房贷款的占比上升的农商行为 3 家，下降的农商行为 7 家；已披露个人消费贷款占比的农商行中，上升的为 2 家，下降的为 5 家；已披露个人经营性贷款占比的农商行中，上升的为 5 家，下降的为 4 家。总体来看，各家农商行在个人贷款投向上展现出不同的经营模式（见表 12）。

表 12　　　　　　　　　　　　　农商行个人贷款结构分析

	个人住房贷款占比（%）		个人消费贷款占比（%）		个人经营性贷款占比（%）		信用卡透支占比（%）		其他占比（%）		合计（%）	
	2018	2017	2018	2017	2018	2017	2018	2017	2018	2017	2018	2017
重庆农商	45.3	44.2	0.0	0.0	32.3	33.6	3.0	3.7	19.5	18.5	100.0	100.0
江阴银行	44.4	26.7	10.9	17.6	44.0	55.1	0.0	0.0	0.68	0.6	100.0	100.0
苏农银行	51.2	68.1	0.0	0.0	0.0	24.2	1.3	1.1	47.5	6.6	100.0	100.0
广州农商	50.1	48.7	12.3	15.6	29.4	27.4	8.2	8.3	0.0	0.0	100.0	100.0
张家港行	24.9	29.1	8.8	14.6	63.5	51.2	0.0	0.0	0.0	0.0	100.0	100.0
紫金银行	64.0	66.2	14.0	11.1	19.0	19.8	3.1	2.8	0.0	0.0	100.0	100.0
青农商行	39.8	38.9	6.8	7.7	53.1	53.0	0.0	0.0	0.3	0.4	100.0	100.0
无锡银行	69.2	71.2	0.0	0.0	0.0	0.0	4.3	6.8	26.6	21.9	100.0	100.0
常熟银行	12.1	13.4	19.5	25.5	64.3	56.3	4.2	4.9	0.0	0.0	100.0	100.0
九台农商	11.5	14.0	17.5	17.3	70.9	68.2	0.1	0.0	0.0	0.0	100.0	100.0

二、上市银行个人业务收入分析

（一）国有银行①个人贷款业务收入分析

2018 年，国有银行开卡总计 41.96 亿张，同比增长 11.2%。信用卡发卡量占比为 13.3%。其中，交通银行是五大国有银行里，唯一一家信用卡占银行卡发卡量比重超过 30% 的银行，达到 33.4%（见表 13）。

表 13　　　　　　　　　　　　　国有银行开卡总量

	2018 年（亿张）	2017 年（亿张）	变动量（亿张）	变动率（%）	信用卡占银行卡发卡量比重（%）
工商银行	9.91	9.08	0.83	9.09	15.2
农业银行	10.91	9.94	0.97	9.47	9.4
中国银行	7.38	6.73	0.65	9.72	15.0
建设银行	11.62	10.05	1.57	15.67	10.4
交通银行	2.14	1.94	0.20	10.29	33.4

2018 年，国有银行个人贷款利息收入 9011.58 亿元，同比增长 14.0%。个人贷款利息收入占利息收入比重为 27.0%。

---

① 邮储银行在香港上市，未披露开卡量以及未充分披露个人贷款利息收入，故本节不含邮储银行。

其中，个人贷款利息收入最高的是建设银行，达到2365.88亿元；与2017年相同，最低的仍是交通银行，为828.21亿元。国有银行个人贷款利息收入规模排序与2017年相比有所变化，建设银行超过工商银行，列第一位，其余各行排序相对位置未发生改变。

5家国有银行个人贷款利息收入同比均有所增加，交通银行增长率最大，达到22.3%，最低的是工商银行，仅为1.7%。

国有银行中个人贷款利息收入在利息总收入占比中，最大的是建设银行，达到了41.7%；最小的是工商银行，为23.0%（见表14）。

表14　　　　　　　　　　　　　　国有银行个人贷款利息收入

	2018年 （亿元）	2017年 （亿元）	变动额 （亿元）	变动率 （%）	利息总 收入（亿元）	个人贷款利息收入占 利息总收入比重（%）
工商银行	2178.60	2142.78	35.82	1.67	9480.94	23.0
农业银行	1917.75	1583.23	334.52	21.13	7847.24	24.4
中国银行	1721.14	1478.81	242.33	16.39	6879.00	25.0
建设银行	2365.88	2024.73	341.15	16.85	5669.42	41.7
交通银行	828.21	677.46	150.75	22.25	3488.64	23.7

（二）股份制银行个人贷款业务收入分析

2018年，股份制银行个人贷款利息收入4989.65亿元，同比增长24.5%。个人贷款利息收入占利息收入比重为28.9%。

其中，个人贷款利息收入最高的是招商银行，达到1136.98亿元；与2017年相同，最低的仍是华夏银行，为155.23亿元。股份制银行的个人贷款利息收入规模排序与2017年相比有所变化，民生银行的个人贷款利息收入被2017年落后于其的平安银行和中信银行依次超越，列第五位。

股份制银行个人贷款利息收入同比均有所增加，平安银行增长率最大，达到48.1%，最低的是民生银行，仅为10.6%。

股份制银行个人贷款利息收入在利息总收入占比中，平安银行的占比最大，达到了48.5%；华夏银行占比最小，为13.4%（见表15）。

表15　　　　　　　　　　　　　　股份制银行个人贷款利息收入

	2018年 （亿元）	2017年 （亿元）	变动额 （亿元）	变动率 （%）	利息总 收入（亿元）	个人贷款利息收入占 利息收入比重（%）
中信银行	614.01	482.79	131.22	27.2	2337.93	26.3
光大银行	421.26	323.65	97.61	30.2	1685.67	25.0
华夏银行	155.23	116.58	38.65	33.2	1160.36	13.4
平安银行	789.26	532.78	256.48	48.1	1628.88	48.5
招商银行	1136.98	983.86	153.12	15.6	2709.11	42.0
浦发银行	855.60	695.02	160.58	23.1	2674.88	32.0
兴业银行	457.86	368.85	89.01	24.1	2705.78	16.9
民生银行	559.45	505.76	53.69	10.6	2353.47	23.8

（三）城商行个人贷款业务收入分析

2018 年，城商行个人贷款利息收入 640.16 亿元，同比增长 45.3%。个人贷款利息收入占利息收入比重为 15.0%（见表16）。

其中，个人贷款利息收入最高的是北京银行，达到 152.16 亿元；最低的是青岛银行，为 16.14 亿元。按城商行个人贷款利息收入规模排序，除上海银行超过 2017 年领先于其的江苏银行外，与 2017 年相比没有变化。各大城商行的个人贷款利息收入均有较大增长。

城商行个人贷款利息收入同比均有所增加，上海银行增长率最大，达到 101.7%，最低的是北京银行，为 19.4%。

城商行中，个人贷款利息收入在利息总收入占比最大的是上海银行，达到了 18.2%；最小的是郑州银行，为 12.2%。

表 16　　　　　　　　　　　城商行个人贷款利息收入①

	2018 年（亿元）	2017 年（亿元）	变动额（亿元）	变动率（%）	利息总收入（亿元）	个人贷款利息收入占利息收入比重（%）
北京银行	152.16	127.47	24.69	19.4	1064.6	14.3
上海银行	138.31	68.58	69.73	101.7	758.77	18.2
宁波银行	73.68	55.2	18.48	33.5	428.71	17.2
南京银行	66.73	42.75	23.98	56.1	535.01	12.5
郑州银行	23.24	16.81	6.43	38.3	189.93	12.2
青岛银行	16.14	12.7	3.44	27.1	118.87	13.6
江苏银行	112.39	77.1	35.29	45.8	817.53	13.8
杭州银行	57.51	40.04	17.47	43.6	365.48	15.7

（四）农商行个人贷款业务收入分析

只有四家农商行披露了个人贷款利息收入，其收入水平、增速在利息收入中存在明显差异。青岛农商行个人贷款利息收入最高，达到了 22.16 亿元。而另外三家银行——江阴银行、苏农银行和无锡银行的个人贷款收入分别为 4.19 亿元、4.77 亿元以及 4.19 亿元。

农商行个人贷款利息收入同比均有所增加，苏农银行增长率最大，达到 60.5%，最低的是无锡银行，为 13.1%。

农商行的个人贷款利息收入在利息总收入占比中，青岛农商行的占比最大，达到了 31.1%；无锡银行占比最小为 6.9%（见表17）。

---

① 共有 22 家上市城商行，表格之外的 14 家城商行未披露个人贷款利息收入。

表 17　　　　　　　　　　　　**农商行个人贷款利息收入**①

	2018 年 （亿元）	2017 年 （亿元）	变动额 （亿元）	变动率 （%）	利息总收入 （亿元）	个人贷款利息收入占 总收入比重（%）
江阴银行	4.19	3.39	0.80	23.5	46.83	8.9
苏农银行	4.77	2.97	1.80	60.5	45.67	10.5
青农商行	22.16	19.47	2.70	13.9	71.36	31.1
无锡银行	4.19	3.71	4.84	13.1	60.79	6.9

---

① 紫金银行、张家港行未披露其个人利息收入情况；由于港股不披露个人贷款和公司贷款利息收入，所以在数据表中剔除港股上市银行。

专题十一 支持小微企业的普惠贷款

原银监会 2015 年初提出小微企业贷款增速、户数和申贷获得率"三个不低于"目标，对缓解小微企业融资难题起到了积极作用。2018 年 2 月，为进一步支持小微企业融资，原银监会印发《中国银监会办公厅关于 2018 年推动银行业小微企业金融服务高质量发展的通知》，在继续监测"三个不低于"、确保小微企业信贷总量稳步扩大的基础上，重点针对单户授信 1000 万元以下（含）的小微企业贷款，提出"两增两控"① 的新目标，突出对小微企业贷款量质并重、可持续增长的监管导向。

已披露支持小微企业信息的 47 家上市银行，在其 2018 年年报及社会责任报告中主要披露了与"两增两控"相关指标，共性较强。本专题中将"两增两控"相关贷款定义为普惠贷款，与多数商业银行保持一致，以此分析其支持小微企业力度。2018 年，各商业银行普惠贷款规模总体增长较快，其利率均有不同程度的下降。从总量来看，国有银行、股份制银行、城商行支持小微企业的普惠贷款规模依次减小。从增速来看，股份制银行普惠贷款增速明显高于国有银行，各城商行增速差异较大。从成本来看，相对于 2017 年，国有银行和股份制银行的普惠贷款利率的下降幅度为 100 个基点左右，远高于城商行的降幅。农商行披露数据较少，故不便参与上述比较。

一、普惠贷款②业务分析

（一）大型国有商业银行普惠贷款业务分析

大型国有商业银行在支持小微企业方面，由于各自定位不同，对于小微企业的支持力度明显不同。从绝对量方面看，建设银行超越邮储银行成为支持小微企业中，发放普惠贷款最多的银行，2018 年底余额为 6310.17 亿元，排名由 2017 年的第二名升至第一名，增长幅度达 50.8%；交通银行受限于资产规模，普惠贷款发放量在六大国有商业银行中最低，仅为 1104.93 亿元，与其他五家差距较大。从增幅方面看，农业银行与交通银行紧随其后，分别达到 28.9%、24.6%，其余三家增幅也均超过 12%。从相对量看，由于邮储银行服务社区、服务中小企业、服务"三农"的定位，叠加营业网点分布更偏向小微企业集中的乡镇地区，

---

① "两增"即单户授信总额 1000 万元以下（含）小微企业贷款同比增速不低于各项贷款同比增速，贷款户数不低于上年同期水平，"两控"即合理控制小微企业贷款资产质量水平和贷款综合成本。

② 普惠贷款指单户授信总额 1000 万元以下（含）的小微企业贷款，下同。

普惠贷款/公司类贷款①比率邮储银行一枝独秀，占比为 27.9%，远超其余五家国有银行，其余五家银行占比均未达到 9%。

（二）股份制银行普惠贷款业务分析

从普惠贷款余额来看②，中信银行、光大银行、招商银行、兴业银行、浙商银行普惠贷款 2018 年末余额分别为 1363.53 亿元、1281.76 亿元、1027.71 亿元、919.98 亿元、1405.78 亿元。股份制商业银行在扶持小微企业方面贷款余额基本在 1100 亿元左右，浙商银行支持力度最大，兴业银行支持力度最弱。从增速来看，股份制商业银行增速明显高于大型国有银行，这一现象可能与指标考核前股份制银行扶持小微企业力度偏弱，普惠贷款纳入考核后，股份制银行为满足监管要求而提高对小微企业贷款力度有关。兴业银行对小微企业支持力度虽然最弱，但其增速在股份制银行中最快，达 61.4%，平安银行普惠贷款增速紧随其后，达 61.0%。从相对量看，在普惠贷款口径下，浙商银行对小微企业支持力度也是最大，普惠贷款/公司类贷款比率达 21.3%，而其他股份制商业银行比率不足 10%。浙商银行在此方面遥遥领先。

（三）城商行普惠贷款业务分析

城商行支持小微企业方面，各家银行披露数据详细程度不一，如北京银行、盛京银行、贵阳银行、杭州银行等 8 家城商行均未披露相关数据。在年报或社会责任报告披露数据的城商行中，由于各行实力不一，在支持小微企业方面力度不一，贷款额度分布较广，但多数低于 600 亿元。其中，天津银行对小微企业支持力度最大，发放普惠贷款达 939.04 亿元，成都银行支持力度最弱，普惠贷款余额仅为 56.79 亿元。在增速方面，南京银行处于领先地位，普惠贷款较 2017 年增长 55.8%，天津银行受基数大的影响，仅增长 1.0%，其余城商行普惠贷款增速多为 20%～30%。从相对量看，在普惠贷款口径下，天津银行对小微企业支持力度也遥遥领先，普惠贷款/公司类贷款比率达 51.9%，超过公司类贷款余额的半数，成都银行该比值最低，仅为 4.2%。

（四）农商行普惠贷款业务分析

农商行支持小微企业方面，普惠贷款数据仅有重庆农商行、青岛农商行、无锡银行披露了相关数据，普惠贷款余额分别为 563.80 亿元、798.66 亿元、70.02 亿元。其他农商行如紫金银行未披露相关数据，仅在年报中描述称完成"两增两控"考核指标。总体看，农商行披露相关信息不足，对小微企业支持力度较弱。在三家披露数据的银行中，青岛农商行支持小微企业力度最大，贷款增速也最高，达 20.4%，无锡银行紧随其后，贷款增速为 19.8%，重庆农商行增速最慢，增速为 12.5%。从相对量看，青岛农商行由于小微贷款口径可能存在偏差，不作相应比较，重庆农商行普惠贷款/公司类贷款比率较高，达 22.7%，无锡银行的该比例为 10.8%（见表 1）。

---

①　以"普惠贷款/公司类贷款"指标表示商业银行支持小微企业力度。

②　股份制商业银行支持小微企业方面，浦发银行与平安银行未披露相关数据，民生银行披露数据与普惠贷款口径不一，华夏银行披露数据口径存疑，因此在普惠贷款余额绝对值的横向对比中，忽略此四家银行。

表1　　　　　　　　　　　　　商业银行普惠贷款规模分析

	银行简称	普惠贷款年末余额（亿元）	普惠贷款年初余额（亿元）	变动率（%）	公司类贷款（亿元）	普惠贷款/公司类贷款（%）
国有银行	工商银行	3216.85	2724.82	18.1	97833.41	3.3
	农业银行	4937.00	3830.00	28.9	68583.44	7.2
	中国银行	3042.00	2709.78	12.3	73455.97	4.1
	建设银行	6310.17	4185.02	50.8	77887.10	8.1
	交通银行	1104.93	887.01	24.6	32186.01	3.4
	邮储银行	5449.92	4649.07	17.2	19570.25	27.9
股份制银行	中信银行	1363.53	918.50	48.5	21239.22	6.4
	光大银行	1281.76	984.91	30.1	13681.26	9.4
	招商银行	1027.71	—	—	19236.95	5.3
	浦发银行	—	—	19.0	20659.77	—
	民生银行	4069.38①	3591.00	13.3	18262.01	22.3
	华夏银行	3573.26②	3142.70	13.7	11816.56	30.2
	平安银行	—	—	61.0	8435.16	0.0
	兴业银行	919.98	570.07	61.4	17676.78	5.2
	浙商银行	1405.78	1109.24	26.7	6609.65	21.3
城商行	北京银行	—	—	30.8	8602.57	—
	天津银行	939.04	929.74	1.0	1808.51	51.9
	上海银行	170.01	126.56	34.3	5738.74	3.0
	重庆银行	289.06	252.40	14.5	1424.34	20.3
	宁波银行	538.00	430.00	25.1	2920.21	18.4
	南京银行	247.03	158.60	55.8	3509.66	7.0
	盛京银行	—	—	—	3511.45	—
	徽商银行	408.1	—	—	2365.20	17.3
	哈尔滨银行	653.27③	730.73	-10.6	1383.75	47.2
	郑州银行	228.22	180.07	26.7	1156.54	19.7
	青岛银行	98.81	74.27	33.0	850.37	11.6
	江苏银行	546.00	—	—	6186.80	8.8
	杭州银行	—	—	—	2227.31	—
	贵阳银行	—	—	—	1306.33	—
	中原银行	343.61	270.54	27.0	1492.00	23.0
	九江银行	—	—	—	1006.06	—
	成都银行	56.79	37.99	49.5	1369.84	4.2

① 小微企业贷款是民生银行向小微企业、个体商户等经营商户提供的贷款产品，与普惠贷款口径不一。
② 华夏银行披露小微企业贷款数据未说明其是否为普惠金融口径。
③ 哈尔滨银行的小微企业贷款指根据中小企业划分标准划分，口径与普惠贷款不同。

	银行简称	普惠贷款年末余额（亿元）	普惠贷款年初余额（亿元）	变动率（%）	公司类贷款（亿元）	普惠贷款/公司类贷款（%）
城商行	长沙银行	—	—	—	1331.93	—
	西安银行	243.10	199.69	21.7	977.67	24.9
	泸州银行	—	—	—	254.29	—
	江西银行	224.93	168.50	33.5	1035.70	21.7
	甘肃银行	—	—	—	1315.96	—
农商行	重庆农商	563.80	501.17	12.5	2478.80	22.7
	江阴银行	—	—	—	554.66	—
	常熟银行	—	—	—	454.51	—
	苏农银行	—	—	—	486.01	—
	广州农商	—	—	—	2696.35	—
	九台农商	—	—	—	568.48	—
	张家港行	—	—	—	425.24	—
	紫金银行	—	—	—	653.54	—
	青农商行	798.66①	663.41	20.4	992.24	80.5
	无锡银行	70.02	58.47	19.8	648.26	10.8

二、普惠贷款利率与客户人数分析

《中国银监会办公厅关于 2018 年推动银行业小微企业金融服务高质量发展的通知》提出的"两增两控"中要求小微贷款客户数量不低于上一年，贷款综合成本得到合理控制，因此本节重点对普惠贷款成本与客户人数进行分析。在已披露的数据中，大型国有商业银行披露的数据相对股份制银行、城商行、农商行更为详细。由于城商行、农商行披露数据较少，为提高读者提取信息效率，将下述图表中未披露相关数据的银行做删除处理。

（一）普惠贷款利率分析

普惠贷款利率方面，在所有披露相关数据的银行中，小微企业贷款利率均有不同程度的下降。国有银行中，交通银行和邮储银行小微企业贷款下降幅度均达到 110 个基点，建设银行降幅为 100 个基点，对于小微企业优惠力度较为明显；股份制银行中，兴业银行小微企业贷款利率下降 143 个基点，在所有披露数据的商业银行中居于首位；城商行中，仅有重庆银行与宁波银行披露相关数据，贷款利率分别下降 8 个基点和 10 个基点，变化较小。在贷款利率绝对数额方面，工商银行的普惠贷款利率最低，仅为 5.0%，或与其资金成本较低相关，其他大行中，建设银行与邮储银行普惠贷款利率分别为 5.3% 和 6.7%；股份制银行中，仅有中信银行一家披露数据，普惠贷款利率为 6.1%；城商行中仅有重庆银行与宁波银行披

---

① 青岛农商行披露小微贷款数据未说明其是否为普惠金融口径。

露相关数据，贷款利率分别为 6.6% 和 5.8%；农商行中重庆农商行相应利率为 6.2%。

（二）小微贷款客户数量分析

小微贷款客户数量方面，各银行客户人数分布方差较大，所有披露数据的商业银行中，小微企业贷款客户数量具有不同程度的上升。

国有银行中，农业银行小微客户数量达 244.50 万户，处于遥遥领先的地位，邮储银行与建设银行分列二、三位，客户人数分别为 145.77 万户和 119.19 万户，中国银行和工商银行小微客户数量分别为 38.00 万户、30.80 万户；增量方面，建设银行增加 47.74 万户，农业银行增加 28.40 万户，工商银行与邮储银行小微客户分别增加 9.10 万户和 2.30 万户。

股份制银行中，招商银行由于采用自己的标准公布数据，因此不再进行比较，平安银行小微客户数量最多，达 66.90 万户，光大银行位居次席为 30.90 万户，兴业银行最少，仅有 3.60 万户；增量方面，平安银行小微客户增量也是最多，2018 年度新增小微客户 21.40 万户，光大银行排第二位增加 5.16 万户。

城商行中，郑州银行小微客户最多，共计 5.60 万户，天津银行仅有 0.10 万户，小微客户增量方面，郑州银行新增小微客户 2.26 万户，表现亮眼。

农商行中，仅有重庆农商行与无锡银行披露相关数据，分别有 12.30 万户和 0.34 万户，增量分别为 1.56 万户和 0.01 万户（见表 2）。

表 2 商业银行普惠贷款成本与客户数量分析

	银行简称	普惠贷款利率（%）	变动百分点（%）	小微客户数（万户）	小微客户新增量（万户）
国有银行	工商银行	4.95	−0.3	30.80	9.10
	农业银行	—	—	244.50	28.40
	中国银行	—	—	38.00	—
	建设银行	5.29	−1.0	119.19	47.74
	交通银行	—	−1.1	—	—
	邮储银行	6.67	−1.1	145.77	2.31
股份行	中信银行	6.10	−0.2	8.22	2.23
	光大银行	—	—	30.89	5.16
	招商银行	—	—	175.20①	29.96②
	浦发银行	—	−1.0	—	增长 23%③
	平安银行	—	—	66.90	21.40
	兴业银行	—	−1.4	3.60	1.02
	浙商银行	—	—	—	—

---

① 该数据为招商银行内部标准划分数据。

② 该数据为招商银行内部标准划分数据。

③ 浦发银行仅披露了小微客户增幅。

	银行简称	普惠贷款利率 （%）	变动百分点 （%）	小微客户数 （万户）	小微客户 新增量（万户）
城商行	天津银行	—	—	0.10	—
	重庆银行	6.63	−0.1	3.28	1.40
	宁波银行	5.75	−0.1	—	0.27
	徽商银行	—	—	4.90	—
	郑州银行	—	—	5.64	2.26
	江苏银行	—	—	2.90	—
	中原银行	—	—	2.80	0.03
	成都银行	—	—	0.37	0.03
	西安银行	—	—	0.48	0.03
	江西银行	—	—	1.71	0.17
农商行	重庆农商	6.24	—	12.30	1.56
	无锡银行	—	—	0.34	0.01

专题十二 渠道建设对比分析

商业银行的渠道建设以客户为中心，整体规划各类渠道建设，充分发挥线上线下全渠道优势，构建起客户任意一点接入、线上线下互联互通、全程响应、体验一致的一体化渠道体系，能够提高银行运作效率和盈利水平，巩固银行与客户的关系，提高银行业务的发展质量。目前各银行的渠道建设主要包括两部分：一是物理渠道，二是电子银行渠道。

物理渠道建设总体呈现下降趋势。物理网点方面，国有银行、股份制银行与城商行、农商行数量差距明显，均值分别为18177个、1428个、274个和366个；国有银行和股份制银行物理网点数出现小幅度下降，城商行、农商行的物理网点数有所增加。自助银行方面，上市银行的自助银行业务出现了不同幅度的下降，股份制银行自助银行数量下降最快。

电子银行渠道的发展总体呈现上升趋势。网银业务方面，上市银行的客户数量呈现快速增长的特点，但是交易额并没有随之上升。手机银行方面，国有银行、股份制银行、城商行及农商行的客户增速均较高，在客户规模上实现了快速发展；国有银行、股份制银行及城商行交易增速明显提升。

从数据披露情况来看，国有六大行及股份制银行的数据披露比较完善，城商行和农商行数据披露全面性及连续性普遍不佳。

一、物理渠道建设

（一）物理网点

物理网点是指散布于城乡大街小巷、有固定经营场所、主要通过银行柜员为客户提供面对面服务的标准化的支行、分理处、储蓄所等实体网点。它是银行面向全体客户提供的、进入门槛最低的服务平台。2018年度上市银行物理网点变动见表1。

从整体上看，六大国有银行、股份制银行与城商行、农商行的物理网点数差距明显，它们的物理网点数均值分别为18177个、1428个、274个和366个。从变化情况来看，2018年国有银行和股份制银行物理网点数出现小幅度下降，平均变动率分别为 -0.2%、-0.2%；城商行、农商行的物理网点数有所增加，平均变动率分别为3.7%、2.1%。

国有六大行中除交通银行外，其他五家国有银行物理网点数量基数大。物理网点最多的是邮储银行，拥有物理网点39719个，同比下降0.2%。交通银行网点数量相对较少，截至2018年末时只有3241个，较上一年减少29个。

股份制银行中，兴业银行和招商银行物理网点数量较多，分别为 2032 个和 1810 个。华夏银行和光大银行物理网点数增速最高，分别为 5.6% 和 4.7%，但是股份制银行总体物理网点数变动率均值为 -0.2%，开始呈现收缩态势，线上替代效应明显。

城商行中，除了中原银行网点减少 3 个以外，其他行网点数都有所增加。网点增加最多、最快的是北京银行，增加量为 71 个、增速为 12.7%，远高于其他城商行网点增速。

农商行中，重庆农商行网点数达到 1775 个，远高于其他农商行。网点较少的农商行是苏农银行、张家港行，网点数分别为 57 个、45 个。从变化趋势上看，农商行的物理网点数有所增加，网点数增加较快的是苏农银行，网点增加 13 个，增速高达 29.5%。九台农商行网点数减少最快，2018 年年内减少了 106 个网点，减少 24.6%（见表 1）。

表 1　　　　　　　　　　　　　2018 年度上市银行物理网点变动表[①]

	2018 年（个）	2017 年（个）	变动量（个）	变动率（%）
工商银行	16004	16092	-88	-0.5
农业银行	23381	23661	-280	-1.2
中国银行	11741	11605	136	1.2
建设银行	14977	14920	57	0.4
交通银行	3241	3270	-29	-0.9
邮储银行	39719	39798	-79	-0.2
均值	18177	18224	-47.17	-0.2
中信银行	1410	1435	-25	-1.7
光大银行	1252	1196	56	4.7
招商银行	1810	1818	-8	-0.4
浦发银行	1693	1799	-106	-5.9
民生银行	1144	1145	-1	-0.1
华夏银行	1022	968	54	5.6
平安银行	1057	1079	-22	-2.0
兴业银行	2032	2064	-32	-1.6
均值	1428	1438	-11	-0.2
北京银行	632	561	71	12.7
上海银行	—	312	—	—
南京银行	191	181	10	5.5
盛京银行	205	200	5	2.5
哈尔滨银行	368	363	5	1.4
郑州银行	168	—	—	—
青岛银行	134	128	6	4.7

① 共 41 家银行，浙商银行、天津银行、重庆银行、宁波银行、徽商银行、江苏银行未披露物理网点数量。

	2018 年（个）	2017 年（个）	变动量（个）	变动率（%）
杭州银行	206	201	5	2.5
贵阳银行	297	297	0	0.0
中原银行	457	460	−3	−0.7
九江银行	265	255	10	3.9
成都银行	191	183	8	4.4
长沙银行	311	—	—	—
西安银行	176	—	—	—
泸州银行	34	—	—	—
江西银行	544	—	—	—
甘肃银行	209	202	7	3.5
均值	274	279	11	3.7
重庆农商	1775	1777	−2	−0.1
江阴银行	92	91	1	1.1
常熟银行	149	145	4	2.8
苏农银行	57	44	13	29.5
广州农商	631	626	5	0.8
九台农商	325	431	−106	−24.6
张家港行	45	43	2	4.7
紫金银行	133	—	—	—
青农商行	374	361	13	3.6
无锡银行	74	72	2	2.8
均值	366	399	−8	2.1

（二）自助银行

自助银行又称"无人银行"，它属于银行业务处理电子化和自动化的一部分，是近年在国外兴起的一种现代化的银行服务方式。它利用现代通讯和计算机技术，为客户提供智能化程度高、不受银行营业时间限制的 24 小时全天候金融服务，全部业务流程在没有银行人员协助的情况下完全由客户自己完成。2018 年度上市银行自助银行变动见表 2。

总体而言，国有银行基数大，城商行自助银行基数小，上市银行的自助银行业务出现了不同幅度的下降，股份制银行自助银行数量下降最快。

国有银行中，农业银行、中国银行和邮储银行没有披露自助银行的数量。在披露数据的三家国有大行中，工商银行和建设银行自助银行数量接近，分别为 2.68 万个、2.82 万个，远高于交通银行的 2621 个自助银行。

4 家股份制银行披露了自助银行业务。从自助银行数量来看，股份制银行的自助银行数量比较接近。中信银行自助银行最少，为 2054 家，浦发银行自助银行数量最多，为 3603

家。从数量变化来看，除了招商银行以外，中信银行、浦发银行和民生银行自助银行数量出现了大幅度的下降，下降幅度分别为 22.7%、12.8%、30.0%。

5 家城商行披露了自助银行的数据。总体而言，城市商业银行的自助银行数量小，数量稳定。其中，徽商银行自助银行规模最大，拥有 661 家自助银行，同比下降 2.8%。

4 家农商行披露了自助银行数据。其中，青岛农商行设立金融服务便民网点 2200 个，有效提升了金融服务的范围。九台农商银行增速最快，新设 54 个自助银行，增速达到 17.3%；但其物理网点减速最快，减少了 106 个网点。

表 2   2018 年度上市银行自助银行变动表①

	2018 年末（个）	2017 年末（个）	变动量（个）	变动率（%）
工商银行	26786	27196	−410	−1.5
建设银行	28238	29047	−809	−2.8
交通银行	2621	3182	−561	−17.6
均值	19215.0	19808.3	−593.3	−7.3
中信银行	2054	2656	−602	−22.7
招商银行	3259	3340	−81	−2.4
浦发银行	3603	4131	−528	−12.8
民生银行	3140	4485	−1345	−30.0
均值	3014	3653	−639	−17.0
上海银行	—	558	—	—
徽商银行	661	680	−19	−2.8
郑州银行	152	—	—	—
青岛银行	102	101	1	1.0
甘肃银行	209	202	7	3.5
均值	281	385	−4	0.6
重庆农商	531	564	−33	−5.9
苏农银行	33	33	0	0.0
九台农商	367	313	54	17.3
青农商行	2200	—	—	—
均值	782.8	227.5	5.3	2.9

二、电子银行渠道建设

（一）网上银行

网上银行包含两个层次的含义，一个是机构概念，指通过信息网络开办业务的银行；另一个是业务概念，指银行通过信息网络提供的金融服务，包括传统银行业务和因信息技术应

---

① 共 16 家银行，农业银行、中国银行、邮储银行、光大银行等 31 家银行未披露自助银行数量。

用带来的新兴业务；网银业务分为个人网银业务和企业网银业务。

1. 个人网银业务

国有大行的个人网银的客户数和交易额最大，远高于农商行和城商行。从客户数来看，上市银行的客户数量呈现快速增长的特点，国有大行、股份制银行和城商行的个人网银客户数增速均值分别为 13.9%、16.7%、21.6%。但是交易额却并没有随之上升，国有大行、股份制银行和城商行的交易额变动率均值分别为 1.4%、-4.1%、-11.2%（见表3）。

表3　　　　　　　　　　　　　　　个人网银业务规模①

	客户数（万）				交易额（万亿元）			
	2018年	2017年	变动量	变动率（%）	2018年	2017年	变动额	变动率（%）
农业银行	26500	23300	3200	13.7	41.87	47.70	-5.83	-12.2
中国银行	16624	14797	1826	12.3	30.08	22.59	7.48	33.1
建设银行	31257	27073	4184	15.5	—	36.35	—	—
邮储银行	21000	18400	2600	14.1	1.79	2.15	-0.36	-16.7
均值	23845	20893	2953	13.9	24.58	27.20	0.43	1.4
中信银行	3805	2751	1054	38.3	—	11.59	—	—
浦发银行	3024	2508	516	20.6	9.38	11.21	-1.83	-16.3
兴业银行	1298	1205	94	7.8	—	—	—	—
民生银行	—	1813	—	—	—	—	—	—
均值	2032	2069	416	16.7	—	—	—	—
上海银行	—	409.5	—	—	—	—	—	—
重庆银行	72.6	55.7	16.9	30.4	0.06	0.11	-0.04	-39.5
盛京银行	40.2	30.8	9.4	30.3	0.03	0.03	-0.01	-18.0
徽商银行	377.5	293.9	83.6	28.5	0.04	0.08	-0.04	-47.7
哈尔滨银行	230.2	174.0	56.2	32.3	—	0.99	—	—
青岛银行	72.4	69.8	2.6	3.7	0.62	0.59	0.03	5.1
长沙银行	>400	—	—	—	—	—	—	—
江西银行	106.5	—	—	—	0.26	0.25	0.01	3.5
甘肃银行	102.1	97.7	4.4	4.5	0.22	0.17	0.05	29.4
均值	—	—	—	—	—	—	—	—
重庆农商	277.5	301.2	-23.7	-7.9	0.25	0.19	0.06	32.8
九台农商	<37.3	<35.2	—	—	—	—	—	—
均值	—	—	—	—	—	—	—	—

2. 企业网银业务

在企业网银业务方面，国有银行仍占据主导地位。披露企业网银业务的5家国有银行

---

① 共19家银行，工商银行、交通银行、光大银行、招商银行、华夏银行等28家银行未披露个人网银规模。

中，建设银行企业客户最多，达到 757 万户，交通银行企业客户最少，为 83 万户。从增速来看，国有大行的增速最快，客户数平均增速达到 18.6%，远高于股份制银行、城商行、农商行增速均值。从交易额来看，国有大行的企业网银交易额也呈现上升态势，其中增速最高的是农业银行，增速达到 15.6%（见表 4）。

4 家股份制银行披露了企业网银业务。从客户规模角度分析，招商银行和民生银行的客户数量最大，分别为 168.9 万户和 104.3 万户；招商银行的增长最快，增长率为 22.4%。从交易额角度分析，招商银行交易额大于民生银行，两者交易额分别为 124.1 万亿元和 57.2 万亿元。民生银行的客户规模大，但交易额最小，这与民生银行定位于服务民营企业和小微企业有关。

11 家城商行披露了企业网银业务。从客户规模角度分析，城商行的规模远低于国有大行及股份制银行。上海银行和徽商银行的客户数量最大，分别为 15.5 万、14.8 万。整体来看，城商行的客户数呈现减少态势，除重庆银行、甘肃银行的企业网银客户增加以外，盛京银行、徽商银行、青岛银行、中原银行都出现了一定幅度的下滑。从交易额度来看，盛京银行企业网银交易规模最大，为 2.55 亿元。

2 家农商行披露了企业网银数据，整体来看农商行的企业网银客户数和交易额变动较大，其中客户数量变动率约为 50%。

表 4　　　　　　　　　　　　　　　企业网银业务规模①

	客户数（万）				交易额（万亿元）			
	2018 年	2017 年	变动量	变动率（%）	2018 年	2017 年	变动额	变动率（%）
工商银行	—	—	—	—	679.8	646.0	33.8	5.2
农业银行	620.0	531.8	88.2	16.6	172.1	148.9	23.2	15.6
中国银行	389.1	341.7	47.4	13.9	190.0	165.9	24.1	14.5
建设银行	757.0	603.0	154.0	25.5	<240.39	272.4	—	—
交通银行	83.0	70.0	13.0	18.5	—	—	—	—
均值	462.3	386.6	75.6	18.6	347.3	308.3	39.0	12.7
光大银行	40.3	52.9	-12.6	-23.8	—	—	—	—
招商银行	168.9	137.9	31.0	22.4	124.1	113.2	10.9	9.7
兴业银行	27.9	24.3	3.6	14.9	—	—	—	—
民生银行	104.3	116.2	-11.9	-10.3	57.2	—	—	—
均值	85.3	82.8	2.5	0.8	—	—	—	—
上海银行	15.5	—	—	—	—	—	—	—
重庆银行	2.2	1.8	0.4	24.6	0.31	0.34	-0.03	-8.2
盛京银行	1.9	2.3	-0.5	-20.3	2.55	1.78	0.77	43.1
徽商银行	14.8	19.5	-4.7	-24.2	2.02	2.08	-0.06	-2.7

---

① 共 23 家银行，邮储银行、中信银行、浦发银行、华夏银行等 24 家银行未披露企业网银规模。

	客户数（万）				交易额（万亿元）			
	2018 年	2017 年	变动量	变动率（%）	2018 年	2017 年	变动额	变动率（%）
哈尔滨银行	8.2	—	—	—	—	—	—	—
郑州银行	—	104.4	—	—	<0.6565	—	—	—
青岛银行	7.5	8.9	−1.4	−16.0	1.38	0.98	0.41	41.7
杭州银行	10.6	—	—	—	—	—	—	—
贵阳银行	—	89.6	—	—	—	—	—	—
中原银行	8.5	11.3	−2.8	−24.6	1.78	1.01	0.78	77.1
江西银行	4.2	—	—	—	1.21	0.86	0.34	39.5
甘肃银行	4.3	3.0	1.3	43.3	1.16	0.69	0.47	68.1
均值	—	—	—	—	—	—	—	—
重庆农商	8.0	5.1	2.9	56.6	0.78	1.16	−0.38	−32.7
青农商行	6.6	4.5	2.1	47.0	—	—	—	—
均值	7.3	4.8	2.5	51.8				

（二）手机银行

手机银行，是利用移动通信网络及终端办理相关银行业务的简称。作为一种结合了货币电子化与移动通信的崭新服务，移动银行业务不仅可以使人们在任何时间、任何地点处理多种金融业务，而且极大地丰富了银行服务的内涵，使银行能以便利、高效而又较为安全的方式为客户提供传统和创新的服务。手机银行及其业务规模（见表5）。

表 5   手机银行及其业务规模①

	客户数（万）				交易额（万亿元）			
	2018 年	2017 年	变动量	变动率（%）	2018 年	2017 年	变动额	变动率（%）
农业银行	25700	20600	5100	24.8	49.0	31.8	17.2	54.1
中国银行	14531	11153	3378	30.3	20.0	11.0	9.1	82.7
建设银行	31100	26638	4462	16.8	58.2	57.3	0.9	1.6
交通银行	7414	6106	1308	21.4	11.0	7.7	3.4	43.8
邮储银行	21800	17500	4300	24.6	5.8	3.8	2.1	54.9
均值	20109	16399	3710	23.6	28.8	22.3	6.5	47.4
中信银行	3670	2733	937	34.3	6.3	4.3	2.0	45.5
光大银行	4937	3535	1402	39.7	—	—	—	—
招商银行	7880	5620	2260	40.2	—	—	—	—
浦发银行	3466	2706	760	28.1	5.2	7.3	−2.1	−29.4
民生银行	4790	3079	1711	55.6	16.9	—	—	—

---

① 共 27 家银行，工商银行、华夏银行、平安银行、浙商银行等 20 家银行未披露手机银行规模。

	客户数（万）				交易额（万亿元）			
	2018 年	2017 年	变动量	变动率（%）	2018 年	2017 年	变动额	变动率（%）
兴业银行	1257	630	627	99.5	—	—	—	—
均值	4333	3051	1283	49.6				
上海银行	450.5	313.8	136.7	43.6	—	—	—	—
重庆银行	71.9	53.8	18.0	33.5	0.15	0.11	0.03	28.00
盛京银行	99.2	61.8	37.4	60.6	0.02	0.01	0.01	50.75
徽商银行	319.6	221.0	98.6	44.6	0.38	0.24	0.14	57.81
哈尔滨银行	117.2	75.7	41.5	54.8	0.21	—	—	—
郑州银行	121.5	—	—	—	0.22			
青岛银行	156.4	111.3	45.1	40.5	0.33	0.26	0.07	27.97
杭州银行	164.6	108.1	56.5	52.3				
贵阳银行	280.0	—	—	—				
江西银行	72.5				0.13			
甘肃银行	178.3	130	48.3	37.2	0.19	0.08	0.11	137.5
均值	184.7	134.4	60.3	45.9				
重庆农商	824.1	681.6	142.6	20.9	—	—	—	—
常熟银行	61.0	—			0.14			
九台农商	61.8	69.0	−7.1	−10.3				
青农商行	128.1	55.3	72.8	131.6				
无锡银行	34.0	—						
均值	221.8	268.6	69.4	47.4	—	—	—	—

　　6 家国有银行均对手机银行业务进行详细披露。其中建设银行的客户规模最大，达 31100 万。中国银行手机银行的客户增长幅度最大，达 30.3%，六大国有银行客户数增加率均值为 23.6%。从交易额来看，建设银行交易额最大，为 58.2 万亿元。中国银行交易额增速最快达到 82.7%。总体而言，国有大行着力加强手机银行产品创新和引用推广，提升本行在移动金融服务上的竞争力。

　　6 家股份制银行披露了手机银行数据，数据显示，股份制银行在客户规模方面实现了快速发展。6 家股份制银行增速均值为 49.6%，其中兴业银行客户数量增速达到 99.5%，增速最快。目前，招商银行在股份制银行中手机银行客户规模最大，达到 7880.4 万户，同比上升 40.2%。股份制银行对交易额信息披露不足，只有中信银行和浦发银行持续披露了交易额。从交易额来看，股份制银行的交易额比较稳定。

　　城商行的客户数增速高于六大国有银行及股份制银行。其中增速最快的是盛京银行，增速达到 60.6%。上海银行客户数最多，为 450.5 万户。从交易额来看，2018 年国有银行、城商行交易额增速均值为 47.4%、60.41%，城商行的交易额增速超过国有银行。

（三）自助设备

自助银行一般包括自动取款机（ATM）、自动存款机、循环自动柜员机（CRS）、自助查询机、自助缴费机等银行自助服务设备。自助设备的功能主要有银行卡取款、存款、账户查询、历史交易查询、存折交易记录补登、转账、信用卡还款、修改密码、自助查询终端缴费、IC卡自助充值及银行提供的其他服务。自助设备数量总体呈下降趋势，主要是由于其功能综合化的发展趋势导致多功能机增加的同时简单存取款机减少。

国有银行中，农业银行的自助设备数量最多，达141700台；交通银行仅拥有自助设备20600台，与其余5家国有银行存在明显差距。从变动幅度上看，邮储银行是唯一一家自助设备增加的国有银行，在其物理网点减少了0.2%的情况下自助设备增速仍然达到4.5%。交通银行自助设备减幅最大达到17.9%，其物理网点减少了0.9%。

有5家股份制银行披露了自助设备数据。招商银行的自助设备数量最大，达10316台，同比减少9.4%。中信银行自助设备减幅最大，拥有7053台自助设备，同比减少24.1%。

城商行和农商行自助设备数明显少于国有银行和股份制银行。城商行中，盛京银行的自助设备数量最多，为2934台，较2017年上涨17.8%。总体而言，城商行自助设备规模小，与股份制银行相比仍有较大差距，但是自助设备数量有所增长。

农商行中，重庆农商行自助设备最多，达到3998台，同比减少0.8%。九台农商行减幅最大，达到－24.6%（见表6）。

表6　　　　　　　　　　　自助设备数量及其业务规模①

| | 设备数（台） | | | |
	2018年	2017年	变动量	变动率（%）
工商银行	89646	95043	－5397	－5.7
农业银行	141700	168500	－26800	－15.9
中国银行	85394	89981	－4587	－0.1
建设银行	92225	97007	－4782	－4.9
交通银行	20600	25100	－4500	－17.9
邮储银行	124600	119200	5400	4.5
中信银行	7053	9295	－2242	－24.1
招商银行	10316	11382	－1066	－9.4
浦发银行	5985	7308	－1323	－18.1
民生银行	6888	8580	－1692	－19.7
兴业银行	6527	7245	－718	－9.9
盛京银行	2934	2491	443	17.8
徽商银行	2074	2532	—	—
哈尔滨银行	1058	858	200	23.3

---

① 共21家银行，光大银行、华夏银行、平安银行、浙商银行等26家银行未披露自助设备数量。

	设备数（台）			
	2018 年	2017 年	变动量	变动率（%）
郑州银行	1471	—	—	—
青岛银行	472	482	−10	−2.1
甘肃银行	793	772	21	2.7
重庆农商	3998	4030	−32	−0.8
广州农商	1126	1393	−267	−19.2
九台农商	325	431	−106	−24.6
青农商行	811	—	—	—

专题十三　经营业绩分析

本专题的经营业绩分析主要选取盈利性水平、成长性水平、流动性水平、风险管控能力以及员工绩效五大类指标来综合反映银行的经营状况。

盈利性方面，四大类银行的净利差和净息差之间的差距较小，而在净资产回报率和总资产回报率方面，各行之间存在差异，以国有大行的总资产回报率为例，建设银行的盈利水平较高，为1.13%，而邮储银行的较低，为0.57%，其他国有大行的盈利水平处于二者之间。

成长性方面，以资产增长率为例，国有银行近几年处于7%左右的稳健增长状态；而股份制银行中，增速普遍低于7%，少数呈现零增长；城商行近年来的增长差异较大，有些银行增速超过20%，有些则为负增长；农商行近年来的资产增速较快，部分银行某些年度也超过20%，但是增长并不稳健。

流动性方面，四大类银行的现金资产比例的差异较小，现金资产比例大都在10%左右，并且四大类银行的现金资产比例近年来均呈现下降趋势，这说明总体上银行的现金利用更加充分。

风险控制方面，国有银行的不良贷款增长率大都在6%左右；股份制银行的不良贷款增长率大都在15%左右；而城商行和农商行的不良贷款增长率普遍较高，其中甘肃银行为62.8%，重庆农商行为49.21%。可见四大类银行在风险控制方面存在显著差异。

员工绩效方面，四大类银行的人均产值各有不同，国有银行在150万元左右，股份制银行在250万元左右，城商行在200万元左右，农商行在150万元左右。但是员工成本占业务及管理费的比重方面，四大类银行基本保持一致，在60%左右。

一、国有银行经营业绩

（一）盈利性水平

在本案例中，经营业绩的盈利性指标选取了加权平均净资产收益率、平均总资产回报率、净利差率、净息差率四个指标，国有银行2017年、2018年的数据如表1所示。

1. 加权平均净资产收益率

从表1可知，国有银行近几年的加权平均净资产收益率呈下降趋势。2018年各行的加权平均净资产收益率总体在13%左右，其中工商银行、农业银行和建设银行的加权平均净资产收益率较高，分别为13.79%、13.66%、14.04%，而交通银行和邮储银行的加权平均净资产收益率较低，分别为 11. 17% 、12. 31% 。

2. 平均总资产回报率

从表 1 可知，平均总资产回报率呈下降趋势。2018 年，国有银行的平均总资产回报率总体在 1% 左右，其中交通银行和邮储银行的较低，分别为 0. 8% 、0. 57% 。

3. 净利差率

净利差方面，工商银行、农业银行和建设银行近几年总体呈上升趋势，均高于 2% ，而交通银行的则呈下降趋势，2018 年为 1. 39% 。

4. 净息差率

净息差方面，工商银行、农业银行和建设银行近几年总体也呈上升趋势，均高于 2% ，而交通银行的则呈下降趋势，2018 年为 1. 51% 。

表 1 　　　　　　　　　　　　　　　　国有银行盈利性水平指标

银行	年度	加权平均净资产收益率（%）	平均总资产回报率（%）	净利差（%）	净息差（%）
工商银行	2017	14. 35	1. 14	2. 10	2. 22
	2018	13. 79	1. 11	2. 16	2. 30
	变动百分比	− 0. 56	− 0. 03	0. 06	0. 08
农业银行	2017	14. 57	0. 95	2. 15	2. 28
	2018	13. 66	0. 93	2. 20	2. 33
	变动百分比	− 0. 91	− 0. 02	0. 05	0. 05
中国银行	2017	12. 24	0. 98		
	2018	12. 06	0. 94		
	变动百分比	− 0. 18	− 0. 04		
建设银行	2017	14. 80	1. 13	2. 10	2. 21
	2018	14. 04	1. 13	2. 18	2. 31
	变动百分比	− 0. 76	0	0. 08	0. 1
交通银行	2017	12. 22	0. 81	1. 44	1. 58
	2018	11. 17	0. 80	1. 39	1. 51
	变动百分比	− 1. 05	− 0. 01	− 0. 05	− 0. 07
邮储银行	2017	13. 07	0. 55		
	2018	12. 31	0. 57		
	变动百分比	− 0. 76	0. 02		

（二）成长水平

经营业绩的成长水平指标选取了资产增长率、营业收入增长率、净利润增长率、利息净收入增长率、投资净收益增长率五个指标，国有银行 2017 年、2018 年的数据如表 2 所示。

1. 资产增长率

总资产增长率方面，国有银行这两年的增长率均为正，但是 2018 年除中国银行外，国有银行的增长率均较 2017 年有所下降。2018 年，工商银行、农业银行和中国银行的资产增长率仍较高，均高于 6%，分别为 6.18%、7.39% 和 9.25%。

2. 营业收入增长率

营业收入增长率方面，近两年邮储银行的增长率均为最高，分别为 18.6% 和 16.18%，而中国银行的营业收入增长率均为最低，分别为 -0.07% 和 4.31%。2018 年国有银行的营业收入均实现了正增长，交通银行的增长率由 2017 年的 1.49% 提高至 8.49%，增长率的提速最快。

3. 净利润增长率

净利润增长率方面，这两年增速最快的也是邮储银行，分别为 19.94% 和 9.8%。2018 年农业银行、交通银行和建设银行的净利润增长率均接近 5%。

4. 利息净收入增长率

利息净收入增长率方面，邮储银行表现最为优异，分别为 19.37% 和 24.46%。2017 年仅有交通银行的利息净收入增长率为负，2018 年各行均实现了正增长，交通银行的增速仅为 2.78%，明显低于其他银行。

5. 投资净收益增长率

投资净收益增长率方面，收益增速最快的是交通银行，近两年的投资净收益增长率分别为 190.46% 和 154.41%。农业银行的增长率变动较大，由 2017 年的 -404.76% 变为 2018 年的 185.62%。

表 2 　　　　　　　　　　　　　国有银行成长水平指标

银行	年度	资产增长率（%）	营业收入增长率（%）	净利润增长率（%）	利息净收入增长率（%）	投资净收益增长率（%）
工商银行	2017	8.08	7.49	2.99	10.65	19.03
	2018	6.18	6.51	3.92	9.66	57.8
	变动百分比	-1.90	-0.98	0.93	-0.99	38.77
农业银行	2017	7.58	6.13	4.93	11.01	-404.76
	2018	7.39	11.46	4.92	8.11	185.62
	变动百分比	-0.19	5.33	-0.01	-2.90	590.38
中国银行	2017	7.27	-0.07	0.51	10.57	-73.08
	2018	9.25	4.31	4.03	6.3	53.67
	变动百分比	1.98	4.38	3.52	-4.27	126.75
建设银行	2017	5.54	2.74	4.83	8.3	-66.46
	2018	4.96	5.99	4.93	7.48	127.52
	变动百分比	-0.58	3.25	0.10	-0.82	193.98

银行	年度	资产增长率（%）	营业收入增长率（%）	净利润增长率（%）	利息净收入增长率（%）	投资净收益增长率（%）
交通银行	2017	7.56	1.49	4.49	-5.56	190.46
	2018	5.45	8.49	4.91	2.78	154.41
	变动百分比	-2.11	7.00	0.42	8.34	-36.05
邮储银行	2017	9.04	18.6	19.94	19.37	43.78
	2018	5.59	16.18	9.8	24.46	-83.02
	变动百分比	-3.45	-2.42	-10.14	5.09	-126.80

（三）流动性水平

现金资产比例方面，各行 2016—2017 年的比例基本不变，但在 2018 年，现金资产比例均有所下降（见表 3）。

表 3   **国有银行现金资产比例**   单位：%

银行	2017 年	2018 年	变动百分比
工商银行	13.85	12.17	-1.68
农业银行	13.76	12.41	-1.35
中国银行	11.83	11.32	-0.51
建设银行	13.51	11.34	-2.17
交通银行	10.38	8.81	-1.57
邮储银行	15.67	12.64	-3.03

（四）风险控制

不良贷款增长率方面，农业银行的不良贷款增长率近两年均为负，风控能力表现最优，而邮储银行 2018 年的不良贷款增长率猛增至 35.27%，值得引起关注，其他行的增长率均在 6% 左右波动（见表 4）。

表 4   **国有银行不良贷款增长率**   单位：%

银行	2017 年	2018 年	变动百分比
工商银行	4.34	6.38	2.04
农业银行	-15.94	-2.08	13.86
中国银行	8.54	5.35	-3.19
建设银行	7.61	4.47	-3.14
交通银行	7.21	5.40	-1.81
邮储银行	3.72	35.27	31.55

（五）员工绩效

1. 人均费用

人均费用方面，各行的人均费用近几年均保持增长，且均在 40 万元左右，但交通银行的人均费用明显较高，近三年年均超过 60 万元。

2. 人均产值

人均产值方面，交通银行的人均产值最高，近几年均超过 200 万元，其次是建设银行和工商银行。近几年国有银行的人均产值均保持增长。

3. 员工成本/业务及管理费

员工成本占业务管理费的比例方面，近几年各行的比例均在上升，其中交通银行最低，近几年均低于 50%，而其他行均在 60% 左右（见表 5）。

表 5 国有银行员工绩效

银行	年度	人均费用（万元）	人均产值（万元）	员工成本/业务及管理费（%）
工商银行	2017	39.23	160.36	64.68
	2018	41.18	172.22	65.43
	变动率（%）	0.05	0.07	0.75
农业银行	2017	36.32	110.21	64.31
	2018	39.52	126.37	66.03
	变动率（%）	0.09	0.15	1.72
建设银行	2017	45.12	176.30	60.5
	2018	48.33	190.45	61.04
	变动率（%）	0.07	0.08	0.54
交通银行	2017	64.18	208.26	46.26
	2018	69.05	229.29	46.09
	变动率（%）	0.08	0.10	−0.17
邮储银行	2017		131.08	
	2018		152.95	
	变动率（%）		0.17	

二、股份制银行经营业绩

（一）盈利性水平

1. 加权平均净资产收益率

加权平均净资产收益率方面，近几年股份制银行的收益率呈下降趋势，2018 年各行基本都在 13% 左右。其中，招商银行的加权平均净资产收益率最高，近三年均保持在 16.5% 左右，且呈逐年上升态势。

2. 平均总资产回报率

平均总资产回报率方面，近几年上市商业银行的回报率呈下降趋势，2018 年各行基本均在 0.9% 左右。其中，招商银行的加权平均净资产收益率最高，近三年均保持在 1.1% 左右，且逐年上升。

3. 净利差率

净利差率方面，近几年各行均保持在 1.8% 左右。其中，招商银行的净利差率较高，近几年均高于 2%，表现最为优异。

4. 净息差率

净息差率方面，近几年各行均保持在 1.8% 左右。其中，华夏银行、招商银行等几家银行近几年均高于 2%（见表 6）。

表6　　　　　　　　　　　　　股份制商业银行盈利水平指标

银行	年度	加权平均净资产收益率（%）	平均总资产回报率（%）	净利差（%）	净息差（%）
中信银行	2017	11.67	0.74	1.64	1.79
	2018	11.39	0.77	1.85	1.94
	变动百分比	-0.28	0.03	0.21	0.15
光大银行	2017	12.75	0.78	1.32	1.52
	2018	11.55	0.8	1.5	1.74
	变动百分比	-1.2	0.02	0.18	0.22
招商银行	2017	16.54	1.15	2.29	2.43
	2018	16.57	1.24	2.44	2.57
	变动百分比	0.03	0.09	0.15	0.14
浦发银行	2017	14.45	0.92	1.75	1.86
	2018	13.14	0.91	1.87	1.94
	变动百分比	-1.31	-0.01	0.12	0.08
民生银行	2017	14.03	0.86	1.35	1.5
	2018	12.94	0.85	1.64	1.73
	变动百分比	-1.09	-0.01	0.29	0.23
华夏银行	2017	13.54	0.82	1.88	2.01
	2018	12.67	0.81	1.8	1.95
	变动百分比	-0.87	-0.01	-0.08	-0.06
平安银行	2017	11.62	0.75	—	—
	2018	11.49	0.74	—	—
	变动百分比	-0.13	-0.01	—	—
兴业银行	2017	15.35	0.92	—	—
	2018	14.27	0.93	—	—
	变动百分比	-1.08	0.01	—	—

（二）成长水平

1. 资产增长率

资产增长率方面，各行的情况不一。招商银行和华夏银行的资产增长率最为稳健，近两年均保持在6%左右，表现较为优异。平安银行2017年的资产增长率高达9.99%，但2018年有所减缓。

2. 利息收入增长率

利息收入增长率方面，2017年多数行呈负增长，而2018年多数行均实现了利息收入的正增长。其中，招商银行的利息收入保持较快增长，这两年分别为7.62%、10.72%，表现比较优异。

3. 净利润增长率

净利润增长率方面，2018年除民生银行外，其余股份制银行均实现了正增长。其中，多数股份制银行的增长率在6%左右，招商银行近两年的净利润增长率超过10%，分别为13.24%和14.41%。

4. 营业收入增长率

营业收入增长率方面，2017年较多银行出现了负增长。招商银行连续两年的增长率为正，分别为5.68%和12.52%，表现比较突出。

5. 投资收益增长率

投资收益增长率方面，各行的情况不一。其中，2018年平安银行的投资收益增长率最高，为1353.48%；而光大银行和华夏银行两年的增长率连续为负，表现最差（见表7）。

表7 银行成长水平指标

银行	年度	资产增长率（%）	营业收入增长率（%）	净利润增长率（%）	利息净收入增长率（%）	投资净收益增长率（%）
中信银行	2017	-4.27	1.90	2.61	-6.12	74.96
	2018	6.85	5.20	5.83	5.15	126.09
	变动百分比	11.12	3.30	3.22	11.27	51.13
光大银行	2017	1.70	-2.33	4.02	-6.64	-13.82
	2018	6.58	20.03	6.67	0.15	-5250.47
	变动百分比	4.88	22.36	2.65	6.79	-5236.65
招商银行	2017	5.98	5.68	13.24	7.62	-48.09
	2018	7.12	12.52	14.41	10.72	103.64
	变动百分比	1.14	6.84	1.17	3.1	151.73
浦发银行	2017	4.78	4.87	2.47	-1.12	93.16
	2018	2.48	1.73	2.75	4.61	8.69
	变动百分比	-2.3	-3.14	0.28	5.73	-84.47

银行	年度	资产增长率（%）	营业收入增长率（%）	净利润增长率（%）	利息净收入增长率（%）	投资净收益增长率（%）
民生银行	2017	0.11	-7.04	4.4	-8.59	134.66
	2018	1.57	8.66	-1.16	-11.41	366.34
	变动百分比	1.46	15.7	-5.56	-2.82	231.68
华夏银行	2017	6.48	3.68	0.9	-3.41	-312.97
	2018	6.84	8.8	5.28	8.92	-366.4
	变动百分比	0.36	5.12	4.38	12.33	-53.43
平安银行	2017	9.99	-1.79	2.61	-3.14	-73.31
	2018	5.24	10.33	7.02	0.99	1353.48
	变动百分比	-4.75	12.12	4.41	4.13	1426.79
兴业银行	2017	0.05	-0.11	0.06		
	2018	0.05	0.13	0.06	0.08	
	变动百分比	0	0.24	0		
浙商银行	2017	0.13	0.02	0.08	-0.03	3.4
	2018	0.07	0.14	0.05	0.08	-0.8
	变动百分比	-0.06	0.12	-0.03	0.11	-4.2

（三）流动性水平

现金资产比例方面，各行基本保持在8%左右（见表8）。

表8　　　　　　　　　　　　　银行现金资产比例

银行	2017 年	2018 年	变动百分比（%）
中信银行	10.01	8.88	-1.13
光大银行	8.65	8.41	-0.24
招商银行	9.79	7.31	-2.48
浦发银行	7.93	7.05	-0.88
民生银行	7.5	6.49	-1.01
华夏银行	9	7.84	-1.16
平安银行	9.55		-9.55
兴业银行	7.27	7.09	-0.18
浙商银行	10.03	7.67	-2.36

（四）风险控制

不良贷款增长率方面，招商银行的不良贷款率连续两年为负；而重庆银行近两年的不良贷款增长率较高，分别为66.32%和20.04%，经营风险值得警惕（见表9）。

表9   不良贷款增长率①

银行	2017 年	2018 年	变动百分比（%）
中信银行	10.43	19.35	8.92
光大银行	12.86	18.61	5.75
招商银行	-6.10	-6.60	-0.50
浦发银行	31.32	-0.55	-31.87
民生银行	15.58	12.48	-3.10
华夏银行	20.88	21.19	0.31
平安银行	12.82	20.37	7.55

（五）员工绩效

1. 人均费用

人均费用方面，近几年各行均呈上涨趋势。各行的人均费用基本在 80 万元左右，2018 年人均费用最高的是平安银行和招商银行，人均费用超过 100 万元。

2. 人均产值

人均产值方面，2018 年各行的人均产值基本在 300 万元左右。其中，2018 年上海银行的人均产值最高，为 419.62 万元。

3. 员工成本/业务及管理费

员工成本占业务及管理费的比例方面，各行均在 55% 左右。其中，上海银行的比例最低，2016 年和 2017 年分别为 22.54% 和 23.39%（见表10）。

表10   银行员工绩效指标

银行	年度	人均费用（万元）	人均产值（万元）	员工成本/业务及管理费（%）
中信银行	2017	80.67	276.26	—
	2018	89.33	292.22	—
	变动率（%）	10.74	5.78	—
光大银行	2017	66.53	208.44	53.48
	2018	70.55	245.08	53.15
	变动率（%）	6.04	17.58	-0.62
招商银行	2017	92.06	304.56	59.17
	2018	103.38	333.23	59.69
	变动率（%）	12.30	9.41	0.52
浦发银行	2017	75.64	310.74	56.75
	2018	77.38	308.02	57.18
	变动率（%）	2.30	-0.88	0.43

---

① 兴业银行和浙商银行数据缺失，本表不列。

银行	年度	人均费用（万元）	人均产值（万元）	员工成本/业务及管理费（%）
民生银行	2017	79.06	249.27	54.89
	2018	80.80	268.73	54.91
	变动率（%）	2.20	7.81	0.02
华夏银行	2017	51.30	155.67	55.75
	2018	57.00	174.96	60
	变动率（%）	11.11	12.39	4.25
平安银行	2017	97.27	325.48	—
	2018	102.21	337.08	—
	变动率（%）	5.08	3.56	—
兴业银行	2017	—	237.26	—
	2018	—	265.32	—
	变动率（%）	—	11.83	—

三、城商行经营业绩

（一）盈利性水平

1. 平均总资产回报率

从表11中可以看出，城商行的平均总资产回报率普遍低于1%，在0.8%～0.95%居多。不同银行之间的差异并不太大，但值得注意的是，中原银行2018年收益率仅为0.4%，与其他城商行差距较大。

2. 加权平均净资产收益率

从表11中可以看出，在加权平均净资产收益率方面，各城商行的收益率差异较大，重庆银行、宁波银行等银行收益率高于15%，而江西银行收益率低于10%，表现最差。

3. 净利差

从表11中可以看出，各城商行的净利差大都在2%左右，差别不太大。并且近几年来，净利差呈现下降趋势。

4. 净息差

从表11中可以看出，各城商行的净息差大都在2.1%左右，差别较小。且近几年来，净息差呈现下降趋势（见表11）。

表11			盈利水平指标		
银行	年度	总资产回报率（%）	加权平均净资产收益率（%）	净利差（%）	净息差（%）
北京银行	2017	0.85	13.77	2.33	2.12
	2018	0.82	11.65	2.57	2.28
	变动百分比	-0.03	-2.12	0.24	0.16

银行	年度	总资产回报率（%）	加权平均净资产收益率（%）	净利差（%）	净息差（%）
天津银行	2017	0.58	9.12	—	—
	2018	0.62	9.15	—	—
	变动百分比	0.04	0.03	—	—
上海银行	2017	0.86	12.63	1.38	1.25
	2018	0.94	12.67	1.81	1.76
	变动百分比	0.08	0.04	0.43	0.51
重庆银行	2017	0.95	14.95	1.89	2.11
	2018	0.88	12.80	1.79	2.07
	变动百分比	−0.07	−2.15	−0.10	−0.04
宁波银行	2017	0.97	19.02	—	—
	2018	1.04	18.72	—	—
	变动百分比	0.07	−0.30	—	—
南京银行	2017	0.89	16.94	1.75	1.85
	2018	0.94	16.96	1.85	1.89
	变动百分比	0.05	0.02	0.10	0.04
盛京银行	2017	0.78	—	—	—
	2018	0.51	—	—	—
	变动百分比	−0.27	—	—	—
徽商银行	2017	0.92	13.90	2.31	2.18
	2018	0.89	13.89	2.37	2.21
	变动百分比	−0.03	−0.01	0.06	0.03
哈尔滨银行	2017	0.96	2.15	—	—
	2018	—	—	—	—
	变动百分比	—	—	—	—
青岛银行	2017	0.65	10.80	1.57	1.72
	2018	0.66	8.36	1.67	2.23
	变动百分比	0.01	−2.44	0.10	0.51
江苏银行	2017	—	13.72	—	—
	2018	—	12.43	—	—
	变动百分比	—	−1.29	—	—
杭州银行	2017	0.59	11.34	1.61	1.65
	2018	0.62	11.01	1.66	1.71
	变动百分比	5.08	−2.91	3.11	3.64
贵阳银行	2017	1.10	19.76	2.56	2.67
	2018	1.08	18.88	2.25	2.33
	变动百分比	−0.02	−0.88	−0.31	−0.34

银行	年度	总资产回报率（%）	加权平均净资产收益率（%）	净利差（%）	净息差（%）
中原银行	2017	0.82	9.57	2.57	2.76
	2018	0.41	5.43	2.81	2.83
	变动百分比	− 0.41	− 4.14	0.24	0.07
九江银行	2017	0.71	11.31	2.16	2.32
	2018	0.61	8.66	2.49	2.65
	变动百分比	− 0.10	− 2.65	0.33	0.33
成都银行	2017	0.98	16.83	2.21	2.16
	2018	1.00	16.04	2.21	2.21
	变动百分比	0.02	− 0.79	0.00	0.05
长沙银行	2017	0.93	18.25	2.56	2.67
	2018	0.92	16.91	2.34	2.45
	变动百分比	− 0.01	− 1.34	− 0.22	− 0.22
西安银行	2017	0.93	12.66	1.79	2.01
	2018	0.99	12.61	2.00	2.23
	变动百分比	0.06	− 0.05	0.21	0.22
泸州银行	2017	1.00	14.83	—	—
	2018	0.86	14.66	—	—
	变动百分比	− 0.14	− 0.17	—	—
江西银行	2017	0.85	13.12	2.19	
	2018	0.70	9.95	2.09	
	变动百分比	− 0.15	− 3.17	− 0.10	—
甘肃银行	2017	1.30	22.46	2.74	2.91
	2018	1.15	16.43	2.07	2.37
	变动百分比	− 0.15	− 6.03	− 0.67	− 0.54

（二）成长水平

1. 资产增长率

资产增长率方面，各城商行的差异较大，近几年来增速较快的有中原银行、成都银行、甘肃银行等；天津银行、盛京银行、哈尔滨银行等则出现负增长。

2. 利息收入增长率

利息收入增长率方面，各城商行的情况同样有较大差异，2018 年上海银行的利息收入增长高达 56.6%，而徽商银行、哈尔滨银行、青岛银行等出现负增长。

3. 净利润增长率

净利润增长率方面，近年来各行发展情况各不相同，有江西银行、甘肃银行这样前两年出现高速增长后增速减缓的银行，也有像宁波银行、南京银行这样稳健增长的银行。

4. 营业收入增长率

营业收入增长率方面，2018 年各城商行都实现了正增长，其中上海银行、青岛银行 2018 年的增速较快，分别为 32.49% 和 32.04%。

5. 投资收益增长率

投资收益率方面，各行的差异巨大，反映出各行在投资方面的能力和具体投资策略方面有很大的差别（见表 12）。

表 12　　　　　　　　　　　　　　成长水平指标

银行	年度	资产增长率（%）	营业收入增长率（%）	净利润增长率（%）	利息净收入增长率（%）	投资净收益增长率（%）
北京银行	2017	10.09	6.1	5.35	4.93	7.34
	2018	10.43	10.2	6.65	15.69	-28.86
	变动百分比	0.34	4.10	1.30	10.76	-36.20
天津银行	2017	6.79	-14.15	-12.72	-18.9	—
	2018	-6.07	19.67	7.28	-20.18	—
	变动百分比	-12.86	33.82	20.00	-1.28	—
上海银行	2017	2.98	-3.73	7.06	-26.47	484.56
	2018	12.17	32.49	17.81	56.6	-17.96
	变动百分比	9.19	36.22	10.75	83.07	-502.52
重庆银行	2017	13.31	5.88	7.48	5.71	1264
	2018	6.53	4.78	1.54	-15.27	448.39
	变动百分比	-6.78	-1.10	-5.94	-20.98	-815.61
宁波银行	2017	16.61	7.06	19.6	-3.93	254.72
	2018	8.18	14.28	19.93	16.66	51.66
	变动百分比	-8.43	7.22	0.33	20.59	-203.06
南京银行	2017	7.26	-6.69	16.95	-5.37	11.88
	2018	8.95	10.33	14.62	7.35	34.08
	变动百分比	1.69	17.02	-2.33	12.72	22.20
盛京银行	2017	13.82	-17.77	10.12	-8.64	-83.07
	2018	-4.38	19.89	-32.32	2.83	2462.32
	变动百分比	-18.20	37.66	-42.44	11.47	2545.39
徽商银行	2017	20.31	-16.48	-11.83	10.13	—
	2018	15.68	-7.06	-10.44	-11.04	-12.01
	变动百分比	-4.63	9.42	1.39	-21.17	—
哈尔滨银行	2017	—	—	6.99	-2.3	—
	2018	9.1	—	5	-10.44	-89.69
	变动百分比	—	—	-1.99	-8.14	—

银行	年度	资产增长率（%）	营业收入增长率（%）	净利润增长率（%）	利息净收入增长率（%）	投资净收益增长率（%）
青岛银行	2017	10.18	-7.25	-8.86	-4.1	100.72
	2018	3.72	32.04	7.34	-7.05	1822.56
	变动百分比	-6.46	39.29	16.20	-2.95	1721.84
江苏银行	2017	10.78	7.91	12.96	10.18	895.65
	2018	8.77	4.09	10.38	-8.51	1574.24
	变动百分比	-2.01	-3.82	-2.58	-18.69	678.59
杭州银行	2017	15.67	2.83	14.12	4.87	320.92
	2018	10.53	20.76	18.95	14.06	209.58
	变动百分比	-5.14	17.93	4.83	9.19	-111.34
贵阳银行	2017	24.67	22.82	24.37	29.28	-66.97
	2018	8.45	1.35	13.97	1.89	120.18
	变动百分比	-16.22	-21.47	-10.40	-27.39	187.15
中原银行	2017	20.53	8.56	16.25	8.91	—
	2018	18.86	30.97	-39.45	12.65	—
	变动百分比	-1.67	22.41	-55.70	3.74	—
九江银行	2017	—	16.94	13.02	14.82	—
	2018	—	34.37	1.42	-1.26	—
	变动百分比	—	17.43	-11.60	-16.08	—
成都银行	2017	20.39	12.13	51.49	-0.59	171.47
	2018	13.29	20.05	18.94	29.63	-8.15
	变动百分比	-7.10	7.92	-32.55	30.22	-179.62
长沙银行	2017	22.7	20.8	22.54	24.08	-175.63
	2018	11.92	14.95	14.88	3.87	-373.15
	变动百分比	-10.78	-5.85	-7.66	-20.21	-197.52
西安银行	2017	7.41	9.03	4.32	12.02	-58.06
	2018	4	21.32	12.57	22.81	38.46
	变动百分比	-3.41	12.29	8.25	10.79	96.52
泸州银行	2017	—	—	—	—	—
	2018	16.47	15.13	0	12.58	—
	变动百分比	—	—	—	—	—
江西银行	2017	17.93	5.21	73.72	-4.41	—
	2018	13.26	20.08	-4.92	19.17	—
	变动百分比	-4.67	14.87	-78.64	23.58	—
甘肃银行	2017	10.64	15.5	75.1	16.43	—
	2018	21.19	10.18	2.3	9.13	—
	变动百分比	10.55	-5.32	-72.80	-7.30	—

（三）流动性水平

现金资产比例方面，各城商行普遍都在 10% 左右。2018 年现金资产比例最高的为成都银行，高达 13.47%；现金资产比例最低的为上海银行，为 7.16%（见表 13）。

表 13   流动性水平指标①   单位：%

银行	2017 年	2018 年	变动百分比
北京银行	7.93	8.35	0.42
天津银行	8.17	9.45	1.28
上海银行	7.53	7.16	− 0.37
重庆银行	10.34	7.38	− 2.96
宁波银行	8.74	7.92	− 0.82
南京银行	9.31	7.54	− 1.77
盛京银行	8.17	9.9	1.73
徽商银行	10.17	8.39	− 1.78
哈尔滨银行	12.32	12.31	− 0.01
青岛银行	8.85	9.3	0.45
江苏银行	7.65	7.46	− 0.19
杭州银行	8.86	9.08	0.22
贵阳银行	10.87	8.71	− 2.16
中原银行	12.33	10.4	− 1.93
长沙银行	13.69	8.24	− 5.45
西安银行	10.37	10.74	0.37
泸州银行	11.49	10.14	− 1.35
江西银行	10.82	9.01	− 1.81
甘肃银行	10.7	9.6	− 1.10

（四）风险控制

近年来，各城商行的不良贷款都呈现增长趋势，这可能与城商行近年来的规模增长有关，但不良贷款方面，各城商行控制能力有所差异，如甘肃银行 2018 年的不良贷款增长率高达 62.8%，而成都银行的不良贷款在 2017 年为负增长，降低了 16.45%（见表 14）。

---

① 九江银行数据缺失，此表不列。

表 14　　　　　　　　　　　　不良贷款增长率　　　　　　　　　　单位：%

银行	2017 年	2018 年	变动百分比
北京银行	17.02	37.80	20.78
天津银行	17.70	26.59	8.89
上海银行	17.62	27.06	9.44
重庆银行	66.32	20.04	−46.28
宁波银行	2.64	18.11	15.47
南京银行	17.24	25.64	8.40
盛京银行	1.21	55.00	53.79
徽商银行	11.22	20.61	9.39
哈尔滨银行	—	8.91	—
青岛银行	39.72	27.63	−12.09
江苏银行	13.26	17.28	4.02
杭州银行	12.88	12.51	−0.37
贵阳银行	15.84	37.10	21.26
中原银行	18.95	70.40	51.45
九江银行	5.20	69.84	64.64
成都银行	−16.45	13.25	29.70
长沙银行	—	38.57	—
西安银行	—	14.86	—
泸州银行	—	28.88	—
江西银行	—	52.86	—
甘肃银行	—	62.80	—

（五）员工绩效

1. 人均费用

人均费用方面，大多数城商行的费用在 70 万元左右，而少数银行如贵阳银行，在 30 万元左右，成本较低。

2. 人均产值

人均产值方面，各行之间存在一定的差异，总体在 250 万元左右，其中北京银行、上海银行等城商行超过 300 万元，而西安银行等不足 200 万元。

3. 员工成本/业务及管理费

员工成本占业务管理费的水平各行没有显著差异，大都在 60% 左右（见表 15）。

表 15 员工绩效指标

银行	年度	人均费用（万元）	人均产值（万元）	员工成本/业务及管理费（%）
北京银行	2017	92.11	343.00	49.87
	2018	94.70	375.93	49.16
	变动率（%）	2.81	9.60	−0.71
天津银行	2017	27.71	152.49	—
	2018	29.71	184.42	—
	变动率（%）	7.22	20.94	—
上海银行	2017	78.65	321.45	23.39
	2018	86.11	419.62	—
	变动率（%）	9.49	30.54	—
重庆银行	2017	—	249.51	—
	2018	—		—
	变动率（%）	—	—	—
宁波银行	2017	71.95	207.75	—
	2018	72.81	211.41	—
	变动率（%）	1.20	1.76	—
南京银行	2017	—	252.07	63.56
	2018	—	255.63	65.68
	变动率（%）	—	1.41	2.12
盛京银行	2017	69.05	252.90	—
	2018	72.60	292.33	—
	变动率（%）	5.14	15.59	—
徽商银行	2017	61.24	236.43	—
	2018	65.21	219.85	—
	变动率（%）	6.48	−7.01	—
哈尔滨银行	2017	64.42	—	—
	2018	45.94	—	—
	变动率（%）	−28.69	—	—
青岛银行	2017	49.76	157.49	45.55
	2018	63.40	192.28	54.44
	变动率（%）	27.41	22.09	8.89
江苏银行	2017	65.80	228.46	—
	2018	67.24	234.42	—
	变动率（%）	2.19	2.61	—
杭州银行	2017	63.26	199.29	65.61
	2018	67.93	227.08	66.25
	变动率（%）	7.38	13.94	0.64

银行	年度	人均费用（万元）	人均产值（万元）	员工成本/业务及管理费（%）
贵阳银行	2017	37.23	217.48	60.92
	2018	35.62	216.08	61.69
	变动率（%）	-4.32	-0.64	0.77
中原银行	2017	—	94.65	56.09
	2018	—	123.64	55.22
	变动率（%）	—	30.63	-0.87
九江银行	2017	52.46	157.37	50.39
	2018	63.05	218.68	46.86
	变动率（%）	20.19	38.96	-3.53
成都银行	2017	31.91	173.45	65.1
	2018	35.52	209.62	65.75
	变动率（%）	11.31	20.85	0.65
长沙银行	2017	—	—	57.34
	2018	—	193.92	57.37
	变动率（%）	—	—	0.03
西安银行	2017	—	—	50.93
	2018	52.25	187.75	54.89
	变动率（%）	—	—	3.96
泸州银行	2017	—	—	—
	2018	47.51	229.98	—
	变动率（%）	—	—	—
江西银行	2017	—	—	—
	2018	34.76	233.65	—
	变动率（%）	—	—	—
甘肃银行	2017	—	—	—
	2018	30.10	215.29	—
	变动率（%）	—	—	—

四、农商行经营业绩

（一）盈利性水平

1. 加权平均净资产收益率

2018 年，重庆农商行和青农商行加权平均净资产收益率较高，分别为 13.47% 和 12.86%，而其他行的收益率较低，不超过 10%（见表 6）。

2. 平均总资产回报率

平均总资产回报率方面，各行情况差别不大，大都在 1% 的水平。

表 16 农商银行盈利水平指标[①]

银行	年度	加权平均净资产收益率（%）	平均总资产回报率（%）	净利差（%）	净息差（%）
重庆农商	2017	15.61	1.05	2.4	2.45
	2018	13.47	0.99	2.44	2.62
	变动百分比	-2.14	-0.06	0.04	0.17
江阴银行	2017	—	—	2.08	2.33
	2018	—	—	2.42	2.67
	变动百分比	—	—	0.34	0.34
苏农银行	2017	9.06	0.85	2.85	2.97
	2018	9.08	0.76	2.51	2.64
	变动百分比	0.02	-0.09	-0.34	-0.33
广州农商	2017	—	0.84	—	—
	2018	—	0.91	—	—
	变动百分比	—	0.07	—	—
九台农商	2017	—	0.87	—	—
	2018	—	—	—	—
	变动百分比	—	—	—	—
张家港行	2017	9.43	—	2.12	2.33
	2018	9.39	—	2.37	2.56
	变动百分比	-0.04	—	0.25	0.23
青农商行	2017	13.33	0.93	2.4	2.6
	2018	12.86	0.9	2.29	2.49
	变动百分比	-0.47	-0.03	-0.11	-0.11

（二）成长水平

1. 资产增长率

资产增长率方面，2018 年各行的增长率大都为正，其中苏农银行的增长率较高，为 22%。

2. 利息收入增长率

利息收入增长率方面，广州农商行 2018 年收入增长最快，高达 53.3%，其次是张家港行和青农商行。

3. 净利润增长率

净利润增长率方面，表现较好的是青农商行和广州农商行，分别为 14.21% 和 15.98%。

[①] 无锡银行数据缺失，此表不列。

4. 营业收入增长率

营业收入增长率方面，苏农银行、张家港行和青农商行的增长较快，分别为20.56%、24.02%和19.16%。

5. 投资收益增长率

投资收益增长率方面，2018年农商行的整体表现都不太好，其中青农商行为−4614.29%，遭受重大损失（见表17）。

表17　　　　　　　　　　　　　　农商银行成长水平指标

银行	年度	资产总计增长率（%）	营业收入增长率（%）	净利润增长率（%）	利息收入合计增长率（%）	投资净收益增长率（%）
重庆农商	2017	12.78	10.52	12.59	19.54	−72.73
	2018	5	8.77	1.73	1.1	−100
	变动百分比	−7.78	−1.75	−10.86	−18.44	−27.27
江阴银行	2017	5.11	1.54	−1.17	4.48	126.71
	2018	4.98	27.08	2.9	7.58	116.62
	变动百分比	−0.13	25.54	4.07	3.10	−10.09
苏农银行	2017	17.12	18.21	12.14	15.94	50
	2018	22.58	15.55	9.61	20.56	212.5
	变动百分比	31.89	−14.61	−20.84	28.98	325
广州农商	2017	11.31	−11.56	15.37	24.8	−463.58
	2018	3.75	53.33	15.98	0.89	−139.59
	变动百分比	−7.56	64.89	0.61	−23.91	323.99
九台农商	2017	−2.33	−1.91	−29.25	16.18	−33.17
	2018	—	—	—	—	—
	变动百分比	—	—	—	—	—
张家港行	2017	14.41	−0.62	8.33	12.16	−51.29
	2018	9.96	24.23	8.49	24.02	37.75
	变动百分比	−4.45	24.85	0.16	11.86	89.04
青农商行	2017	20.96	4.27	12.39	14.45	−118.67
	2018	17.16	22.75	14.21	19.16	−4614.29
	变动百分比	−3.80	18.48	1.82	4.71	−4495.62
无锡银行	2017	10.02	13.05	12.33	—	4.65
	2018	12.59	11.96	8.36	10.12	13.33
	变动百分比	2.57	−1.09	−3.97	10.12	8.68

（三）流动性水平

近几年来，农商行的现金资产比例呈下降趋势，2018年各农商行大都在10%的水平（见表18）。

表 18 农商银行流动性水平指标

银行	2017 年	2018 年	变动百分比（%）
重庆农商	10.72	9.04	-1.68
江阴银行	9.51	10.12	0.61
苏农银行	12.32	10.90	-1.42
广州农商	14.10	13.31	-0.79
九台农商	12.90	—	—
张家港行	9.89	9.90	0.01
青农商行	10.72	9.13	-1.59
无锡银行	11.98	9.60	-2.38

（四）风险控制

不良贷款增长率方面，各行的不良贷款增长均较缓，但是近两年重庆农商银行的不良贷款波动很大，这两年的增长率分别为 14.93% 和 49.21%（见表 19）。

表 19 农商银行不良贷款增长率①

银行	2017 年	2018 年	变动百分比（%）
重庆农商	14.93	49.21	34.28
江阴银行	—	1.39	—
苏农银行	-0.49	-3.1	-2.61
广州农商	-0.1	7.96	8.06
九台农商	55.01	—	—
张家港行	0.19	1.41	1.22
青农商行	2.96	2.58	-0.38

（五）员工绩效

1. 人均费用

人均费用方面，各农商行大都在 50 万元左右，其中广州农商银行的人均费用最高，2018 年为 82.87 万元。

2. 人均产值

人均产值方面，近几年各行的人均产值呈上升趋势，2018 年大都在 200 万元左右，其中最高的为广州农商银行，为 286.2 万元。

3. 员工成本/业务及管理费

员工成本占管理费用的比例方面，各行相差不大，大都在 60% 左右（见表 20）。

---

① 无锡银行及个别银行有些年份数据缺失，此表不列。

表 20 农商银行员工绩效指标

银行	年度	人均费用（万元）	人均产值（万元）	员工成本/业务及管理费（%）
重庆农商	2017	52.42	150.94	65.79
	2018	52.05	166.32	64.53
	变动率（%）	-0.71	10.19	-1.26
江阴银行	2017	61.88	161.64	—
	2018	61.88	193.21	—
	变动率（%）	0.00	19.53	—
苏农银行	2017	49.57	180.41	62.08
	2018	51.32	206.02	66.55
	变动率（%）	3.53	14.20	4.47
广州农商	2017	66.39	173.29	—
	2018	82.87	286.20	—
	变动率（%）	24.82	65.16	—
九台农商	2017	0.09	—	—
	2018	—	—	—
	变动率（%）	—	—	—
张家港行	2017	43.87	120.76	57.18
	2018	50.27	142.20	61.05
	变动率（%）	14.59	17.75	3.87
青农商行	2017	42.58	119.29	58.38
	2018	46.02	142.79	59.13
	变动率（%）	8.08	19.70	0.75
无锡银行	2017	—	199.93	—
	2018	—	219.53	—
	变动率（%）	—	9.80	—

五、四大类银行比较

在总资产回报率方面，国有大行中，建设银行的盈利水平较高，为 1.13%，而邮储银行的较低，为 0.57%，其他国有大行大都在 1% 左右；股份制银行中，最高的为招商银行，为 1.24%，其他银行大都在 0.9% 左右；城商行中，大多数银行都在 0.8% 左右，其中甘肃银行、贵阳银行等超过 1%，而中原银行只有 0.41%，差异较大；农商银行中，大多数均超过了 0.8%（见表 21）。

净利润增长率方面，国有大行中，大多数都在 4% 左右，但邮储银行增长率高达 9.8%；股份制银行中，招商银行的增长率最高，为 14.41%，大多数银行都在 5% 左右，但是也有民生银行、兴业银行等出现零增长甚至负增长的银行；城商行差距很大，宁波银行、成都银行等增速接近20%，而中原银行则为 -39.45%；农商银行差距也不小，广州农商银行、青岛农商银行增速接近15%，而重庆农商银行只有1.73%。

人均产值方面，国有银行在150万元左右，股份制银行在250万元左右，城商行在200万元左右，农商行在150万元左右。但是员工成本占业务及管理费的比重方面，四大类银行基本保持一致，大都在60%左右。

存贷比方面，国有银行存贷比在70%左右，2018年，交通银行存贷比最高为84.80%，邮储银行最低，为49.57%；股份制银行存贷比在90%左右，其中，浦发银行存贷比最高，为106.21%，兴业银行最低，为83.90%；城商行存贷比为70%左右，北京银行存贷比最高，为91.04%，成都银行最低，为53.72%；农商行平均存贷比为70%左右，常熟银行存贷比最高，为82.05%，重庆农商行最低，为61.86%。

不良贷款率方面，国有银行平均不良贷款率为1.4%左右，邮储银行最低，为0.86%；股份制银行不良贷款率为1.6%左右，浦发银行不良贷款率最高，为1.92%，浙商银行最低，为1.20%；城商行不良贷款率为1.5%左右，中原银行最高，为2.44%，泸州银行最低，为0.8%；农商行不良贷款率为1.5%左右，江阴不良贷款率最高，为2.15%，常熟银行最低，为0.99%。

表21　　　　　　　　　　　　　四大类银行经营业绩指标

银行	平均总资产回报率（%）	净利润增长率（%）	人均产值（万元）	存贷比	不良贷款率（%）
国有大行					
工商银行	1.11	3.92	172.22	72.03	1.52
农业银行	0.93	4.92	126.37	66.07	1.59
中国银行	0.94	4.03	—	79.41	1.42
建设银行	1.13	4.93	190.45	73.71	1.46
交通银行	0.80	4.91	229.29	84.8	1.49
邮储银行	0.57	9.8	152.95	49.57	0.86
股份制银行					
中信银行	0.77	5.83	292.22	99.78	1.77
光大银行	0.80	6.67	245.08	94.14	1.59
招商银行	1.24	14.41	333.23	84.70	1.36
浦发银行	0.91	2.75	308.02	106.21	1.92
民生银行	0.85	-1.16	268.73	96.51	1.76
华夏银行	0.81	5.28	174.96	95.29	1.85
平安银行	0.74	7.02	337.08	90.72	1.75
兴业银行	0.93	0.06	265.32	83.90	1.57
浙商银行	—	0.05	—	88.76	1.20

银行	平均总资产回报率（%）	净利润增长率（%）	人均产值（万元）	存贷比	不良贷款率（%）
城商行					
北京银行	0.82	6.65	375.93	91.04	1.46
天津银行	0.62	7.28	184.42	85.59	1.65
上海银行	0.94	17.81	419.62	81.61	1.14
重庆银行	0.88	1.54	—	80.32	1.36
宁波银行	1.04	19.93	211.41	65.88	0.78
南京银行	0.94	14.62	255.63	62.34	0.89
盛京银行	0.51	-32.32	292.33	73.24	1.71
徽商银行	0.89	-10.44	219.85	66.53	1.04
哈尔滨银行	—	5.00	—	64.16	1.73
青岛银行	0.66	7.34	192.28	69.34	1.68
江苏银行	—	10.38	234.42	81.33	1.39
杭州银行	0.62	18.95	227.08	64.16	1.45
贵阳银行	1.08	13.97	216.08	54.50	1.35
中原银行	0.41	-39.45	123.64	73.48	2.44
九江银行	0.61	1.42	218.68	65.08	1.99
成都银行	1.00	18.94	209.62	53.72	1.54
长沙银行	0.92	14.88	193.92	59.26	1.29
西安银行	0.99	12.57	187.75	84.58	1.20
泸州银行	0.86	—	229.98	58.2	0.80
江西银行	0.70	-4.92	233.65	65.46	1.91
甘肃银行	1.15	2.30	215.29	76.35	2.29
农商行					
重庆农商	0.99	1.73	166.32	61.86	1.29
江阴银行	—	2.90	193.21	74.31	2.15
苏农银行	0.76	9.61	206.02	71.92	1.31
广州农商	0.91	15.98	286.2	69.70	1.27
九台农商	—	—	—	70.79	1.75
张家港行	—	8.49	142.2	75.67	1.47
青农商行	0.90	14.21	142.79	71.11	1.57
无锡银行	—	8.36	219.53	65.06	1.24

专题十四　公司治理对比分析

　　公司治理结构是现代银行的组织架构，主要由股东大会、董事会、监事会、高级管理层组成，形成各司其职、相互协调、有效制衡的公司治理制衡机制和权力、决策、监督、执行机构之间"科学、有效、稳健"的公司治理运作机制。良好的公司治理结构是银行抵御风险、提高回报、实现可持续发展的基石，也是银行业乃至整个金融体系稳健运行的关键所在。

　　本专题将按照各家上市银行的高级管理层以及公司"首脑"（董事长和行长）的年龄结构、来源结构、任职经历、学历和在职时间五个维度对各家银行进行分析。[①]就年龄而言，高管和董事长及行长的年龄多集中在 40~60 岁这个年龄段；就任职时间而言，多数任职时间为 3~5 年。当提及来源结构时，不同类别下的银行高管及董事长、行长来源不尽相同。

一、高级管理层

　　各家银行高级管理层一般包括行长、副行长、首席财务官、首席风险官、首席审计官（总稽核）、首席信息官、董事会秘书等。各家银行高级管理层的构成略有不同，如招商银行和光大银行等的高级管理层中还包括专职的纪委书记；中国银行包括总审计师；交通银行等还包含业务总监。

　　从各家银行章程的规定可以看出，以行长为首的高级管理层对董事会负责，依据银行公司章程和董事会的授权，有序组织经营管理活动。根据银行经营的特点与实际情况，各行董事会都会制定有对行长授权管理办法，在其职权范围内将董事会部分权力授予行长行使，包括各项业务审批权、日常经营管理工作所涉及的各种法律文件的签署权、对特别事项的审批权等。

　　在行长的领导下，高级管理层在董事会授权范围内开展工作，负责银行的经营管理，执行董事会决议，副行长及其他高级管理人员协助行长开展工作。高级管理层设置了较为明确的分工，如行长一般负责全面的行政、风险和运营工作，副行长分别负责公司类业务、零售业务等，首席财务官负责财务管理，首席风险官负责风险管理等。

　　高级管理层构建的有效性能够决定一家银行经营绩效和风险控制、业务拓展等各个方面

[①]　本专题涉及的年龄及任职时长计算均以 2018 年为基准。

的发展。下面就高级管理层的年龄、供职时间进行分析。

（一）高级管理层的年龄结构

高级管理层的年龄特征反映在高管层的年龄均值和结构上，表1将各行的高级管理层的年龄按照小于50岁、50～55岁、大于55岁的标准分为3类，并统计各年龄类别的高管数量和占比（见表1）。

表1　　　　　　　　　　　　　　　高级管理层年龄结构

银行	高级管理层人数（人）	平均年龄（岁）	<50		50～55		>55	
			人数	占比（%）	人数	占比（%）	人数	占比（%）
工商银行	4	54	0	0.0	2	50.00	2	50.0
农业银行	4	55	0	0.0	2	50.00	2	50.0
中国银行	9	55	1	11.1	2	22.22	6	66.7
建设银行	7	56	1	14.3	2	28.57	4	57.1
交通银行	9	55	1	11.1	4	44.44	4	44.4
邮储银行	7	53	1	14.3	3	42.86	3	42.7
国有银行均值	7	55	1	8.5	3	39.68	4	51.9
中信银行	10	53	2	20.0	5	50.00	3	30.0
光大银行	7	53	1	14.3	5	71.43	1	14.3
华夏银行	6	55	2	33.3	1	16.67	3	50.0
平安银行	4	52	1	25.0	2	50.00	1	25.0
招商银行	8	56	0	0.0	3	37.50	5	62.5
浦发银行	7	53	1	14.3	5	71.43	1	14.3
兴业银行	15	53	9	60.0	4	26.67	2	13.3
民生银行	9	55	1	11.1	3	33.33	5	55.6
浙商银行	15	51	5	33.3	6	40.00	4	26.7
股份制银行均值	9	53	2	23.5	4	44.11	3	32.4
北京银行	7	53	1	14.3	3	42.86	3	42.9
天津银行	5	51	3	60.0	1	20.00	1	20.0
上海银行	7	50	3	42.9	3	42.86	1	14.3
重庆银行	8	53	2	25.0	5	62.50	1	12.5
宁波银行	7	45	6	85.7	1	14.29	0	0.0
南京银行	13	52	3	23.1	9	69.23	1	7.7
盛京银行	10	52	4	40.0	4	40.00	2	20.0
徽商银行	11	54	2	18.2	5	45.45	4	36.4
哈尔滨银行	11	45	10	90.9	1	9.09	0	0.0
郑州银行	12	49	6	50.0	5	41.67	1	8.3
青岛银行	7	54	0	0.0	5	71.43	2	28.6

银行	高级管理层人数（人）	平均年龄（岁）	<50		50~55		>55	
			人数	占比（%）	人数	占比（%）	人数	占比（%）
江苏银行	8	52	1	12.5	5	62.50	2	25.0
杭州银行	10	53	4	40.0	2	20.00	4	40.0
贵阳银行	9	52	3	33.3	4	44.44	2	22.2
中原银行	9	47	6	66.7	3	33.33	0	0.0
九江银行	12	49	6	50.0	6	50.00	0	0.0
成都银行	13	52	3	36.4	7	57.14	3	21.4
长沙银行	11	51	4	36.4	7	63.64	0	0.0
西安银行	7	53	2	28.6	3	42.86	2	28.6
泸州银行	8	48	5	62.5	3	37.50	0	0.0
江西银行	5	53	4	80.0	1	20.00	0	0.0
甘肃银行	5	50.6	4	80.0	1	20.00	0	0.0
城商行均值	9	51	2	43.8	3	0	0	15.0
无锡银行	6	46	3	50.0	3	50.00	0	0.0
重庆农商	6	48	4	66.7	2	33.33	0	0.0
江阴银行	8	47	4	50.0	4	50.00	0	0.0
常熟银行	8	45	6	75.0	2	25.00	0	0.0
苏农银行	8	46	5	62.5	3	37.50	0	0.0
广州农商	8	50	4	50.0	2	25.00	2	25.0
九台农商	7	52	1	14.3	6	85.71	0	0.0
张家港行	7	49	2	28.6	5	71.43	0	0.0
紫金银行	7	47	4	57.1	3	42.86	0	0.0
青农商行	9	51	3	33.3	6	66.67	0	0.0
农商行均值	7	48	4	48.8	4	48.75	0.20	2.5

从平均年龄情况来看，各家银行高级管理层的平均年龄在45~56岁。其中，宁波银行和哈尔滨银行的高级管理层平均年龄最低，为45岁；招商银行最高，为56岁。国有银行、股份制银行、城商行和农商行的高级管理层平均年龄分别为55岁、53岁、51岁和48岁。农商行的高管层更为年轻化，城商行次之。

从高级管理层的年龄结构来看，国有银行的高管年龄集中分布在大于55岁的年龄阶段，平均占总人数的51.9%。不同银行具体情况也不同，中国工商银行高管年龄全在50岁以上。建设银行和邮储银行有14.3%的高管年龄在50岁以下，较年轻于其他国有银行的高管层。

股份制银行高管的年龄较平均地分布在三个年龄阶段，主要集中于50~55岁这一年龄段，平均年龄为53岁。其中，兴业银行高级管理层较为年轻，管理层人员多数小于50岁，而华夏银行、民生银行、招商银行高管中年龄大于55岁的占比却大于50.0%。

城商行高管普遍较为年轻，平均年龄为51岁，其中甘肃银行的高管层平均年龄最年轻，为 50.6 岁。徽商银行的高管层相较于其他城商行的高管层更年长一些，有 36.36% 的高管年龄大于 55 岁。

农商行的高管平均年龄最为年轻，为 48 岁。其中重庆农村银行、常熟银行和苏农银行的高管层集中在 50 岁以下，各自占其银行的高管层比例超过 60%。

（二）高级管理层的任职时间

按照高管成员在目前的高级管理职位上的任职年限统计该高管的任职时间长短，银行高级管理层平均任期为 3~5 年，因此统计时将高管任职时间分为 1 年以内、1~3 年、3 年以上三个区间（见表 2）。

表 2　　　　　　　　　　　　　　　高级管理层任职时间①

银行	1 年以内		1~3 年		3 年以上	
	人数	占比（%）	人数	占比（%）	人数	占比（%）
工商银行	0	0.0	5	100.0	0	0.0
农业银行	2	50.0	2	50.0	0	0.0
中国银行	3	60.0	1	20.0	1	20.0
建设银行	2	28.6	2	28.6	3	42.9
交通银行	5	62.5	1	12.5	2	25.0
邮储银行	0	0.0	3	42.9	4	57.1
国有银行均值	2.00	33.3	2.33	38.9	1.67	27.8
中信银行	2	22.2	5	55.6	2	22.2
光大银行	1	16.7	2	33.3	3	50.0
华夏银行	0	0.0	3	50.0	3	50.0
平安银行	1	25.0	1	25.0	2	50.0
招商银行	0	0.0	3	37.5	5	62.5
浦发银行	0	0.0	7	100.0	0	0.0
兴业银行	0	0.0	5	83.3	1	16.7
民生银行	3	33.3	6	66.7	0	0.0
浙商银行	11	84.6	2	15.4	0	0.0
股份制银行均值	2.00	26.5	3.78	50.0	1.78	23.5
北京银行	1	14.3	5	71.4	1	14.3
天津银行	0	0.0	2	33.3	4	66.7
上海银行	3	42.9	3	42.9	1	14.3
重庆银行	0	0.0	5	62.5	3	37.5
宁波银行	1	14.3	3	42.9	3	42.9
南京银行	5	38.5	8	61.5	0	0.0
盛京银行	1	14.3	1	14.3	5	71.4

---

①　若高管有多段部分重合的任职经历，任职时间按照最早入职日期计算。

银行	1年以内		1~3年		3年以上	
	人数	占比（%）	人数	占比（%）	人数	占比（%）
徽商银行①	—	—	—	—	—	—
哈尔滨银行	11	100.0	—	0.00	—	0.0
郑州银行	5	41.7	4	33.3	3	25.0
青岛银行	0	0.0	2	28.6	5	71.4
江苏银行	5	71.4	1	14.3	1	14.3
杭州银行	10	100.0	0	0.0	0	0.0
贵阳银行	0	0.0	4	44.4	5	55.6
中原银行	7	77.8	2	22.2	0	0.0
九江银行	0	0.0	8	66.7	4	33.3
成都银行	0	0.0	10	76.9	3	23.1
长沙银行②	—	—	—	—	—	—
西安银行	0	0.0	6	85.7	1	14.3
泸州银行	1	12.5	3	37.5	4	50.0
江西银行	1	20.0	0	0.0	4	80.0
甘肃银行	2	40.0	3	60.0	0	0.0
城商行均值	2.65	30.1	3.68	41.8	2.47	28.1
无锡银行	3	50.0	2	33.3	1	16.7
重庆农商	1	11.1	5	55.6	3	33.3
江阴银行	0	0.0	3	37.5	5	62.5
常熟银行	0	0.0	6	75.0	2	25.0
苏农银行	0	0.0	3	37.5	5	62.5
广州农商	0	0.0	4	50.0	4	50.0
九台农商	0	0.0	1	14.3	6	85.7
张家港行	0	0.0	4	57.1	3	42.9
紫金银行	1	14.3	2	28.6	4	57.1
青农商行	0	0.0	6	66.7	3	33.3
农商行均值	0.5	6.5	3.60	46.8	3.6	46.8

注：高管成员在任目前高管职位之前若还担任过其他高管职位不统计在内。

国有银行的高管任职时间在1~3年以上的平均占比最高，为38.9%，任职时间在1年以内的高管平均占比次之，为33.3%。其中，农业银行、中国银行和交通银行有超一半的高管任职时间在一年以内。

---

① 年报披露的高管人员均于2019年初上任。

② 年报披露的高管人员均于2019年初上任。

股份制银行高管成员有一半的任职时间在 1～2 年这个时间段里。其次，有 26.47% 的高管任职时间在一年以内，有 23.5% 的高管则任职 3 年以上。具体来讲，光大银行、华夏银行、平安银行、招商银行的高管任职较稳定，有超一半的高管任职 3 年以上。而浦发银行的高管比较特殊，所有人均于 2016 年 4 月入职，任职时间在 1～3 年这个时间段里。

城商行高管任职时间也集中在 1～3 年这个时间段里，平均占比 41.3%。任职少于一年的高管平均占比 29.8%，任职超过 3 年的高管平均占比 29.0%。比较特殊的是哈尔滨银行和甘肃银行，因年报披露时，所有高管刚刚上任，因此在职时间不到一年。

农商行的高管任职时间与上述三类银行有区别，有近一半的高管任职 1～3 年的同时，也有近一半的高管任职时间在三年以上。其中，江阴银行、苏农银行、九台农商行、紫金银行的高管队伍里均有一半以上的高管任职超过三年，并且九台农商行有近 86% 的高管任职超过三年。

二、董事长和行长

董事长是公司的最高领导者，是股东利益的最高代表，对公司的重大决策以及人事任命都有决定权。行长是执行机构的最高代表，负责全行的具体营运管理和规划。董事长和行长是银行的"一把手"、"二把手"，对银行的经营业绩以及发展方向起着关键作用。董事长和行长的个人特征必然会对银行的经营决策以及业务绩效等产生一定的影响。下面主要从董事长和行长的年龄、来源、任职经历的角度来进行分析。

（一）董事长、行长年龄情况

从数据可以看出，平均来讲，我国上市银行的董事长都比行长更为年长，但各家银行之间差异比较大。比如，九江银行的董事长比行长年长 13 岁，而邮储银行的董事长比行长年轻 7 岁。国有银行的董事长的平均年龄最大，为 57 岁；股份制银行的董事长平均年龄为 56.4 岁；城商行的董事长平均年龄为 53.5 岁；农商行的董事长平均年龄和城商行相同，也为 53.5 岁（见表 3）。

国有银行中，农业银行董事长最大，为 61 岁；邮储银行的董事长最为年轻，为 49 岁。

股份制银行中，浦发银行董事长和民生银行董事长均已超过 60 岁，光大银行的行长最年轻，为 47 岁。

城商行中，所有董事长及行长均未达到 60 岁。徽商银行的董事长和行长的年龄差距比较大，为 6 岁。最年轻的董事长来自泸州银行，为 45 岁；最年轻的行长来自重庆银行和九江银行，为 44 岁。

农商行的董事长和行长平均来讲要比其他三类银行的董事长和行长较年轻，均未达到 60 岁，但是董事长和行长之间的年龄差距比较大。苏农银行的董事长比行长年长 12 岁；江阴银行的董事长比行长年轻 4 岁。此外，江阴银行的行长是我国上市银行中唯一一位女行长。

表3 董事长和行长的年龄情况 单位：岁

银行	董事长年龄	行长年龄
工商银行	54	51
农业银行①	61	—
中国银行	58	58
建设银行	58	60
交通银行	57	55
邮储银行②	—	—
国有银行均值	57.6	56.0
中信银行	56	—
光大银行	59	47
华夏银行	53	54
平安银行	50	56
招商银行	53	53
浦发银行	62	53
兴业银行	59	55
民生银行	61	56
浙商银行	55	59
股份制银行均值	56.4	53.9
北京银行	58	49
天津银行	59	55
上海银行	53	56
重庆银行	55	44
宁波银行	54	48
南京银行	55	55
盛京银行	54	55
徽商银行	50	56
哈尔滨银行	51	52
郑州银行	52	54
青岛银行	56	55
江苏银行	53	54
杭州银行	48	47
贵阳银行	59	48
中原银行	55	50
九江银行	57	44

① 农业银行原行长在年报披露时已离任，新行长尚未就职。
② 邮储银行原行长、原董事长在年报披露时已离任，新行长、新董事长尚未就职。

银行	董事长年龄	行长年龄
成都银行	51	51
长沙银行	52	53
西安银行	55	59
泸州银行	45	49
江西银行	52	49
甘肃银行	53	53
城商行均值	53.5	51.6
无锡银行	48	50
重庆农商	55	46
江阴银行	49	53
常熟银行	57	49
苏农银行	55	43
广州农商	57	51
九台农商	51	54
张家港行	54	50
紫金银行	56	50
青农商行	53	55
农商行均值	53.5	50.1

（二）董事长、行长来源情况①

董事长和行长的来源主要划分为以下五类：本行、其他银行、监管部门、政府和其他。来源的分类主要是按照董事长和行长在就职之前的一个任职岗位来分类的。本行即是指董事长和行长在就职前任职于本银行的非董事长及行长的其他职务；其他银行是指董事长和行长之前任职于非本行的其他银行机构（包括其他国有银行、其他股份制银行以及政策性银行、外资银行等）；监管部门是指高管成员之前任职于中国人民银行、银监会或其派出机构等；政府是指董事长和行长之前任职于其他非银行监管部门的政府机关（包括地方政府某部门或中央政府某部门，比如国务院、财政部等）；其他是指董事长和行长之前岗位为非上述各类职位，主要包括保险、证券等行业高管。

从分类统计中可以看出，国有银行中，工商银行、中国银行和交通银行的董事长来源于本行；建设银行的董事长来源于其他银行；农业银行的董事长来源于监管部门。邮储银行因2018年董事长、行长均离任且新董事长和新行长未上任，故来源信息未统计。股份制银行中，来自内部的董事长也不到一半。浙商银行的董事长来源于政府部门，华夏银行、平安银行、招商银行和浦发银行的董事长来源于其他。

---

① 因部分银行年报披露时，旧行长和旧董事长已离任，而新行长和新董事长尚未就任，故部分银行数据缺失。

　　城商行中，大部分银行的董事长来源于本行。重庆银行、徽商银行、成都银行和长沙银行的董事长来源于其他银行；盛京银行的董事长来源于监管部门；杭州银行的董事长来源于政府部门。农商行中，小于一半的银行的董事长来源本行内部；无锡银行、常熟银行、苏农银行和紫金银行的董事长来源于其他银行；而重庆农村商业银行和青农商行的董事长则来源于其他部门。

　　从行长来源分类来看，国有银行中，工商银行的董事长来源于本行；中国银行的董事长来源于其他银行；建设银行的董事长来源于政府部门。股份制银行中，仅光大银行、平安银行和浦发银行的行长来源于本行，其余皆来自外部。其中，华夏银行、招商银行、兴业银行、民生银行和浙商银行的行长来源于其他银行。

　　城商行中，17家银行的行长来源于本行内部。重庆银行、徽商银行、成都银行和长沙银行的行长来源于其他银行；盛京银行的行长来源于监管部门；杭州银行的行长来源于政府。农商行中，大部分银行行长来源于本行，无锡银行、常熟银行和张家港行的行长来源于其他银行；九台农商银行的行长来源于其他部门（见表4）。

表4　　　　　　　　　　　　董事长、行长的来源情况

银行	董事长来源	行长来源
工商银行	本行	本行
农业银行	监管部门	—
中国银行	本行	其他银行
建设银行	其他银行	政府
交通银行	本行	—
邮储银行	—	—
中信银行	本行	—
光大银行	本行	本行
华夏银行	其他	其他银行
平安银行	其他	本行
招商银行	其他	其他银行
浦发银行	其他	本行
兴业银行	本行	其他银行
民生银行	本行	其他银行
浙商银行	政府	其他银行
北京银行	本行	本行
天津银行	本行	本行
上海银行	本行	本行
重庆银行	其他银行	本行
宁波银行	本行	本行
南京银行	本行	本行

续表

银行	董事长来源	行长来源
盛京银行	监管部门	其他银行
徽商银行	其他银行	政府
哈尔滨银行	本行	本行
郑州银行	本行	本行
青岛银行	本行	本行
江苏银行	本行	本行
杭州银行	政府	本行
贵阳银行	本行	本行
中原银行	本行	其他银行
九江银行	本行	本行
成都银行	其他银行	其他银行
长沙银行	其他银行	其他银行
西安银行	本行	本行
泸州银行	本行	本行
江西银行	本行	其他银行
甘肃银行	本行	本行
无锡银行	其他银行	其他银行
重庆农商	其他	本行
江阴银行	本行	本行
常熟银行	其他银行	其他银行
苏农银行	其他银行	本行
广州农商	本行	本行
九台农商	本行	其他
张家港行	本行	其他银行
紫金银行	其他银行	本行
青农商行	其他	本行

（三）董事长、行长任职经历

董事长和行长的任职经历分类标准与高管层任职经历分类标准一致。从统计中可以看出，国有银行中，工商银行的董事长和行长都有基层行长的任职经历；农业银行、中国银行、建设银行和交通银行的董事长都有基层行长的任职经历。农业银行的董事长和中国银行的行长有监管部门任职经历；中国银行行长和建设银行行长有政府部门任职经历。此外，建设银行董事长曾担任中国信达资产管理股份有限公司董事长。

股份制银行中，华夏银行、浦发银行和民生银行的董事长和行长都没有基层行长的任职经历，且除民生银行董事长之外，其余几人也没有总行部门负责人的任职经历。仅华夏银行行长和民生银行董事长有监管部门任职经历；浦发银行行长和浙商银行董事长有政府部门任职经历。其余行长和董事长均在其他行业工作过。

城商行中，大部分银行董事长和行长均有基层行长的任职经历。并且绝大多数董事长或行长都曾经在监管部门、政府部门或其他行业工作过。

农商行中，部分银行董事长和行长有基层行长或总行部门负责人的任职经历。其余行长或董事长均在其他行业工作过，且绝大部分都有农村信用合作社的工作经历（见表5）。

表5　　　　　　　　　　　　　　　董事长、行长的任职经历

银行	职务	任职经历				
		基层行长	总行部门负责人	人事/办公厅	监管部门	政府
工商银行	董事长	✓				
	行长	✓				
农业银行	董事长	✓			✓	
	行长		✓			
中国银行	董事长	✓				
	行长				✓	✓
建设银行	董事长	✓				
	行长	✓				✓
交通银行	董事长	✓				
	行长	✓				
邮储银行	董事长					
	行长					
中信银行	董事长	✓	✓			
	行长					
光大银行	董事长	✓	✓			
	行长	✓	✓			
华夏银行	董事长					
	行长				✓	
平安银行	董事长					
	行长	✓				
招商银行	董事长					
	行长	✓				
浦发银行	董事长					
	行长					✓
兴业银行	董事长	✓				
	行长	✓				
民生银行	董事长		✓		✓	
	行长					

银行	职务	任职经历				
		基层行长	总行部门负责人	人事/办公厅	监管部门	政府
浙商银行	董事长	✓				✓
	行长					
北京银行	董事长	✓				
	行长	✓				
天津银行	董事长	✓				✓
	行长	✓				
上海银行	董事长					
	行长		✓			
重庆银行	董事长				✓	✓
	行长					
宁波银行	董事长					✓
	行长	✓	✓			
南京银行	董事长				✓	✓
	行长		✓			
盛京银行	董事长				✓	✓
	行长	✓				
徽商银行	董事长					
	行长					✓
哈尔滨银行	董事长	✓				
	行长		✓		✓	
郑州银行	董事长	✓				
	行长	✓				
青岛银行	董事长	✓				
	行长	✓				
江苏银行	董事长	✓				
	行长		✓			✓
杭州银行	董事长					✓
	行长					
贵阳银行	董事长				✓	
	行长	✓				
中原银行	董事长		✓			✓
	行长	✓				
九江银行	董事长				✓	
	行长	✓				

银行	职务	任职经历				
		基层行长	总行部门负责人	人事/办公厅	监管部门	政府
成都银行	董事长	✓				
	行长	✓				
长沙银行	董事长	✓				
	行长	✓			✓	
西安银行	董事长	✓				
	行长	✓				
泸州银行	董事长	✓			✓	
	行长	✓				
江西银行	董事长	✓				
	行长					
甘肃银行	董事长		✓			✓
	行长	✓				
无锡银行	董事长	✓				
	行长	✓				
重庆农商	董事长				✓	
	行长		✓			
江阴银行	董事长	✓				
	行长					
常熟银行	董事长					
	行长					
苏农银行	董事长	✓				
	行长	✓				
广州农商	董事长				✓	
	行长	✓				
九台农商	董事长	✓				
	行长					
张家港行	董事长					
	行长		✓			
紫金银行	董事长					
	行长					
青农商行	董事长				✓	
	行长				✓	

专题十五　客户服务分析

以客户为中心的经营理念为银行广泛接受，提高客户满意度，提升服务客户水平对银行的发展起着至关重要的作用。本专题对上市银行的客户服务指标进行对比分析。根据上市银行年报中披露的信息设计以下客户服务指标，包括：银行业绩类指标中的零售业务的客户数量，社会责任类指标中的客户满意度，客户投诉办结率。

一、银行业绩类指标

我们对已披露年报的 47 家上市银行零售业务客户数量来分析银行的客户服务水平。由于农商行中只有常熟银行披露了零售客户数量为 25.34 万户，其余农商行均未披露相关数据，因此本部分只选取国有银行、股份制银行和城商行进行分析。

国有银行将零售业务分为子业务进行披露。例如建设银行将零售业务划分为个人金融业务、个人存款业务、个人贷款业务、借记卡业务、信用卡业务、私人银行业务以及委托性住房金融业务，但并未统计零售业务的总体客户数。交通银行将个人金融业务划分为个人存贷款业务、财富管理业务以及银行卡业务进行披露。

股份制银行零售业务情况披露清晰。2018 年，股份制银行平均零售业务客户数量为 6601.32 万户，较 2017 年的 5452.51 万户增长 21.07%。其中，招商银行的零售业务客户数以 12541 万户位居榜首。该行以"轻型银行"为转型目标，着力发展数字化，在零售业务中客群、渠道、产品、品牌方面具有优势。浙商银行处于末位，零售业务客户数量为 454.91 万户。

城商行有 10 家披露了零售业务客户数据。这 10 家城商行 2018 年平均零售业务客户数量为 1542.56 万户，较 2017 年的 1208.82 万户增长了 27.61%。其中江苏银行、北京银行、长沙银行零售业务客户数量相对较多，江西银行、青岛银行、贵阳银行零售业务客户数量相对较少。

对上述上市银行披露的零售业务客户情况分析得出，6 家国有银行尽管规模较大，但在零售业务客户数量方面对股份制银行没有明显优势。同时股份制银行零售业务客户数量普遍高于城商行，但后者增长率更高（见表1）。

表1 银行零售业务客户数量① 单位：万户

	2018 年	2017 年	变动率（%）
国有银行			
工商银行	7033	6271	12.2
农业银行	5239	4696.14	11.6
股份制银行			
中信银行	8830	7199	22.65
光大银行	3751.72	2744.41	36.7
华夏银行	5306	4733	12.1
平安银行	8390	6992	20.0
招商银行	12541	10663	17.6
浦发银行	7930.23	6293	26.0
兴业银行	4899.51	3880.80	26.2
民生银行	7308.90	6208.43	17.7
浙商银行	454.91	359.14	26.7
城商行			
北京银行	2050	1872	9.5
南京银行	1763	1304	35.2
上海银行	1429.76	1280.23	11.7
哈尔滨银行	1225.32	1076.61	13.8
青岛银行	407.83	357.70	14.0
江苏银行	3109	2594	19.9
贵阳银行	806	664	21.4
中原银行	1238	1036	19.5
长沙银行	2049.52	1799.57	13.9
江西银行	121.91	104.14	17.1

二、社会责任类指标

我们从已披露客户投诉办结率与客户满意度的上市银行入手分析。由于农商行整体没有数据披露，表格中不再显示。投诉办结率是已办结事件与总体投诉事件的比率，平均客户满意度是客户对银行整体服务满意程度的评价指标。

2018 年，已披露数据的国有银行中，建设银行的客户投诉办结率为 99.97%，居于榜首，客户投诉办结率为 93.05% 的农业银行居于末位；在客户满意度方面农业银行以

---

① 注：中国银行、建设银行、交通银行、邮储银行、宁波银行、徽商银行、重庆银行、天津银行、盛京银行、郑州银行、杭州银行、九江银行、成都银行、西安银行、泸州银行未披露零售业务具体客户数量。

99.25%的比率居于首位，建设银行的客户满意度最低，仅为81%。在股份制银行中，光大银行、平安银行、民生银行的客户投诉办结率为100%，中信银行的客户投诉办结率较低，为96.95%，整体客户投诉办结率相对较高；客户满意度最高和最低的分别是民生银行和平安银行。城商行中除上海银行2018年的客户投诉办结率为97.98%以外，其余城商行的客户投诉办结率均为100%；除郑州银行的客户满意度为94.1%以外，其余城商行的客户满意度均接近100%（见表2）。

国有银行、股份制银行、城商行在信息披露方面存在异同。相同点在于三种类型上市银行中披露客户投诉办结率以及客户满意度的占比均在60%~70%。同时，不同类型的上市银行披露的客户投诉办结率、客户满意度以及其他信息的详细程度有所差异。例如，在国有银行中，农业银行对客户投诉办理率以及客户满意度的披露数据较为详细，对企业承担的社会责任的介绍也较为具体明确；在股份制银行中，浦发银行较为细致地介绍了企业如何注重客户体验，提升服务能级；在城商行中，泸州银行重点介绍了企业如何承担社会责任，支持绿色产业等。

表2 客户投诉率与客户满意度①

	客户投诉办结率（%）			客户满意度（%）		
	2018年	2017年	变动百分点	2018年	2017年	变动百分点
国有银行						
农业银行	93.05	83.76	9.3	99.25	98.84	0.4
建设银行	99.85	93.20	6.7	81	78.70	2.3
交通银行	99.97	99.85	0.1	98.80	98.33	0.5
邮储银行	94.01	99.63	-5.6	99.01	99.52	-0.5
股份制银行						
中信银行	96.95	96.89	0.1	99.07	98.43	0.6
光大银行	100	100	0.0	99.80	100.00	-0.2
平安银行	100	100	0.0	95	95	0.0
招商银行	99.87	99.85	0.0	99.69	99.68	0.0
浦发银行	99.94	99.92	0.0	99.55	99.55	0.0
民生银行	100	100	0.0	100	100	0.0
城商行						
北京银行	100	100	0.0	100	100	0.0
南京银行	100	100	0.0	99	99	0.0
宁波银行	100	100	0.0	99.85	99.69	0.2
徽商银行	100	100	0.0	99.08	98.36	0.7

---

① 注：工商银行、中国银行、华夏银行、兴业银行、浙商银行、盛京银行、杭州银行、中原银行、长沙银行、九江银行、成都银行、西安银行、江西银行未披露客户投诉办结率与客户满意度情况。

	客户投诉办结率（%）			客户满意度（%）		
	2018 年	2017 年	变动百分点	2018 年	2017 年	变动百分点
重庆银行	100	100	0.0	100	100	0.0
天津银行	100	100	0.0	100	100	0.0
上海银行	97.98	97.23	0.1	99.81	99.75	0.1
哈尔滨银行	100	100	0.0	—	—	—
郑州银行	100	100	0.0	94.1	92.4	1.7
青岛银行	100	99.81	0.2	—	—	—
江苏银行	100	100	0.0	100	100	0.0
贵阳银行	100	100	0.0	99.60	95.59	4.0
泸州银行	100	100	0.0	100	100	0.0

从上述分析中可以发现，股份制银行在零售业务客户数量方面与国有银行差距不大，并且城商行客户发展速度普遍较高。零售业务最具特点的银行是招商银行，该行的发展模式和发展战略值得学习。各行对客户的服务情况整体上来看表现良好，但国有行在提高客户服务水平方面仍有提升空间。随着互联网、人工智能等技术的引入、业务模式的创新和企业经营管理方式的变革，上市银行对零售业务的发展和客户服务机制的重视程度不断加大，同时上市银行承担的社会责任越来越多，整体服务质量不断提升。

专题十六　精准扶贫分析

精准扶贫具有六大内涵：扶持对象精准、项目安排精准、资金使用精准、措施到户精准、因村派人精准、脱贫成效精准。党的十九大明确把精准扶贫作为全面建成小康社会必须打好的三大攻坚战之一。2018 年作为十九大后的开局之年，各家上市银行进一步深入推进精准扶贫工作，创新扶贫手段，打造自身扶贫品牌。

从投入扶贫项目的资金规模角度看，国有银行凭借大量的网点分布与成熟的运营管理能力担任全国金融扶贫工作的领头羊，股份制银行是金融扶贫工作的中坚力量，城商行与农商行则精准对接服务地方扶贫。从披露的扶贫项目内容角度看，各上市银行披露指标尚未统一，但从披露的情况看，各银行涉及的扶贫项目领域很广，各有千秋。

一、上市银行扶贫工作参与情况

2016 年为贯彻落实证监会发布的《中国证监会关于发挥资本市场作用服务国家脱贫攻坚战略的意见》，沪、深交易所分别发布《关于进一步完善上市公司扶贫工作信息披露的通知》和《关于做好上市公司扶贫工作信息披露的通知》。自 2017 年起，上市银行依据上述文件，对精准扶贫概况、具体成效、后续计划等内容进行披露。从具体成效看，可以分为总体投入与分项投入，其中分项投入包括产业发展脱贫、转移就业扶贫、易地搬迁脱贫、教育扶贫、健康扶贫、生态保护扶贫、兜底保障、社会扶贫和其他项目九大指标。

根据 45 家上市银行披露情况对其精准扶贫参与情况进行统计，可以得到如下结论。2018 年上市银行在延续 2017 年参与度的基础上，进一步增加了精准扶贫项目的多样性，多家银行增加教育扶贫、转移就业扶贫投入。从披露的参与情况来看，光大银行的精准扶贫项目种类最多，其连续两年在 8 项（不含其他项目）精准扶贫项目形式中参与 7 项（见表1）。

表 1　　　　　　　　　　　　2017—2018 年上市银行精准扶贫参与情况

	分项投入								
	产业发展脱贫	转移就业脱贫	易地搬迁脱贫	教育脱贫	健康扶贫	生态保护扶贫	兜底保障	社会扶贫	其他项目
国有银行									
工商银行	√√			√√	√√			√√	√√
农业银行	√√		√		√		√	√√	√√

	分项投入								
	产业发展脱贫	转移就业脱贫	易地搬迁脱贫	教育脱贫	健康扶贫	生态保护扶贫	兜底保障	社会扶贫	其他项目
中国银行	✓✓			✓✓	✓✓			✓✓	
建设银行	✓✓			✓	✓✓	✓✓		✓✓	
交通银行	✓✓							✓✓	✓✓
邮储银行	✓✓								✓✓
股份制银行									
中信银行	✓✓			✓✓	✓✓			✓✓	✓✓
光大银行	✓✓	✓✓	✓	✓✓	✓✓	✓✓	✓✓	✓✓	✓✓
招商银行	✓✓	✓		✓✓					
浦发银行				✓✓	✓✓		✓	✓✓	✓✓
民生银行	✓✓	✓✓		✓✓	✓✓			✓✓	✓
华夏银行	✓✓	✓		✓✓	✓✓		✓	✓✓	
平安银行	✓✓	✓	✓	✓✓	✓		✓	✓✓	✓✓
兴业银行	✓								
城商行									
浙商银行	✓✓			✓✓					✓
北京银行	✓✓							✓✓	
天津银行	✓✓			✓✓				✓✓	
上海银行	✓✓							✓✓	✓✓
重庆银行	✓✓								
宁波银行	✓✓			✓✓			✓	✓	
南京银行				✓✓				✓✓	
盛京银行	✓✓							✓✓	
徽商银行	✓✓								
哈尔滨银行	✓			✓					
郑州银行	✓✓			✓			✓	✓✓	
青岛银行	✓			✓					
江苏银行	✓✓			✓✓				✓✓	✓✓
杭州银行				✓✓				✓✓	✓✓
贵阳银行	✓	✓		✓					
成都银行	✓			✓✓				✓✓	✓
长沙银行	✓✓			✓				✓	✓
西安银行	✓	✓		✓					✓✓
泸州银行	✓							✓	✓
江西银行	✓✓			✓					

| | 分项投入 | | | | | | | | |
	产业发展脱贫	转移就业脱贫	易地搬迁脱贫	教育脱贫	健康扶贫	生态保护扶贫	兜底保障	社会扶贫	其他项目
甘肃银行	✓			✓	✓			✓	✓
农商行									
无锡银行								✓✓	✓✓
重庆农商	✓			✓				✓	
江阴银行	✓✓							✓	✓
常熟银行	✓✓			✓✓	✓✓	✓	✓	✓✓	✓✓
苏农银行	✓			✓				✓	
广州农商	✓✓							✓	
九台农商	✓✓							✓	
张家港行				✓✓		✓		✓✓	✓✓
紫金银行	✓			✓✓					✓✓
青农商行	✓✓			✓✓					✓✓

二、精准扶贫成效整体情况

考察上市银行精准扶贫工作成效的总体情况。从精准扶贫工作成效角度看，国有银行凭借较为成熟的项目运作能力和高密度的网点覆盖，精准扶贫资金投入规模显著高于其他银行，如工商银行与农业银行精准扶贫贷款余额均达到千亿级，分别为 1559.45 亿元和 3415 亿元，占其年末贷款余额的 1.04% 和 2.98%。邮储银行精准扶贫贷款余额达到 938.58 亿元，排在第二位；中国银行与建设银行均在 600 亿元以上，但是交通银行 2018 年仅投入 2815.79 万元，与其他国有银行有较大差距。从信息披露情况来看，国有大型银行的披露内容未完全统一，但可以看出其扶贫形式多样，如农业银行的"金穗圆梦"建档立卡贫困大学生助学活动募集善款 517 万元；建设银行针对西藏自治区贫困学子设立的"情系西藏——中国建设银行与中国建投奖（助）学金"已累计发放 253 万元。

股份制银行中，各家银行境内扶贫资金投入规模略有差距，但扶贫项目覆盖面广，各有优势。兴业银行的全年精准扶贫投入金额与帮助建档立卡人口脱贫数在股份制银行中均位列首位，全年累计投入资金 75.17 亿元，同比增长 35.78%，建档立卡人口脱贫人数达 126845 人。平安银行和民生银行精准扶贫投入资金分别排在第二、第三位，分别达到 71.63 亿元和 68 亿元。虽然光大银行与华夏银行精准扶贫资金投入相比上述银行较低，分别为 30.49 亿元和 29.32 亿元，但其建档立卡人口脱贫成效显著，脱贫数分别达 15604 人和 58210 人。招商银行与浦发银行投入资金仅在千万级，分别为 1179.38 亿元和 1019.17 亿元。

城商行与农商行的扶贫重点更加侧重村镇、小额、精准、公益等关键词，农商行以公益捐献为切入点开展精准扶贫工作。例如，常熟银行的精准扶贫规划为"创新微贷模式，在服务小微中创新扶贫；布局村镇银行体系，在金融空白点精准扶贫；立足乡村振兴，在'三农'改革中深化扶贫；依托慈善手段，在彰显情怀中文化扶贫"。常熟银行在湖北省恩施州、河南省宜阳县、云南省武定县等贫困县设立村镇银行或县域支行，缓解金融供给不足，公益捐赠651.78万元，资助贫困学生265名（见表2）。

表2   **2018年中国上市银行扶贫总体情况**

总体情况	
精准扶贫资金投入情况①	帮助建档立卡贫困人口脱贫数
国有银行	
工商银行：金融精准扶贫贷款余额15594500万元；定点扶贫工作投入金额3071万元；捐赠金额2794.43万元；购买贫困地区农产品2594.67万元	58202人
农业银行：在832个国家扶贫工作重点县累计投放各项贷款37390000万元。全年累计投放精准扶贫贷款17380000万元；截至2018年末，精准扶贫贷款余额34150000万元	精准扶贫贷款带动服务建档立卡贫困人口271万人
中国银行：全年扶贫贷款余额达到6240000万元。定点帮扶无偿投入帮扶资金11500万元	
建设银行：精准扶贫贷款余额6304000万元；定点扶贫捐赠6188万元	产业精准扶贫贷款带动贫困人口11.4万人；建档立卡贫困人口贷款人数（含信用卡）29.17万人
交通银行：精准扶贫投入资金2815.79万元	
邮储银行：金融精准扶贫贷款余额（含已脱贫人口贷款）9385800万元	
股份制银行	
中信银行：金融精准扶贫贷款余额689300万元。定点扶贫投入950万元。捐赠250万元与爱佑慈善基金会"爱佑童心"项目合作，救助贫困家庭先天心脏病儿童	
光大银行：精准扶贫投入资金304878.61万元	15604人
招商银行：在武定、永仁直接投入帮扶资金1179.38万元	4192人
浦发银行：精准扶贫投入资金1019.17万元	
民生银行：精准扶贫投入资金679996.58万元	4660人
华夏银行：精准扶贫投入资金293222.90万元	58210人
平安银行：精准扶贫投入资金716262万元	9644人
兴业银行：精准扶贫投入资金751700万元	126845人
浙商银行：金融精准扶贫贷款余额45600万元，其中产业精准扶贫贷款余额37700万元	

① 上市银行全年在精准扶贫工作中投入的总金额。

城商行		
北京银行	打造"扶志农户、扶智村镇、扶植产业"三大精准扶贫模式	
天津银行	完善信贷政策、拓宽精准扶贫首单、为建档立卡贫困户量身定制金融精准扶贫产品，开展公益帮扶，改善当地基础设施	
上海银行	精准扶贫投入资金 95713.22 万元	—
重庆银行	研发推进"支困贷扶贫小额信贷"；研发推进"新六产助农贷"，支持农村一、二、三产业融合发展。研发推进"路保贷"、"建设贷"，支持"村村通"等农村基础设施建设	
宁波银行	精准扶贫投入资金 1473.56 万元	
南京银行	捐赠助学款 970 万元；每年开展"贷就是爱"公益台历义卖活动，募集物资和款项约 87 万元。2018 年，向南京百水芊城"希望来吧"捐赠学习电脑 24 台	
盛京银行	对外捐赠 336.4 万元；为全行 83 名困难员工发放救助资金 30.6 万元	
徽商银行	历年累计发放精准扶贫小额贷款 94700 万元	助力 21232 户贫困户脱贫
哈尔滨银行	用于扶贫攻坚的公益投入人民币 150 万元	
郑州银行	精准扶贫投入资金 5914.66 万元	11522 人
青岛银行	大力推广"种植宝"、"养殖宝"、"农村承包土地经营权抵押贷款"、"农民住房财产权抵押贷款"、"政府贴息小额担保贷款"、"个人助学贷款"等支农产品。乡村振兴和基础设施建设项目 75.30 万元，项目数 4 个	
江苏银行	精准扶贫投入资金 1111109 万元	8908 人
杭州银行	精准扶贫投入资金 1622.90 万元	
贵阳银行		建档立卡贫困人口贷款人数 1363 人，其他个人精准扶贫贷款带动人数 846 人，产业精准扶贫贷款带动人数 39173 人，项目精准扶贫贷款服务人数 2927990 人
成都银行	精准扶贫投入资金 520 万元	
长沙银行	精准扶贫投入资金 93698.5（金融精准扶贫贷款）万元	1783 人
西安银行	精准扶贫投入资金 26323.2（含金融精准扶贫贷款）万元	25 人
泸州银行	在定点扶贫县的贷款余额为 319000 万元，2018 年共发放贷款 173200 万元	
江西银行	在贫困地区信贷投放余额人民币 1336800 万元	
农商行		
无锡银行	精准扶贫投入资金 4866 万元	151 人
重庆农商	通过创新产品、创设考核、创建示范，精准开展信贷扶持、产业扶持、助学扶持、就业扶持、电商扶持等，助力贫困农户脱贫致富	

江阴银行	精准扶贫投入资金 60133 万元	884 人
常熟银行	精准扶贫投入资金 799584 万元	1363 人
苏农银行	发放扶贫贴息贷款共计 3751 万元。全年对外捐赠总计 221 万元	
广州农商	"支持村建"项目共计落地实施了 68 个项目；公益项目帮扶总金额 325.57 万元	
九台农商	1. 与吉林省金融商会和九台商会合作，吸引 40 余家省内知名企业共同组建金融商会扶贫联盟和九台产业扶贫联盟，并邀请吉林农大、长春中医药大学提供技术指导。扶贫联盟中的龙头企业与村落集体成立实体公司。2. 为贫困村落发展特色产业。3. 为九台 20 个村落，609 个贫困户完成建档立卡的评级授信工作，贷款总额超过人民币 3000 万元。3. 建立并采用"贷款＋入股＋分红"的新型扶贫模式，帮助九台茂林贫困村落，为 110 余户组建合作社，发放扶贫贷款	
张家港行	精准扶贫投入资金 1876.9 万元	
紫金银行	精准扶贫投入资金 60864 万元	814 人
青农商行	精准扶贫投入资金 981 万元	

三、精准扶贫成效分项投入情况

进一步分析各大银行的精准扶贫分项投入情况，在产业发展脱贫、教育脱贫等八大层面中，产业发展脱贫、教育脱贫、社会扶贫占主要地位，其中又以产业发展脱贫为主，其他方面银行各有涉猎。产业发展脱贫是 2018 年精准扶贫的主基调，发展特色产业是提高贫困地区自我发展能力的根本举措，产业发展脱贫涉及对象最广、涵盖面最大，易地搬迁脱贫、生态保护脱贫、教育脱贫都需要产业发展作为基础，才能保证长期稳定的就业增收。各银行在其精准扶贫计划中强调以"造血"代替"输血"，支持贫困地区特色优势产业发展，提高建档立卡困难户自主生产经营的能力，实现可持续化的扶贫业务模式。

产业发展脱贫项目类型可分为农林产业扶贫、旅游扶贫、电商扶贫、资产收益扶贫、科技扶贫等，其中农林产业扶贫与电商扶贫是银行实现产业发展脱贫的主要形式。前者表现在发挥地方特色农产品的资源禀赋优势，打造出具有地方优势的特色农产品品牌；后者旨在打通农产品线上与线下产业链，创新扶贫道路。多家银行打造自己的电商扶贫平台，如工商银行构建"融 e 购"电商平台打造"大型银行＋中央媒体＋物流通道＋运营直销"的平台生态链，帮助提升农企农资销售。光大银行打造了"购精彩"系列电商平台，打造了线下体验、线上下单、远程配送的产业模式，并借助平台进行营销推广。根据披露信息，光大银行借助"购精彩"平台累计销售商品超过 10 万件，销售额超 1000 万元。电商扶贫目前主要为大型银行开展，但是受到消费端的影响，对比淘宝等成熟的电商平台仍有较大差距。阿里巴巴自 2017 年启动

"兴农扶贫"战略计划，其披露数据显示在 12 月 12 日当天农产品成交就超过 30 亿元。

从教育脱贫来看，可以分为资助贫困学生和改善贫困地区教育资源两项。上市银行主要通过教育贷款、捐赠、教育发展基金等多种方式实现教育扶贫，其中捐赠形式最为普遍。部分银行设立了特殊教育扶贫计划，如建设银行设立"建设未来——中国建设银行资助贫困高中生成长计划""情系西藏——中国建设银行与中国建投奖（助）学金"等；南京银行每年开展"贷就是爱"公益台历义卖活动。

从社会扶贫来看，可以分为东西部协作投入、定点扶贫工作投入和扶贫工作基金三项。从披露情况来看，少有银行参与东西部协作投入，后两项投入占主要地位。定点扶贫工作的开展具有"银行＋政府＋党＋贫困户"的扶贫模式特点，通过成立工作小组下乡帮扶，干部定点帮扶等形式帮助贫困村摘帽（见表 3）。

表 3　　　　　　　　　　　　**2018 年上市银行分项投入重点投入项目**

	重点投入项目				
	产业发展脱贫	教育脱贫			社会扶贫
	产业扶贫项目投入情况	资助贫困学生投入金额	资助贫困学生人数	改善贫困地区教育资源投入金额	定点扶贫工作投入情况
国有银行					
工商银行	产业精准扶贫款 2909044.98 万元，定点产业扶贫投入金额 1890 万元	农村教育贷款 71825 万元，定点教育扶贫投入金额 681 万元			在扶贫点投入资金 3071 万元
农业银行	产业和其他个人带动类精准扶贫贷款余额 10000000 万元；项目精准扶贫贷款余额 21830000 万元	开展"金穗圆梦"建档立卡贫困大学生助学活动募集善款 517 万元。按每人 5000 元标准资助 2018 年大一新生	资助来自深度贫困县的 2018 年大一新生 3996 名		在定点扶贫县累计投放贷款 332000 万元。全年累计投入无偿帮扶资金 1783.5 万元
中国银行	投入资金近 3700 万元支持光伏发电、种植养殖、农产品加工、三产融合等产业项目，直接带动 12179 人脱贫	投入 120 万元资助孤残学生和贫困大学生	1. 联合复旦大学、上海大学，走进定点扶贫县开展招生政策宣讲，组织 40 名贫困家庭学生走进复旦大学参观学习。2. 资助 300 名孤残学生、68 名贫困大学生	投入 266 万元支持 11 所农村寄宿制学校改造宿舍卫生设施，受益学生 1600 人	选派扶贫干部 18 人，无偿投入帮扶资金 7509 万元，设立 4 家中银富登村镇银行，帮助引进资金 22800 万元，培训各类人员 4400 余人，帮助 1626 名贫困人口实现就业，支持 300 个贫困村脱贫，脱贫 13119 户、43784 人

续表

	重点投入项目				
	产业发展脱贫	教育脱贫			社会扶贫
	产业扶贫项目投入情况	资助贫困学生投入金额	资助贫困学生人数	改善贫困地区教育资源投入金额	定点扶贫工作投入情况
建设银行	产业精准扶贫贷款6304007万元	1. 向建档立卡贫困人口发放助学贷款余额285万元；2. "建设未来——中国建设银行资助贫困高中生成长计划"，已累计发放14400万元；3. "情系西藏——中国建设银行与中国建投奖（助）学金"，已累计发放253万元	通过发放资助款资助贫困高中生91500人；资助西藏地区贫困学生1210人	向贫困地区学校发放的教育贷款余额148803万元	选派1600余名干部挂职扶贫
交通银行					定点扶贫工作投入1585万元
邮储银行	产业精准扶贫贷款余额67800万元				
股份制银行①					
中信银行	金融精准扶贫贷款余额689300万元，个人精准扶贫贷款303900万元，单位精准扶贫贷款385400万元				投入950万元开展定点扶贫工作。共派出56名干部员工驻村扶贫，捐赠扶贫资金1929.06万元
光大银行	产业扶贫项目投入金额59277.55万元	73.85万元	640人	5070.64万元	定点扶贫工作投入311.98万元
招商银行	产业扶贫项目投入金额209.4万元（不含消费扶贫数据）	261.2万元	3041人	655.46万元	
浦发银行				27.77万元	定点扶贫工作投入926.85万元

① 未披露相关数据股份制银行：盛京银行、锦州银行、中原银行、九江银行、泸州银行。

	重点投入项目				
	产业发展脱贫	教育脱贫			社会扶贫
	产业扶贫项目投入情况	资助贫困学生投入金额	资助贫困学生人数	改善贫困地区教育资源投入金额	定点扶贫工作投入情况
民生银行	产业扶贫项目投入金额189299.57万元	234万元	930人	650万元	定点扶贫工作投入33081.2万元
华夏银行	产业扶贫项目投入金额183278.28万元	419万元	196人	273.45万元	定点扶贫工作投入245.09万元
平安银行	产业扶贫项目投入金额445837万元	91万元	1537人	30万元	定点扶贫工作投入100万元
兴业银行	产业扶贫项目投入金额312300万元				
浙商银行	产业精准扶贫贷款余额37700万元	"彩虹计划"公益助学行动累计募集善款2251万元。定点帮扶贫困地区学校,先后在成都、合肥、武汉等省市的19所学校建立了长期结对的帮扶关系①			
城商行					
北京银行	打造扶志农户、扶智村镇、扶植产业三大精准扶贫模式;积极创新农户贷款担保服务				
天津银行	为建档立卡贫困户量身定制金融精准扶贫产品	0.9万元		3万元	
上海银行	产业扶贫项目投入金额500万元				定点扶贫工作投入62万元
重庆银行	研发推进"困贷扶贫小额信贷";研发推进"新六产助农贷"				研发推进"路保贷"、"建设贷",支持"村村通"等农村基础设施建设贷款
宁波银行	产业扶贫项目投入金额199.54万元	936万元	逾200名学生		

---

① 受助学校包括四川凉山麦地小学、湖北通城华家村小学、郑州王大湾希望小学等,其中连续十余年帮扶陕西接官亭镇中心小学、浙江开化余村小学。

	重点投入项目				
	产业发展脱贫	教育脱贫			社会扶贫
	产业扶贫项目投入情况	资助贫困学生投入金额	资助贫困学生人数	改善贫困地区教育资源投入金额	定点扶贫工作投入情况
南京银行		1. 捐赠助学款970万元。2. 每年开展"贷就是爱"公益台历义卖活动，募集物资和款项约87万元	资助1800余名贫困学生走进大学	1. 援建3所希望小学，帮助1500名学生改善环境。2. 向南京百水芊城·希望来吧捐赠学习电脑24台	开展"慈善一日捐，济困送温暖"活动，发动员工向社会奉献爱心，深入社区残困家庭开展走访慰问，捐赠爱心款项
盛京银行	改善蔬菜大棚、扩大扶贫养殖业项目				入冬前走访慰问乡村贫困户，帮助其改善住房
徽商银行	累计为15个村523户贫困户发放1691万元贷款				
哈尔滨银行	双鸭山分行和绥化分行等在当地承担产业帮扶项目	向黑龙江省青少年发展基金会捐款人民币200万元	发起实施"哈尔滨银行丁香绽放·希望工程圆梦行动"，分五年资助900名贫困大学生完成学业	连续九年向哈尔滨工业大学教育发展基金会捐款，用于支持学校发展和建设等，传递爱心和希望	
郑州银行	产业扶贫项目投入金额5646.70万元	2.46万元	5人	30万元	
青岛银行	分行加大"种植宝""养殖宝""农村承包土地经营权抵押贷款""农民住房财产权抵押贷款""政府贴息小额担保贷款"等产品的推广力度	个人助学贷款			
江苏银行	产业扶贫项目投入金额1105661万元	240万元	1200人		定点扶贫工作投入140万元
杭州银行		72.93万元	190人		定点扶贫工作投入1220.97万元
贵阳银行	产业扶贫项目贷款余额72886万元	项目精准扶贫贷款中教育贷款余额89678万元			

	重点投入项目			
	产业发展脱贫	教育脱贫		社会扶贫
	产业扶贫项目投入情况	资助贫困学生投入金额	资助贫困学生人数	改善贫困地区教育资源投入金额	定点扶贫工作投入情况
成都银行		10 万元	20 人		定点扶贫工作投入 144 万元
长沙银行	产业扶贫项目投入金额 21940 万元	教育脱贫投入 10808 万元			定点扶贫工作投入 330 万元
西安银行	产业扶贫项目投入金额 18204.2 万元				
泸州银行	产业精准扶贫贷款发放 47000 万元	开展"栋梁工程""小书包"等捐资助学活动,降低标准招聘 3 个贫困家庭学子进入该行工作			结对帮扶,驻派"第一书记"开展驻村定点帮扶,实施基础道路修建工作和生态种植、养殖项目、出资修建村民活动阵地
江西银行	打造"赣南橙圈贷""扶贫信贷通""惠民信贷通""惠民贷"等特色化产品	"金融+教育扶贫"模式			成立扶贫小分队 29 个,帮扶 33 个贫困村,结对 352 户贫困户,累计投入扶贫村帮扶资金 324.6 万元
农商行					
无锡银行					定点扶贫工作投入 25 万元
重庆农商	通过创新产品、创设考核、创建示范,精准开展信贷扶持、产业扶持、就业扶持、电商扶持等,助力贫困农户脱贫致富	助学扶持			
江阴银行	产业扶贫项目投入金额 60133 万元				
常熟银行	产业扶贫项目投入金额 799067 万元	153.2 万元	262 人	46.7 万元	定点扶贫工作投入 23.3 万元
苏农银行	发放扶贫贴息贷款 142 户,共计金额 3751 万元	向苏大教育发展基金捐赠 30 万元			选拔优秀党员驻村办公,党建带扶贫

续表

| | 重点投入项目 | | | |
| | 产业发展脱贫 | 教育脱贫 | | 社会扶贫 |
	产业扶贫项目投入情况	资助贫困学生投入金额	资助贫困学生人数	改善贫困地区教育资源投入金额	定点扶贫工作投入情况
广州农商	探索"互联网＋农业龙头＋基地＋农户"产业扶贫新模式，太阳集市①2018年全年订单合计19.48万笔，全年交易额累计2896.14万元				
九台农商	产业扶贫联盟；为贫困村落发展特色产业；贫困村落建立合作社	从贫困家庭的初中毕业生中招收励志班学员，并由本行筹资委托的长春金融高等专科学校提供定向培养。学员结业后将被分配到其家乡的网点工作			
张家港行		10万元			定点扶贫工作投入25万元
紫金银行	产业扶贫项目投入金额59500万元	27万元	1750人		
青农商行		14.6万元	73人		

总体来说，目前各银行积极参与精准扶贫工作，通过投放精准扶贫贷款、打造电商平台等方式推动产业发展脱贫，建立起贫困农户脱贫的可持续发展模式。从信息披露角度来看，各家银行侧重案例披露，具体成效定量披露的标准化程度仍有待提升，如针对精准扶贫贷款投放情况，部分银行披露了贷款余额情况，属于存量指标；而部分银行则披露了全年精准扶贫贷款发放总额，属于流量指标。股份制银行的信息披露标准化程度相较国有银行、城商行和农商行更高，有助于提高公众对商业银行扶贫绩效的了解程度。其中光大银行、民生银行、平安银行、华夏银行等银行信息披露规范，不仅在年报或社会责任报告中按照精准扶贫概况、具体成效和后续计划的标准进行披露，而且在具体成效方面利用表格形式对一、二级指标均进行准确的定量披露，清晰直观。

---

① 广州农商行推出的农产品电商平台。

专题十七　绿色金融实践

　　绿色金融实践是指各商业银行响应国家生态保护、环境治理要求，坚持绿色发展，创新绿色金融产品服务，加大绿色金融投入，在资金使用、风险控制等方面实施差异化政策，聚焦环保产业，对接污染防治、生态保护和适应气候变化、清洁交通、清洁能源、资源节约与循环利用等绿色行业板块，加大对绿色项目投放，支持企业节能减排，促进"两高一剩"产业绿色发展转型，对问题环境项目禁止准入实行"一刀切"，提供环境友好的"绿色金融服务"。

　　商业银行实施绿色金融主要以投放绿色信贷，以及发行和承销绿色债券两种方式为主。在绿色信贷方面，国有行绿色信贷占贷款和垫款余额比重显著高于股份制银行、城商行和农商行，股份制银行中兴业银行"绿色"特征突出，主要因为兴业银行始终坚持"赤道原则"；绿色信贷投放领域方面，国有行、股份制银行、城商行比农商行更加多元；在绿色信贷折合减排方面，农业银行增速较为明显；在绿色债券方面，国有行参与发行和承销规模大，股份制银行和部分城商行也积极参与绿色债券发行和承销，但总体上信息披露力度有待进一步加强。同时我国境外发行绿债的数量有增加趋势。

一、绿色信贷

　　绿色信贷是指根据《节能减排授信工作指导意见》《绿色信贷指引》《关于绿色信贷工作的意见》等相关文件的要求，在金融信贷领域建立环境准入门槛，对限制和淘汰类新建项目，停止各类形式的新增授信支持，并采取措施收回已发放的贷款，从源头上切断高耗能、高污染行业无序发展和盲目扩张的经济命脉，改善环境问题。同时加大对绿色经济、低碳经济、循环经济的支持，防范环境和社会风险。

　　2018年各上市银行绿色信贷余额占贷款和垫款比重情况如表1所示。其中，锦州银行、中原银行、九江银行、张家港行和江阴银行5家上市银行尚未发布社会责任报告；北京银行、重庆银行、成都银行、甘肃银行、常熟银行、苏农银行、九台农商行和青农商行8家上市银行社会责任报告中未披露绿色信贷余额数据。

表1　　　　　　　　　　　2018 年绿色信贷余额占贷款和垫款比例变动

	2018 年			2017 年			变动百分点
	绿色信贷余额（亿元）	贷款和垫款净额（亿元）	占比（%）	绿色信贷余额（亿元）	贷款和垫款净额（亿元）	占比（%）	
工商银行	12377.58	150461.32	8.2	10991.99	138929.66	7.9	0.3
农业银行	10504.00	114615.42	9.2	7476.25	103163.11	7.2	1.9
中国银行	6326.67	115157.64	5.5	5387.99	106443.04	5.1	0.4
建设银行	10422.60	133654.30	7.8	10025.21	125744.73	8.0	−0.2
交通银行	2830.54	47423.72	6.0	2771.08	43544.99	6.4	−0.4
邮储银行	1904.05	41495.38	4.6	1648.98	35415.71	4.7	−0.1
国有行均值	7394.24	100467.96	7.4	6383.58	92206.87	6.9	0.5
中信银行	629.37	35156.50	1.8	603.58	31059.84	1.9	−0.2
光大银行	784.00	23612.78	3.3	749.00	19808.18	3.8	−0.5
招商银行	1660.33	37499.49	4.4	1571.03	34146.12	4.6	−0.2
浦发银行	2175.15	34554.89	6.3	1813.69	31038.53	5.8	0.5
民生银行	250.75	30082.72	0.8	300.20	27297.88	1.1	−0.3
华夏银行	566.99	15662.41	3.6	532.48	13555.85	3.9	−0.3
平安银行①	626.93	19497.57	3.2	808.39	16604.20	4.9	−1.7
兴业银行	8449.00	28384.45	29.8	6806.00	23488.31	29.0	0.8
浙商银行	225.58	8370.76	2.7	36.26	6498.17	0.6	2.1
股份制银行均值	1707.57	25869.06	6.6	1468.96	22610.79	6.5	0.1
天津银行	115.61	2769.43	4.2	112.73	2416.37	4.7	−0.5
上海银行	126.33	8183.60	1.5	183.56	6431.91	2.9	−1.3
宁波银行	56.27	4115.92	1.4	49.98	3321.99	1.5	−0.1
南京银行	284.46	4605.75	6.2	212.68	3734.80	5.7	0.5
徽商银行	110.19	3706.61	3.0	74.87	3052.09	2.5	0.5
青岛银行	94.85	1233.67	7.7	73.17	955.15	7.7	0.0
江苏银行	796.00	8639.78	9.2	670.00	7278.44	9.2	0.0
杭州银行	93.31	3374.60	2.8	52.72	2742.97	1.9	0.8
贵阳银行	155.27	1641.70	9.5	82.99	1209.79	6.9	2.6
长沙银行	101.86	1971.22	5.2	65.27	1495.25	4.4	0.8
西安银行	17.00	1292.49	1.3	—	—	—	—
盛京银行	73.23	3680.78	2.0	75.25	2717.83	2.8	−0.8
哈尔滨银行	18.89	2485.72	0.8	18.62	2306.47	0.8	0.0
郑州银行	1.78	1539.99	0.1	9.10	1244.56	0.7	−0.6
泸州银行	3.18	304.86	1.0	—	—	—	—

---

① 平安银行按照授信余额披露。

	2018 年			2017 年			变动百分点
	绿色信贷 余额（亿元）	贷款和垫款 净额（亿元）	占比（%）	绿色信贷 余额（亿元）	贷款和垫款 净额（亿元）	占比（%）	
江西银行	71.78	1655.23	4.3	—	—	—	—
城商行均值	132.50	3200.08	4.1	129.30	2992.89	4.3	-0.2
无锡银行	15.21	731.44	2.1	64.98	643.09	10.1	-8.0
重庆农商	132.35	3640.26	3.6	114.25	3241.10	3.5	0.1
紫金银行	16.77	837.59	2.0	12.60	694.49	1.8	0.2
广州农商	72.42	3649.68	2.0	—	—	—	—
农商行均值	59.19	2214.74	2.7	63.94	1526.23	4.2	-1.5

　　从整体上来看，国有行绿色信贷余额的绝对值和绿色信贷占比均显著高于股份制银行、城商行和农商行，其绿色信贷均值为 7394 亿元，约为股份行的 5 倍；绿色信贷余额占垫款和垫款净额比重 7.4%，也显著高于股份制银行 6.6%、城商行 4.1% 和农商行 2.7%。

　　国有行中，农业银行和工商银行发放绿色信贷占比较高，交通银行和邮储银行相对较低，农业银行投放绿色信贷的增速最快，2018 年绿色信贷占比同比上涨 1.9 个百分点，显著高于其他五大行。然而建设银行、交通银行、邮储银行的绿色信贷占比相比于 2017 年都有所降低。

　　股份制银行中，兴业银行在绿色信贷领域处于超然的地位，无论是绿色信贷投放余额绝对量还是占贷款余额的比例都远超其他 8 家股份制银行，甚至远超部分国有大行。兴业银行2018 年绿色信贷余额 8449 亿元，超过国有行中中国银行、交通银行和邮储银行绿色信贷规模，占该行当年贷款和垫款净额比重高达 29.8%，并较 2017 年占比上升 0.8 个百分点。2018 年是兴业银行引入"赤道原则"十周年，自 2008 年 10 月兴业银行正式宣布采纳"赤道原则"，成为中国首家赤道银行以来，一直将环境和社会责任融入银行的日常经营管理之中，高度重视可持续发展，这也是该行在绿色信贷领域取得突出表现的主要原因。

　　城商行中，从绿色信贷占比来看，贵阳银行和江苏银行投放的贷款中绿色信贷占比较高；从绿色信贷规模来看，郑州银行和泸州银行绿色信贷规模则相对较低；从增速上来看，贵阳银行绿色信贷占比较 2017 年同比上涨 2.6 个百分点，增速最快。上海银行由于 2018 年采用了中国人民银行的统计口径，导致绿色信贷余额有所下降。

　　农商行中，有 4 家披露了绿色信贷余额。重庆农商行的绿色信贷余额最高，为 132 亿元，显著高于其他农商行。从增速来看，无锡银行的绿色信贷余额大幅下降，较 2017 年占比下降了 8 个百分点。

　　2018 年各上市银行绿色信贷的主要投放领域如表 2 所示。[1]

---

　　① 该统计以各上市银行 2018 年社会责任报告中"绿色信贷"专题披露信息为依据，未提及的绿色信贷投放领域不列入表中，因此统计结果可能与实际情况存在一定差异，鼓励上市银行进行完善的信息披露。

表 2　　　　　　　　　　2018 年各上市银行绿色信贷主要投放领域①

	生态保护	节能减排	循环经济	清洁能源	清洁交通	污染防治	转型升级	农村及城市水项目	绿色农业	绿色林业	绿色建筑
国有行											
工商银行	✓	✓	✓	✓							
农业银行	✓	✓	✓	✓	✓	✓					
中国银行	✓	✓		✓	✓	✓					
建设银行		✓		✓	✓						
交通银行		✓	✓			✓	✓		✓		
邮储银行		✓									
股份制银行											
中信银行	✓	✓	✓	✓			✓				
光大银行	✓	✓	✓			✓					
招商银行	✓	✓	✓	✓	✓	✓	✓				
浦发银行	✓	✓	✓	✓		✓		✓	✓	✓	✓
民生银行	✓	✓	✓	✓		✓					
华夏银行		✓		✓		✓					
平安银行		✓		✓	✓		✓				✓
兴业银行	✓	✓	✓	✓	✓						
浙商银行		✓		✓	✓	✓					
城商行											
天津银行		✓	✓		✓	✓					
上海银行		✓	✓	✓		✓					
宁波银行	✓	✓	✓	✓	✓	✓			✓		
南京银行	✓	✓	✓	✓		✓					
徽商银行	✓	✓	✓	✓		✓			✓		
青岛银行	✓	✓	✓	✓		✓		✓			✓
江苏银行						✓			✓	✓	
杭州银行	✓	✓		✓			✓				
贵阳银行											
长沙银行	✓	✓		✓	✓	✓					
西安银行		✓	✓								
盛京银行		✓	✓				✓				
哈尔滨银行	✓	✓		✓		✓					
郑州银行							✓				

①　以中国银保监会《绿色信贷指引》为划分依据。其中，节能减排包括工业节能节水和节能环保项目；清洁能源包括可再生能源和清洁能源；污染防治包括垃圾处理和污染防治；转型升级包括企业转型升级和技术改造。

续表

	生态保护	节能减排	循环经济	清洁能源	清洁交通	污染防治	转型升级	农村及城市水项目	绿色农业	绿色林业	绿色建筑
泸州银行	✓	✓	✓	✓				✓	✓	✓	
江西银行	✓	✓	✓	✓	✓	✓					
北京银行						✓					
重庆银行		✓				✓					
成都银行	✓	✓	✓								
甘肃银行	✓					✓					
农商行											
无锡银行		✓	✓						✓		
重庆农商				✓		✓					
紫金银行		✓									
广州农商		✓	✓	✓		✓					
常熟银行		✓	✓			✓					
苏农银行		✓									
九台农商											
青农商行		✓		✓	✓	✓					

从整体上看，通过对比不同银行，国有行、股份制银行、城商行在绿色信贷投放领域比较多样，而农商行整体投放领域比较集中。通过对比投放领域，上市银行投放领域都主要集中在节能减排、清洁能源以及污染防治领域，而绿色农业、绿色林业、绿色建筑领域只有较少的银行涉及。

国有行中农业银行绿色信贷投放领域类型最多，包含生态保护、节能减排、循环经济、清洁能源、清洁交通以及污染防治6大领域，而建设银行和工商银行包含的类型最少，只有4类领域。此外，对比不同的领域可以发现，所有国有银行都选择在节能减排领域投放绿色信贷，但是在农村及城市水项目、绿色林业、绿色建筑3个领域却没有银行投放绿色信贷。

股份制银行中，浦发银行的绿色信贷实践最为完全，其绿色信贷投放了10类领域，是表格银行中投放类型最多的银行。而华夏银行投放领域却只有3类。股份制银行的绿色信贷在各个领域均有涉及，但是主要集中在节能减排、循环经济以及清洁能源3类领域。

城商行中，不同银行绿色信贷投放的领域类型数量差别较大，其中北京银行只在污染防治类领域中投放绿色信贷，而青岛银行在8类领域中均投放了绿色信贷。城商行的绿色信贷投放领域主要集中在节能减排、循环经济以及污染防治3类领域。

农商行中，绿色信贷整体投放类型较少，其中九台银行没有在任何领域投放绿色信贷。农商行的绿色信贷投放主要集中在节能减排、清洁能源和污染防治领域。

同时，部分银行还公布了绿色信贷折合减排数据，具体如表3所示。

表3　　　　　　　　　　　　2018 年绿色信贷折合减排数据　　　　　　　　单位：万吨

		工商银行	农业银行	建设银行	招商银行	浦发银行	兴业银行
折合减排标准煤	2018	4643.97	2790.00	3011.71	421.57	227.56	2979.00
	2017	4247.26	2185.00	2800.46	353.40	—	2912.23
	变动率（%）	9.3	27.7	7.5	19.3	—	2.3
减排二氧化碳当量	2018	8958.79	6079.00	6926.12	935.03	48.71	8416.87
	2017	7561.87	4780.00	6305.09	879.63	—	8378.23
	变动率（%）	18.5	27.2	9.8	6.3	—	0.5
减排 COD	2018	23.31	34.00	29.63	67.72	—	398.34
	2017	15.83	16.00	23.64	53.82	—	385.43
	变动率（%）	47.3	112.5	25.3	25.8	—	3.3
减排氨氮	2018	3.93	3.00	3.87	16.61	—	15.90
	2017	1.61	2.00	3.14	7.66	—	13.39
	变动率（%）	144.1	50.0	23.2	116.8	—	18.7
减排二氧化硫	2018	4.33	176.00	24.73	9.28	—	87.79
	2017	12.43	108.00	26.78	1.69	—	78.91
	变动率（%）	-65.2	63.0	-7.7	449.1	—	11.3
减排氮氧化物	2018	3.72	181.00	3.96	2.96	—	7.87
	2017	6.15	169.00	4.77	1.50	—	5.78
	变动率（%）	-39.5	7.1	-17.0	97.3	—	36.2
节水	2018	4290.42	3743.00	123.06	667.68	656.64	40978.19
	2017	3486.45	1800.00	119.87	593.05	—	40842.37
	变动率（%）	23.1	107.9	2.7	12.6	—	0.3

从减排二氧化碳当量方面看，工商银行和兴业银行的减排量也是明显高于其他行，其中2018 年工商银行减排量接近9000 万吨。就增速而言，农业银行增速最快，达到27.2 个百分点，其次是工商银行。

从减排 COD 方面看，兴业银行 2017 年与 2018 年减排量接近 400 万吨，显著高于其他行，其他银行的减排量都在 100 万吨以下，但是兴业银行的增速最慢，仅达 3.3 个百分点。增速最快的是农业银行，达到 112.5 个百分点。

从减排氨氮方面看，2018 年招商银行和兴业银行的减排量均达到 15 万吨以上，显著高于其他银行，同时招商银行的增速也排名第二位，达到 116.8 个百分点，增速最快的是工商银行，达到 144.1 个百分点。

从减排二氧化硫方面看，工商银行和建设银行的减排量在 2018 年均有所下降，其中工商银行甚至下降了 65.2 个百分点。而招商银行的减排量却显著增加，增速达到了 449.1 个百分点。

从减排氮氧化物方面看，工商银行和建设银行同样呈下降趋势，分别下降了 39.5 个和

17 个百分点。减排量绝对值最大的是农业银行，而增速最大的是招商银行。

从节水方面看，工商银行、农业银行、兴业银行的节水量较高，其中农业银行的增速最高，达到 107.9 个百分点。

二、绿色债券

绿色债券是指将所得资金专门用于资助符合规定条件的绿色项目或为这些项目进行再融资的债券工具。绿色债券是银行除绿色信贷外帮助企业绿色发展的一种重要补充途径，随着整体中国债券市场的快速发展，绿色债券势必有着广阔的发展空间。

关于 2018 年上市银行已披露的绿色债券承销情况，如表 4 所示。

表 4　　　　　　　　　2018 年部分上市银行已披露绿色债券承销情况①

银行名称	承销笔数	募集金额（亿元）	变动率（%）
工商银行	6	655.1	1.9
农业银行	9	713.47	64.5
中国银行	9	841	—
招商银行	7	696.75	—
浦发银行	1	35	—
民生银行	3	9	—
南京银行	6	117	—

除表 4 中所列银行和项目之外，还有其他上市银行也参与了绿色债券的承销。兴业银行截至 2018 年末存量绿色金融债达 1100 亿元，并且其绿色债券承销份额市场排名第一位。此外，建设银行、交通银行、中信银行、平安银行、华夏银行、杭州银行、盛京银行、青岛银行、上海银行、中原银行、长沙银行和江苏银行等也开展了绿色债券的承销业务，但是未在社会责任报告中加以披露。

其中工商银行、农业银行、招商银行以及中国银行的募集金额中，有 600 亿元来自兴业绿色债，真正给到实体企业的比较少，对于给实体的绿色企业融资方面还有待加强。

下面是部分上市银行 2017 年与 2018 年的绿色债券发行情况，如表 5 所示。

表 5　　　　　　　2018 年与 2017 年部分上市银行绿色债券发行情况

	2018 年发行规模（亿元）	2017 年发行规模（亿元）
交通银行	—	200
兴业银行	600	—
北京银行	—	300
重庆银行	60	—

① 由于各商业银行在绿色债券方面披露的标准及完整度存在较大差异，此部分仅对已披露的各银行绿色债券承销案例做简单梳理。

续表

	2018 年发行规模（亿元）	2017 年发行规模（亿元）
南京银行	—	50
哈尔滨银行	—	50
贵阳银行	50	—
中原银行	15	—
九江银行	40	—

表 5 中的交通银行、兴业银行、北京银行、重庆银行、南京银行、哈尔滨银行、贵阳银行、中原银行、九江银行虽有发行债券的行为，但是并没有在社会责任报告中披露，说明这些银行的信息披露不足，需要加大信息披露力度。

下面是 2018 年与 2017 年的境内上市银行在境外发行绿色债券的情况，如表 6 所示。

表 6　　　　　　　2018 年与 2017 年境内上市银行在境外发行的绿色债券情况

	发行主体	发行规模
2018 年发行	中国银行东京分行	8 亿元人民币 + 300 亿日元
	中国农业发展银行	5 亿欧元
	兴业银行香港分行	6 亿美元 + 3 亿欧元
	中国建设银行	5 亿欧元
	光大银行（香港分行）	3 亿美元
	工商银行（伦敦分行）	10 亿美元 + 5 亿欧元
	中国银行（伦敦分行）	10 亿美元
2017 年发行	中国银行巴黎分行	5 亿美元 + 7 亿欧元 + 10 亿元人民币
	中国工商银行卢森堡分行	11 亿欧元 + 4.5 亿美元 + 4 亿美元

从整体上看，2018 年上市银行增发绿色债券的种类比 2017 年显著增加，并且参与发行境外绿色债券的银行也明显增多，说明我国的绿色金融实践的范围逐渐扩大，向全球发展。

专题十八 绿色运营对比分析

商业银行践行绿色环保理念，发展绿色金融的具体途径有两条：一是针对实体企业发放绿色信贷、发行和承销绿色债券，以此促进环境友好型企业健康稳定发展，改善生态环境，促进产业结构的绿色升级；二是商业银行秉承绿色经营理念，贯彻落实绿色运营方式，以更低的能耗、更少的浪费完成日常经营活动，实现金融系统的绿色运转。本专题将从绿色经营和节能减排两个角度对上市银行的绿色运营情况进行对比分析。

一、低碳交易

低碳交易指的是商业银行通过完善线上服务，以网络银行（包括手机银行、微信银行、直销银行和网上银行等）、电子账单和柜面无纸化项目等方式，鼓励客户参加低碳实践，从而减少服务与运营环节对环境所产生的资源和能源消耗，它是商业银行在全流程中实现绿色经营的重要手段。

根据上市银行的信息披露标准，这里以电子银行替代率指标为依据来对比分析各上市银行低碳交易的推进情况，如表1所示。其中，锦州银行、中原银行、九江银行、张家港行和江阴银行5家上市银行尚未发布社会责任报告；民生银行、平安银行、兴业银行、北京银行、重庆银行、宁波银行、南京银行、徽商银行、哈尔滨银行、江苏银行、杭州银行、泸州银行、甘肃银行、常熟银行、广州农商行、九台农商行和紫金银行17家上市银行社会责任报告中未披露电子银行替代率数据。

表1   2018年上市银行电子银行替代率变动

银行名称	2018年（%）	2017年（%）	变动百分点（%）
国有行			
工商银行	97.70	94.86	2.8
农业银行	98.00	97.00	1.0
中国银行	93.99	94.19	−0.2
建设银行①	92.66	93.57	−0.9
交通银行	96.59	94.54	2.1

---

① 建设银行：电子渠道金融交易迁移率。

续表

银行名称	2018 年（%）	2017 年（%）	变动百分点（%）
邮储银行	90.44	86.97	3.5
股份制银行			
中信银行	99.03	98.96	0.1
光大银行	97.91	97.00	0.9
招商银行	98.24	98.24	0.0
浦发银行	98.12	95.87	2.3
华夏银行	96.80	92.95	3.8
浙商银行	98.35	96.95	1.4
城商行			
天津银行	86.47	—	—
上海银行	94.41	90.80	3.6
青岛银行	96.72	93.62	3.1
贵阳银行	88.74	87.90	0.8
成都银行	87.00	—	—
长沙银行	75.59	67.75	7.8
西安银行	84.58	82.41	2.2
郑州银行	94.60	92.88	1.7
锦州银行	—	75.69	—
盛京银行	64.00	61.00	3.0
江西银行	98.67	—	—
农商行			
无锡银行	90.57	81.93	8.6
重庆农商	92.89	90.12	2.8
苏农银行	>90	86.00	—
青农商行	78.99	74.39	4.6

从整体上看，股份制银行和国有行的电子银行替代率水平显著高于城商行和农商行，但城农商行的增长率更快，说明其低碳交易建设在加快推进。

国有行中，从绝对值来看，农业银行电子银行替代率最高，邮储银行最低，这与邮储银行的自身定位有关，其网点建设较之其他银行更多分布在偏远欠发达地区，客户对传统的柜面业务需求量更高；从相对值来看，中国银行和建设银行 2018 年电子银行替代率小幅下降，其余均呈现上升趋势，邮储银行同比增长 3.5 个百分点，增长速度最快。

股份制银行 2018 年电子银行替代率均高于 95%。其中，中信银行电子银行替代率高达 99.03%，为上市银行中最高水平，华夏银行相对较低，但其增长速度最快。平安银行未披露此项数据，但其在低碳交易方面取得了较为积极的进展：在电子渠道建设方面，平安银行总行电子账单由 2017 年的 715 亿份变为 2018 年的 5456 亿份，纸质账单由 2386 亿份下降为

379 亿份。

城商行中，23 家上市银行中只有 10 家发布并披露了 2018 年电子银行替代率情况。其中，青岛银行和上海银行低碳运营建设较为完善，与国有行水平相当；其余城商行电子渠道建设水平相对较低，但增长十分迅速。

农商行中，在披露数据的 4 家中，除青岛农商行外，其余均高于 90%，平均增长速度较之城商行更快，说明农商行的低碳交易建设也在加速发展。

二、节能减排

节能减排指的是节约能源、降低能源消耗、减少污染物排放。从总体上来看，商业银行节能减排的主要措施包括绿色办公、绿色采购和绿色公益等。绿色办公的形式主要包括视频会议、节约用纸、节约用水、节约用电、垃圾分类和循环利用等；绿色采购形式主要包括优先选择使用低能耗、低碳排放和具有环保性能的电子设备、装修材料和办公用品等；绿色公益的形式主要包括植树造林、绿色宣传和绿色培训等。

考虑到信息披露标准，节能指标选取办公耗电量和耗水量，减排指标选取温室气体排放量，来比较上市银行践行节能减排的情况，如表 2 所示。

表 2　　　　　　　　　　　　　　**2018 年上市银行节能减排情况**[①]

银行名称	口径	温室气体排放总量（吨）[②]			办公耗电量（千瓦时）			办公耗水量（吨）		
		2018	2017	变动率（%）	2018	2017	变动率（%）	2018	2017	变动率（%）
国有行										
工商银行	总部	53930	52474	2.8	18394080	19408280	−5.2	172377	170196	1.3
农业银行	总部	30686	30495	0.6	33524237	31631032	6.0	223259	215397	3.6
中国银行	总部	78568	76736	2.4	126635000	123447000	2.6	401581	384529	4.4
建设银行	总部及一级分行	261547	277449	−5.7	367817490	399978880	−8.0	2280546	2049525	11.3
交通银行	总部	81184	83325	−2.6	99646700	102281000	−2.6	333300	332000	0.4
邮储银行	总部及一级分行	123384	107234	15.1	164746420	123545380	33.3	768843	659090	16.7
股份制银行										
中信银行	全行	185831	195872	−5.1	257528570	270738960	−4.9	2203528	2102507	4.8
光大银行	总部及一级分行	71661	63849	12.2	93262740	79704230	17.0	501749	637348	−21.3
招商银行	总部	—	—	—	13367140	13422238	−0.4	97998	103626	−5.4
浦发银行[③]	母公司	—	—	—	42942500	43514100	−1.3	147700	160400	−7.9
民生银行	总部及一级分行	75370	70094	7.5	108253690	90550230	19.6	958815	843133	13.7

---

①　其中，除 5 家尚未发布社会责任报告的上市银行外，华夏银行、平安银行、北京银行、南京银行、江苏银行、杭州银行、成都银行、无锡银行、常熟银行、苏农银行、紫金银行和青农商行等 12 家上市银行社会责任报告中未披露相关节能减排具体数据。

②　包括直接排放和间接排放。

③　浦发银行：包括境外分行。

续表

银行名称	口径	温室气体排放总量（吨）			办公耗电量（千瓦时）			办公耗水量（吨）		
		2018	2017	变动率（%）	2018	2017	变动率（%）	2018	2017	变动率（%）
兴业银行	总部	24868	—	—	24939400	15394400	62.0	136672	86900	57.3
浙商银行	总部	9248	4031	129.4	13066811	5568913	134.6	89442	38186	134.2
城商行										
天津银行	全行	31177	21605	44.3	28986950	26311510	10.2	134083	151002	−11.2
上海银行	全行	—	—	—	32387790	48389900	−33.1	286586	295100	−2.9
重庆银行	总部	—	1151	—	3293500	2057300	60.1	32700	20200	61.9
宁波银行	总部人均	—	—	—	3353	3330	0.7	7	7	0.0
徽商银行	总部	4219	4637	−9.0	4850000	5522000	−12.2	6500	5800	12.1
青岛银行	总部	4658	5045	−7.7	3740000	4430000	−15.6	23180	14254	62.6
贵阳银行	总部	—	—	—	5100000	—	—	60000	—	—
长沙银行	总行人均	—	—	—	3407	2977	14.4	24	12	105.4
西安银行	总行人均	—	—	—	4274	4258	0.4	32	37	−13.4
郑州银行	总部	7502	7956	−5.7	10325600	9695400	6.5	106570	79507	34.0
锦州银行	总部	—	793	—	—	1051662	—	—	6646	—
盛京银行	总部	2618	2899	−9.7	3018000	2746000	9.9	58332	44966	29.7
哈尔滨银行	总部	—	—	—	6247497	6906177	−9.5	40178	58952	−31.8
中原银行	全行	—	26525	—	—	48094409	—	—	333522	—
泸州银行	全行	4687	—	—	7228840	—	—	35704	—	—
江西银行	全行	16833	—	—	24184200	—	—	118400	—	—
甘肃银行	全行	11662	—	—	11680000	—	—	114200	—	—
农商行										
重庆农商	总部及主城区	21533	20378	5.7	32216040	30228390	6.6	203726	189398	7.6
九台农商	总部	30471	46417	−34.4	17060000	—	—	125756	171493	−26.7
广州农商	总部	3544	4070	−12.9	5497470	6259000	−12.2	63403	125510	−49.5

国有行在绿色运营方面整体表现良好。从减排的角度来看，建设银行和交通银行2018年的温室气体排放量较2017年显著下降，其余银行小幅上升；从节能的角度来看，工商银行、建设银行和交通银行的耗电量同比降低，各大银行的耗水量也基本保持稳定，仅有小幅上升。值得注意的是，邮储银行的耗水耗电量和温室气体排放量在2018年均有明显上升。

股份制银行中，中信银行的温室气体排放量有所下降，中信银行、招商银行、浦发银行和光大银行的水电消耗量也保持在相对稳定状态或有小幅下降；浙商银行和兴业银行的水电消耗量及温室气体排放量则有明显上升。此外，还有部分银行披露了在节能减排方面工作取得的进展，如华夏银行电子交易折合减少的碳排放由2017年的132.73万吨大幅增长到2018年的193.17万吨，ETC业务2018年折合减排二氧化碳增幅达到48.9%；平安银行推进节水节电和绿色采购活动以减少碳排放量和能源消耗，同时开展"平安林"等绿色公益计划，积极改善生态环境。

城商行在减排方面，徽商银行和青岛银行温室气体排放量有明显下降；在节能方面，天津银行、上海银行、徽商银行和西安银行耗水耗电量均保持相对稳定或有小幅下降，节能减排工作成效显著。值得注意的是，江苏银行2017年引进赤道原则，成为城商行中首家赤道银行，虽然2018年没有专门关于节能减排的信息披露，但其积极推进绿色办公、绿色采购和绿色环保文化；天津银行2017年柴油消耗和外购热力没有作为披露项，因此2018年温室气体排放量变化较大，其实是绿色运营信息披露上的完善；长沙银行2018年由于搬迁新址，变为两栋办公楼合并数据，因此有明显上涨。因此，从总体上来看，城商行的节能减排工作无论是在成效、数据测算还是信息披露方面，均取得了较大的进展。

农商行中对于节能减排的披露较少，主要原因是部分指标尚未建立或未纳入统计体系，未来需进一步完善。不过，农商行的节能减排工作也有许多值得借鉴的新颖举措，如苏农银行在2017年号召党员不燃放烟花爆竹，2018年实施电梯分时段停靠以节约用电等。

专题十九 员工关爱对比分析

影响企业效益的不仅是外部的顾客，还有公司内部的员工，员工的存在是为了给企业创造效益、创造价值。想要提高企业竞争力，就先要提高员工对企业的满意度，只有满意度高、幸福感强的员工才有更强烈的工作热情与激情。关心员工的成长和发展，让员工感受到集体的温暖，才能最大限度地发挥个人力量为企业发展添砖加瓦。

总体来看，目前各银行积极开展关心关爱员工活动，加强管理者和普通员工的交流互动，员工关爱部分包含员工帮扶、培训、体检、文体活动、女性福利等多项内容，其中，员工帮扶包括向困难员工提供关爱基金、生活救助、大病救助等多方面的帮助服务，女性福利包括产假落实、女性节日发放女性职工节日礼物、设置母婴室及相关配套福利等。

从信息披露角度来看，各家银行披露的员工关爱项目的内容、侧重点、数据统计口径等均差别较大，综合来看，股份制银行和城商行在员工关爱方面信息披露的广度要高于国有银行和农商行。具体来看，浦发银行对于员工关爱的相关信息披露最全面，除未强调志愿服务外，从员工帮扶、培训、体检到文体活动、女性福利等员工关爱项，均有所提及。其次，在已披露的 2018 年度社会责任报告的 43 家上市银行中，除民生银行和华夏银行外，其余 41 家上市银行都会对员工进行培训，而文体活动、员工帮扶、体检等福利的覆盖面紧随其后，有 33/43（76.74%）的上市银行为员工提供文体活动，有 27/43（62.79%）的上市银行会进行员工帮扶，有 26/43（60.47%）的上市银行为员工提供体检福利。再者，约 33% 的上市银行提供了企业年金的选项，而女性相关福利也被纳入关爱范围，只有中国银行强调了志愿服务（见表1）。

表1   银行员工关爱情况一览①

	员工帮扶	培训	体检	文体活动	年金	志愿服务	职工之家	工会	女性福利
工商银行	✓	✓	✓	✓					
农业银行	✓	✓	✓	✓	✓				✓
中国银行	✓	✓		✓		✓			
建设银行		✓							
交通银行	✓	✓			✓				

---

① 表中未包含未披露 2018 年度社会责任报告的银行；统计信息以各银行 2018 年度社会责任报告具体披露细节为准。

	员工帮扶	培训	体检	文体活动	年金	志愿服务	职工之家	工会	女性福利
邮储银行		✓	✓		✓		✓		✓
中信银行	✓	✓	✓	✓	✓			✓	✓
光大银行		✓			✓				
招商银行		✓		✓	✓				
浦发银行	✓	✓	✓	✓	✓		✓	✓	✓
民生银行	✓						✓		✓
华夏银行				✓			✓		
平安银行	✓	✓		✓	✓			✓	
兴业银行		✓	✓					✓	
浙商银行		✓	✓	✓			✓	✓	✓
北京银行		✓	✓	✓			✓		✓
天津银行		✓							
上海银行	✓	✓	✓	✓	✓				
重庆银行	✓	✓	✓	✓					
宁波银行		✓		✓					
南京银行	✓	✓		✓			✓		✓
盛京银行	✓	✓	✓	✓	✓			✓	✓
徽商银行	✓	✓	✓	✓	✓				
哈尔滨银行	✓	✓	✓	✓					✓
郑州银行	✓	✓	✓		✓				✓
青岛银行	✓	✓	✓	✓			✓	✓	✓
江苏银行		✓							
杭州银行	✓	✓	✓	✓				✓	
贵阳银行	✓	✓	✓	✓	✓			✓	✓
成都银行	✓	✓	✓	✓	✓				
长沙银行	✓	✓	✓	✓			✓		
西安银行		✓	✓	✓					✓
泸州银行		✓	✓		✓				✓
江西银行	✓	✓							
甘肃银行	✓	✓	✓	✓					✓
无锡银行	✓	✓	✓	✓					
重庆农商		✓		✓					
常熟银行		✓		✓					
苏农银行	✓	✓	✓	✓					
广州农商	✓	✓	✓	✓					✓
九台农商		✓							
紫金银行	✓	✓	✓				✓		
青农商行	✓	✓		✓			✓		

员工培训情况分析

在员工培训方面，多数银行纵向上按照基层、中层、高层三个培养级层，横向上按照专业、行销、管理三个培养序列，分线条、分板块、分类别地打造人才选拔和培养计划，通过引进讲师内部培训员工、组织员工赴外地考察等方式，系统性地选拔、培养和储备后备人才。

国有银行的员工培训重视程度差别较大，根据已披露情况来看，工商银行的培训期数最大，达到 4.47 万期，农业银行的培训期数最少，为 1.60 万期。此外，2018 年培训期数同比基本都有不同程度的下滑，农业银行的降幅较大，同比减少 46.5%。在培训人次同比变化上，只有中国银行的培训人次同比略有上升（见表 2）。

表 2　　　　　　　　　　　国有银行员工培训情况比较①

| | 2018 年 | | | 2017 年 | | | 变动率（%） | | |
	培训期数（期）	培训人次（万）	人均受训（天）	培训期数（万）	培训人次（万）	人均受训（天）	培训期数	培训人次	人均受训
工商银行	4.47	524.00	10.43	4.90	567.00		-8.8	-7.6	
农业银行	1.60	98.00	—	2.99	161.37		-46.5	-39.3	
中国银行	—	296.60	—		285.10		—	4.03	
建设银行	2.38	131.00	6.90	2.77	149.00	7.80	-14.1	-12.1	-11.5
交通银行	—	110.00	—		110.00		—	0.0	—

上市股份制银行中，浦发银行 2018 年培训期数同比增长 73.8%，但培训人次却同比下降 92.8%，报告中没有特别说明原因。光大银行的培训力度有所下降，培训期数及人次均有不同程度的下降，而兴业银行相反，培训力度有所加强，培训人次同比增加 42.6%，其他银行基本维持平稳状态。

表 3　　　　　　　　　　　股份制银行员工培训情况比较

| | 2018 年 | | | 2017 年 | | | 变动率（%） | | |
	培训期数（期）	培训人次（万）	人均受训	培训期数（期）	培训人次（万）	人均受训	培训期数	培训人次	人均受训
中信银行	5309	60.31	—	—	60		—	0.5	—
光大银行	4156	16.00	—	5996	34.24	—	-30.7	-53.3	
招商银行	—	594.30	73.7 次	—	579			2.6	
浦发银行	2400	21.00		1381	290	30 天	73.8	-92.8	
平安银行	—	—	102 小时	—	—	100.13 小时			1.9
兴业银行	—	46.63	147 小时	367	32.7	96 小时	—	42.6	53.1

---

① 员工培训情况只统计了各家银行在社会责任报告中披露的数据，单位口径均直接选取各家银行社会责任报告披露口径，下同。

　　城商行员工培训情况中，贵阳银行2018年的培训期数同比减少27.2%，但培训人次却同比增加52.9%，推测是加大了培训规模，减少了培训场次，可能更偏向于普适性的培训内容。而徽商银行、天津银行则是加强了培训力度，培训期数及人次均有不同程度的上升，其他城商行培训有所弱化。

　　农商行对于员工培训的具体数据披露较少，从已披露的数据来看，2018年重庆农商行以2116期培训期数远超过其他农商行，无锡银行适度加强了对于员工的培训，培训期数同比增加42.2%（见表4）。

表4　　　　　　　　　　　城商行、农商行银行员工培训情况比较

	2018 年			2017 年			变动率（%）		
	培训期数（期）	培训人次（万）	人均受训	培训期数（期）	培训人次（万）	人均受训	培训期数	培训人次	人均受训
天津银行	1957	7.00	73.11 小时	1656	5.10	72 小时	18.2	37.3	1.5
宁波银行	9483	22.00	—	10352	—	40 课时	-8.4	—	—
南京银行	146	0.50	—	134	0.50	—	9.0	0.0	—
徽商银行	1279	11.20	91.86 小时	987	7.36	75.15 小时	29.6	52.2	22.2
青岛银行	2237	9.90	—	—	—	—	—	—	—
江苏银行	6278	22.67	—	6059	26.70	122.9 学时	3.6	-15.1	—
贵阳银行	986	5.00	8.5 次	1354	3.27	—	-27.2	52.9	—
成都银行	327	1.83	—	—	—	—	—	—	—
西安银行	60	0.40	—	—	—	—	—	—	—
无锡银行	182	—	—	128	—	—	42.2	—	—
重庆农商	2116	15.00	—	—	—	—	—	—	—
紫金银行	36	—	96.9 课时	—	—	—	—	—	—
青农商行	904	7.00	—	—	—	—	—	—	—

　　总体上，各家上市银行在员工关爱部分信息披露方面大相径庭，即便是所有上市银行都有的员工培训部分，其内容披露情况也不尽如人意，可比内容披露的透明度和完整度有待提高。各家银行披露的侧重点有所不同属于正常情况，但在披露数据的连贯性和单位口径的一致性等方面存在诸多问题，还需得到更高层面标准化的确定。

专题二十　信息披露对比分析

　　本章主要对上市银行的各类项目指标的信息披露情况进行总结，将按照和专题一致的顺序，以银行业务发展的各个方向，各个指标为脉络，逐一对其信息披露的情况、存在问题以及改进建议进行说明。各标准化程度较高的资产、负债等指标，披露质量相对较高；涉及金融科技、中小微企业等标准化程度仍待完善的指标，由于各家银行的业务特色差异，披露的侧重点有所不同，体现在指标上形成了各类不同的指标，导致银行间的横向比较存在一定困难。本章希望通过对各银行的披露情况进行梳理，促进银行信息披露标准进一步统一规范，信息披露质量进一步完善和提高。

一、信息披露情况概述

　　本章数据基本来源主要包括各上市银行披露的财务报告，以及其社会责任报告。具体来看，截至报告日期，48 家上市银行除锦州银行仍未披露其财务报告外，相关指标以 47 家银行财务报告披露的信息为样本；社会责任报告方面，锦州银行、中原银行、九江银行、张家港行和江阴银行五家银行未披露社会责任报告，相关指标以 43 家银行的社会责任报告披露的信息为样本。本章将参照各专题顺序，从经营战略到资产负债项目、从不良贷款到监管指标、从中间业务到绿色金融、员工关爱等方面指标的披露情况进行分析，展示银行在各个指标的披露规范与完善程度。

　　整体来看，在标准化程度较高的指标，诸如资产类指标、负债类指标以及收入支出、不良贷款质量等方面，各银行披露质量整体较高；在涉及部分新兴行业如金融科技以及社会责任等方面，各银行在披露质量方面存在参差不齐的情况，在是否披露、通过文字案例描述或指标量化衡量、使用哪些指标等方面都存在较大的差异，多通过案例的形式进行展现；未统一的统计口径，也为各银行之间的比较造成了一定困难。总体来看，普遍呈现出总量指标方面披露较为完全，细项下披露差异较大；国有银行、股份制银行的披露质量高于城商行、农商行的特征。

二、指标披露情况分析

1. 经营战略

　　各银行经营战略覆盖面均较全面，从业务、产品发展方向到管理机制改革创新均有所涉及，但战略披露的直接性、集中性存在差异，部分银行单独设立发展战略板块，而部分银行不具有该板块，发展战略分散在董事长致辞、行长致辞等板块内容中，只能间接总结出各项战略安排。具体而言，在国有银行中，农业银行、中国银行、交通银行单独设立了发展战略板块，而工商银行、建设银行、邮储银行并未设立；在股份制银行中，仅有浦发银行未设立该板块；在城商行中，多数银行均设有发展战略板块，但是战略的详细程度明显低于国有银行和股份制银行；在农商行中，仅有无锡银行、苏农银行、九台农商行、紫金银行四家银行设有发展战略板块，且详细程度同样低于国有银行和股份制银行。虽然战略披露的直接性和集中性存在差异，但若将分散在其余板块内容中的战略集中起来，各银行经营战略覆盖面均较为全面。总体来看，各家银行经营战略披露形式的统一性有待提高。

2. 资产负债

资产负债方面，各银行在总资产以及总负债方面信息披露较为规范。具体来看，总资产细分科目主要包括贷款和垫款、现金及存放中央银行款项、同业往来资产、证券投资项目；总负债细分科目主要包括同业往来负债、客户存款、应付债券项目。各家银行在存贷款，与中央银行以及同业往来的资产负债项目方面数据披露质量较高，便于进行纵向比较以及与其他银行相关业务进行横向比较；但在证券投资方面的信息披露呈现参差不齐的情况。具体来看，在证券投资方面，大型银行的披露质量高于股份制银行、城商行、农商行。大型银行均披露了其证券投资中各类债券的金额及比重；股份制银行中平安银行、浙商银行的信息披露不全，难以统计其具体的债券投资情况；招商银行、光大银行、浦发银行的企业债与其他银行口径有细微不同，这些银行的企业债是指以企业债为主的其他债券。城商行方面，上海银行、重庆银行、徽商银行、哈尔滨银行、泸州银行、江苏银行信息披露不全，难以统计其债券投资情况。农商行中，无锡银行、常熟银行、苏农银行、张家港行、紫金银行信息披露不全，难以统计其债券投资情况。

3. 收入支出

从银行的收入支出情况看，上市地点不同、银行类型不同，披露情况有所差异。具体来看，A股上市银行收入支出信息公布更加规范，营业收入、业务管理费等披露规范；由于采用不同的会计准则，H股上市的银行在业务管理费方面难以通过年度报告直接或间接取得。从不同类别的银行来看，国有银行的收入支出信息披露信息更加完善，其余依次是股份制银行、城商行和农商行。针对人均分析和点均分析，不同的银行间披露的信息情况不一，城商行和农商行间存在较大差异。

4. 不良贷款

不良贷款方面，披露质量差别较大的主要集中在各银行的行业不良贷款率方面。上市银行在不良贷款率、拨备覆盖率以及各银行在贷款质量方面的披露质量较高，均披露完全。行业不良贷款率方面，各银行在是否披露以及披露的全面性方面存在较大差异。首先是行业不良贷款率的披露情况，包括中国银行、交通银行、北京银行、江苏银行、成都银行、西安银行、无锡银行、江阴银行、常熟银行、苏农银行、张家港行以及紫金银行12家银行未披露其行业不良贷款率；上海银行、长沙银行仅披露了贷款投放前十位的行业不良贷款率，华夏银行仅有文字描述，涉及其不良贷款率排名前三位的行业。其次，各家银行对于行业的划分和披露存在差异，考虑到标准性与普适性，统计时以国家统计局公布的国民经济行业分类（GB/T 4754—2017）为标准。诸如建设银行披露涉及海外子公司，其他银行在披露时多未涉及海外子公司；徽商银行在披露行业不良贷款率时涉及的商业及服务业、运输业、能源及化工业以及教育及媒体等行业，工商银行涉及的科教文卫行业、平安银行涉及的采掘业、能源业、商业以及农牧业、渔业等，均与统计局公布的行业类别存在一定差别。整体来看，各家银行行业不良贷款率披露仍不完善，披露完整程度有待改善。

5. 风险管理

2018 年，随着中央调控加强、银行业形势变化，国内各家银行的风险管理机制愈加完备，风险管理信息披露愈加清晰，都在以往的风险管理机制上取得了新的发展。国有银行披露情况均较好，信用风险敞口、贷款及垫款风险集中度、借款人集中度、贷款五级分类、贷款减值准备、逾期贷款、重组贷款、债券投资信用风险等为六家国有银行共同披露项目。

相比于国有银行，股份制银行的风险制度建设披露较为简单，各个银行风险制度建设程度规模参差不齐。但相较于上个年度，大部分股份制银行 2018 年度的风险管理制度建设都更加完备，信息披露更加公开。股份制银行均披露了不良贷款结构；市场风险披露项目中，各家股份制银行都披露了汇率和利率风险指标，光大银行、华夏银行、平安银行、兴业银行未披露风险价值分析。九家股份制银行均披露了流动性比例、流动性缺口、存贷比等流动性指标，此外，民生银行披露了拆借资金比例和存款准备金比率，浦发银行披露了拆借资金比例，兴业银行披露了人民币超额备付率。操作风险方面，各银行均披露了合规风险；除华夏银行、浦发银行外，其他七家股份制银行均披露了反洗钱管理。大部分银行都披露了信息科技风险。风险管理体系建设方面，所有股份制银行均将声誉风险管理纳入风险管理体系，中信银行、光大银行、平安银行、民生银行未将国别风险纳入风险管理体系。

城商行整体来说披露还有较大空间，信用风险方面，宁波银行、徽商银行和重庆银行披露了不良贷款结构。风险管理体系方面，所有城商行均将声誉风险管理纳入风险管理体系中。资本管理项目方面，各城商行均披露了资本充足率（核心资本充足率）指标。除徽商银行之外均披露了信息科技风险指标。农商行的披露基本满足了风险防控要求，各项指标均有涉及，个别银行更是以严格的信息披露要求执行。但整体情况相对来说比大型国有、股份制银行尚有差距，近年来出现的新规定的风险的披露也较少涉及。整体来看，我国上市银行的风险披露情况基本达标，个别银行比如工商银行的披露方法和范围很值得借鉴，未来我国上市银行的风险披露方面最重要的是制定统一的标准，提高透明度。

6. 监管指标

监管指标方面，各银行重视自身监管，积极配合银保监会制定各项监管指标，能够有效反映行业情况。从目前上市银行年报中披露的指标体系来看，共包括 11 类：收益类指标中的平均总资产收益率和平均净资产收益率、成本收入比，资本类指标中的资本充足率和核心一级资本充足率，信用风险类指标中的不良贷款率与拨备覆盖率、单一客户贷款集中度与最大十家客户贷款集中度，流动性类指标中的流动性比率和存贷比。

不同银行在部分指标的统计口径上有所不同，从信息披露角度看，除南京银行和广州农商银行未披露平均单一客户贷款集中度的相关数据外，其余45家上市银行均明确披露；除盛京银行、中原银行、九江银行和广州农商银行未披露流动性比例，其余全部符合银保监会规定；近半数上市银行并未直接披露存贷比相关数据。

7. 金融科技

金融科技方面，总体来看，各家银行在银行战略发展议程中均提到金融科技，虽然侧重方向有所不同，但主题基本围绕人工智能、区块链、大数据等技术与银行智能化服务、精准营销、风险控制、产品线上渠道等方面。具体来看，各银行在金融科技的信息披露质量方面差异较大，同时由于很多技术处于研发初创阶段，缺乏统一的披露口径规则，导致行业间横向比较的困难。

具体到各类银行的披露情况，国有行和股份制银行披露情况相对较好，其中平安银行、兴业银行、招商银行披露内容从详尽程度和实质内容上来看都表现突出，包括电子销售渠道研发、大数据风险控制、智能化网点设备改造、科研投入、人才队伍建设、专利数量以及智能化服务创新等方面。城商行和农商行在信息披露方面相对较差，基本仅限于战略层面的概述，以及电子银行等渠道方面的信息披露。

8. 中间业务

涉及中间业务，各家银行披露收入的总额，但其具体构成业务的分类及统计口径仍存在差异，标准化程度有待提高。如国有银行披露中基本都包含资金理财手续费、投行及顾问咨询佣金等项目；而股份制银行和城商行则大多未包含这两项；农商行除这两项以外，大多还未包含担保及承诺类手续费、托管类手续费等。另外，其他业务所包含的具体项目各家银行也不尽相同。国有银行的信息披露标准化程度相较股份制银行、城商行和农商行更高，其中工商银行、建设银行等银行信息披露规范，披露完整地包含结算类业务、银行卡类业务等八项主要的中间业务。

9. 个人业务

从个人业务方面看，各银行都十分重视个人业务的发展，特别是股份制银行和城商行，呈现出将业务资源向个人业务倾斜的趋势。从信息披露角度来看，国有银行、股份制银行、城商行和农商行都披露了个人存款和个人贷款的总额情况，但是对于个人贷款的组成结构的披露，各银行存在口径不一致的问题，比如部分银行不区分个人消费型贷款和个人经营性贷款，造成归于"其他"的项目占比过高，在对比时较为困难；在银行卡数量及分类等相关情况方面披露也不充分。另外，在个人业务的利息收入方面，国有银行除邮储银行属于香港上市，年报披露中未区分公司业务和个人业务的利息收入外，其他五家国有银行对该项目皆有披露；股份制银行中浙商银行未区分披露；城商行及农商行中仅有未到半数的银行披露了个人业务的利息收入，大部分银行的披露都不够详尽。

10. 中小微企业

随着《中国银监会办公厅关于 2018 年推动银行业小微企业金融服务高质量发展的通知》的印发，银保监会提出了"两增两控"的新目标，"两增"即单户授信总额 1000 万元以下（含）小微企业贷款同比增速不低于各项贷款同比增速，贷款户数不低于上年同期水平，"两控"即合理控制小微企业贷款资产质量水平和贷款综合成本。涉及中小微企业贷款的信息披露，大型商业银行披露最充分，股份制银行次之，城商行和农商行最差。

具体来看，1000 万元以下（含）小微企业贷款总额数据整体来看披露质量较高，国有银行、股份制银行披露数据较充分，城商行方面，21 家城商行中，包括北京银行、盛京银行、贵阳银行、杭州银行、九江银行、长沙银行、泸州银行以及甘肃银行共 8 家未披露此项数据。农商行披露数据最为欠缺，10 家农商行中包括江阴银行、常熟银行、苏农银行、广州农商银行、九台农商银行、张家港行以及紫金银行共 7 家均未披露此项数据，部分银行由于统计口径仍用原国标，对比口径不一，横向比较困难。小微贷款客户数量方面，国有、股份制银行数据披露相对较充分，但仍有接近一半的银行未披露相关数据，农商行、城商行披露数据较少。在贷款利率方面，国有银行披露较为详细，其他银行少有披露；小微企业贷款不良率仅有包括中信银行、浙商银行、哈尔滨银行、重庆银行、重庆农商行五家银行披露数据，信息披露质量最差。部分银行特别是农商行仅仅在年报中描述称完成银保监会"两增两控"目标，未进行实际数据的披露，质量有待提高。建议对"两增两控"目标进行详细披露，可体现对支持中小微企业的支持力度。

11. 渠道建设

渠道建设方面，各银行披露质量参差不齐，完整性有待提高。其中，自助银行、个人网银业务、自助设备等方面的披露质量较差，未披露的银行数量分别是 31 家、28 家和 26 家；物理网点数量披露较完善，仅有 6 家银行未披露。总体来看，城商行和农商行数据披露全面性及连续性普遍不佳，国有银行及股份制银行的数据披露相比较完善，其中工商银行、建设银行、交通银行等银行信息披露更规范，在物理网点、自助银行等渠道建设的 6 个方面基本披露完整。

12. 经营业绩与公司治理

从经营业绩方面来看，总体来说，国有大行和股份制银行的数据披露质量都较高，而不同的城商行和农商行存在较大差异。国有银行中，工商银行的信息披露质量最好，关于会计政策、会计估计等财务报告的基础提供了详细说明，重要项目单独列示；股份制银行中，光大银行、民生银行、平安银行等银行的信息披露规范程度较高，不仅数据披露较为全面，而且对由于会计准则的变动导致的数据调整提供了较为详细的披露；城商行中，在盈利性、成长性、流动性水平的数据披露方面，各行都较为详细；在风险控制方面，各行在会计政策的说明，具体数据的披露方面存在较大差异，国有银行和股份制银行的披露质量较高，对具体的方法都有详细披露，而城商行和农商行在这方面有待加强；在员工绩效方面的数据披露方面，国有银行和股份制银行在员工人数、具体的员工费用水平等方面的披露程度也高于城商行和农商行。在公司治理方面，各银行的信息披露质量整体较高。所有银行均按照统一格式披露公司董监高相关信息以及具体任职、履历等信息。

13. 客户服务

客户服务方面，主要通过对上市银行的客户服务指标披露情况进行分析，指标包括：零售业务的客户数量、客户满意度、客户投诉办结率。具体来看，客户数量方面，国有银行中工商银行、农业银行披露了零售业务客户数量，建设银行、交通银行、邮储银行、中国银行将零售业务分为多个子业务进行披露，但未披露整个零售业务的总体客户数。股份制银行均披露了零售业务情况，且信息披露较为完整。农商行中只有常熟银行披露了零售客户数量，其余9家农商行均未披露相关数据。客户投诉办结率与客户满意度方面，国有银行中，农业银行、建设银行、交通银行、邮储银行四家银行披露了客户投诉办结率与客户满意度情况。在股份制银行中，中信银行、光大银行、平安银行、民生银行、招商银行、浦发银行披露了客户投诉办结率与客户满意度情况，城商行中有9家未披露客户投诉办结率与客户满意度情况，披露信息的13家城商行中除上海银行2018年的客户投诉办结率为97.98%以外，其余12家城商行的客户投诉办结率均为100%。农商行整体没有数据披露。总体来看，国有银行中农业银行对客户投诉办理率以及客户满意度的披露数据较为详细，股份制银行与城商行客户投诉办理率及客户满意度普遍较高。

14. 金融扶贫

金融扶贫方面，目前各银行积极参与精准扶贫工作，通过投放精准扶贫贷款、打造电商平台等方式推动产业发展脱贫，建立起贫困农户脱贫的可持续发展模式。从信息披露角度来看，各家银行侧重案例披露，具体成效定量披露的标准化程度仍有待提升，如针对精准扶贫贷款投放情况，部分银行披露了贷款余额情况，属于存量指标；而部分银行则披露了全年精准扶贫贷款发放总额，属于流量指标。股份制银行的信息披露标准化程度相较国有银行、城商行和农商行更高，有助于提高公众对商业银行扶贫绩效的了解程度。其中光大银行、民生银行、平安银行、华夏银行等银行信息披露规范，不仅在年报或社会责任报告中均按照精准扶贫概况、具体成效和后续计划的标准进行披露，而且在具体成效方面利用表格形式对一、二级指标均进行准确的定量披露，清晰直观。

15. 绿色金融实践

绿色金融实践方面，数据来源主要参考各上市银行的社会责任报告。截至目前，仍有锦州银行、中原银行、九江银行、张家港行和江阴银行等5家上市银行尚未发布社会责任报告，不在数据披露银行的统计范围内。绿色信贷方面，北京银行、重庆银行、成都银行、甘肃银行、常熟银行、苏农银行、九台农商行和青岛农商行等8家上市银行未披露。绿色债券方面，由于各商业银行披露标准不同或者没有披露，导致数据没有可比性或缺失，信息披露通过对部分银行披露的绿色债券承销案例做了梳理，主要包括工商银行、农业银行、中国银行、招商银行、浦发银行、民生银行、南京银行等7家银行进行了相关信息的披露；此外，还有诸如建设银行、交通银行、中信银行、平安银行、华夏银行、杭州银行等银行，也开展了债券承销业务，但未在社会责任报告中披露。总体来看，国有银行、股份制银行的披露质量高于城商行、农商行，在信息披露方面均需进一步完善提高。

16. 绿色经营

绿色经营方面，主要从绿色经营和节能减排两个角度，选取电子银行替代率作为对银行低碳交易衡量的指标，办公耗电量和耗水量作为节能衡量的指标，温室气体排放量作为减排衡量的指标，对各银行在绿色经营方面的情况进行披露。低碳交易方面，民生银行、平安银行、兴业银行、北京银行、重庆银行、宁波银行、南京银行、徽商银行、哈尔滨银行、江苏银行、杭州银行、泸州银行、甘肃银行、常熟银行、广州农商行、九台农商行和紫金银行等17家上市银行社会责任报告中未披露电子银行替代率数据。节能减排方面，有华夏银行、平安银行、北京银行、南京银行、江苏银行、杭州银行、成都银行、无锡银行、常熟银行、苏农银行、紫金银行和青岛农商行等12家上市银行社会责任报告中未披露相关节能减排具体数据。

17. 员工关爱

员工关爱方面，各家银行披露的员工关爱项目的内容、侧重点、数据统计口径等均差别较大，综合来看，股份制银行和城商行在员工关爱方面信息披露的广度要高于国有银行和农商行。具体来看，浦发银行对于员工关爱的相关信息披露最全面，除未强调志愿服务外，从员工帮扶、培训、体检到文体活动、女性福利等员工关爱项，均有所提及。其次，在已披露的2018年度社会责任报告的43家上市银行中，除民生银行和华夏银行外，其余41家上市银行都会对员工进行培训，而文体活动、员工帮扶、体检等福利的覆盖面紧随其后，有33家上市银行为员工提供文体活动，有27家银行进行员工帮扶，有26家银行为员工提供体检福利。约三分之一的上市银行提供了企业年金的选项，而女性相关福利也被纳入关爱范围；上市银行中，只有中国银行强调了志愿服务。